中国近代人物文集丛书

黄　兴　集

湖南省社会科学院　编

中　华　书　局

图书在版编目(CIP)数据

黄兴集/湖南省社会科学院编. -2版. -北京:中华书局,2011.9
(中国近代人物文集丛书)
ISBN 978-7-101-00893-7

Ⅰ.黄… Ⅱ.湖… Ⅲ.①黄兴(1874~1916)-文集②辛亥革命-史料 Ⅳ.①C52②K257.06

中国版本图书馆CIP数据核字(2011)第145141号

中国近代人物文集丛书
黄 兴 集
湖南省社会科学院 编
*
中 华 书 局 出 版 发 行
(北京市丰台区太平桥西里38号 100073)
http://www.zhbc.com.cn
E-mail:zhbc@zhbc.com.cn
北京瑞古冠中印刷厂印刷
*
850×1168毫米 1/32 · 17⅜印张 · 6插页 · 400千字
1981年5月第1版 2011年9月北京第2版
2011年9月北京第2次印刷
印数:12401-15400册 定价:53.00元

ISBN 978-7-101-00893-7

黄 兴 像

黄兴与华兴会友人在东京合影

黄兴与孙中山同日本朋友在上海合影

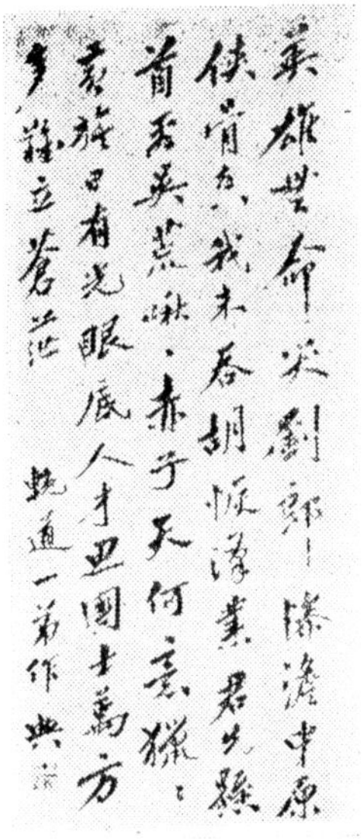

英雄無命哭劉郎，慘淡中原俠骨香，我未吞胡恢漢業，君先懸首看吳荒。啾啾赤子天何意，獵獵黃旗日有光。眼底人才思國士，萬方多難立蒼茫。

挽道一弟作 興

黄兴挽刘道一诗

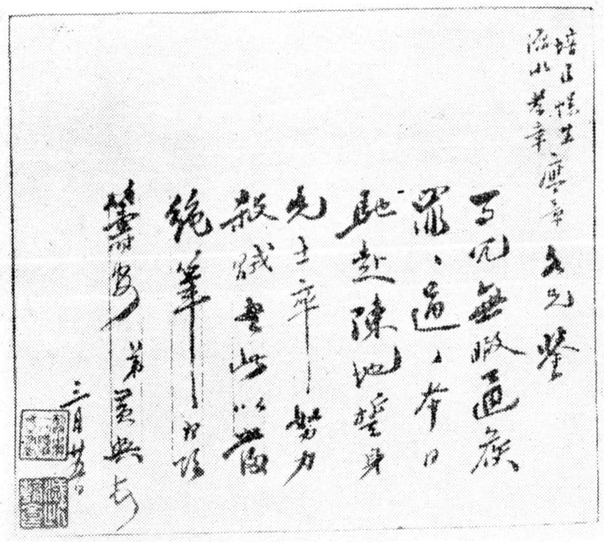

大兄鑒：事已無可再緩，本日馳赴陣地，誓身先士卒，努力殺賊，書此以當絕筆。

弟黃興 三月廿九日

黄花岗起义前夕黄兴给南洋华侨同志绝笔书

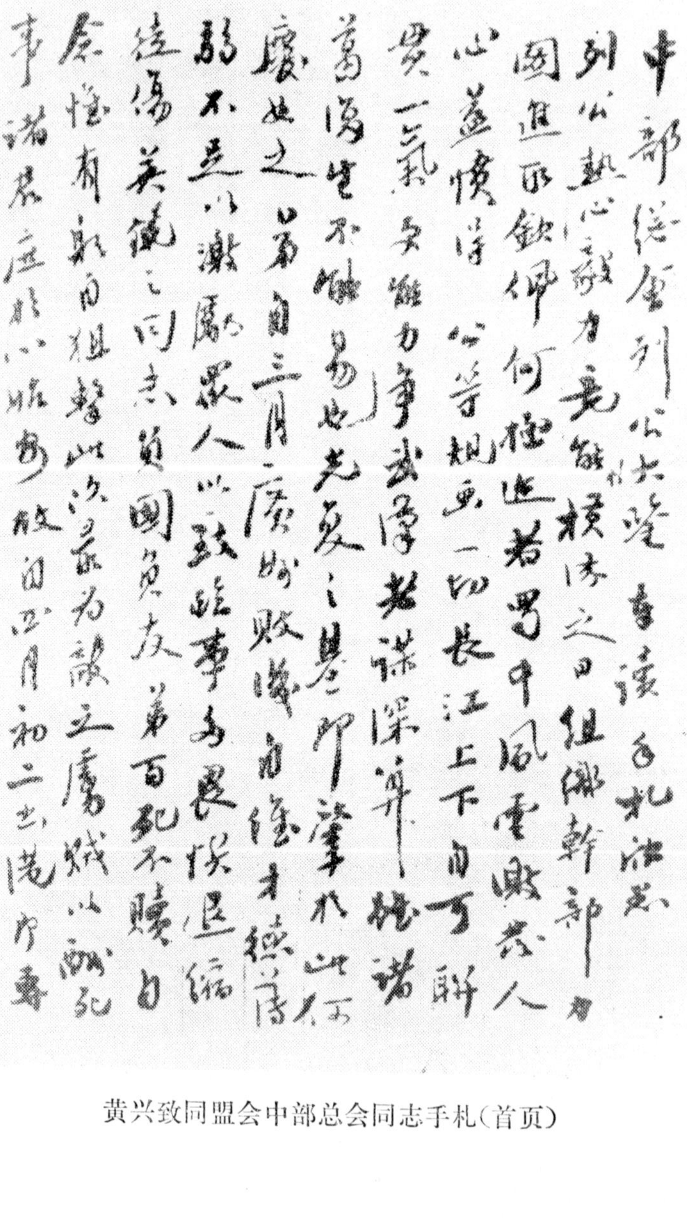

黄兴致同盟会中部总会同志手札(首页)

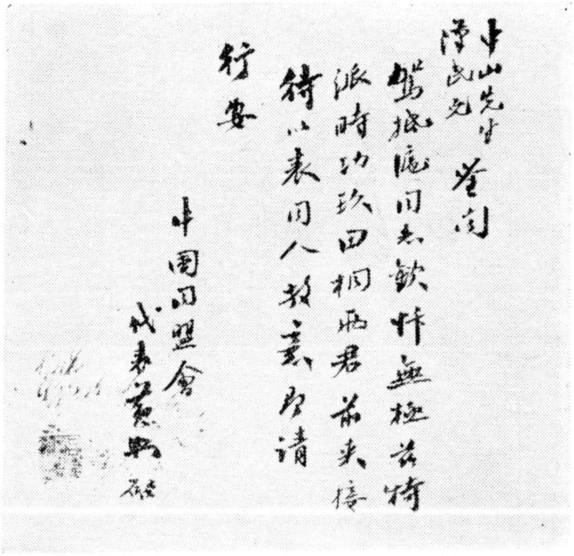

一九一一年十二月二十五日，孙中山返国抵沪，黄兴以中国同盟会代表名义派专人前往接待的手札

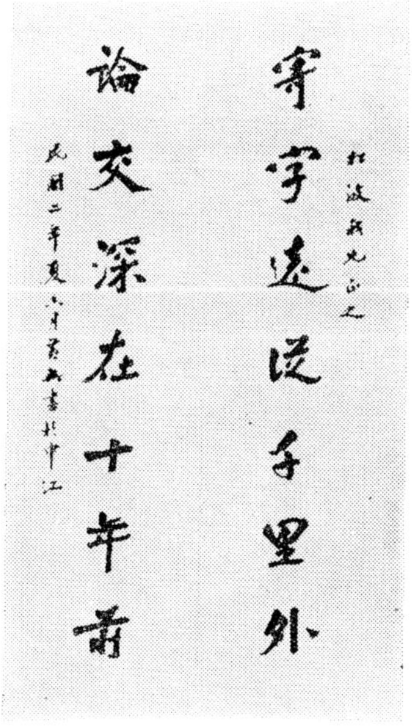

黄兴寄赠蔡锷题联

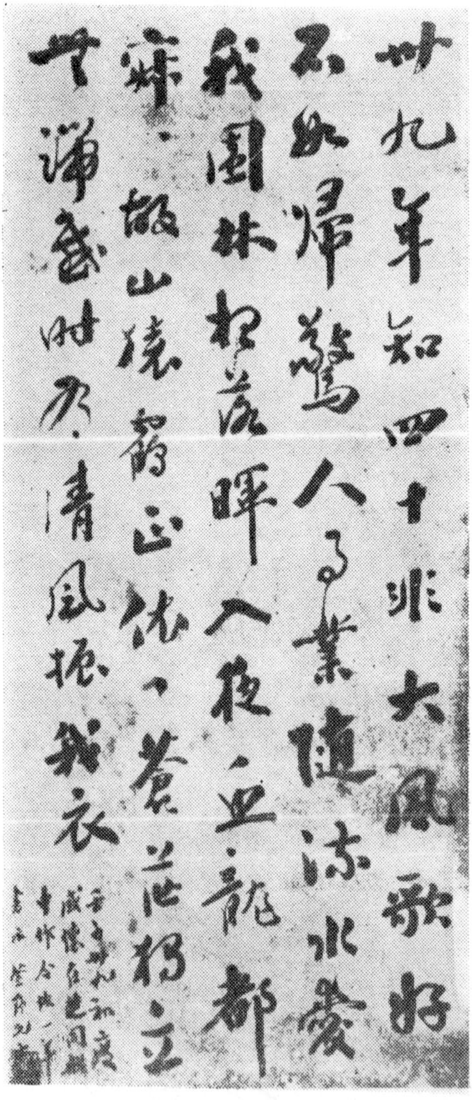

黄兴《卅九初度感怀》诗

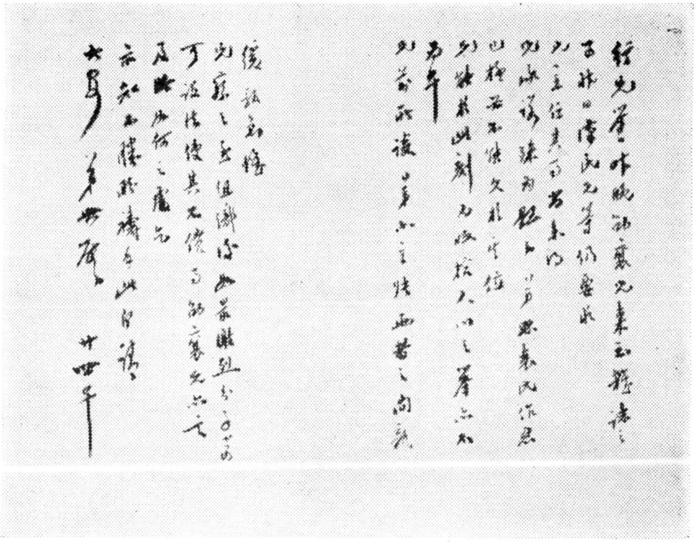

黄兴致章士钊手札

黄兴题词手迹

长沙岳麓山黄兴墓

目　　录

前　　言

黄兴(1874—1916)，是辛亥革命时期曾与孙中山并称的民主革命家，在他的一生中，经历了辛亥革命的酝酿准备、胜利和失败的全部过程。在资产阶级领导的这次民主革命斗争中立下了不可磨灭的历史功勋。搜集整理和出版较为完善的黄兴文集，不仅对于黄兴思想、生平的研究，而且对于整个辛亥革命史的研究，都是必要的和有意义的。

黄兴一生从事革命斗争实践，他的思想观点、政治主张，主要散见于他的文章、讲演、函电、公牍、诗词等之中。一九一二年，上海新中国图书局印行有《黄留守书牍》，收录了南京留守府时期的一些公牍和函电。一九一四年和一九一六年，美国旧金山大埠华侨团先后编辑出版了《黄克强先生演说词汇编》、《伟人黄兴政见书》，分别汇集了黄兴在美国旧金山和奥克兰的演说词三篇及在上海的演说词四篇、函电两封。一九一八年，长沙出版的《黄克强先生荣哀录》，也编入黄兴的部分著作。这些早期的印行本，收录的范围均属有限。一九五六年和一九六二年，台北影印了《黄克强先生书翰墨迹》，一九六八年和一九七三年，出版了《黄克强先生全集》，收辑了许多较有价值的黄兴论著，但由于种种原因和条件限制，仍然不够完善。我们在编辑整理这部《黄兴集》的过程中，进行了广泛的搜集材料工作，曾遍历上海、南京、广州、武汉、北京等地，在各大图书馆和档案馆中普查了辛亥革命前后国内外出版的大量报刊，走访了一些与黄兴有交谊的辛亥革命老人或他们的亲属。对搜集到的资料，反复作了校核考订。同时，也参考并吸收了已有的成果。现在献给读者的《黄兴集》,是一部较为完备的黄兴著述汇辑。

根据《黄兴集》所提供的材料,我们试就黄兴的政治思想,及其在辛亥革命中的地位和作用,作些简要的介绍和粗浅的分析,以就正于读者。

(一)

黄兴是在严重民族危机的刺激下,并接触西方资产阶级民主思想之后,走上革命道路的。救亡图强的爱国主义和资产阶级的民主主义紧密结合,成为黄兴政治思想中贯彻始终的一条主线。

十九世纪末二十世纪初,中国民族危机急剧发展,警钟频传。一八九四至一八九五年,日本帝国主义发动中日甲午战争,清政府屈膝求和,将祖国神圣领土台湾割让与日本。一八九七年,以德国强占胶州湾为标志,开始了帝国主义列强瓜分中国的狂潮。一九〇〇年,帝国主义组织八国联军,大举侵华,攻陷北京;流亡西安的清朝统治者,竟然在皇皇"上谕"中无耻地宣称:"量中华之物力,结与国之欢心。"① 并伙同帝国主义列强,残酷镇压义和团反帝爱国运动。清朝政府已经成为帝国主义的走狗。这种情况,极大地激发了广大爱国知识分子的觉悟,促使他们纷纷走上反清革命的道路。黄兴就是其中主要领袖人物之一。

一八九八年,黄兴由家乡湖南善化(今长沙县)进入湖北武昌两湖书院肄业。这时正当戊戌维新运动趋于高潮。这是一次挽救民族危亡的爱国运动,也是一次学习、宣传西方资产阶级民主主义文化的思想解放运动。黄兴于"课程余闲,悉购西洋革命史及卢梭《民约论》诸书,朝夕盥诵。"② 初步接触到西方资产阶级革命时代的民主学说。戊戌变法失败后,一九〇〇年,唐才常、林圭等在长江

① 《义和团运动档案史料》下册第945页。

② 《黄克强先生荣哀录》第21页。

流域组织自立军起义，黄兴曾与闻其事。一九〇二年，他东渡日本，留学东京弘文学院，并与杨毓麟等创办《游学译编》杂志，热情致力于资产阶级民主学说的学习和宣传。这个时期，各种革命书报开始大量出现。一九〇三年春，邹容的《革命军》、陈天华的《猛回头》、《警世钟》等相继问世，沉痛地讲述民族危机，无情地揭露清朝统治的腐败，热情地号召反清革命和学习西方资本主义制度，指出：要救国，必须革命；要革命，必须学习西方。这种宣传，在当时起了巨大的动员作用。随着民主革命思潮的迅速高涨，黄兴很快投身革命行列。他的挚友龙绂瑞曾记载："光绪庚子以后，国势阽危，留东人士咸思自奋。惟派别分歧，主张各异。先生（指黄兴）则醉心卢梭《民约论》，力主根本改革。时孙先生（指孙中山）之同盟会尚未成立也。"① 一九〇三年四五月间，黄兴参与拒俄运动，组织拒俄义勇队，为清政府所阻后，改组为军国民教育会，联络爱国青年，密谋革命。"各会员以满奴（指清朝统治者）甘心卖国，非从事根本改革，决难自保。于是纷纷归国，企图军事进行。"② 六月，黄兴以该会运动员身份由日返国，经上海抵武汉，"在两湖书院演说满汉畛域及改革国体、政体之理由，与顽固派辩论终日"，并"留连八日，以携带邹容所著之《革命军》、陈天华所著之《猛回头》二书，零星赠送军学各界至四千余部之多。"③ 然后登轮返湘，在长沙明德、经正等校任教，联络同志；"课余之暇，时向学生灌输革命学说"④；并大量翻印《革命军》、《猛回头》、《警世钟》等书籍，散布到军商各界，扩大革命宣传。⑤是年秋末，发起组织革命团体华兴会于长沙。由于当时处于极端秘密状态，华兴会没有留下任何原始

① 龙绂瑞：《黄克强先生癸卯华兴公司革命避难 西园事略》，见《苹香榭诗存》。
② 冯自由：《革命逸史》第5集第61页。
③ 刘揆一：《黄兴传记》，见《辛亥革命》(四)第276页。
④ 龙绂瑞：《武溪杂忆录》上。
⑤ 参见黄一欧：《黄兴与明德学堂》，见《辛亥革命回忆录》(二)第134页。

材料，但我们从“华兴”的会名和其公开机关“华兴公司”的牌号，从“同心扑满，当面算清”的隐语①，从刘揆一后来记述黄兴在华兴会成立会上关于“国民革命”的讲话②，以及从章士钊等人的回忆录中，仍可看出华兴会的宗旨同黄兴的上述思想是一脉相承的。

一九〇四年秋，华兴会策划在长沙等地起义谋泄事败后，黄兴逃亡日本。一九〇五年七月，经日人宫崎寅藏介绍，与孙中山结识。二人畅谈革命大势，交流思想，情投意合，共议将兴中会、华兴会等团体合并改组为中国革命同盟会；并根据孙中山的提议，决定以“驱逐鞑虏，恢复中华，创立民国，平均地权”为誓词③。黄兴对孙中山提出的纲领，完全赞同，衷心拥护，被推为会章起草员之一。在八月二十日同盟会正式成立大会上，他宣读了起草的会章，并提议不必经过选举手续，推孙中山为总理，自己则被孙中山指定为执行部庶务，居协理地位；他还提请将原华兴会会员宋教仁等创办的《二十世纪之支那》杂志，交同盟会作为机关报（后改称《民报》），在与孙中山共建同盟会组织上起了巨大的作用。从此，加强了革命力量的团结和统一，使中国资产阶级民主革命进入了一个新阶段。同年十一月，孙中山将同盟会纲领阐发为“民族”、“民权”、“民生”三大主义。这就是资产阶级民主革命时期的旧三民主义。黄兴的思想也进一步成熟，成为孙中山的三民主义的忠实信奉者。这是黄兴政治思想的一个显著的特色。

（二）

孙中山的三民主义，集中到一点，就是推翻清朝统治，建立资产阶级共和国。而要推翻清朝统治，就要有革命的武装力量。黄

---

① 黄一欧：《回忆先君克强先生》，见《辛亥革命回忆录》（一）第 609 页。
② 刘揆一：《黄兴传记》，见《辛亥革命》（四）第 277 页。
③ 邹鲁：《中国国民党史稿》第 1 册第 47 页。

兴在辛亥革命时期，是武装斗争的主要领导者之一。还在同盟会成立初期，他为保密起见，就亲自掌握留日陆军学生会员的会籍；以后直接领导了一系列起义，屡蹶屡起，英勇奋战，在武装推翻清朝的斗争中，起了重要的作用。

一九〇六年秋，黄兴派刘道一等回国“运动湘军，重整会党”①，临行前，“告以今之倡义，为国民革命，而非古代之英雄革命。洪会中人，犹以推翻满清为袭取汉高祖、明太祖、洪天王之故智，而有帝制自为之心，未悉共和真理。……望时以民族主义、国民主义多方指导为宜。”② 这里所称国民主义，即孙中山所说的民权主义。是年十二月，萍浏醴起义爆发，在龚春台部所颁檄文中，宣称“奉中华民国政府命”，第一次打出了“中华民国”的旗号；并且宣告：“本督师于将来之建设，不但驱逐鞑虏，不使少数之异族专其权利，且必破除数千年之专制政体，不使君主一人独享特权于上；必建立共和民国，与四万万同胞享平等之利益，获自由之幸福。”③ 这是同盟会成立后发动的第一次起义，也是辛亥革命准备时期第一次纲领较为明确的起义，对往后全国革命形势的发展，产生了积极的影响。

萍浏醴起义失败后，长江流域的发动暂时困难，黄兴协同孙中山转而南图两广、云南。一九〇七年九月，钦、廉、防城起义爆发，黄兴事先曾潜入钦州清军统领郭人漳营内，谋内应未成。同年十二月，镇南关(今友谊关)起义继起，黄兴随同孙中山亲身参加战斗。此后，因孙中山曾远离国境，在国内策划、领导武装起义的任务，更主要地由黄兴担当起来。

一九〇八年三月，黄兴召集云南侨越青年二百人，组成“中华国民军南路军”，发动了著名的钦、廉、上思起义。这次起义历时四十余日，先后抗击清军两万余，大小数十战，屡战皆捷。孙中山曾赞

①② 刘揆一：《黄兴传记》，见《辛亥革命》(四)第284页。

③ 《辛亥革命》(二)第475—477页。

誉说："克强乃以二百余人出安南，横行于钦、廉、上思一带，转战数月，所向无前，敌人望而生畏，克强之威名因以大著。"①五月初，以势单力孤，械弹接济不至，退返安南。适云南河口起义爆发，孙中山委黄兴为云南国民军总司令，节制河口起义诸军。黄兴不顾鞍马劳顿，迅即前往河口前线督师。旋返河内组织援军，在老街为法警截留，被解出境。

一九一〇年一月，黄兴应同盟会南方支部之邀，赴香港主持军事，参与策划广州新军起义。无何新军起义又告失败，孙中山、黄兴等愤前此历次起义被清政府镇压，欲"集各省革命党之精英，与彼虏为最后之一博。"②于是又有一九一一年四月震惊全国的广州黄花岗起义。这次起义，由黄兴统筹领导。他先是奔走南洋各地筹款；及投身战斗前，写下了可歌可泣的绝命书："本日驰赴阵地，誓身先士卒，努力杀贼。书此以当绝笔。"③表现了献身革命的赤诚和决心。在实际战斗中，他亲率"敢死队"，直趋两广总督署，勇猛冲杀，虽枪弹击断右手食中二指，仍坚持战斗。这次起义虽然最后又失败了，但在全国起了极大的革命激励作用。正如孙中山所说：经过这次起义，"全国久蛰之人心，乃大兴奋。怨愤所积，如怒涛排壑，不可遏抑，不半载而武昌之大革命以成。"④

广州黄花岗起义之前，黄兴曾在两湖、广西、江、浙、皖诸省布置策应。及此次起义失败后，他支持同盟会中部总会诸人在长江流域发动、力争武汉的规划，称赞他们"热心毅力，竟能于横流之日，组织干部，力图进取。"⑤他设想说："以武昌为中枢，湘、粤为后劲，宁、皖、陕、蜀亦同时响应以牵制之，大事不难一举而定也。"⑥这

①② 孙中山：《革命原起》，见《辛亥革命》（一）第14、16页。

③ 《致培臣、源水等书》（1911年4月23日）。

④ 《黄花岗七十二烈士事略序》，《孙中山全集》（四）序文第16页。

⑤ 《致同盟会中部总会书》（1911年10月3日）。

⑥ 《致冯自由书》（1911年10月5日）。

个预计，为后来革命实践证明基本是正确的。

一九一一年十月，黄兴得知武昌起义爆发的消息，迅即由香港赶赴武汉前线。汉口失守后，他就任民军战时总司令，在极其困难的条件下，领导了二十四天之久的汉阳保卫战，从而保卫了武昌，为革命赢得了宝贵的时间，促进了各省的反清独立，最终迎来了清朝反动统治的覆亡和中华民国南京临时政府的诞生。

这些事实说明：作为同盟会的主要领导人之一、武装斗争的主要组织领导者，黄兴在推翻腐朽的清朝统治、结束延续两千多年的封建帝制、建立中国历史上第一个民主共和国的伟大斗争中，确实起了重大的作用。他在近代中国民主革命历史上的地位和作用，是应当予以充分估价的。

（三）

辛亥革命以后，黄兴担任南京临时政府陆军部总长兼参谋部总长，接着又任过南京留守，但均为时不长。政权迅速被袁世凯篡夺去了，民国的招牌仍暂时保存着。在这种形势下，黄兴致力的重点有所转移。他一方面继续宣传民权主义，特别是大力鼓吹政党政治，意图限制袁世凯的专制独裁，巩固共和民国；一方面大力宣传民生主义，鼓吹发展实业和教育，以求建设富强的国家。

黄兴曾经驳斥那种把辛亥革命说成种族革命的谬论，指出："彼论者每谓此次之革命，仅为种族之革命。岂知所谓种族革命者，乃革命之一种手段。而革命党人之主张，则推倒满清之后，建设一完全共和国家，以实施其平民之政治，然当含有革命之性质也。"① 一九一三年三月，他在《〈国民〉月刊出世辞》中写道："世界大势，日趋平民政治。吾人乃亦以平民政治为归宿。盖国家者，非一人独有之国家，乃人民共有之国家。以人民为国家之主人，起而

① 《在屋仑华侨欢迎会上的演讲》(1914年7月26日)。

担负国家之重任，此固理之至明，而亦情之至顺者也。”[①]他还在致袁世凯等的电文中，对“忠”、“孝”等传统的伦理道德观念作了新的、合乎时宜的解释，说：“以忠言之，尽职之谓忠，非奴事一人之谓忠”；“以孝言之，立身之谓孝，非独亲其亲之谓孝”[②]。这些，显然是抗议袁世凯专制自为和官场腐败的呼声。

当然，作为资产阶级革命家，黄兴所视为国家主人的“人民”，并不是占人口绝大多数的工农劳动大众，而主要是指他所属的资产阶级及其同盟者；而他所谓的“平民政治”，也不过是资产阶级政治的代名词罢了。这从他（以及当时一般资产阶级党人）当时所着力鼓吹的“政党政治”主张看得很清楚。

政党政治也称政党内阁制度，是资产阶级国家政权组织的一种形式，相对于总统制而言的。这种制度是从西方资产阶级国家学来的。黄兴曾解释说：“政党内阁制度创始于英，各共和国均采用之。即君主立宪如日本，近亦倾向此制。盖欲使内阁得一大政党之扶助，与国会多数议员成一统系，其平日所恃政见大略相同，一旦发表，国会乃容易通过，不致迭起纷争，动摇内阁，陷国家于危险。”[③]他认为：“欲民国现象日臻良好，非政党不为功。”[④]因此，他支持同盟会公开为政党，“并推广办法，大收会员，以厚势力”[⑤]；又支持宋教仁等将同盟会与其他党派合并改组为国民党，希望国民党“养成政党的智识道德，依政党政治之常轨，求达利国福民之目的。”[⑥]

政党是阶级组织的最重要的形式，是阶级斗争的工具。通过

---

① 《〈国民〉月刊出世辞》（1913年3月）。
② 《致袁世凯等电》（1912年5月）。
③ 《致杨度电》（1912年11月22日）。
④ 《在国民党湘支部大会上的演讲》（1912年11月3日）。
⑤ 《致伍平一书》（1912年4月20日）。
⑥ 《在国民党上海交通部欢迎会上的演讲》（1913年1月26日）。

政党作领导核心，行使政权，这是正常的情况。问题在于哪个阶级的政党？什么样的政党？黄兴当时所说的政党，是指同盟会、国民党那样的资产阶级政党，而且是鱼龙混杂、组织松散的政党，这样的党不能真正代表人民，也不能依靠它来达到“利国福民之目的”，是不言而喻的。

尽管如此，黄兴鼓吹政党政治，在袁世凯业已窃取政权而又专制自为的条件下，仍有一定的积极意义。回顾历史，一九一一年底在筹组南京临时政府时，关于政权组织形式问题曾有过一段争论。当时，孙中山、黄兴、陈其美等主张总统制，宋教仁主张责任内阁制。孙中山说：“内阁制乃平时不使元首当政治之冲，故以总理对国会负责，断非此非常时代所宜。吾人不能对于惟一置信推举之人，而复设防制之制度。”①后几经磋商，各省都督府代表会议决定政府组织取总统制。但是，后来国家政权被袁世凯窃取了，政治形势发生了变化。于是，一九一二年二月十三日，孙中山在被迫辞去临时大总统时，向袁世凯提出了三项条件，其中之一规定：“临时政府约法，为参议院所制定，新总统必须遵守。”②三月十一日，即袁世凯在北京就任临时大总统之次日，孙中山在南京颁布了参议院匆忙通过的《中华民国临时约法》。《约法》除规定“中华民国之主权属于国民全体”，人民享有各种自由与权利外，同时决定采取立法、司法、行政三权分立原则，将总统制改为责任内阁制，“国务员于大总统提出法律案、公布法律及发布命令时须副署之。”③显然，这是一个合乎时宜的改变。孙中山原来反对内阁制，理由是因为它是对总统“复设防制之制度”；袁世凯窃得临时大总统的职位后，革命党人现在决议改行责任内阁制，并将它明文载入当时国

① 《胡汉民自传》，转引自李云汉：《黄克强先生年谱》第219页。

② 李剑农：《最近三十年中国政治史》第234页。

③ 《辛亥革命》(八)第30—35页。

家的根本大法，其目的显然是为了限制袁世凯的权力，以防止他专制独裁。正因为这样，袁世凯把这一切视为眼中钉、肉中刺，首先以阴谋手段暗杀鼓吹责任内阁制最力的国民党代理事长宋教仁，继则在镇压“二次革命”之后，解散国民党，解散国会，取消内阁制，废弃《临时约法》。不难看出，这是一个反复较量、斗争的过程。虽然，《临时约法》是纸上的东西，袁世凯既可不予执行，也能随时撕毁，后来孙中山、黄兴等维护《临时约法》的斗争也确实失败了；但它在当时宣传民主主义，防止和反对袁世凯专制独裁的积极意义是无可否定的。毛泽东同志曾经说过：“民国元年的《中华民国临时约法》，在那个时期是一个比较好的东西；当然，是不完全的，有缺点的，是资产阶级性的，但它带有革命性、民主性。”① 这个评价，对于黄兴在辛亥革命以后宣传的民权主义、政党政治主张，也是完全适用的。

民生主义是孙中山的三民主义中最具特色的一部分，正如列宁所说，这种思想体系“首先是同社会主义空想、同使中国避免走资本主义道路、即防止资本主义的愿望结合在一起的，其次是同宣传和实行激进的土地改革的计划结合在一起的。”②黄兴是民生主义的热烈拥护者和宣传者。他有时把它称为民生政策、国家社会主义、国家社会政策。他说：“夫共和政治求达于完全，其进行方法甚多，但吾人夙所主张者则民生政策，即国家社会政策是也。”③“本党（指国民党）党纲，其特别之点为民生主义，亦即国家社会主义。”④民生主义的内容如何？他说：“民生主义繁博广大，而要之即平均地权，反而言之，即是土地国有。”⑤其实施办法，按照孙中

① 《关于中华人民共和国宪法草案》，《毛泽东选集》第5卷第127页。
② 《中国的民主主义和民粹主义》，《列宁选集》第2卷第425、427—428页。
③ 《在湖南政界欢迎会上的演讲》(1912年11月5日)。
④ 《在国民党湘支部大会上的演讲》(1912年11月3日)。
⑤ 《在上海同盟会夏季常会上的讲话》(1912年6月30日)。

山的说明，就是“核定天下地价，其现有之地价，仍属原主所有；其革命后社会改良进步之增价，则归于国家，为国民所共享。”①象孙中山一样，黄兴天真地认为：“苟实行民生主义，则熔政治、社会于一炉而革之矣。”②“采此政策，自可永享清平幸福。”③他希望人们“将社会革命包在政治革命之内，抱定国家社会主义，免去欧洲将来社会革命之事；提倡土地国有，使多数国民皆无空乏之虑。”④

显然，这是一种主观社会主义的空想；就其要在当时中国防止资本主义来说，甚至是反动的空想。但是，正如列宁所深刻指出的：“中国社会关系的辩证法就在于：中国的民主主义者真挚地同情欧洲的社会主义，把它改造成为反动的理论，并根据这种‘防止’资本主义的反动理论制定纯粹资本主义的、十足资本主义的土地纲领！”因为“按照马克思的学说，土地国有就是：尽量铲除农业中的中世纪垄断和中世纪关系，使土地买卖有最大的自由，使农业有最大的可能适应市场。”而这，正是民生主义的“革命民主主义内核。”⑤

与此相联系，黄兴积极鼓吹和致力于发展实业和教育。

黄兴是把发展实业作为建国之途和救亡之策来看的。一九一二年八月，他在《铁道杂志序》一文中写道：“今者共和成立，欲苏民困，厚国力，舍实业末由。”主张“先以铁道为救亡之策，急起直追，以步先进诸国后尘，则实业庶几勃兴。”为了发展实业，他曾发起创办拓殖协会和拓殖学校，旨在开发国家资源，发展农业，移民实边；大力提倡国民捐，倡议创设国民银行和国民银公司，发行不兑换券，以解决国家财政问题；担任过铁道协会副会长和汉粤川铁路督

---

① 《同盟会宣言》，《孙中山选集》上卷第69页。
② 《在国民党湘支部大会上的演讲》（1912年11月3日）。
③ 《在湖南政界欢迎会上的演讲》（1912年11月5日）。
④ 《在北京社会党欢迎会上的演讲》（1912年9月18日）。
⑤ 《中国的民主主义和民粹主义》，《列宁选集》第2卷第425、427—428页。

办，赴萍乡、安源、湘潭等地调查过矿务；并参与发起中华汽船股份有限公司和洞庭制革公司；等等。这些活动和主张，在于发展经济，收回外溢利权，都具有鲜明的爱国色彩和进步意义。

在发展实业中，黄兴学习外国先进科学技术的思想是值得注意的。一九一二年夏，他在《致上海昌明礼教社书》中写道："窃以为西国实业日异月新，既以东亚为市场，即不能禁民之不购货。惟有事事仿造，翻新出奇，非惟可塞漏卮，实可畅销国货。至其风俗，则学其醇而避其醨，必一求其形焉，则误矣！"这就是说：不能单纯抵制外货，而应积极发展生产，提高竞争能力；对于外国先进的科学技术，要努力学习，而且要"翻新出奇"，有所创造；而对于外国的风俗习惯，则应吸取其健康有益的成分，舍弃其腐败有害的东西。这些见解，在当时条件下是难能可贵的。

黄兴的教育主张，同他发展实业的思想有着紧密的联系。他说："欲言建设，当得人才；欲得人才，当兴教育。"①又说："兴思二十世纪世界共同解决者，实为发展国民生计问题；而本问题锁钥，则在国民之企业力与日俱高。……夫发达国民企业力，其途亦多，而有良好之中小学以植其基，则为天经地义之不容或易。"②为此，他主张"普通教科材料应取实利主义"③，并"可以实业教育定为全国女子教育方针"④。此外，他还主张延长教育年限、小学用国语教学、提倡军事的国民教育，等等。这些思想，也是很可贵的。

由于政局的动荡和变化，黄兴发展实业和教育的主张大都未能如愿实现。这使他对于实业、教育与政治的关系问题逐步加深了认识。如一九一二年七月三十日，他在旅沪湖南同乡欢迎会上说："兴以为吾国人今后当各存责任心，有责任心，则纯以国家为

① 《在上海同盟会夏季常会上的讲话》(1912年6月30日)。
② 《筹办旅沪湖南公学募捐启事》(1912年7月)。
③ 《致教育部电》(1912年6月10日)。
④ 《在北京湖南女界欢迎会上的演讲》(1912年9月18日)。

前提，而私见自泯。且所谓责任者，其途甚宽，除政治方面外，尤以实业为发展国力之母。”这里，黄兴讲的是“以国家为前提”；在谈论实业的重要性时，并没有脱离政治。一九一六年七月十五日，他在广东驻沪国会议员举行的茶话会上说：“今国内之教育状态何如乎？仆曩在乡里，百里以内有小学四十余，取诸公款者为多。不及三年，闻所存不及七八所，资以办学之经费，皆消纳于筹备帝制及抵抗民军中。用知政治不改良，必无教育发达之希望，而吾所谓军事的国民教育，尤将等于梦呓矣！”黄兴本质上是个民主革命家，发展实业和教育是他政治思想的重要组成部分，为实现此理想，他从未停止过政治上的斗争。这是在评论黄兴主张发展实业和教育的思想时，应当注意到的。

（四）

一九一三年夏秋间，以孙中山为首的资产阶级民主派发动了反对袁世凯专制独裁的“二次革命”，黄兴在南京担任江苏讨袁军总司令。“二次革命”失败后，黄兴先是逃亡日本，继则移居美国。但他依然坚持资产阶级民主主义的旗帜，为反对袁世凯帝制复辟继续作了不懈的努力。

一九一四年春，黄兴在日本东京创办“浩然庐”，研习军事，明耻教战，并亲题匾额曰：“汉贼不两立”，“大盗窃国，吾辈之责”。又设立政法学校，培养政治建设人才。同年七月，他离日赴美，先后至檀香山、旧金山、洛杉矶、芝加哥、纽约等地，最后留居费城养病，直至一九一六年四月离美返国。

在美的近两年中，黄兴于极其困难的条件下，进行了多方面的活动。概括说来，一是宣传反袁。如一九一四年七月九日，他在檀香山对《太平洋商业广告人》记者发表谈话，宣称“我们将奋斗到底，使中国成为一个名至实归的共和国”；揭露袁世凯的罪恶，以

“让世人了解中国目前的真实情况”；坚信“人民必获得最后胜利。”七月十五日，他在对《旧金山年报》记者的谈话中，深刻而有预见地揭露“袁世凯继孙逸仙为临时总统后，即有帝制自为的野心”；坚信“袁世凯是绝对不会成功的”，因为“充满了强烈的共和国意识”的中国人民，“对于袁世凯以及任何人的想做皇帝，他们绝不会长久的缄默不言。”还向记者申明：“与袁世凯立于对立地位，并将计划重建一个新政府。”他曾在给友人信中说：“弟此行务将袁氏罪恶节节宣布，使世界各国皆知袁氏当国一日，即乱国一日，欲保东亚之平和，非先去袁氏不可。”①他每到一处，即邀集或参加各种会议，发表演说，或撰著文章。除正面宣传外，还着力驳斥为袁辩护的种种谬论。如袁世凯的美国顾问古德诺为袁帝制活动张目，胡说“华人无自治之预备”，不适于共和，等等。黄兴著文予以严厉驳斥，指出：“美人之习于共和亘百余年矣，后此百年间美国统治术之进步当较既往而益大，可无疑也。然使后世之人谓今之美人不适于共和，有是理耶？又使今世之人谓尔之先代不适于组织一大民主国，有是理耶？由是推之，苟因华人遭逢不幸，被叛贼背弃明誓，阴谋窃政，剥去人民一切习于共和之权利，遂诿为人民能力不足，弗能进入人类自由平等正道明谊之坦途，其无理一也。民主政治最好的养成所，就是民主政治。”② 二是开展外交活动。目的在于争取美国朝野人士对中国反袁斗争的同情和支持，并阻止袁政府向美借款。一九一四年秋，袁世凯派陈锦涛为特使赴美商洽借款。黄兴闻讯后，即发动抵制借款的运动，对于美政府中止与陈锦涛接洽借款条件，产生了一定影响。三是筹款。他在给国内友人的信中写道：“关于此间筹款等事，弟能力所及者，当尽力为之，冀为公等之助。

---

① 《致萱野长知书》(1914年7月27日)。

② 《辨奸论》(1915年12月)。

华侨筹款已经发起，当嘱其随集随汇。”[①]四是学习考察美国政治制度。在旧金山居留时，曾聘一美国教师讲授美国政治及地方自治情况，以为将来建设准备。

值得注意的是，黄兴虽然身居远隔重洋的美国，仍一直与国内反袁势力保持较密切的联系，共同策划反袁斗争。如：一九一四年九月十二日，他致书谭人凤等，讨论讨袁时机。一九一五年五月九日，他与陈炯明等十七人联名通电申斥袁世凯承认丧权辱国的“二十一条约”。十一月二十六日，他致书张孝准，陈述对反袁斗争的策略主张，“请达同人采择”，主要内容有：发难须急；发难不必择地；广设暗杀机关；防范冯国璋；激发陆荣廷；等等。十二月十七日，他电促李烈钧入滇，参与护国军起义。十八日，他致函国内友人，慨陈在美赞助讨袁计划，表示除致力筹款、外交外，“其他内地将军等，视其尚可与言者，亦致书劝诱，冀消其恶感，为公等后援”。为此曾先后密函张謇、汤寿潜、唐绍仪、赵凤昌、庄蕴宽、陆荣廷等，进行分化争取。反袁护国战争在云南爆发后，一九一六年一月，他迅即电促柏文蔚等在南洋筹款接济云南护国军；又密令刘揆一、居正等联合北方同志，“图谋直、鲁革命，以响应南方。”[②]四月，他离美返国，在檀香山答记者问时表示：“除非袁世凯下台，讨袁行动决不中止。”[③]五月九日，抵达日本，即发表讨袁声明；十二日，通电全国，号召协力策进，务除祸本；十八日，致书黄郛，请联络海军，又致书莫伯恒，促策动浙事。六月一日，他致电谭人凤，告以赞同孙中山在沪宣言，一致讨袁。等等。

固然，一九一四年秋冬至一九一五年春，黄兴曾同意和支持欧事研究会的宗旨与活动，而欧事研究会也确有“先国家而后政治，

---

① 《致国内友人书》(1915年12月18日)。

② 刘揆一：《黄兴传记》，见《辛亥革命》(四)第311页。

③ 李云汉：《黄克强先生年谱》第399页。

先政治而后党派”，主张暂停反袁，一致对外的公电①。但这些是在什么样的历史形势下发生的呢？一九一四年七月二十八日，第一次世界大战爆发；八月二十五日，日本对德宣战，乘机出兵攻占我国领土青岛等地；一九一五年一月十八日，日本进一步向袁世凯提出灭亡中国的二十一条，中国民族危机急剧上升。正是在这种国难当头的形势下，出现了欧事研究会的活动，也正是在这种严重的局势面前，黄兴一方面表示支持欧事研究会“本爱国之精神，抒救时之良策”②；一方面于一九一五年二月十五日与李烈钧等联名通电表示在袁政府对日交涉期间，不予干扰，“使不危及邦家”。而后，当袁世凯悍然承认二十一条时，黄兴，包括欧事研究会诸人，即迅速改变方针，积极投入了团结反袁的斗争。因此，对黄兴此时的态度，只要作具体情况的分析，仍是无可厚非的，更无损于黄兴坚持反对袁世凯窃权独裁、帝制自为的不懈斗争。

（五）

黄兴另一个重要贡献是维护革命队伍的团结，并重视争取其他可以团结的力量。这主要表现在两个方面。一是当革命党内出现争吵、分裂时，毅然挺身而出，竭力维护党内团结，维护革命领袖孙中山的地位和威信；一是当自己与孙中山产生意见不合时，能够顾全大局，在革命大目标上始终保持统一行动。

一九〇六年冬萍浏醴起义发生后，清政府要求日本当局将孙中山驱逐出境，日本西园寺内阁一面要求孙中山迅速离日，一面资助五千元。孙中山为筹措南下经费，接受了这项资助和日本股票商铃木久五郎馈赠的一万元。这件事后来在同盟会内部引起了轩然大波。一九〇七年春夏间，张继等攻击孙中山“受贿”、“被收

① 转引自李云汉：《黄克强先生年谱》第385页。
② 《致某君书》(1914年9月3日)。

买”，声言“革命之前，必先革革命党之命。”①章太炎则对孙中山只留给他二千元作《民报》经费不满，竟把挂在《民报》社的孙中山照片扯下来，批上“卖《民报》之孙文应即撤去”等字②。他们催逼同盟会代庶务刘揆一召集大会，罢免孙中山，改选黄兴为总理。刘揆一力排此议，竟遭殴打。这时，黄兴正在广西运动新军，接到刘揆一来信后，即复函说：“革命为党众生死问题，而非个人名位问题。孙总理德高望重，诸君如求革命得有成功，乞勿误会，而倾心拥护，且免陷兴于不义。”③由于他拒绝出任同盟会总理，并竭力维护孙中山的威信，遂使这次倒孙风潮逐渐平息下去。

一九〇八年至一九〇九年间，陶成章到南洋筹款遇到困难，对孙中山产生严重不满。一九〇九年春，竟然重新树起光复会旗帜，进行组织上的分裂活动。九月，他纠合李燮和等八人以东京南渡分驻英荷各属办事的川、广、湘、鄂、江、浙、闽七省同志名义，起草了一份《孙文罪状》，指责孙中山有“残贼同志之罪状”五条，“蒙蔽同志之罪状”三条，“败坏全体名誉之罪状”四条，要求开除孙文总理之名，发表罪状，遍告海内外④。为破坏孙中山赴美募捐，他们又冒名作信，将攻击材料寄发美洲各中文日报。与此同时，章太炎也刊发《伪〈民报〉之检举状》，指斥黄兴、汪精卫等续刊的《民报》系为孙中山“虚张声势”的“伪《民报》”⑤，参与了对孙中山的攻击。在同盟会组织出现严重分裂的情况下，黄兴毅然挺身而出，同陶成章、章太炎等人进行了应有的斗争。他拒绝了陶成章等图谋东京本部开会罢免孙中山的要挟，向他们反复进行说服教育，力求调解关

① 北一辉：《支那革命外史》，转引自《近代史研究》1979年第1期，杨天石、王学庄：《同盟会的分裂与光复会的重建》。

② 胡汉民述：《南洋与中国革命》，见张永福编：《南洋与创立民国》。

③ 刘揆一：《黄兴传记》，见《辛亥革命》(四)第289页。

④ 《神州日报》1912年11月2日。

⑤ 《致孙中山书》(1909年11月7日)。

系，又和谭人凤、刘揆一联名致函李燮和等，逐条为孙中山辩诬，“以促南洋诸人之反省。”[①] 他还以同盟会庶务名义，“飞函奉白”美洲各埠中文日报，否认陶成章等所发函件的效力；指出其对孙中山“为种种排挤之辞，用心险毒，殊为可愤”；召号各同志支持孙中山，“乘孙君此次来美，相与同心协力，以谋团体之进步，致大业于成功。”[②]对于章太炎的攻击，他为大局计，决定不与计较，同汪精卫等商量，只在即将续刊的《民报》上登一启事，指称其“为神经病之人，疯人呓语，自不可信。”[③]他致函孙中山，解释事情真相，希望孙中山“海量涵之”，并说明：“至东京事，陶等虽悍，弟当以身力拒之，毋以为念。”[④] 通过这些工作和斗争，虽未能最后阻止光复会的分裂，但有力地维护了孙中山的领导和威信，巩固了同盟会的组织基础；而且也教育争取了一批光复会会员，使他们继续在共同的革命目标下努力奋斗。如李燮和等，就接受黄兴“捐除意见，同任艰巨”的建议[⑤]，在以后的两次广州起义和辛亥革命上海光复中都起了有益的作用。

黄兴本人与孙中山意见相左主要有两次。一次在辛亥革命以前。一九〇七年初，在同盟会本部编订革命方略时，议及国旗图式，孙中山主张沿用兴中会第一次广州起义时所用的青天白日旗，张之壁上；黄兴见后，争论说：“以日为表，是效法日本，必速毁之。”主张“作井字旗，示平均地权意。”孙中山听说要毁弃青天白日旗，很为激动，厉声说：“仆在南洋，托命于是旗者数万人，欲毁之，先摈仆可也！”坚持用青天白日旗。黄兴也因而激怒起来，“发誓脱同盟会籍”。当然，这仅仅是一时的盛怒冲动，“未几复还”[⑥]。值得注意的是，黄兴主张作井字旗的理由，为“示平均地权意”，这是根据

①③④ 《致孙中山书》(1909 年 11 月 7 日)。

② 《致美洲各埠华字日报同志书》(1909 年 11 月)。

⑤ 冯自由：《革命逸史》第 2 集《光复军司令李燮和》。

⑥ 《章太炎先生自定年谱》，见《近代史资料》1957 年第 1 期。

同盟会政纲，与孙中山的三民主义是完全一致的；而且后来也没有再坚持自己的主张。他说："名不必自我成，功不必自我立，其次亦功成而不居；先生（指孙中山）何定须执着第一次起义之旗？然余今为党与大局，已勉强从先生意耳。"①"为党与大局"，这是黄兴处理革命队伍内部的矛盾，包括处理与孙中山的关系的一条原则，是非常正确的。

再一次是在"二次革命"失败以后。一九一四年，孙中山总结"二次革命"的经验教训，认为失败的原因在党内"意见纷歧，步骤凌乱"，"未尝以统一号令，服从党魁为条件。"因此，决定将国民党改组为"中华革命党"，"以服从命令为唯一之要件"②。他在手订的入党誓约中，写有"愿牺牲一己之生命自由权利，附从孙先生再举革命"之语，并要求入党人在署名下加印指模③。黄兴认为这些条件不合时宜，"前者不够平等，后者迹近侮辱。"④批评孙中山"反对自己所提倡之平等自由主义"，而"徒以人为治，慕袁氏之所为"，"以权利相号召"⑤。要求孙中山予以更改。平心而论，孙中山着眼于组织的整顿，这是很必要的；但他所采取的办法，则是不适当的。因为服从一人毕竟不符合资产阶级民主的原则，也不利于团结更多的人共赴革命的大目标。在这方面，黄兴的批评是切中肯綮的。但他的批评也有某些过头之处，而为孙中山所不能接受。这样，矛盾一时不能调和，黄兴拒绝参加中华革命党，并在中华革命党召开正式成立大会前夕，前往美国。

应当指出的是，黄兴在拒绝参加中华革命党并作美国之行前，

---

① 《胡汉民自传》，转引自李云汉：《黄克强先生年谱》第110页。

② 《孙中山致南洋同志书》（1914年6月15日），见邹鲁：《中国国民党史稿》第1册第264—265页。

③ 邹鲁：《中国国民党史稿》第1册第159页。

④ 邵元冲：《中华革命党略史》，转引自李云汉：《黄克强先生年谱》第365页。

⑤ 《致孙中山书》（1914年6月2日）。

曾郑重向孙中山表示："弟并未私有所标志，以与先生异。"并保证："弟如有机会，当尽我责任为之，可断言与先生之进行决无妨碍。"① 当时，有些官僚政客曾企图拥他为领袖另组新党，他严词拒绝说："党只有国民党，领袖惟中山，其他不知也。"② 在抵美以后，他也并没有独树一帜，或把自己与孙中山的分歧公诸舆论；相反，仍以孙中山为旗帜，致力于反袁的大目标。如在檀香山接见美国记者时说："为了自由，我们将奋斗到底。……本人奉孙先生之命向美国转达他的意见，我们认为美国公民必须知道真相。"③稍后，当在东京的未参加中华革命党也未参加欧事研究会的一些著名国民党人写信给他，谈及反袁的谋略，他复信赞扬他们"以维持固有的党势入手，既与中山无所冲突，且有事时得与以助力，实为正大稳健之至。"④ 说明他维护革命队伍的团结和维护孙中山的领导威信的思想是一贯的。这既是他对革命事业的重大贡献，也表现了他的可贵的品格。

（六）

象一切进步的历史人物一样，黄兴也是有缺点的，某些方面甚至是严重的缺点。例如：广州黄花岗起义失败以后，他悲愤万分，一度产生悲观失望的情绪，"欲躬行荆、聂之事，不愿再为多死同志之举"⑤。武昌起义后，他在担任民军总司令保卫汉阳期间，接受袁世凯的和谈主张，并于一九一一年十一月九日致书袁世凯，希望袁能反正，"以拿破仑、华盛顿之资格，出而建拿破仑、华盛顿之事功"，表示了可拥袁为总统的意向，客观上迎合了袁的篡权阴谋。

① 《致孙中山书》（1914年6月2日）。
② 柏文蔚：《〈黄克强手札〉跋》，见《近代史资料》1962年第1期。
③ 《对檀香山〈太平洋商业广告人〉记者的谈话》（1914年7月9日）。
④ 《致谭人凤等书》（1914年9月12日）。
⑤ 《致冯自由书》（1911年10月5日）。

“民国”成立后，他以调和南北为己任，与孙中山北上，发表“孙黄袁黎协定八大政策”，接着南下，宣扬袁世凯“苦心谋国”，“政策亦非常真确”[①]，在全国人民中继续散布对袁的幻想。而后为了推行“政党政治”主张，他甚至违反自己所说的政党“其初本因政而为党，非临时以党而为政”的见解[②]，拉拢一些政见极不相同的人，甚至“请全体国务员加入国民党”[③]，使刚刚成立的国民党，鱼龙混杂，大大削弱了战斗力。宋教仁被刺后，他在开始阶段，尽管已看出凶手是袁世凯，仍寄希望于国会和法律的“公正”，“纯主张法律解决”[④]。等等。

如何看待这些问题？可不可以单纯从黄兴个人的思想意识、性格品德等来加以解释呢？是否因此种种而对黄兴加以否定呢？我们认为都是不应当的。

毛泽东同志在《纪念孙中山先生》一文中指出：“象很多站在正面指导时代潮流的伟大历史人物大都有他们的缺点一样，孙先生也有他的缺点方面。这是要从历史条件加以说明，使人理解，不可以苛求于前人的。”[⑤]对于黄兴的缺点和问题，无疑也应当这样看。

黄兴是资产阶级革命家。这个阶级诞生和成长于十九世纪中叶以后半殖民地半封建的中国。它受帝国主义和封建主义的压迫和束缚，因而成为反帝反封建的民主革命的动力之一，并且在无产阶级登上政治舞台之前，充当了革命的领导者。但是，它先天发育不足，力量弱小；作为剥削者，他轻视工农，脱离群众，在革命遭受严重挫折的关头，常常找不到依靠的力量，缺乏坚定的信心；它还与封建势力存在一定血缘联系，对帝国主义有着某种依赖关系。

① 《在南京国民党支部欢迎会上的演讲》(1912年10月10日)。

② 《致上海政见商榷会等电》(1912年5月31日)。

③ 《离京北前在叙别会上的演讲》(1912年10月4日)。

④ 《致黎元洪电》(1913年5月13日)。

⑤ 《毛泽东选集》第5卷第312页。

由于这些，又决定了它在反帝反封建斗争中的软弱性与妥协性。上述种种黄兴的缺点和问题，就与中国资产阶级的这种劣根性密切相关。例如，黄兴为什么急切盼望袁世凯反正，并许以举为“大统领”呢？他在致汪精卫电中说得很清楚：“总之，东南人民希望项城（指袁）之心，无非欲早日恢复完全土地，免生外人意外之干涉。”①这就是说，他一则顾虑敌人力量强大，革命不能早日成功，一则害怕战事拖延下去，招致帝国主义的干涉，因而希望袁世凯出山，早定大局。此种愿望，黄兴并非始作俑者，而且也不仅仅是他个人的意见。在他之前，十月二十七日，武昌军政府一班首脑人物，就以“全鄂士民”名义，写信给袁世凯，劝袁“率部下健儿，回旗北向，犁扫虏廷”，并说：“汉族之华盛顿，惟阁下之是望。”②在他之后，十一月中旬，孙中山自巴黎致电民国军政府，表示：“总统自当推定黎君(指黎元洪)，闻黎有推袁之说，合宜亦善。”③十二月二日，各省都督府代表联合会正式决议：“如袁世凯反正，当公举为大总统。”④这种因害怕帝国主义和封建势力而寄希望于袁世凯的一股声浪，说明在反帝反封建斗争中的软弱性与妥协性，是整个阶级的劣根性，在同时期的资产阶级革命党人中，是概莫能外的，只不过表现的方面、时间和形式或有不同罢了。

除阶级的局限性外，就个人来说，还有一个思想认识问题。黄兴对袁世凯的态度，前后有很大变化，这说明他对袁世凯其人和某些问题也有个认识的过程。大体说来，武昌起义后至“二次革命”前，黄兴对袁世凯有幻想，也有戒备。就在一九一一年十一月九日致书袁世凯的同一天，他曾发出密谕，揭露“袁世凯甘心事虏”，指出

① 《致汪精卫电》(1912年12月9日)。

② 转引自黎澍：《辛亥革命前后的中国政治》第67页。全文见《民国报》第1号(辛亥十月初一日)，未署日期。

③ 《孙中山全集》第4册书牍函电第34页。

④ 张难先：《湖北革命知之录》第391页。

其言和中“设心之诡，用心之毒”，希望将士提高警惕。袁世凯窃取政权后，黄兴一方面为南北调和呼吁、奔波，一方面力图限制袁世凯的专制独裁。宋案发生，他对袁世凯的幻想开始破灭，但考虑到敌我力量对比悬殊和其他具体条件，仍主张法律解决；只是到后来袁世凯大军南下，他才“深悔待时留决之非，幸有急起直追之会”①，誓师讨袁。“二次革命”失败后，随着袁世凯帝制自为面貌的进一步暴露，他终于抛弃了对袁的幻想，在艰困的条件下，坚持了反袁的斗争。当然，对袁面目认识的提高，并不意味着阶级局限性的消除，就其在反帝反封建斗争中的软弱性和妥协性而言，仍是时而在这方面时而在那方面有所表露的。

黄兴的主要业绩之一是领导反清武装斗争；他中年谢世，没有经历孙中山后来在中国共产党帮助下所产生的变化。黄兴是辛亥革命历史时期的杰出人物，又带有那个时代和阶级的局限性。我们应当力求实事求是地全面地历史地评价黄兴。

一九八〇年五月初稿

一九八〇年七月修改定稿

① 《讨袁通电》(1913 年 7 月 15 日)。

编辑说明

一、本书收录黄兴的论文、讲演、函电、公牍、诗词、联语等近六百篇。其在南京临时政府陆军部(包括参谋部)及南京留守府时期的公牍、法令、条例等,凡未署黄兴姓名者,均不收入。黄兴的译文及黄兴生平重要活动年表、逝世通告等,则附录书后。

二、本书编排,大体上按时间先后为序。原文未署时日者,经考证鉴别,置于相应的地方;暂无法考订的,发表于当时报刊者,据发表时间编排;有年份无月日者,置于年末;有年月无日期者,置于月末;既无写作时间也无发表日期可考者,置于全书著作部分最后。

三、本书各篇,除能找到原件或影印件者外,大部分根据当时或后来出版的各种书报。不同书报所载,间有歧异之处,则以一种为主,参照其它,择善而从。错讹之处,以页末注予以说明。文内(　)及其内文字,均是原有的。

四、本书各篇题目,多系编者所拟。篇目下所标时间,均为公历。正文内时间(包括电文内韵目代日),均按原文,中华民国成立以前者一般为旧历,民国以后者为公历。

五、为方便读者,本书于有些篇目下加了题解,主要为考订写作背景、时间及有关问题;对文内涉及的某些人物、事件等,也酌加简要注释。题解用＊号标明,以与注释号相区别。

六、参加本书材料搜集、整理的,为杨慎之、彭国兴、贾维诚三同志。彭国兴同志并编写了年表,杨慎之同志综为编校。《前言》是由刘泱泱同志撰写的,曾经集体讨论修改。全书最后由刘晴波同志总为编审定稿。

七、本书承廖承志同志为封面题签；在编辑过程中，黄兴的长子黄一欧同志协助，提供珍贵资料，屡予指点；并得到中国社会科学院近代史研究所、广东省哲学社会科学研究所、上海图书馆、上海师范大学、复旦大学、中国第二历史档案馆、华中师范学院、湖南省图书馆、湖南省博物馆、政协湖南省委员会文史资料研究委员会等单位，黄兴其他亲属，以及汤志钧、陈旭麓、章开沅、林增平、张磊、毛注青、陈铮等同志的大力支持和帮助，谨此一并致谢。

笔　墨　铭*

（一八九八年——一九〇二年春）

笔　　铭

朝作书，暮作书，雕虫篆刻胡为乎？投笔方为大丈夫！

墨　　铭

墨磨日短，人磨日老。寸阴是竞，尺璧勿宝。

据《黄克强先生荣哀录》

咏　鹰　诗**

（一九〇〇年秋）

独立雄无敌，长空万里风。可怜此豪杰，岂肯困樊笼？一去渡沧海，高扬摩碧穹。秋深霜气肃，木落万山空。

据《黄克强先生荣哀录》

在华兴会成立会上的讲话***

（一九〇三年十一月）

本会皆实行革命之同志，自当讨论发难之地点与方法以何为

---

* 黄兴在武昌两湖书院（一八九八年至一九〇二年春）时作。从铭中流露的思想感情看，当为入书院学习后不久所写。

** 据黄一欧云，此诗为黄兴在武昌两湖书院时作。一九〇〇年秋自立军起义失败后，杨毓麟、秦力山等自武汉出亡日本，黄兴等在两湖书院南斋曾秘密饯行。从此诗意境看，当为一九〇〇年秋作，并用以自况。

*** 一九〇三年十一月四日（农历九月十六），黄兴在长沙邀集留日归国学生和进步知识分子刘揆一、章士钊、宋教仁、陈天华、彭渊恂、周震鳞等，举行秘密集会，发起组织革命团体华兴会。对外用办矿名义，取名华兴公司。黄兴被举为会长。本文为黄兴被举为会长后的讲话。刘揆一追记。

适宜？一种为倾覆北京首都，建瓴以临海内，有如法国大革命发难于巴黎，英国大革命发难于伦敦。然英、法为市民革命，而非国民革命。市民生殖于本市，身受专制痛苦，奋臂可以集事，故能扼其吭而拊其背。若吾辈革命，既不能借北京偷安无识之市民得以扑灭虏廷，又非可与异族之禁卫军同谋合作，则是吾人发难，只宜采取雄据一省，与各省纷起之法。今就湘省而论，军学界革命思想日见发达，市民亦潜濡默化，且同一排满宗旨之洪会党人久已蔓延固结，惟相顾而莫敢先发。正如炸药既实，待吾辈引火线而后燃，使能联络一体，审势度时，或由会党发难，或由军学界发难，互为声援，不难取湘省为根据地。然使湘省首义，他省无起而应之者，则是以一隅敌天下，仍难直捣幽燕，驱除鞑虏。故望诸同志对于本省、外省各界与有机缘者分途运动，俟有成效，再议发难与应援之策。

据刘揆一:《黄兴传记》

致龙绂瑞书

（一九〇四年）

送上银洋二十元。其十元乃女学堂本年捐项，余十元前代买尼椮衣料（姑缴此款，俟核清再找可也），乞查收为祷。此颂。萸公① 鉴。弟克强顿首。廿五。

附：谭延闿跋

甲辰，克强先生为明德学堂教习，密谋革命，所谓华兴票也。事觉，乃匿萸溪家，扬扬若无事，卧读书不辍，每饭辄三碗。其所刻印章名籍皆在长沙府中学，萸溪乘舆往为访客者，

① 龙绂瑞，字萸溪。湖南攸县人。

尽取纳舆中以归。数日少懈，乃入圣公会，后久之，方俊装东去。俞寿丞言，是日故少缓之，使在事者得避去，若持之急，皆不得脱云。此书即为教习时所作。延闿。

据龙绂瑞辑:《近代湘贤手札》影印本

致钮永建秦毓鎏书*

（一九〇六年五月十二日）

铁、效① 二公鉴：弟于八晚抵河内，在书肆中见有新到第二、三期《民报》，特奉上，以便公余披览。前恳造装退子弹引火手用机器，务请饬匠造好（至速至好），交岳森君为祷。顺颂幸福！ 弟克强顿首。十九日。

据《黄克强先生书翰墨迹》

与宋教仁的谈话**

（一九〇六年十月十五月）

昨日与宫崎氏等谈及君病，谓非仅在病院所能治愈者，须在最适于使心性快爽活泼之处居之而后可。现宫崎氏已赞成君速去院，至伊家居之，谢绝世事，而日以爽快活泼之事自适，伊处亦无他

* 黄兴于一九〇六年春化名潜赴桂林等地策划革命，并联络运动郭人漳部；在龙州晤钮永建、秦毓鎏，密商秋间在桂林起义事。随后黄兴经河内去香港。此信于河内发出。原信未署年月。惟所称《民报》第三期，系一九〇六年四月在东京出版。而是年（丙午年）有闰四月，以黄所写“十九日”推算，此信当为一九〇六年五月十二日或六月十日。

① 铁，即钮永建，字惕生，也作铁生。时在龙州任将弁学堂监督。效，即秦毓鎏，字効鲁，一作效鲁。时在龙州任边防法政学堂监督。

** 是日，黄兴偕前田九二四郎去东京脑病院探视宋教仁，并劝宋教仁移往宫崎寅藏家养病，作了此次谈话。宋教仁答以待此月完后退院方去。十一月四日，宋氏出院。宿《民报》社，次日，移住宫崎家。

人往来，且其家中甚自由，饮食皆可随意。

据《宋教仁日记》校注本，一九〇六年十月十五日条

致宋教仁便条*

（一九〇六年十一月二十四日）

明日上午开湖南分会，议自治章程，甚为要切。君病，可能来会否？余皆拟亲赴之。

据《宋教仁日记》校注本，一九〇六年十一月二十四日条

在《民报》创刊周年庆祝大会上的演讲**

（一九〇六年十二月二日）

今天，孙先生所说的，是革命的宗旨及其条理；章先生所说的，是革命实行时代的政策；各位来宾所说的，是激发我们革命的感情。大抵诸君听见，没有不表同情的。但是兄弟所望于诸君的，却还要再进一步。“表同情”三个字，不过是旁观的说话。凡是革命的事业，世界人人都表同情的。惟有自己的国民却不是要他表同情，是要他负这革命的责任。（拍掌大喝采）诸君现在都是学生，就拿学生的责任来说。一千八百十七年的时候，奥国宰相梅特涅利用俄皇的势力结神圣同盟会，压制革命党，得普王的赞成，到了

---

* 《宋教仁日记》次日条，所记湖南分会在日本东京启智译社开会事颇详。

** 中国同盟会本部于一九〇六年十二月二日假神田区锦辉馆举行《民报》纪元节庆祝大会，由黄兴主持。黄兴致开会词后，章炳麟读祝词。孙中山在会上发表了长篇演说。日人池亨吉、北辉次郎、萱野长知、宫崎寅藏相继致祝语，由宋教仁、田桐翻译。黄兴继起发言，本文为当时节录大要。

十月，开宗教革命三百年祭同利俾塞战胜纪念祭，耶路大学学生齐去市外运动各州响应，革命党从此大盛。这样说来，欧洲大革命的事业是学生担任去做的。（拍掌大喝采）日本的革命，人人都推西南一役。那西乡隆盛所倡率的义师，就是鹿儿岛私立学校的学生。这样说来，日本革命的事业也是学生担任去做的。（拍掌大喝采）诸君莫要说今日做学生的时候，是专预备建设的功夫，须得要尽那革命的责任。（拍掌大喝采）今天这会，就是我们大家拿着赤心相见，誓要尽这做学生的本份的。（拍掌大喝采）

据《民报》一九〇六年十二月二十日第十号

在《民报》创刊周年庆祝大会上的插话*

（一九〇六年十二月二日）

刘君①辩唐才常非保皇党，其言良确。夫唐才常非保皇党人，而为康、梁所利用。辨唐才常之冤，则愈以知康、梁之可诛，使天下志士皆知康、梁之精于卖友，则无复敢与近者。刘君斯言，大有关系。而太炎先生之所论，乃在革命家不可无道德，非斤斤于唐才常之是否保皇党也。

据《民报》一九〇六年十二月二十日第十号

---

* 章太炎曾经在《民报》第八号发表《革命之道德》一文（此文后来收入《太炎文录》初编《别录》卷一，标题改为《革命道德说》），内有数语，指唐才常为保皇党、不道德。故刘成禺在这次会上为唐才常辨冤时，黄兴作了这一段插话。

① 刘君，指刘成禺。

题马福益遗像*

（一九〇六年十二月）

湖南党魁马福益氏，甲辰岁谋起革命，乙巳三月十六日①被满贼端方惨戮于长沙。闻就缚时，曾手刃六人焉。克强氏识。狼啸月②先生惠存。

据李云汉：《黄克强先生年谱》

挽塾师刘文俊联

（一九〇六年）

四五年壮志莫酬，叹异域长羁，未获登龙亲长者。

万余里耗音突至，恨重洋远隔，且凭来雁弔先生。

据刘天铎：《黄兴将军游美回忆》（未刊稿），中国人民政治协商会议全国委员会文史资料研究委员会藏

挽刘道一烈士**

（一九〇七年一月——二月三日间）

英雄无命哭刘郎③，惨澹中原侠骨香。我未吞胡恢汉业，君先

* 此件无时日。按马福益像刊于宫崎寅藏主编的《革命评论》第七期《中国革命专号》。该期于一九〇七年一月一日在东京出版，故黄兴题识当在一九〇六年十二月。

① 按马福益于一九〇五年四月二十日被害，农历为乙巳年三月十六。

② 狼啸月，即末永节。

** 原署"挽道一弟作。兴。"未署时日。按刘道一于一九〇六年十二月三十一日就义。消息传至东京后，黄兴愤于萍浏醴之役失败，于一九〇七年一月四日决意赴香港策动再次起义，次日启程。据《宋教仁日记》载：一九〇七年二月三日东京留学界举行刘道一烈士追悼会。此挽诗当写于是年一月至二月三日之间。

③ 刘郎，指刘道一，字炳生。原籍湖南衡山，迁居湘潭，一八八四年生。一九〇三年在长沙加入华兴会，后赴日本留学，一九〇五年在东京加入同盟会。一九〇六年冬奉派回国运动军队，重整会党。萍浏醴起义爆发后，刘道一在长沙被捕下狱，同年十二月三十一日就义于长沙浏阳门外，年仅二十二岁。黄兴闻刘道一被害，哀痛欲绝，与其兄刘揆一相抱痛哭说："吾每计议革命，惟伊独能周详，且精通英语，辩才无碍，又为将来外交绝好人才，奈何即死于是役耶？"（参见刘揆一：《黄兴传记》）。

悬首看吴荒。啾啾赤子天何意，猎猎黄旗日有光。眼底人才思国士，万方多难立苍茫。

据影印件。原件现藏湖南省博物馆

复刘揆一书*

（一九〇七年七月）

革命为党众生死问题，而非个人名位问题。孙总理德高望重，诸君如求革命得有成功，乞勿误会，而倾心拥护，且免陷兴于不义。

据刘揆一:《黄兴传记》

致郭人漳信**

（一九〇八年四月初）

君与吾党主义本表同情，徒以误会而致相战，亦属不得已之举。军旗关系君之责任綦重，故特奉还，聊补缺憾，而申友谊。马则暂请见赐耳。

据刘揆一:《黄兴传记》

---

* 一九〇七年六月潮惠起义失败后，同盟会本部章炳麟、陶成章等人，就这次军事失利及同年春孙中山离日前分配馈款事，公开攻击孙中山，并要求召开同盟会本部大会，改举黄兴为总理。当时代理同盟会庶务的刘揆一，坚决拒绝章、陶等的要挟，并急函在香港的彭邦栋转告黄兴；同时致书冯自由、胡汉民，引“万方有罪，罪在一人”之语，请劝孙中山向东京本部引咎。孙中山复信说:“党内纠纷，惟事实足以解决，无引咎之理由可言。”本文是黄兴复刘揆一函的节录。

** 一九〇八年三月，中华国民军南路军组成，黄兴任总司令，即进攻钦州。在马笃山战役中，击溃郭人漳部。因前与郭曾有接洽，黄兴遂采还旗等措施，冀释误会。

题　字

（一九〇八年夏）

抽刀断水水更流。　戊申夏。　黄兴题。

据《黄克强先生书翰墨迹》

答日本记者问*

（一九〇八年十一月中下旬）

北京朝廷此次凶变，不过爱新觉罗氏一家之事而已，与我革命党无直接之大关系。虽然北京政府若有动摇，必产生一大事变；果尔，则与我党有直接重大之影响。故余以为此次凶变，或且少与我党以好机会。

据新加坡《中兴日报》戊申年十一月十五
（一九〇八年十二月八日）

西乡隆盛墓前**

（一九〇九年一月十一日）

八千子弟甘同冢，世事唯争一局棋。悔铸当年九州错，勤王师

---

* 一九〇八年十一月十四日、十五日，清光绪帝、慈禧太后相继死亡。日本记者访问黄兴，叩以革命党对清廷此次凶变的态度，黄兴就此予以回答。

** 一九〇九年一月十一日，黄兴与宫崎寅藏自神户抵鹿儿岛，扫西乡隆盛墓，作此诗。《宫崎滔天全集》原题作《南洲墓前诗》。按：西乡隆盛（一八二七——一八七七年）是日本明治维新时期的政治家，号南洲，萨摩藩武士出身，倒幕运动的参加者。明治维新时领导倒幕联盟，推翻江户幕府，建立以天皇为中心的专制政权。一八七七年被萨摩藩武士推为首领，举行叛乱，兵败自杀。

不扑王师。

据《宫崎滔天全集》第五卷

复孙中山书*

（一九〇九年十一月七日）

中山先生鉴：昨接读由伦敦发来之函，得悉有人冒名致函美洲各埠，妄造黑白，诬谤我公，以冀毁坏我公之名誉，而阻前途之运动。其居心险毒，殊为可恨！再四调查东京团体，无有人昧心为此者。但只陶焕卿①一人由南洋来东时，痛加诋毁于公，并携有在南洋充当教习诸人之公函（呈公罪状十四条），要求本部开会，弟拒绝之，将公函详细解释，以促南洋诸人之反省。是函乃由弟与谭人凤、刘霖生②三人出名，因当时公函中有湖南数人另致函弟与谭、刘也。本拟俟其回复，再作理处，不料陶焕卿来东时，一面嘱南洋诸人将前公函即在当地发表，（即印刷分布于南洋各埠者），一面在东京运动多人要求开会。在东京与陶表同情者，不过与江浙少数人与章太炎而已。及为弟以大义所阻止，又无理欲攻击于弟，在携来之附函中，即有弟与公朋比为奸之语，弟一概置之不理。彼现亦如何只专待南洋之消息，想将来必大为一番之吵闹而后已。彼不但此也，且反对将续出之《民报》，谓此《民报》专为公一人虚张声势，非先革除公之总理，不能办《民报》。见弟不理，即运动章太炎在《日华新报》登一《伪〈民报〉之检举状》（切拔，附上一览），其卑劣

---

* 一九〇九年秋，陶成章、章炳麟等在南洋和日本对孙中山进行攻击。同时陶、章等人冒用同盟会名义致函美洲各华字报馆，毁诬孙中山。一九〇九年十月三十日孙中山离伦敦赴美前，曾就冒名公函事致书黄兴。此为黄兴复书。

① 陶成章，字焕卿，亦号汉思，浙江绍兴人，光复会领袖之一。

② 谭人凤，字有府，号石屏，湖南新化人；刘揆一，字林生，也作霖生，原籍湖南衡山，迁居湘潭。刘道一之兄。

无耻之手段，令人见之羞愤欲死。现在东京之即非同盟会员者亦痛骂之。此新闻一出，章太炎之名誉扫地矣！前在《民报》所登之与吴稚晖君书，东京同志已啧有烦言，知其人格之卑劣，今又为此，诚可惜也。弟与精卫等商量，亦不必与之计较，将来只在《民报》上登一彼为神经病之人，疯人呓语，自可不信，且有识者亦已责彼无余地也。总观陶、章前后之所为，势将无可调和。然在我等以大度包之，将亦不失众望，不知公之见意若何也？美洲之函，想亦不出陶、章之所为，今已由弟函达各报解释一切（函稿另纸抄上），桀犬吠尧，不足诬也。我公当亦能海量涵之。至东京事，陶等虽悍，弟当以身力拒之，毋以为念。《民报》廿五号已出，廿六号不日亦可出来。美洲之报，统寄至《自由新报》庐侯公处转发（只能印一千册，存东者不过五十册而已，余皆转南洋、美洲矣），兹另邮寄三册于公，以慰期望之殷，且博先睹之一快。弟所欠款事，刻尚无从筹得，且利息日加，今已及四千元以上矣。欲移步他去，为所牵扯，竟不能也。公有何法以援我否？港部在东所筹事如能成功，当可少资以活动，刻未揭晓，不知结果如何（勤学舍自六月解散矣），馀俟续述。以后复书，即请寄："日本东京府丰多摩郡西大久保一五八、桃源寓黄兴收"为要。此请筹安。弟黄兴顿首。西十一月初七日。

据《黄克强先生书翰墨迹》

致美洲各埠中文日报同志书*

（一九〇九年十一月七日）

某某报同志仁兄公鉴：敬启者，同盟会总理孙君今春由南洋起程赴欧，将由欧来美，想各位同志已有所闻。本处风闻于孙君未抵

---

* 此书与一九〇九年十一月七日致孙中山书同日发出，时黄兴在日本东京，任中国同盟会庶务。

美以前，有人自东京发函美洲各埠华字日报，对于孙君为种种排挤之词，用心险毒，殊为可愤，故特飞函奉白：

（一）按本会章程，如总理他适，所有事务由庶务代理，故凡公函必须有庶务签名及盖用同盟会之印者，方可认为公函。

（二）如非公函，而函中有多数会员签名者，则作为会员之函件，请将其姓名及所陈之事实，抄录一通寄来敝处，俾得调查考核，以明是非曲直之所在。

（三）如系匿名之函，则其为清政侦探奸细之所为毫无疑义。近日奸细充斥，极力欲摇撼本党，造谣离间之事陆续不绝，同人可置之不理。

以上三条，尚祈各位同志留意。

再者，南洋近二、三同志对于孙君抱恶感情，不审事实，遽出于排击之举动，敝处及南洋分会已解释一切。望我各位同志，乘孙君此次来美，相与同心协力，以谋团体之进步，致大业于成功，是所盼祷。中国同盟会庶务签名。（盖有同盟会之印为凭）

据《黄克强先生书翰墨迹》

致巴黎新世纪社书（二件）*

（一九〇九年十月十六日——十二月十八日间）

一

拜启者：《民报》自日政府受胡政府运动，将《民报》封禁后，同

* 原信均由东京寄出，未署时日。信中称“已蒙于《新世纪》第一百十四号登布广告”；查该号于一九〇九年十月十六日出版，广告云：《民报》“一俟发行有期，即当续告”；又信中所附联系地点为“大久保一五八号桃源寓”。按黄兴于一九〇九年一月迁居“桃源寓”，一九一〇年一月二十三日离东京赴香港。又信中提及“寄上二十五号《民报》提单一纸”，查《新世纪》第一百十六号（一九〇九年十二月十八日出版），“本报广告”中说：“《民报》第二十五号已竟告成，……同人已接得样本，并寄三百册在途。”据上，此二函当写于一九〇九年十月十六日——一九〇九年十二月十八日之间。《黄克强先生书翰墨迹》考订“为民元前二年（一九一〇）二、三月间所发”，误，时黄兴不在东京。

人等即谋继续。以著述、经费两者困难，未能迅速出版，殊深惭歉！前中山先生由欧洲来函云：贵社允担任印刷事务，同人等不胜雀跃，奋励图成，冀副贵社同人之望。今秋以来，又得香港同志林君[①]之助，并请精卫君来东任其编辑，始得继续。二十五号起秘密出版，托贵社为发行所，前已由精卫君将情形函达贵社，已蒙于《新世纪》第一百十四号登布广告，奖励同人，同人等曷胜感激。惟是事事皆从秘密，经费较前为多，往还邮费殊为昂贵，又不能纯为营业的性质，借所入以资周转。同人等材力绵薄，深惧无以继其后。尚望贵社诸君有以匡持不逮，则更所企祷者也。至章太炎此次之发布《伪〈民报〉检举状》，乃受陶成章运动（陶因在南洋欲个人筹款不成，遂迁怒中山，运动在南洋之为教员者，连词攻击之。陶归东京后，极力排击，欲自为同盟会总理，故谓《民报》续出，则中山之信用不减，而章太炎又失其总编辑权，无以施其攻击个人之故智，遂为陶所动），遂有此丧心病狂之举。已于二十六号中登有广告，想同人阅之，皆晓然于太炎人格之卑劣，无俟辩论也。今特寄上二十五号《民报》提单一纸，乞查收为幸。二十六号亦随寄上。手此，即请任安。弟黄兴顿首。

吴稚晖、张静江[②]两兄均此未另。林时塽君近以事他去，未致函，乞各同志统此道安。

回示请寄左处："日本东京府下西大久保一五八桃源寓黄兴"。

又，《新世纪》前寄勤学舍之一份，乞改寄右处为祷。

二

拜启：昨邮上一函，内附呈廿五号《民报》之提单一纸，想可于

---

① 林君，指林文，即林时塽。

② 吴稚晖，即吴敬恒，江苏武进人，时主持《新世纪》社。张静江，字人傑，江苏吴兴人。

此函前达到矣。兹又呈上廿六号《民报》之提单一纸，乞再为查收为幸。此期内有辨正章炳麟之《伪<民报>检举状》之告白，若能转登于《新世纪》，更加以辟词，同人等尤为盼切。手此，并请公安。弟黄兴顿首。

复示乞寄："日本东京府下西大久保一五八桃源寓"。

据《黄克强先生书翰墨迹》

致萱野长知书*

（一九一〇年一月二十五日）

凤梨①先生鉴：弟抵神驿②，即承铃木君③来接，欢慰无极！所商之件，已允竭力筹助。但因弟起程太急，昨只得五百之数。弟已书留二千元借用证据在伊处，（因铃君云，本月中亦拮据之甚，故只求助二千元。）余数乞为替（或面交）友人谭君人凤带来。兄接此书时，即乞电求铃木君从速汇寄，使谭君能早一日来，则弟能早得一日助手也。此金数虽区区，弟得之足资大用，感激百倍！惟是弟此次仓卒起行，无时期另向他处筹画，并乞足下设法急筹数千元，（少则一千或数百亦可，以弟得之可大用。）电汇香港《中国报》④弟名收。其电码如左：Chungkokpo Hong Kong。上二字为香港《中国报》之略号（昨计画事即用英文寄），电文中则首用弟名 Wong

---

* 一九一〇年一月间，同盟会南方支部积极筹画广州新军起义，电催在日本的黄兴、谭人凤去香港主持，并电在美的孙中山筹款二万元应急。黄兴接电后，即于一月二十三日由东京起程；抵神户后，因萱野长知的事先接洽，在铃木久五郎处商借二千元，铃木当时有困难，只筹得五百元。黄兴不能久待，遂于一月二十五日写了两信给萱野长知，请他代为催款。

① 萱野长知，别号凤梨，日本人，曾支持中国同盟会革命活动。

② 神驿，指日本神户。

③ 铃木，指铃木久五郎，时为东京股票商，后曾任日本众议院议员。

④ 《中国报》，即香港《中国日报》，为同盟会南方支部机关报。

Hing，则可免混淆也。

昨由兄处转来之电，乃前途决即发动①，要弟速去，并要谭君（乃老头子）偕去，以资臂助。故弟由神户电谭君来神② 相晤。谭君因不懂日语，途中恐不便利。且错悟电意，以弟只要伊来神商量要件，故特委代理人来，是以不能偕行也。然亦甚好，可待铃木君之款。但铃木君款迟一日，则谭君迟一日行，甚为可虑也！万恳兄电求铃君从速为祷！足下若能即日得款，即交谭君带来，亦甚便也。足下若能电铃君来东京筹商（因铃君欲到东晤兄之故），或请兄往神一次，总以此款能速到，则弟与谭君能速进行也。千万恳祷，不尽谢意，即请大安。弟兴顿首。廿五早下关③ 泐。

谭君住处："西大久保一八二春秋方"。

问小儿一欧④ 亦可。

船本日午后三时出发⑤。

据萱野长知：《中华民国革命秘笈》卷首影印件

致萱野长知书

（一九一〇年一月二十五日）

拜启：由邮呈上一函，想已收览。谭君专待铃君款到出发，请设法催之，不胜祷切！兄抵连后，请发一电至香港《中国报》，以便有事通电也。此次前途元气甚旺，如能得手，万事可弃，兄当速来助我。匆匆。凤梨先生阁下。弟兴顿首。二十五午后一时由下关寄。

据萱野长知：《中华民国革命秘笈》卷首影印件

---

① 此句"决即"二字下，黄兴加有"◎◎"着重号。

② 神，指日本神户。

③ 下关，指日本之下关。

④ 一欧，即黄一欧，黄兴长子。

⑤ 信封上写："此函请着一欧持呈　萱野长知先生启　芝区南佐久间町信浓屋由下关缄"。信浓屋，系旅馆名，为日人头山满派之特约旅馆。时头山满与中国同盟会人士有联系。

致宫崎寅藏书

（一九一〇年二月四日）

滔天① 先生阁下：弟于一月廿三日由东京起程，廿九日抵香港。仓卒中未暇函告，至歉，至歉！兹者，革命军不日大起，人材缺乏，乞速招集步炮工佐尉官多名前来助援，不胜感祷！其旅费至时当电寄二千元。中山或由横滨经过，亦未可知。来时望密为探知，以便东京方面事就商妥帖。其佐尉官则必先期火速催其上道②，至要，至要！匆匆即请侠安。弟黄兴顿首。西二月四日。

再者，小儿一欧请饬偕定平君③ 等同来。外电码一册，如用时即照发。

据《黄克强先生书翰墨迹》

致宫崎寅藏书*

（一九一〇年四月二十八日）

滔天先生鉴：一欧来，得睹手书，义侠之概，溢于言表。奈此间事业蹉跎，未克及时把晤，怅何如之！兹略将当日致败之情形，报告如左，以慰锦念也。此次纯以军队为主力，定期在阴历正月初六日。不料正月初一、二两日，兵卒与巡警冲突，致为满大吏所察觉，加意防备。初三日新军（约一联队）一标及炮工辎（约一联队外）四营见其势已危，即与官兵战，相持数时间之久。奈新军子弹每人不

---

① 滔天，即宫崎寅藏（一八七一——一九二二年），号白浪庵滔天，是孙中山和黄兴的好友，积极支持中国革命事业。有《宫崎滔天全集》。

② 此句"先期"二字下，黄兴加有"◎◎"着重号。

③ 定平君，指定平伍一，日本退职炮兵大尉。

* 此信发自香港。

及四颗（因子弹均在城内），终以无弹退败。同志倪映典①，号炳章，安徽人，死之。其兵卒遣散，仍返乡里。官吏虽知吾党运动，表面上则为兵警冲突，莫能为革命实据，不致妄肆杀戮，亦幸也。然吾党之势力已普及于全军队（如北京、南京皆是），此次不过解散一部分，而其主要仍在也。今后人心更加奋发，一得机会，即再举动，可望成功。弟拟于北京及南京两处图之，较之广东之偏于一隅，则更有进也。今弟将往他处运动，然后回此，两处布置，数月之内，当有头绪，一得时机，即先电告。一欧已不能随弟来往，致碍他人耳目，故令暂返东京，面达一切，日后再唤之来也。抵东时仍乞督责，勿使优逸，至为心祷。中山已电止其行，目下想不来贵国也。匆匆即请侠安。皆样ニヨロシク②。弟兴顿首。三月十九日。

据《黄克强先生书翰墨迹》

为宫崎寅藏书条幅*

（一九一〇年五月十二日）

妖云淼漫岭南天，凄绝燕塘碧血鲜。庚戌正月广州之役，倪□③死于此。穷图又见荆卿苦，北京炸弹案，精卫、复生被陷。脱剑今逢季札贤。君与篁南君南来。七日泣秦终有救，十年兴越岂徒然。会须劫到金蛇日，百万雄师直抵燕。

---

① 倪映典，字炳章，安徽合肥人。时在广州任新军炮队营长，一九一〇年二月十二日（农历正月初三）在新军之役中殉难。

② 皆样ニヨロシク，日语，意为向诸位问好。

* 一九一〇年春，广州新军之役失败后，宫崎寅藏乘机运动长谷川大将，向陆军大臣寺内正毅铺张中国革命党势力。寺内派其亲信儿玉右二（即诗注中所称篁南君）随宫崎赴香港，调查中国革命党情况。是年五月，黄兴由新加坡到香港，与宫崎欢聚数日，是月十二日，宫崎偕儿玉离香港返日，黄兴书赠此诗。二、三、四句后均为作者自注。

③ 影印件此字不清。

滔天先生别半载矣，今复偕篁南君南游，晤于香江，欢聚数日，临行书此以志离踪。即乞哂正。黄兴。

据《宫崎滔天全集》第二卷卷首及上海《时报》
一九一一年十月二十八日影印件

复孙中山书*

(一九一〇年五月十三日)

中山先生鉴：三月十四号之电及廿八号之详函均前后收到。各同志读之，有此极大希望，靡不欢跃之至。兹委任状已办妥，同日由邮挂号寄上，乞查察施行为是。再将弟与伯先① 兄之意见略陈之，以备采择焉。

(一)先生与军人② 所议之方略，与此间所已得手运动之情形略有不同。弟与伯先意，以为广东必可由省城下手，且必能由军队下手③。此次新军之败，解散者虽有一标及炮(二营)、工、辎四营之多，然二标及三标之一营皆未变动。现虽有议移高州之说，恐一时尚不能实行。而巡防队兵卒之表同情于此次反正者甚众。现总督水陆提皆以巡防队可靠，(可断定多会党，运动必易，以湘人运动尤易)闻往招湘人约千人。北江一带约数百人，将来专为省防之

* 一九一〇年三月，孙中山在美国洛杉矶时，曾与荷马李(Homer Lea)等商议大规模反清起义方略，并委波司(charles B. Boothe)在美接洽贷款。因陶成章、章炳麟等在同盟会内部煽起纠纷，外间谣传孙、黄各树一帜，荷马李等提出要有正式文件证明孙中山为公认之领袖，才能借款。为此，孙中山于是年三月十四日及二十八日以电函致黄兴。黄兴和赵声等研究后，在复书中陈述了起义计划，并办理了委任状。时黄兴在香港，孙中山在檀香山。

① 赵声(一八八一——一九一一)，字伯先，江苏丹徒人。同盟会会员。一九一一年春，任香港统筹部副部长、广州起义总指挥。广州起义失败后不久，病卒香港。

② 军人，指荷马李，一九一一年冬随孙中山来华，南京临时政府成立后，任总统府军事顾问。

③ 以上二句中“省城”、“军队”字下，原件均有“〇〇”着重号。

用。李準① 原有之亲兵队约千余人(内同志甚多)。总共巡防计有三千之谱。若此兵数一能运动，则外无反对者。其方法俟大款得手,先刺杀李準一人,使其部下将校自相混乱(因皆李私人,多不得兵心,若易统领,则必更换其管带哨弁等,而兵卒之心更离矣)。变更于此变更之时,广用金钱(兵卒皆不丰足，负债者甚多，益以嫖赌,其势更岌岌),不一月可悉收其众。前次之失,立可恢复。省城一得,兵众械足,无事不可为。至广西一隅,同志之在陆军者约数千人(李书城、孙棨、杨源濬均在此),以刻尚未招兵训练，无可假手。至秋期则兵数想亦可招足,此方面不必顾虑,自能联合也。外会党一面,刻虽清乡,其人众稍为所慑,然兵去则聚,自成常例，至时亦可号召之。前所运动之基础固未摧坏，再扩张之，自易易也。总之,广东之事,视款为难易。以普通一般之军队多贪鄙嗜利，况有义字以激发之,富贵功名,唾手可得，何乐而不为此!此弟与伯先兄观察广东巡防军队之心理而可以断定者也。故图广东之事，不必于边远,而可于省会。边远虽起易败(以我不能交通而彼得交通故),省会一得必成。事大相悬,不可不择(此次新军之败，乃在例外)。倘先生与军人已决议择一地点,为训练兵卒、接收器械之处,亦不难图之,而为省城之外援。现广州湾已查得一地(此李应生与甄吉亭到该处查获者),可向法人批租。其地为旧公园。目下有一法人垦之不利,该处之公使亟欲弃之,价不过三千余金，又有房屋多间(有一大洋楼),另给千余元均可得。又李应生亦有地在该处,伊祖父给之使其自营者，亦可为之开辟。又张静皆② 兄亦有意在该处垦地。如一得款,可由李、张、甄等出名至该处领地，藏数千人,势亦不难。且新军中之高州人散归者，颇能团结一气,不为少馁。其该处之来联盟者日进无已(前新军之头目为之主盟,巡防会

① 李準,时任清广东水师提督。

② 张静皆,可能是张静江(人傑)之笔误。张在此件跋语中称:此件“先生在港所作。其时同志辈急谋继起,余亦与焉。”

党皆有），若二标移往该处，则势更好（闻五月间其在茂名、化州之营房可起）。此处可决定为之，一便于接械，二便于出西江，扼上游（南宁）之冲，收服巡防各队，略定西省南服，将来其有助于省军必大也。郭人漳处，自弟出后，弟曾通信一次，乃言王德润事，未见其复。今袁督[①]之子与伊至交，且兼有戚谊，若与商约，恐必举发其阴谋。惟有至时降服之，否亦杀之不足惜。至其所部之众，其新军一营驻廉州者为伯先旧部，今正闻广州之事，已跃跃欲试。余一营为湖南老营，多不满意于伊。他则皆巡防耳。一朝有变，反侧随之，无他虑也。然弟当试以他术，嗜利之徒或能可动，亦未可知，然总以不告以秘密为是。

（二）联络他省之军队及会党，此最宜注意者。今满洲之马杰及渤海之海贼，去岁萱野返日已带有二三人来，均有势力者。伊等只要求费用，即可活动。至少可集合三五千之众，扰乱满洲方面，趋近杀虎口、张家口一带（口外无兵，可随意越过），以惊撼北京，此则为出奇者也。势虽不成，牵制北清之兵力有余。又北清之新军，同志在其间者亦不少。前岁西挪拉氏之变，伊等欲乘机运动，虽无大效力，然种子已播，兹更图之，亦不难也。长江一带之会党，久已倾心于吾党，一有号召至，可助其威焰。尤以浙江一部为可用，王金发君等可得主动之。至三江之陆军，其将校半多同志，今岁闻伯先兄在粤举事，皆有握拳透爪之势，若事前与之联络，择其缜密者为之枢纽，势不难与两粤并。湖北之陆军虽腐败，然开通者亦不少。去岁有孙武者（湖北人）竭力运动，闻成绩亦好。湘中之新军虽不及万人，然有数同志为管带队官等，又督练公所及参谋等多同志人，较他处亦不弱。云南同志亦多得力，其经营有不俟他处彼亦为之之势。此次巨款若成，择其紧要、办其缓急以图之，必有谷中一鸣众山皆应之象，而吾党散漫之态，亦从而精神活动可

① 袁督：指清两广总督袁树勋。

无疑也。

（一）军人拟聘武员及各种技师前来，预备充组织及教练之用。此事弟等思之，颇有难处。无论难得地点，即有地点（譬如已得广州湾言），恐集合多人，耳目众多，流言四起，外人或不注意，满吏则必为之枕席不安也。况多数外人来此，尤易招目。此事可否婉曲商之，云吾党初期之预备，虽稍宽以时日，然后招聘人员（俟初期预备完全，由此间报告后，然后招聘方为妥当）。在伊等视之，以为此事必非速速可成，而吾等于稍宽之时日中得完全成功，出伊意外，想伊亦不见忌，必乐为我用也。我等于事起后，伊等之来，自是有益，此两无妨害之事，伊亦必允从。否则伊来，如事前败坏或放逐之类，皆于大局有关，且于教练实际上断不能施行。此种情形，想先生亦知之深矣。

（一）组织总机关之人材，弟意必多求之各省同志中，以为将来调和省界之计。一有款，弟拟去日本招求已归内地之同志（有胆识者）来日会议后，分遣担任赴内地运动各事。其智识卓绝或不能回内地者，则留驻日本，或招来港中，为组织总机关之人员。但目今不能详举其人名，以近二三年来未与共办一事，而为外间浮言所中者居多。必须开诚布公、推心置腹以感之，彼方见信。如孙少侯①君其人也。杨笃生②君在英专志科学，有款先生必要之归。此人思想缜密，有类精卫，文采、人品亦如之，美材也。蔡孑民③君在德，此人虽无阔达之度，而办事精细有余，亦难得多④。吴稚晖君甚属人望，惟偏于理想，若办事稍低减其手腕，自亦当行出色。他如在东山西之景定成⑤君，湖北之黄运甓⑥君，四川之李肇甫，湖南之左

① 孙少侯，即孙毓筠。

② 杨笃生，即杨毓麟，后改名守仁，时留学英国苏格兰爱泊汀大学。

③ 蔡孑民，即蔡元培，字鹤卿，时在德国莱比锡大学读书。

④ “得多”，影印件原文如此，应为“多得”。

⑤ 景定成，即景梅久，曾在北京主持《国风日报》，提倡中央革命。

⑥ 黄运甓，即黄侃，字季刚。

仲远、龚超(已出狱)、张百莼[①](三君皆有才，可办事，惟宜一方面)、刘揆一、宋教仁，山东之商启予[②]、丁惟汾，陕西之于右任，江苏之章梓等，皆能办事。此不过举其一二，至其能在内地实行运动者亦不乏人，想可招之使来。若我辈能虚怀咨商，不存意见，人未有不乐与共事者也。赵伯先兄于军事甚踊跃担任，此次款项若成，可委广东发难之军事于伊，命弟为之参谋以补其短，庶于事有济。伯兄刻虽不能入内地，以军界多属望于伊，为之自亦易易。若能得一次大会议，分担责任，各尽其才，事无不成矣。

以上所述意见，弟与伯先兄相同，可作两人函视也。

弟自去腊来港，省事败后，郁郁居此，一筹莫展。二月十八与展兄[③]、伯先同赴新加坡，欲运动小款以接济港中目前之危困。适先生此函至，毅生[④]兄电弟等返港。弟与伯先兄先后返港，展兄稍留，少得款后，亦当归也。现港中穷乏已极，势将不支。先生处如可筹得二三千元电来，以解眉急[⑤]，尤为盼切。

再要者：该军人及资家如不能运动，此刻想先生处已得实答，此委任状亦不必给之。以其中人名与省分不同者多，倘后日发见，必传为笑柄也。至要，至要！又弟在新加[⑥]时，宫崎由日来电约弟来港相晤。及弟来港，伊偕儿玉右二[⑦]来，此人与寺内正毅[⑧]有关系，大约日政府见满洲交涉无大进步，而清军队之表同情于吾党者

---

① 张百莼，即张通典，号天放楼主。

② 商启予，即商震，河北省人，书中作“山东之商启予”，疑是笔误。

③ 展兄，即胡汉民，字展堂，初名衍鸿。

④ 毅生，即胡毅生。

⑤ 以上二句中“电”、“急”二字下，原件均有“◎”着重号。

⑥ 影印件原文如此，疑脱落一“坡”字。

⑦ 儿玉右二，长谷川好道，都是日本军人。

⑧ 寺内正毅，日人，曾于明治四十一年（一九〇八年）七月出任桂太郎内阁之外务大臣兼陆军大臣。

日多，或一旦吾党势力可成，伊既无要求于满政府，而又不见好于吾党，两无所据；又恐他国与吾党密近，将来排斥己国，于东亚殊难立足。有此隐情，故宫崎乘间运动长谷川大将名好道者，由长谷川将宫崎所铺张吾党之势力绍介于寺内，故寺内密派儿玉与宫崎来调查吾党势力，不过证实宫崎之前言耳。在港不过一礼拜，弟稍夸张出之，略言法、美国民皆表同情，或能怂恿之，亦未可知也。

精卫兄事详毅、实①两兄函，不另。手此，即请筹安。弟黄兴顿首。四月初五日。

据黄一欧影印件，现存中国人民政治协商会议湖南省委员会文史资料研究委员会

致陈楚楠书*

（一九一〇年十二月二十五日）

楚楠②仁兄同志鉴：两日不见，相思如年。贵恙奚似，念念。少间能出门一见乎？要事均待酌定。生死关键，在此一着，苟有迟误，负国实甚，千金一刻，至宝贵也。鹄候驾临不宣。若贵恙不可以风，弟当趋尊处一谈。即祈示复为感。顺候痊可。弟黄兴顿首。二十四日。

据张永福：《南洋与创立民国》

---

① 实，指黎仲实。

* 一九一〇年十一月十三日，黄兴参加孙中山召集的庇能（槟榔屿）会议，决定倾全力发动广州起义。会后，黄兴赴南洋筹款。先至仰光部署滇事，继至新加坡，是年十二月三十一日至坝罗。时陈楚楠居新加坡，患病，黄兴约陈再叙。故此信未署年月。所书农历"二十四日"应系公元一九一〇年十二月二十五日在新加坡所写。

② 陈楚楠，福建同安人，南洋华侨资本家，居新加坡，同盟会会员。曾与张永福等合作于一九〇四年创立《图南日报》，宣传革命思想。同盟会成立后在粤、桂、滇发动的多次起义，陈楚楠都曾大力支持。

为邓泽如子命名贺词*

（一九一〇年十二月三十一日）

泽如盟兄素尽力国事，急公忘家，年四十二，尚未抱子。昨游说各埠，历四十余日，十一月二十九日抵家，三十日举一男，适弟踵至，数语后相与俱出，真有大禹治国，虽闻呱呱之声而不遑宁处之概。其子之能肖贤，又可卜也。爰秉斯义，用撰"光夏"二字以名之。颂曰：

明德之后，必有达人；

光复大业，夏声厥灵。

天运庚戌年十一月三十日　弟黄兴拜撰

据邓泽如：《中国国民党二十年史迹》

为张华丹题词**

（一九一〇年冬）

夏完淳者，朱明遗臣允彝之子也。十五从父起义，磨盾草檄，夜阑不休，满贼读之，魂褫气夺。十七就义时，赋绝命词遗母及妇云：

"孤儿哭无泪，山鬼日为邻；古道麻衣客，空堂白发亲。循陔犹

---

* 一九一〇年十一月十三日庇能会议后，邓泽如由庇能往太平、坝罗、金保、龙邦、吉隆坡、芙蓉、麻六甲、麻坡、新加坡各埠劝募革命经费。黄兴偕邓寿如寻访邓泽如，是年十二月三十一日抵坝罗，适泽如举一男，黄兴为命名"光夏"，并撰此贺词。

** 张华丹系张永福的五弟。原件未署时日。张永福在《南洋与创立民国》一书中，录有此件，作者自注云："上录黄克强君民元前书赠张华丹五弟。永福志。"按：黄兴于槟榔屿会议后先赴缅甸仰光，后赴新加坡，时为一九一〇年冬。题词当作于此时。张书中夏词脱漏之处，现据《黄克强先生书翰墨迹》校勘。

有梦，负米竟何人？忠孝家门事，何须问此身。

忆昔结褵日，正当擐甲时；门楣齐阀阅，花烛爽旌旗。问寝谈忠孝，同袍学唱随；九原应待汝，珍重腹中儿。”

绝衾裯以赴矢石，谭笑殉国，诚以无国则民族无自而寄；民族无自而寄，则为奴隶，为戮民，被宰杀压制于异种。独夫民贼其寄生于国外者，设为特别法律以遇之，光天化日，窜身无所。夫惟军神与国为生死荣悴，献其身于国家而不私，其斯为大汉魂哉！

华丹五兄正之

克　强

据张永福：《南洋与创立民国》

赠仇亮*

（一九一〇年）

天生此才必有用，我与子别当谁从。

据胡达：《仇亮事迹》，现存中国人民政治协商会议湖南省委员会文史资料研究委员会

致邓泽如书**

（一九一一年一月九日）

泽畬①我兄大鉴：握别后，车行至毕牵钉丁宜 Perhentian

---

* 仇亮于一九〇三年二月留学日本，初入东京弘文学院，改入振武学校，寻升入陆军士官学校。一九一〇年毕业归国，黄兴书赠此联，亮答诗有“誓把雄心挥一剑，积尸不羡故人多”之句。

** 在南洋各地筹款颇有收获，一九一一年一月九日，黄兴返抵新加坡。是日，函谢邓泽如。

① 泽畬，即邓泽如。

Tinggi,而车头损坏,急为修复,至十二点六分始前进,抵新加坡厅律则已九时四十分矣。汉民兄于初一日赴西贡,留书云:“誓死必有所得。”返时再经暹,或更能相助,预备必可完善也。伯先兄有电来催款,以前途火急之故。又另有一电,乃言械事,由子瑜①兄转至尊处,其稿弟已阅悉,可无劳寄来矣。所恳者,各处之款,今已略有数目,已由弟函请其赶速收齐,尽于年内汇寄香港(二十日以前单汇,二十日以后电汇)。再望兄加函督催,俾早收一日,则早得一日之用。且腊底运动,尤为有效,所有紧急之处,想各同志当能谅察也。此次巨款之集,虽由谭、王、郑、黄、陆、朱、郭②诸君及各同志之热心国事而来,实由我兄一人之至诚所感。黄帝有灵,锡以哲嗣③,其报不爽!弟虽不言因果,而天理自在,孰不信之?弟等惟有奋励厥志,慎小其心,力求有成,勉尽公义,更有所以酬知己,则私心方安耳。星款后所筹得者,闻陈先进兄允出一千,又陈某(忘其名)允出五百,陈五烈兄尚未定数。弟拟不日返港,以后函件请由李以衡转交克强亲收为荷(请用夹封,外封不写弟名)。余俟抵港续上。手此,即请筹安,并候谭禧。弟黄兴顿首。庚戌十二月初九晚。

再启者,五万之数,所差者,想怡保一埠或能筹得,乞函告王、郑、黄、郭、李诸君,向各支会苦口劝募为要。其麻坡、马六甲两处,兄与谭君到马时再为激发,必有慷慨输助者,并望一并收齐。张子敬兄处,弟亦有函告之矣。星坡土生闻秋露兄来必可运动。望兄再电知秋露兄速出星,能多得一分之财力,即多得一分预备之实力,所谓多多益善者也。十二日有日本邮船开行,拟附此回港。兴

---

① 子瑜,即邓子瑜,新加坡同盟会会员。

② 谭、王、郑、黄、陆、朱、郭,指谭德栋、王镜波、郑螺生、黄怡益、陆秋露、朱赤霓、郭应章,均为赞助革命事业的南洋各埠爱国侨商。

③ “锡以哲嗣”,指邓泽如四十二岁得一子。

又叩。

据邓泽如:《中国国民党二十年史迹》

致李源水郑螺生等书

(一九一一年一月十日)

源水、螺生、孝章①三兄大鉴:金保一别,不尽依依。是日偕谭、邓、朱三君宿芙蓉,初九日乘车出星坡。汉民兄已于初一日赴西贡,留书云:“誓死必得款相助。”刻尚未得其消息,不知能如愿否也。星款后筹得者,闻陈先进兄允出一千,又陈某(忘其名)允出五百,陈五烈②君则未定数,星埠大概止此。五万之数,虽所差不多,非兄等担任,不能足额。赵伯先兄有电来催,务乞拨冗赶速于日内收齐,汇寄港部③(二十日以前可单汇,二十日以后必电汇),俾得早收一日,则早得一日之用。且腊底运动,尤为节款而有效,其中苦心,想兄等当能谅察也。此次大款之集,全赖兄等慷慨毁家,以纾急难。弟等深悉其艰苦之状,敢不奋励厥志,慎小其心,力求有成,勉尽公义,更冀有所以酬知己者也耶!十二日有日本邮船开行,弟拟附此返港。以后函件,请加封由李以衡兄转交,即可收到。余俟抵港续上。手此,敬请筹安。各支会代表乞代致意。弟黄兴顿首。初十早④。

各支会代表乞代致意。

汇款人名住址:

“Mr. Lee Yee Han

Chungkokpo

① 受书人李源水、郑螺生、李孝章三人,都是南洋英属怡保同盟会会员。

② 陈五烈,即陈武烈。

③ 港部,指设在香港跑马地三十五号的广州起义机关部,后称统筹部。

④ 庚戌年十二月初十(一九一一年一月十日)。

231 Hollywood Road

Hongkong”

香港《中国报》李以衡。

同时请将银数开明，由李以衡兄转交宋玉孙先生。

据邹鲁:《广州三月二十九革命史》卷首影印件

致暹罗同志书*

（一九一一年一月十一日）

暹罗同志大鉴：启者，日并高丽，而与强俄协约，满洲、蒙古势已不保。英窥其隙，今已进兵卫藏，置防缅边，西鄙之亡，又可日计。德之于山东，法之于云南，铁路所过，蹂躏无完土。美于中国土地无所侵占，不能恣虐，特倡保护领土之美名，包揽其公债。而满洲政府方醉生梦死，昏不知觉，于日、俄、英、德、法则默认之，于美则欢迎之。对于国民，诡名立宪，以为欺饰，其实则剥夺国民种种权利，以行其中央集权之实。是中国目前状态，不亡于有形土地之瓜分，即亡于无形财政之监督。呜呼！是可忍也，孰不可忍也！今秋，中山先生特召集内地各部代表南来，相与确定计画，急起实行，破釜沉舟，拚此一举。预算发难费用十万金，向南洋、欧、美各分会筹措。前月中山先生已起程西去。今英属之地，得邓泽如兄等起而提倡，已大有眉目。汉民兄则由安南而至贵埠，望各同志尽情商榷，竭力捐助，少毁其家，以纾国难，则大款易集，而大业亦可成矣。顾内地同志既破其家，又牺牲其身者，所在多有。海外同志为地所限，不能亲入身冒其锋，今能掷金钱以偿其热血，亦义之至正。诸

* 广州新军起义失败后，黄兴与吕志伊等谋图在云南再举，得知暹罗同志储有大款，孙中山且曾函请将此款拨助滇部。旋滇事得云南寸尊福等之助，不需动用暹罗储款。而广州又再次策画大规模起义，时机迫切，需款甚急，所以黄兴致函暹罗同志，请其将上项储款拨归香港统筹部公用。

君慷慨豪侠,多不让人,弟知必有以集巨资以成斯举者。又贵埠常时储有大款，以备实行之用。前中山先生以滇事紧急，请拨助滇部，当时弟在仰光，得预闻其事。兹滇部得其乡人寸君①之助，已得三万元，势可不必需此。弟又与天民②相约，同时并发，以张声势。而弟仍归粤襄助其事,以该地紧要，一发即能制虏之死命也。其一切详情,汉民兄当为面陈。乞各同志赞成于各尽力捐助外,将储款尽数提出,以助公用。俾能多得一分之财,即能多得一分之预备。时机迫促，急于星火，务恳于年内汇归港部，尤为得用。且腊杪于运动一节,费省而效著,想各同志必能洞察也。临书不胜惶恐迫切之至。耑此,敬请公安,统希爱鉴。弟黄兴顿首。十一日。

再启者:弟于明日附日邮返港,如蒙赐函,即请寄下处为荷。

Mr. Lee Yee Han

Chungkokpo

231, Hollywood Road

Hongkong

外封:香港《中国报》李以衡先生收。

内封:请交黄克强。

据邓泽如:《中国国民党二十年史迹》及《黄克强先生书翰墨迹》

致谢乙桥书*

(一九一一年一月十一日)

乙桥我兄大鉴:怡保手上一函，想已入览矣。今英属之款，大

① 寸君,指寸尊福。
② 天民,吕志伊字。滇籍同盟会会员。
* 谢乙桥,一作逸桥,谢良牧之弟,广东梅县人。庇能会议后,二人在南洋筹款,并与黄兴等约定,得款后赴香港广州起义机关部。故黄兴作书催款践约。此书未署年月。书中有“怡保手上一函”、“弟昨由芙蓉出星,拟附日邮(十二日开行)内渡”等语。按:黄兴一九一一年一月三日(庚戌年十二月初三)在怡保,九日离芙蓉抵新加坡,十二日乘日本邮船由新加坡赴香港。据此,所署“十一日”(农历),应为公元一九一一年一月十一日。

致已有眉目，惟与十万之数相差甚远，而前途待办之事有如星火，不可迟以分秒。望兄前许之件，速速决心实行，驰赴港部办事。弟昨由芙蓉出星，拟附日邮(十二日开行)内渡，时期逼迫，无缘来尊处晤商，至为歉仄。良牧兄款事亦望赶速收齐，偕其管理人返港。切盼，切盼！伯先兄昨亦有函来催贵昆仲，意至恳切。因此函与展堂兄所商事多(展堂现在西贡，须将此函汇寄去)，故未呈上。专此，即请筹安。良牧兄统此未另。弟兴顿首。十一日。

据冯自由:《中华民国开国前革命史》及《黄克强先生书翰墨迹》

致谢良牧书*

(一九一一年一月十二日)

良牧吾兄鉴：弟由怡保上一函于贵昆仲，想已入览矣。昨又上一函，请两兄速速决行，以践前约。弟此次于四州府①所筹之项，虽稍有眉目，然不敷已甚。非得兄提荷属之款，决难开办。伯先兄屡有函来催兄提款(此数函因与展兄所商事多，故汇寄去)，并约其管理人回港。盖因清吏欲移新军于高州(正思设特别法阻之)，明正即实行也。有此一节，非速着手不可。昨夜闻兄今日来埠，欣慰无极。及船到而不见兄来，岂另有他故差池耶？乙桥兄所谋之事，亦迄促其速行，无俟观望。我辈今日为此最后之一举，必多得资以为完全之预备，方免失败。何日抵港？乞先电知。弟今日赴日邮行矣，不及相候，怅惘无似！留此，即请大安。弟黄兴顿首。十二午刻。

---

* 此件黄兴所书信封如下:“要函乞妥交谢良牧兄手启。克强拜□。”未署年月。书中所述，已见一九一一年一月十一日致谢乙桥书。此处“十二午刻”，为同年一月十二日登轮离新加坡前所写。

① 四州府，系指南洋英属新加坡、庇能、吉隆坡、怡保、霹雳、坝罗等州府中之四。

汉民兄刻在西贡，后经暹回此，兄断不能待伊，必请先决行也。克强又叩。

据《黄克强先生书翰墨迹》

致邓泽如书*

（一九一一年一月十二日）

泽如先生大鉴：昨上一函，想已入览矣。顷又得伯先兄来电，言需款甚急，已请沈联芳①兄电去二千（庚戌十二月初十日）。各处之款，乞兄赶速催齐，必于年内汇到。现所靠者仅有此款，断不可失期有误。匆匆下船，不及多述。即请垂察，顺颂大安。弟兴顿首，庚戌十二月十二日。

据《黄克强先生书翰墨迹》

致李源水郑螺生等书

（一九一一年一月二十一日）

源水、怡益、螺生、孝章、应章列兄大鉴：弟由星加坡寄上之函，想已达览矣。十二日弟由星附日邮返港，十八日午后抵埠。握晤各同志，将此次列兄筹款苦状及毁家纾难之义举，尽情宣告，无不奋励激发，勇气百倍。办事诸人，复矢以小心，力图完善，想无有败者。天下事所谓不爱钱、不要命，无不成者也。惟是时期迫促，所应预备之事至夥，专待外款到来方能着手。弟前过星加坡时以港

---

* 庚戌十二月十二（公元一九一一年一月十二日）午后，黄兴自新加坡搭邮轮起程返香港。此信为登轮前于新加坡发出。

① 沈联芳，南洋同盟会会员。一九一〇年冬，胡汉民、邓泽如等到新加坡在晚晴园筹款时，在场同盟会会员百余人共捐得三千元，其中一千元系沈联芳首先所认捐款。

电催促，已请沈联芳兄先电二千元以应急用。数日后，想各处之款亦可达到矣。十九日接尊处来电，知已由十六起连续纸汇达七千，想以后又必汇齐矣。同时又接到芙蓉电来三千五百，想亦日内可以汇齐。汉民尚未得其确实消息，将来除兄等所筹之五万数外，不知能达若干，窃为悬念不置。应章兄慈善班之举若何？亦望即速实行。能得一分，即多得一分之力，切不可视为少数而不为之。至祷，至祷！现数日内可将港部经理员举定，其所收各埠之款，必先有一总收单寄上，以为凭证。至各埠各同志之各出若干，亦请开明名姓数目，汇单寄来港部为要。现张鸣岐①到任，吾党之士之偕来者甚多，且得干部之职务，时机至好，真千载难遇也。再望各兄竭力援助，以成斯业，汉族幸甚！余俟续上，手此。即请筹安。弟黄兴顿首。十二月二十一日。

再，如此信到时，尊处有未收齐汇下者，务望催促是祷。兴又叩。

据《黄克强先生书翰墨迹》

致邓泽如书

（一九一一年一月二十四日）

泽如我兄鉴：弟由星坡②所上之函，谅早收到。十二日附日本邮船返港，十八日午后抵埠。询悉港中需款紧急情形，当即电告尊处，乞转达各埠赶速汇来，以应要用。今陆续收得者：芙蓉三千五百元，槟榔三千元，新加坡二千元，摆罗③由纸汇来约七千元（此款尚未收得，因前途有电告知），馀想日内亦可达到矣。惟汉民兄自

① 张鸣岐，时任清两广总督。

② 星坡，即新加坡。

③ 摆罗，通译坝罗。

初到西贡有信来港，后则无一字，料必是因邮局搁压，故未得其消息也。中山先生昨有电来云：“文到美，望佳。”据此，则美洲之后援亦有可靠。故弟等决议开始运动。因年关紧逼之际，效力至伟。今已派员向各省联络。惟是英属五万之数，非于年内到齐不足敷用。若兄得此信时尚未足数，望即催促电来，祷切之。兹尤幸者：张鸣岐到省后，有同志蒋尊簋（浙江人）、陶茂榛（湖南人，与弟曾共事者），一得委充新军协统，一得委充新军标统。其他之得为管带、队官者有数人。此诚千载一时之机。且二人与弟及伯先之感情尤好，若再预备二、三月，必能得完全之作用。此节至秘，望勿宣布。余容续述。手此，即请筹安。弟黄兴顿首。庚戌十二月二十四日。

再启者：此间于后日（廿六日）开会议，举定经理财政员。所有各埠捐款，即发给收据为证，容后由各埠将捐款姓名细数汇齐交到，再分别填给收条。特此布知，望转告各埠为荷。兴又启。

据《黄克强先生书翰墨迹》

与赵声致邓泽如函

（一九一一年二月二日）

泽如先生大鉴：顷奉到去腊二十二日发来之函，敬悉一切。今各处所汇到者：芙蓉，共一万〇五百元；怡保，约七千元；庇能，三千元；太平，一千；新加坡，二千五百三十元。大共二万四千〇元。其余想日内或有汇来，惟五万之数，所差尚远。除电告急外，特函恳我兄驰赴怡保，与王、郑、黄、郭、李[①]诸兄筹商，以足五万之额。现各方面均开始运动，需款尤急，望赶速电来，以济要用。若稍迟时日，则所差千里。此中苦情，仁明如兄，想能洞察之。陆、李处，毅

① 王、郑、黄、郭、李，指王镜波、郑螺生、黄怡益、郭应章、李孝章。

生可挑二百人编入敢死队，计画已定，特布知，以慰廑念。今财政已举定李海云君为出纳课长，四、五日后，该课印刷单据及图记完备，即当出具正式收单，照数寄上各处，以昭凭信。手复，即请筹安。弟黄兴顿首，赵声同叩。正月四日。

各同志均此。

据邓泽如：《中国国民党二十年史迹》

致邓泽如书

（一九一一年二月十日）

泽如我兄鉴：昨由港呈上之函，并催款之电，想早已入览矣。英属之款，计去腊至本日止，所收得者约三万五千之谱（惟内有槟榔五千元，顷接美洲函云，汇有美金二千至该处，不知此款内有美款否，俟黄金庆君详函来方得明晰），而五万之数，尚差一万余元。现各方面皆开手运动，需用甚急。除前电恳火急催收外，用再函求拨冗驰往怡保埠，与源水、螺生、孝章、应章各兄筹措，以竟五万一篑之功。如能逾额多筹，则更为感激。缘此间选锋效死之士甚多，专备发动时之冲锋陷阵，非有多少利器以资之，不足致胜。且不忍让其血肉相搏，致损锐气而多失我人才也。故此项之款，亦属不资（预算约在五万以外）。美款尚无确实消息，将来能达半数与否，不可得知。荷属亦未见其汇来。汉民兄之于暹、越两处，据函称，所得亦不过万金左右。是各处之款，多属希望，而可靠用者亦无几，近日弟与伯先兄等颇用焦灼。此刻专望兄等筹足五万之数，以为基本之用。乞兄等鉴弟等苦忱，其有以速救之为幸。前兄由芙蓉汇来港银二千元，今由出纳课长出具总收执一纸，今特呈上，以昭凭信。其余经手之项，望将姓名数目汇开清折寄来，以便造册存案。匆匆不尽，即叩筹安。弟兴顿首，辛亥正月十二日。

各同志均乞道安。

据邓泽如:《中国国民党二十年史迹》

致居正书*

(一九一一年二月上旬)

吾党举事,须先取得海岸交通线,以供输入武器之便。现钦、廉虽失败,而广州大有可为,不久发动,望兄在武汉主持,结合新军,速起响应。

据杨玉如:《辛亥革命先著记》

致邓泽如书

(一九一一年二月十四日)

泽如我兄鉴:顷奉到正月五日手书,敬悉一切。英属之款,今所汇到者共三万五千元,内有槟榔五千元,不知由何埠转来。昨据美函云,有款电汇该处,如此项果系美款,则英属只得三万,合五万之数,尚差二万。除电告速寄外,前已函达详情,想早入览矣。仍恳我兄电催各处,以竟一篑之功,不胜切祷。汉民兄由星加坡来函,暹、贡之款,约各六千。贡尚有望,今又由星往贡矣。谢良牧兄之款尚未有着落,前有函云去文岛,结果若何,不可得知。若果如文辉兄所云,亦不必多此一助矣。今各处方面进步甚速,惟待大款一到,即可兴师。中山刻已至坎拿大之云哥华①,日内或可得多少。金山与檀岛②,亦有电去催筹,但不知能达五万之数否也。我兄血

* 此件为回忆大意,又见《居觉生先生全集》。时为辛亥年正月。按:此信由刘承烈携往武汉,一九一一年二月十三日面交居正。故当为二月十三日前所写。

① 坎拿大,即加拿大;云哥华,今译温哥华。

② 金山,指美国旧金山;檀岛,即夏威夷。

性之友最多，能有特别法以筹得否？时机逼近，焦灼殊甚，望有以救之为幸。手复，即请筹安。弟兴顿首。辛亥年正月十六。

各同志统此问安。

伯先兄附笔致意。

据邓泽如：《中国国民党二十年史迹》

致邓泽如书

（一九一一年二月二十三日）

启者：前请以后函件照开来之信箱付寄，兹因该信箱为他人窥破，恐有不慎，请将该信箱作废，仍由《中国报》李以衡君转交。俟另设立妥后，再为通告。耑此即请大安。弟兴顿首。辛亥正月廿五。

伯先兄附笔致意。

泽如我兄鉴。

据邓泽如：《中国国民党二十年史迹》

与赵声胡汉民致加拿大域多利埠致公堂书

（一九一一年三月六日）

致公堂同志列位仁兄大鉴：前日收到尊处汇来军事费三万元，当即电复由温哥华转达，想已收悉。此间诸事俱已着实进行，规划以两粤为主，而江、浙、湘、鄂亦均为布置。经济问题自得尊处巨款后，亦已解决过半。若美洲如金山大埠等皆能实力相助，则成功必矣。尊处同志闻系先变产业，以急应军需，热度之高，洵为海外所未有，同人等不胜感服。内足以作战士之气，而他埠同志闻风而起者，当亦踊跃倍于寻常矣。不审中山君此时尚在英属否？各埠致公堂情谊相通，尊处以大力为倡，想必已有电函转告，使皆倾力赞助。事机甚迫，于现时多得一分之经济，不止有百十分之效力也。专此奉报，即颂义安。弟赵声、黄兴、胡汉民顿首。初六日。

收单一纸附呈，乞察收，并赐复示为荷。

复书乞寄香港信箱三百五十一号《中国报》。

据冯自由：《革命逸史》初集

与赵声胡汉民致冯自由书*

（一九一一年三月十二日）

自由我兄大鉴：连读手书两通，敬悉。自前次收到域多利致公堂款三万后，即具公函作复，并请转寄一函向越埠致谢，想俱收览。昨午得来电，知温哥华又汇到一万元。以加拿大一属而筹得如许巨款，微兄赞助之力，必不及此，佩感何似！第二手书云，兄尚可力任筹饷事，为源源之接济，真是余勇可贾。即从大局论之，事若发起，幸而有成，内地固不乏资，而外力仍不能无赖。以军用浩繁，无能预算，且购械、购船等类有不可限之于何方面者。欧美皆须有党中可恃之人，则前途乃大得力，兄能力任于外，匪细事也（日本于日俄战争时期中，其派任专员于欧美者，其得力不止在外交上，彼为成国且然，何况吾党）。现在时期已迫，惟款尚不足，除英属收到四万余元（日厘、坤甸在内），西贡、暹罗不过数千，加属四万，美属仅收过金山五千，视预算总额尚差五万元左右（预算额中以购械为最大宗，盖新军无子，则必有为之助者。此事兄可推测而知。而其谋

---

* 《革命逸史》初集所收此件未署时日。但冯自由《华侨革命开国史》中亦载有此信，无"尊夫人……"以下句和附言，但署有（辛亥）"二月十二日"字样，故此信写于一九一一年三月十二日。

已经告知中山，中山亦大以为然。惟原拟购械之价，今以因于窘难，每个之价常逾于原拟，乃不得已之故）。至当时所以预算至十四、五万，第一固由规模不得不大；第二则收入之预算，以为英属及西贡、暹罗可得五万（今所差无几），美洲全境可得六、七万，荷属可得六万（此为谢良牧、姚雨平、刘子芬数人运动，当港军事部成立时，据彼处资本家报谓八打威、泗水等处已筹定此数也，而岂知其后不然）。今美洲、加属亦已筹到四万，金山虽则仅五千，然尚曰仍筹，则美洲或亦去原预算无几。所难堪者，荷属所汇到者至今不及万元，此外则以款绌要缓之电相报，于是荷属之预算收入乃差五万，于全局关系至大。中山东行，则纽约、波士顿、檀香山等处必仍有大望。然能使时期展开，以待款来，则不可知。若于加属以外，更为中山之助，使得速举，亦所望也。尊夫人闻须待日本船，故至速亦须待月底动身。克如作好字，当交带上。专此即颂近安。弟兴、声、展堂顿首。

毅生因购器事，尚未归港（附及）。

正面相，克尚无之，或须设法另晒也。

据冯自由：《革命逸史》初集

致邓泽如书

（一九一一年三月十四日）

泽如我兄鉴：英属之款计今汇到者，共港纸三万七千二百余，内怡保埠尚不及万（王、郑、李三人仅千零）。前所云筹足五万者，所差甚远。今各方面着着实行，此五万均入为预算额，在正月二十前应尽支出者。而延至二月中旬，尚差万余，殊为焦灼。除再电告兄求转各兄设法外，再为详陈之。源水兄前承诺于弟者，应出星银千元，螺生兄亦如此，李贵子兄亦如此。且螺生兄尚许将铁路股票出卖之说，源水兄亦有将矿地出卖之说（交秋霞兄者），是当时之热心能毁产纾难，与谭、杨君相同。此间同人闻弟之说，无不感奋，祷祝无已。是望我兄有以催督之，使践前言，不胜切祷。此间事因满吏防备之严，用款更多（专购器用），今预算在十五万以外。美洲之款已有着落，但不能出五万之外。荷属近亦少汇来（泗水五千，巴城四千），然总不能足预算之额。若英属之万余不能寄来，是所差不啻霄壤也。弟等身命何足惜，为大局计，不能不稍筹完备，冀有以不败。况今各国瓜分之局已见实行，若仍图冒万险以为之，使国民吃苦，心何忍也。现如引弦已满，不发不得之时，公等岂能坐视？望大发仁慈，其有以救之。谨呈小像一枚，以为纪念。愿他日寻尸马革，尚能识我之真面目也。临书不尽，伏维垂鉴。即请筹安（此函请勿与外人阅）。弟黄兴顿首。辛亥二月十四日。

各同志乞致意。

据邓泽如:《中国国民党二十年史迹》

致李源水郑螺生等书

（一九一一年四月十八日）

源水、螺生、孝章各盟兄足下：启者，弟前在槟城[①]与泽兄晤时，即披陈弟等此次之决心，当蒙鉴详转达各兄。后得泽兄由巴罗[②]致中山先生函，知各兄亦深谅察弟等苦衷，允许亲往各埠运动，力集巨款，弟等不胜感激奋励之至。惟是时机日迫，需款甚急，南洋各埠虽得各兄为之劝募，恐普通之中，不能一时得此大数，而事终不办，用是忧心焚如。弟自愿献苦肉之计，身入重地，图恢复

① 槟城，即槟榔屿。
② 巴罗，即坝罗。

一城一邑，以为海外同胞劝。弟虽薄德，明知不足以感动同人，而区区私心，聊愿继精卫之后效一死而已①。更望各兄竭力设法，速为筹措，则虽死之日，而大事可成，其荣誉多矣。匆匆不尽欲白，详情请汉民兄转达。谨此哀鸣，伏维垂鉴。即请大安。弟黄兴顿首②。辛年三月廿日。

据邹鲁:《广州三月二十九革命史》影印件

致邓泽如书*

（一九一一年四月二十三日）

泽如先生大鉴：事冗，未获时通音问，罪甚，罪甚！本日即赴阵地，誓身先士卒，努力杀贼，不敢有负诸贤之期望。所有此次出入款项清册，虽细数亦有登记，当先寄呈公埠宣布，次荷属，次南北美洲各埠，无论成败，俾共晓然此次之款，涓滴归公。弟等不材，预备或有未周，用途即因之不当，负咎殊深。所冀汉族有幸，一举获捷；否虽寸磔吾躯，亦不足以蔽罪。惟此心"公""明"（此明字作光明释，非明察也，兴注），足以对诸公耳。绝笔于此，不胜系恋，即颂筹安。弟黄兴顿首③。辛亥年三月二十五日。

据邓泽如:《中国国民党二十年史迹》

---

① 指一九一〇年汪精卫与黄复生等在北京谋刺清摄政王载沣不成被捕之事。

② 此件于黄兴署名之下，盖有"铲除世界一切障碍物之使者"、"灭此朝食"二印。

* 此件与同日致梅培臣、李源水等五人书，均系黄兴当日自香港赴广州主持起义时的绝笔书。时距黄花岗之役仅四日。邓泽如有跋记如下："辛亥三月二十九之役，为吾人轰烈党史，泽当时蛰居南洋，与同志协力运筹，曾于事前二十五日（编者按：公历四月二十三日）黄克强君由港详致一函，个中血忱，流露言表。民国光复，而克强与黄花岗并古矣。经将此函分为四帧，悬之座右。世之凭吊是役者，水源本末，当有感于斯函。"（见邓泽如：《中国国民党二十年史迹》）。

③ 黄兴署名之下，盖有"铲除世界一切障碍物之使者"、"灭此朝食"二印。

致梅培臣等书*

（一九一一年四月二十三日）

培臣、源水、螺生、孝章、应章各兄鉴：事冗，无暇通候，罪过，罪过！本日驰赴陈地，誓身先士卒，努力杀贼。书此以当绝笔。即颂筹安。弟黄兴顿首。三月廿五日。

据邹鲁：《广州三月二十九日革命史》影印件

致海外同志书**

（一九一一年五月初）

良友尽死，弟独归来，何面目见公等？惟此次之失败至此者，弟不能不举毅生、雨平二人之罪。毅生所主张用头发公司之陈镜波，据现在事实观之（昨新闻纸已载有用头发送枪弹之说），陈实为大侦探。弟到省时，毅生即言陈自云曾充李之哨弁，毅是以不敢① 前寄之子弹取出（共计十包），以致临时无多子弹分配。其已储于石屏书院者，又临事畏惧，云有警查② 窥伺，取出予姚雨平③，致雨平有枪无弹，不能出队（所谓警察窥伺者，皆自相惊扰之词，以彼方张罗，任其投入，为一网打尽之计，必不为小破坏以惊吾党。故司后街、小东营、莲塘街一带，至廿八、九更为注意，然听吾人自由往来，

* 书末盖有"铲除世界一切障碍物之使者"、"灭此朝食"二印。

** 一九一一年黄花岗之役失败后，黄兴由徐宗汉陪护至香港养伤。因伤右手拇指，以左手拈笔作此书，将此役经过告海外同志。书中对胡毅生、姚雨平颇多指责，因胡、姚有不同意见，故稍后黄兴、胡汉民的联名信与此件颇有出入。《近代史资料》一九六三年第二期，此书题作《广州起义报告书》。

① 影印件原文如此，此处疑脱落一"将"字。

② 查，应为"察"。

③ 按文义，应是"不取出予姚雨平"。

如取如携，绝不查问。有一次老喻①搬炸药入屋，李应生之弟闻警察自相语云：此物想又是那东西。据此，则亦何惧之有？）。又廿八之期，原毅所主张。及弟到省公议廿九，即电告港部。而港见龙王庙添兵，即运动竞存②、执信提议缓期，健侯③亦恍不敌，赞同其说（后雨平到，甚反对改期，然伊亦要枪，数在五百以上，方允办。此刻枪所到者不过七十余支，而弟上期尚未取出，不敢作必得之数，是直不办而已）。弟见各部如此，所谓改期者，实解散而已。弟之痛心当何如也！故弟当即决心愿以一死拚李準，以谢海外助款之各同胞，亦令各部即速解散，以免搜捕之祸（当即与宋、周④二君商量，先将伯兄部全数返港，随即遣回籍）。一面保存已到之枪支，留与公等作后图。此即缓期之一段落也。后林时塽、喻云纪两君到弟处，云不但不能缓期，且须速发，方可自救，此巡警局早四、五日已有搜索户口之札饬，旦夕必发也（河南巡官系四川同志，报告于喻者）。弟以两兄之决心，欲集三、四十人以击督署，议亦决。毅闻之，又运动林时塽兄将已到三十人遣归。喻闻之愤愤（喻是日自来搬炸弹二次）。适李文甫兄来，多方劝慰，喻尚未允。而陈、姚偕至，云：顺德三营之同志皆归，现泊天字码头，即可乘此机会（喻闻即三跃，携弹以去，李文甫兄即返港报告）。陈遂往与其人商定，不久，即回复：其人已决。当即电港，定期二十九。弟意此三营若能返正，不患余营不降；现有新军以助之，事必可成，即定计画与竞存兄。弟即召集余人，以当督署。意欲督署一破，防巡即入，李準不难下也。孰料事竟相反，死多人以攻入督署，空洞无一人。观其情形，有如二、三日前去者。报纸所云藩司、学司适在开审

---

① 老喻，以及下文之"喻"、"喻云纪"，均指喻培伦。四川内江人，同盟会会员，专力制造炸弹，图谋暗杀清吏。黄花岗之役奋勇当先，后被俘牺牲。

② 竞存，陈炯明字。

③ 健侯，即宋玉琳。

④ 宋、周，指宋玉琳、周华。

查会者，皆是捏词。如两司在，必有轿及仪仗各物。今一切皆无，此中非又有一最密切之侦探报告，不能有如是之灵活。吾党头脑既多，姚又逢人运动，以巡防为最可恃，使弟部牺牲多人，姚之罪亦不少减。又可愤者：既约定时刻陈破巡警局，毅率二十人守大南门（毅自云，欲驳壳十余支，只给弟部六支。后毅亦不知何往。若当时自己不出，多给弟十余支，则殪贼必多，或全部击出城外，亦未可知。弟思及此，尤叹毅之无良）。姚部即不能出，则驰往新军，必可成功。何姚并此不为，徒作壁上观耶？是可忍，孰不可忍也。呜呼！闽友四十余人，川友十余（五）人，战时无不以一当百。林时塽兄在西辕门（当攻卫队时，见当门投置炸弹，曾弹如雨集，屹立不动，无人能当其勇者），当街中招抚李準之先锋队，脑中枪以死，余在卫队门首死者多。方声洞[1]兄偕弟往奔大南门时，与巡防遇于双门底，首先开枪，击毙哨弁并伤多[2]，曾闻于南门口就义。弟归途觅其尸首无着，不知果在何处。喻云纪兄当攻龙王庙时，一人当先抛掷炸弹，巡防见之，无不披靡。昨报纸所载某米店叠米为垒，与敌鏖战，三十余人尽被其焚毙者，弟料必喻兄所率诸人。朱执信兄当攻督署，奋勇争先，迥非平日文弱之态。在督署二门时，为后到[3]误击，伤其肩际，当时顾坐地告以伤处。弟慰止，勉忘其痛苦，则立起如前，其勇有加。后偕弟往大南门时，弟与方君稍前遇敌，遂不知以后事。昨闻得养伤于陈村，是亦不幸中之一幸也。李文甫兄亦奋勇向先，当攻卫队不久，即不见其人，弟料其必死于是间。昨晤徐维扬云："往小东营处。"不知确否？何克夫兄本率弟部攻督[4]正门，后转攻其侧门，至收队攻龙王庙时，闻不见其人，想亦死

① 方声洞，福建闽侯人。

② 此处疑脱落一"人"字。

③ 到，应为"列"。

④ 此处脱落一"署"字。

于是也①。弟旧部得生还者,仅刘梅卿一人。此人屡战向先,临机敏捷,竟不带一伤,尤为可喜。郑坤闻带数伤脱险返来,思之凄然。闻两人有入舍杀人事,惟属自卫,情尚可原。郑坤请给资就医为要。此次攻督署者共约②三十人左右,内有徐维扬四十余人,刘古香十四人,徐、刘部稍弱。徐部由督署分队时,即驰向小北门去。是时城门洞开,城上并无守兵。七时二十分顷,弟往南门时亦然。当时巡防新军若能入城,必无阻者;且有弟等往大南门,徐往小北门,亦足资接应。惜皆虚伪,徒陷弟部多人,岂有人心者出此!呜呼!吾不为我死众友哀,吾为生友哀,吾并自哀。且寄语仲实、璧君③、毅生诸人:兄等平日所不满意之人,今竟何如?毅生平日自诩一呼即至者,今竟何如?二十八晚劳朱执信驰往该处,二十九午后三时归来云:"有十人来,至蓬塘街头发公司。"比朱兄往视,则弟部李群带来有十人,朱兄始恍然曰:"我受其骗矣!"噫嘻!此"骗"字朱兄言之,恐毅生此刻还不言之,反为辩之,其愚有不可及者矣。弟本待死之人,此等是非,本不足表白。惟此次预备时期,推弟为统筹部长,事之成败非可逆料,而事之实际不可有诬。以前屡次革命,伤吾党人材,未若如是之众。今若聚闽、蜀之精华而歼之,弟之躬虽万剑不足以蔽其罪矣。今手足虽疮痍,大约两礼拜即可就痊,报吾良友之仇亦近。今乞少助药费,以便即往医院疗治。并乞展兄向仲实兄假三千元,为弟复仇之资,将来用去剩余还上就是。因出血过多,头部时为昏眩,不能多书,勉以左手拈笔。

据黄一欧藏影印件,现存中国人民政治协商会议
湖南省委员会文史资料研究委员会

---

① 何克夫当时并未阵亡。

② 此处疑脱落"一百"二字。

③ 璧君,即陈璧君,汪精卫之妻。

附：谢良牧记

（一九二八年十月一日）

此辛亥三月廿九之役黄克强先生之第一次报告书也，为先生走出香港、蛰居养伤时所作。经同志传阅后，即留余处。匆匆十余年，以国事嬗变，忧患迭乘，未遑顾及。今岁黄花节，同盟旧侣曾与是役者闻书尚在，多来索观。余维后死之责，并循诸友命，因付装池，其垂久远。横流未艾，谨志此以贻后贤。民国十七年十月一日。谢良牧记于广州。

据黄一欧藏影印件，现存中国人民政治协商会议湖南省委员会文史资料研究委员会

与胡汉民致谭德栋等书*

（一九一一年五月下旬）

德栋、泽如、心持、赤霓、梦生、培臣、源水、螺生、孝章、应章、敏飞、黄子、秋露先生及芙蓉、坝罗各位同志大鉴：自起事至今，始能执笔综述报告，盖以善后事繁，头脑昏痛，未暇作详细之书也。今请将此次举事先后情形一一叙之。

自去冬克、伯、展三人到庇能与中山先生会议后，即提起筹款大举之议。于是伯先先归港，顾存前此支部之机关，一面为扩张进行之计。十二月，克既由仰光出，诣芙蓉、坝罗与各同志孰商，知南洋款已有着，后即返港，就港部办事诸人草定章程，分科担任。

（一） 军事部分科担任之情形

设统筹部，统揽一切计画，选举克为长，伯为副长；次则有调度

* 一九一一年五月初，黄兴移居九龙筲箕湾静养。与胡汉民联名致书谭德栋等，由黄兴口述，胡汉民执笔。叙述广州之役经过极详，并总结了一定经验教训。抄发数份，分致南洋各埠，个别字句，略有出入。现以《黄克强先生书翰墨迹》一书为基础，参照曹亚伯《武昌革命真史》及邹鲁《广州三月二十九革命史》校订。十六小题，为曹书所标，一仍其旧。此书未署时日。但书中提到赵声近日因病逝世，此书当在一九一一年五月十八日（赵去世日期）以后不久发出。

处，以运动新旧军界，举姚雨平为长；有储备课，以购器械兼运送事，举胡毅生为长；有交通课，以交通江、浙、皖、鄂、湘、桂、闽、滇各处，举伯先为长；有秘书课，掌文件，举胡展堂为长；有编辑课，草定制度，举陈炯明为长（展未归港时，秘书亦由陈代理）；有出纳课，以司全部财政之出入，举李海云为长；有总务课，以司其他一切之杂务，举洪承点为长；有调查课，以调查敌人之情形，举罗炽扬为长；其余同志，各以其能力分属于各课，共同效力。此分科担任之情形也。

（二） 破坏粤城之计画

发动计策，原以军界为主要。从前运动在新军，此次调度处之设，则兼及巡防营、警察。但警察无战斗力，巡防营自正月举办清乡，驻省不常，故仍倚新军为主。新军有枪无弹，所有仅备操时数响之用。则必先有死士数百发难于城内，破坏满清在省之重要行政机关，占领其军械，开城门以延新军入，然后可为完全占领省会之计。此亦在庇能时与中山先生所共定者。初拟招集死士五百人，名曰选锋，后以方面多，而力量恐不足，则加为八百余人：一、攻杀张鸣岐，克任之；二、攻杀李準，伯任之；三、占领督练公所，徐维扬任之；四、防截旗满界，并占领大北、归德两城楼，毅生、炯明二人分任之；五、攻破巡警道中广协署，兼防大南门，梁起、黄侠义任之；六、攻占飞来庙军械局，兼破小北门，延入新军，姚雨平任之。以上各率百人。李文甫任五十人，入旗界攻石马槽军械局；张六村任五十人，占龙王庙高地；洪承点任五十人，破西槐二巷炮营；罗则军任十人，破坏电局（以上选锋之计画）。选锋之外，加设放火委员，入旗界租屋九处，皆在其要地预备临时放火，以扰其军心。此发难计策之大略也。

（三） 预算并支出之大略

以有八百人之选锋，则最少要有枪械六百，故预算储备课之经费四万余元，为购械及运送之费。调度之预算二万余，统筹部二万余，交通课五千。选锋八百人，召集屯众种种之费，约人需三十元，故亦预算二万余。惠州预算费五千。合以总务课杂费及放火委员等费，共总预算必要费约十二万余。另预算预备费数万。当克到坝罗时，承热心数同志担任英属南洋筹足五万。因预算中山到美洲，至少有五万元；而谢良牧于十二月到爪哇泗水，已报告筹得五万；其后有姚雨平之友再为运动，饬彼中人必交雨平，而泗水来信，则担任六万；又刘芝芬①往荷属，自任能另筹一万元；文岛筹款员又报告可得二万元以上。伯先回港，即就港与曾伯谔商，令姚雨平切实与之交涉。据其答应，兄弟各出万元。故大略定为荷属有六、七万之收入（讵其后泗水于正月来五千，久久无信，至三月始又来五千，三月二十几始又来万五千元，前后共计二万五千元。芝芬交来出纳课三千，合之古亮初、谢鲁倩所交，荷属总共不过三万。谢良牧回港未交一文，曾伯谔兄弟始终一钱不出）。二月间，英属南洋连西贡、暹罗之款，亦已及五万。美洲则域多利致公堂变产电到三万三千，温哥华致公堂电到万九千，满得可埠电到一万一千，金山一万，檀香山二千，纽约二千余。故英属南洋与美洲俱不失预算之数（美洲且过之），独荷属款未符原拟，且迟到。弟等信海外爱国同志，其热度无有高下；惟筹款员到荷属者实不统一，纷言运动，经手又不一人，所以与各处稍异。此经济出入之大略也。（出纳课组织严密，凡各处捐款，以交到出纳课发回收据为凭。其未交到者，即惟经手人是问。凡用款，必统筹部长认可签字，由出纳课长支付。事后当使出纳课将总数收支部②呈寄南洋，以次转美洲，昭信用于各埠，此系发难前弟等公决如此办法者。）

（四） 事前杀李準之无成

① 刘芝芬，即刘芷芬。

② 影印件原文如此，“部”恐应为“簿”。

初拟于去年十二月先杀李準，以去一大阻力。适冯忆汉自庇能回，伊力任其事，已教以装配发掷炸弹之法，且为之布置一切。而冯屡次推宕。延至正月，弟等以此事行之不宜于发难时期过近，乃与约限不得过二月十五。冯则匿迹十余日始出，自云堕水染病返乡。及出，再为之谋，伊忽言弹药须人代装。及派人往，则又言无须。其始于去年，克等即问伊，需否租店为业？伊力言不必。到二月，则又言必须觅铺，否则仆仆为劳。二月初旬重来香港，伯先怒其反复游移，毫无决心，面责之，伊若稍发愤者，则再请给费五十元（以前已屡支公款约数百元），使为最后之经费（盖弹药各事已为布置，此只系居省城之旅费耳）。冯扬长而去。临行与约最迟不得过二十，以要其决心，且以经过许多时间，仍不能图，则必不实也。冯去后未几，而又返乡。其在省未尝到省机关索取利器，以是贻误。当时伊若不自负，则尚有他人担任。乃彼色厉而内荏，蹉跎误事，此着关系不细。以彼之慷慨自承者，竟无其事。而温生才则不谋于朋友众人，一击而杀孚琦①，其志行真属高卓。但孚琦死，而我党之障碍物犹在，且使彼惊骇而预防，真吾党之不幸也。

（五） 惠州事件之失败

军事既以省城为主力，同时着手于惠州，以惠州为省之屏蔽，形势所在。去冬，曾秀自南洋归，克等即与商办。惟察其人军事上智识不周，决不足以当一面。因与伯先共任，罗炽扬主其事（因姚雨平力保之，伯先亦素器重其人）。罗嘉应州人，曾为新军炮营排长，去年正月之事犯险而出者。预算其经费需五千元，运动会党，购枪弹为补充。罗使同乡陈甫仁入惠交通严德明，而身自带银数百往汕，谓将购械。前后共支四千余元。自汕归港（其在汕又令港

① 温生才，字练生，广东梅县人，在南洋参加同盟会。一九一一年春归国至广州，蓄志刺杀与革命坚决为敌的清军水师提督李準。四月八日，温误认清广州将军孚琦为李準，将其击毙。被捕后英勇就义。

寄五百元为械价，言已定购，须此数立付价也)，仅携回六响数支，每支最多不过值十余元者。是时罗则军[①]、曾其光二君因展之约自南洋归，展邀罗、曾与炽扬共事。炽扬不欲，谓二人有揽归惠州人自办之意，将来必且坏事。而罗则军、曾其光则调查得炽扬挟妓浪费，及种种不名誉事。克等犹未敢深信。然汕头购械汇银五百，而只购小枪数支，则已不能无疑。及二月下旬，炽扬见陈甫仁偕严德明出，则谓运动已成熟，须亲入惠，求补加枪支。遂给以驳壳一、八响一〇、七响曲尺九，切嘱其设法运带(是晚支银千五百元，连前后伊一人实支过四千余元)。迨伊行至澳头，遽被搜去枪支，同伴四人，陈甫仁、严德明被捕，伊与沙姓幸免。伊归港报告，则云同时失去现银二千三百。阅二日，严德明自虏手逃出，则言当被搜时，既发现枪械，即将行李物件一一点明取去，其中并无银两。以此质炽扬，炽扬惟矢天日而已。德明被捕，炽扬见之，既捕一日，尚未起解，借入厕所潜逃得免，炽扬未之料也。及德明闻炽扬支过公款四千，则大惊奇，谓甫仁入惠，所用不过二百余元，余款安在？而炽扬嗣是亦匿迹不出。克等始爽然知人之不易！然炽扬不可恃，而惠州未可不顾，则以之专责严德明与锺君任之，另外备款二千五百元为用费。严、锺皆若操必得之券。顾二十七日(是日克已入省，展为代理)，锺尤出，求加款数百，谓可多得数百人云云。展以时期已迫，锺尤来港，且得人亦复何用。叩其枪械，则云已购定，未到手。大约二十九或来不及，则纵火焚城亦是一策云云。及二十八晚，省再定二十九之期，展乃发密电与之，使三十发动。然至今尚无消息。(初一日，有嘉应州人黄醒民贸贸然来，自云报告惠州已破。叩其说，则摭报纸之传，语语荒唐，展立斥去之。)惠州之无效，实不得其人以办事也。(曾秀初不愿与人共事，及炽扬兵败，举以专任，则伊亦不敢承。所谓既不能令，又不受命。)

---

① 罗则军，即罗仲霍。

（六） 展缓时期之原因

至原议三月十五为发动期，顾不能不展缓者：一则美属款未到全，荷属万五千元，更到于二十以后；二则适遇温生财事件发生，省会方戒严，欲俟其防弛；（旗界所租备放火之用屋，有数处被查诘，讵其后任事者竟由怯迁避。）三则日本所购之械，其大数尚未到。其中尚有一误事之人，则由日本带枪系托日本留学同志以行李分次携归，港无入口税，向不搜查。一日洪承点见金山上海船到，有上船搜查者，归报克，因电日本，令来者注意。日本吴君是时主任发付之事，因告知带货之周来苏（湖南留学生），并为改搭头等位。周以为专令伊自己注意防卫也，舟过门司，已尽弃之大海，凡七响无烟七十五支，金山单码飞箭之六响四十枚，码子数千。船到香港，则并无搜检者，许多利器尽付洪流，不知是何肺肠？而此帮货到于二月下旬，无此颟顸之人，则早已接收得用矣。然早知四月初有二标退伍之确消息，故时期亦只能尽三月底。乃粤吏自温生才事件后，防备日密，侦探四出，南洋则有报告，北京则有电报，风声渐紧，然同志决不肯知难而退。

（七） 选锋之召集

是时外省之选锋，到者十九。伯先所部悉江南安徽人。克则有川省同志数人，闽省同志数人，皆留学生之最有程度者。闽同志并招其乡死士三十余人来，南洋、安南之同志来者悉愿从克。既皆集居于港，初众议恐选锋临时不及照应，故公定先期齐集于省城。至二十四、五，伯先之人已半上，克所偕为将领之同志亦先上，余人所部亦陆续上。

（八） 器械之运送接收

至于器械，则弹子已由头发密运到达，枪则仅运到七十余支（系西贡到者，由周之贞、郭汉图与展妹从他路运入）。毅以十几上省，储备课事由克、展代理。头发及他路输运之策，原定于毅，其担任头发者为陈镜波，于港设头发公司一（名为公司，不过一小铺，月租十余元，店伙即自己人，不须侈费），省设公司三，其始凡运码子三次，以少而续多，皆无失，乃颇恃此路，毅亦因此而愈信镜波。至二十四，日本之械已陆续到，则续由头发装运。同时王鹤鸣与杜君（俱星洲同志，业机器者）发明一法，用罐头装载，于二十六日始付寄。二十七，西贡大①二次械到，日本之械亦全到，则俱由头发装运。连日风声愈紧，港部恐省中无主，因共请克于二十五晚入。克未入时，省中已欲定二十八举事。

（九） 克入省定期及二十八改期之事

及克入省，爰定二十九，因电告港部。盖预计西贡及日本之械至此日方能运到接收分配也。讵二十七日张鸣岐、李準调回巡防二营，以三哨助守龙王庙高地。毅生即提议改缓时期，陈炯明和之。宋建侯亦惧不敌，赞同其说（宋君，伯先在省之代表也）。姚雨平则反对，惟姚亦要枪数在五百以上方允。此时枪支接收者，不过七十余支。罐头一帮，尚未取出，不敢作必得之数。原公议到期必发枪械，或有意外，则不能照原数分配。今姚为此要求，知必难办到。克见各部如此，所谓改期，无异解散，克之痛心为何如！故克即决心愿以一人一死拚李準，以谢海外之同胞，而令各部即速退散，免被搜捕之祸。当与宋健侯、洪承点商量，先将伯先所部全数退港，余亦陆续退去，一面保存已到之枪支，留为后起者之用。后林时塽君、喻云纪君到克处云：不但不能缓期，且须速发，方可自救，以巡警局早四、五日已有搜索户口之札，旦夕必发也（河南一巡官系四川同志，报告于喻者）。克以两兄之决心，则欲集三、四十人以击督署。议已决，毅闻之仍不谓然，复说林使遣林部十人归。

（十） 仍定期二十九之原因

是日姚雨平、陈炯明偕至报告云：李準调来三营，由顺德返者，

① 大，当为"第"字之误。

内皆同志，其哨官十人中八为同志，一为中立，一反对耳，现泊天字码头，即可乘此机会。姚、陈遂往与其人商定。不久即回复，言其人已决心。当即密电港，仍定期二十九。克意此三营若能反正，不患余营不降，况有新军之大力从外而入，又巡警教练所有学生二百余人，皆决心相助，事当可成。

（十一） 临时改定任务

即定计画：陈任八十人，攻巡警教练所。姚任破小北门、飞来庙，并起①巡防营与新军。毅以二十人守大南门。克自攻督署。定约二十九午后五点半钟。是早早船，克部闽省同志及海防同志俱上省，但②入克处。伯先所部亦有数十人上省，但俱未到其代表宋君之机关，致宋君无一人，不能独当一面（伯所部更有领盘费上省而即他逃者，谓不满意于军令之忽退忽进，于是叹李文甫、罗则军为难及也）。

（十二） 克独攻督署之情形

克即召集余人以攻督署，由小东营出，枪杀巡警于道，疾行而前，猛击卫队，杀其管带，破入督署，守者皆逃。并有一二卫队被迫署内，不得出，弃枪降，求为引导。于是直入内进，克与林时塽、朱执信、李文楷③、严骥君等亲行遍搜，无一要人。克欲搜觅放火之材料，如文件书籍之类，亦不可得，乃置火种于床上而后出，（及克出大南门到河南，火始大。）观其情形，有似二、三日前走去者（报纸云，藩、臬适在开审查会，皆虚捏之词，以内外无舆轿仪仗一切物也）。知发动之期，知督署之必攻，此中当另有最密切之侦探报告，否则不能如是之灵活。（二十六、七，毅生已疑陈镜波为侦探，后益知其确。然再定期二十九；临时克亲攻督署，此等事陈尚不足以知

---

① 起，疑是“迎”字之误。

② 但，疑是“俱”字之误。

③ 李文楷，应为李文甫。

之。姚雨平逢人运动，力信巡防营为可恃，此必又为人卖，而使满吏知吾军一切内容。）

（十三） 以后巷战之情形及党人死事之勇烈

初攻入督署时，仅死三人。既出督署，则林时塽（福建人）于东辕门招抚李準之先锋，盖是时李準卫队已至，与张鸣岐卫队合（以伯先所部常言先锋队已交通多人也），突然脑中枪死。克中伤右手，断两指，他同志亦多死于卫队门首者。时分兵三路：克与十人欲出大南门，与巡防营接；徐维扬以花县四十人欲出小北门，与新军接；余川、闽同志及海防、南洋同志，欲进攻督练公所。方声洞（福建人）兄与克俱与巡防营遇于双门底，见其并无相应之号，且举枪相向，乃急发手枪，立毙其哨弁。敌来愈众，战死。喻云纪（四川人）与七十人攻督练公所，途遇防勇，绕路攻龙王庙，一人当先，抛掷炸弹，防勇为之披靡，后失手遇害。李文甫（广东人）先攻督署时，非常猛烈。既出，伤其足，后为虏获，从容谈笑以死。其余殉国而死者，粤同志则有罗则军、李子奎、李群、周华、王鹤鸣、杜君、李文楷、马吕、罗坤；四川则有饶国梁、秦炳；福建则有林觉民（林、陈数君尝学法律，皆编辑课课员也）、陈可钧、陈与新[1]、刘六湖、刘元栋、陈更新、吴任之、冯郁庄、林尹民、郭炎利、郭增兴、郭钿官、郭天财、翁长祥、陈孝文、陈大发、林茂增、王文达、林七妹、曾显、刘文藩、虞全鼎、周团生、吴顺利、吴炎妹，尚有不知姓名者一人。徐维扬之部下花县之众死二十四人，被捉在监者六人，负伤生还者十六人。克既负伤，偕方声洞等在双门底遇防营，犹豫未肯先发枪，既审敌枪肆击，回顾部下，不见一人，乃以肩撞破一小店门入，而后掩之从内发枪，轰中七、八人。敌却，且不知克所在，亦停枪声。久之，闻其传呼，须急往保护提署，乃相率去。克遂易服出大南门，入河南女同志家，初二日始返港。朱执信兄攻督署时，奋勇争先，迥非平日文

① 陈与新，即陈与燊，福建闽侯人。

弱之态。在二门，为后列误伤肩际，仍偕克攻出大南门，遇敌相失，幸遇其门生家，入易服走出。何克夫负伤力战，出大南门后，就至戚家易服，至初三日出。四川熊克武，福建王以通、严骥，皆负重伤而出。郑坤负伤走大南门，入一小店，为所逐，且呼贼，坤愤杀之。刘梅卿辗转战于小北门一带，众既散亡，闯入人家，亦杀人夺衣而出。此二人事由自卫，情尚可原。郑坤甚戆，然甚勇敢。刘梅卿则每战必先，临机敏捷，洵为战将。周之贞、杨十两人；战后亦幸走免。克同攻督署者百三十人左右，内有徐维扬四十余人，刘古香十四人，徐、刘部稍弱。余虽以朱执信、李文甫、陈与新之温文，而敢先当敌，无丝毫之怯懦，盖义理之勇为之也。林时塽本同与陈与新、林觉民在日本筹得经济，将归闽起事，既来港，则同效死于粤。闽省同志多在东毕业专门学校者，年少俊才，伤心俱烬！喻云纪学药学毕业，能制炸弹炸药，精卫北京事件，喻实同谋。炸弹发现，喻再往日本合药，而精卫、黄理君[1]被捕。此次举事，喻最先决心，盖已置死生于度外。罗则军本有十人，担任毁电局，至二十七令其退返。李文甫有五十人，欲攻石马槽，亦于是日受令退返。而二人再知定期二十九之说，只身赴难，殉义而死，俱为难能。王鹤鸣、杜某某[2]、李文楷，事事勤慎，不辞苦瘁，仓猝战死，可惜可哀！战之翌日，海防同志数人入米店，据米为垒，抛掷炸弹，营勇不敢近。张鸣岐下令焚烧，惟罗稳走出。伯先在省代表之宋健侯君，亦轻裘缓带之士，既已遣散其部下，仍与数人合克队攻督署，后不知如何被捕。各报登有宋玉琳口供，慷慨仁明，如见其生平矣。庞雄为高州吴川人，素运动广州湾方面，此次亦遇害。石经武留宋健侯所住机关，被捉，亦从容就义。其余江、皖、湘、粤之士，虽未与战，而陷在城内，以无辫被害者不少。

---

① 黄理君，即黄复生。

② 杜某某，指杜凤书。

（十四） 失败之原因与担任务者之不力

此次以经营过久，人先械到，日露风声（此着乃事势使然，因预料购械之地，多不如愿也。而周来苏之弃枪大海，要重购重运，亦贻害不细）。且知人不明，内藏侦探，使敌为备。至温生才之事件，新军之退伍，皆属意外之障碍。然使各任事之人，俱能尽其任务，则虏虽密防，而其战斗力如彼只百余人[①]，横直冲突，虏儿无如何。克即晚出大南门，徐维扬到小北门，俱无守备者。当时若巡防营从南入，新军从北入，必无抵御。张、李为空衙空城之计，若军界有变，即不啻自始伊戚。而孰知一皆虚伪，平日专任调度处之人匿不敢出，伪言其众有枪无弹（是时雨平所部全在省，并未退去他处。初雨平言毅生不肯发弹，克亦姑信其言。后查知伊已由女同志忠汉[②]手收弹三千余，且是日雨平到某书院取两[③]枪弹，二三其说，后亦不自取而去。惟有弹三千，尽足以起。又伊另支公款三千五百元，为自购枪弹之用，此项又安在？以平日惯为运动，至难[④]信为可即反正之军队，一与触接，又复何难？倪映典只身入军，而三千人反。人之贤不肖，相去远矣）。是日再三言巡防营必反必应，克等因之再定二十九之期，讵伊临时并不一往应接（防营与我党相遇，亦随处敌视），非诈伪欺人，即忍心作壁上观耳。此姚雨平误事之罪也。毅生本任百人，连东莞五十人，为百五十人，二十七因有改期之说，乃尽遣返。二十八晚，由执信兄驰往顺德，二十九午后归云，有十人至莲塘街，比往视，则克部李群带来之人。克知毅众不能复来，乃听其择陈炯明二十人守大南门。讵其日三时，陈炯明驰至□□书院告毅，谓又改期三十（此说系港部二十八晚发电求缓者，因二

---

① 影印件原文如此，但文义不通，参照曹亚伯《武昌革命真史》，此句应为“而我战斗力如当时只有百余人”。

② 忠汉，即徐宗汉。

③ “两”字疑为衍文，或系脱落一“次”字。

④ 影印件原文如此，疑系“确”字之误。

十八晚十时，港始接省再定二十九之密电，以早船不克全部来，乃分早晚发，早船少，晚船五只也，而同时发电求缓)。然克等在省议已决定，陈炯明初以为言，克即拒之。再使其友马君来，则克众已装好身将奋战。不知陈炯明何所据，而谬谓克已允改期之妄传？让还守大南门之职务与炯明，因谓与炯明之众言语不通(炯明之部下为海陆丰人)，请炯明另派一人指挥，而身自出大南门，会顺德派来之人，后遂不得入城。毅生既有任务，初岂不知炯明之众为海陆丰人，何至临时方始悟及？轻将守大南门之任并还于炯明，其误事一。惟其任守大南门，故克听其多分驳壳枪，否则克部战斗力增，伤亡或少，其误事二。陈炯明本不知兵，然既承指挥之任不辞，乃便造为克已允改三十之说，自误误人，殊不可解。先担任攻巡警教练所，因毅让还其部二十人，则云，如此我并以全众守大南门，不攻督练公所，既已非矣。后则并大南门而不守，徘徊于城外，此皆陈炯明周章误事之处也。至二十六日，克已当公众定二十九为期，倘始终不改，不撤退各部之众，而且陆续仍进①，则在省多三、四百人，虏不足惧。即败，或能尽冲出。而毅生、炯明等则仅以风声之过露，以为事必不成(以事势论，防营、新军不能反正，虽有党人数百，恐亦难于占领广东，如毅所料；然究竟有进无退，方为我辈之决心)。毅惧头发公司之有侦探，则不敢往取弹子；见巡警之瞩目与防勇之加增，则忧其难图。殊不知张、李二贼方设网罗，任我辈之尽数投入。倘为尽数之拚命，未必果全烬也。当二十八晚港部接省电，仍定二十九之期，其时在港者余三百人，翌日早船只有一只，以当时谣言已重，恐一船数百无辫之人不得登岸，故分小半上省，而大半入夜搭船上；同时发电，请省缓一夜。展与伯先俱以嫌疑重而识面者多，故俱搭夜船上。至则二十九晚之事已败，城门已闭，不得入，乃相率归港。

① 影印件原文如此，参照曹亚伯《武昌革命真史》，此句应为"而仍陆续前进"。

（十五） 善后事宜

共议暂将外省外乡之人先分别遣散。一面派人上省，分别招呼其负伤者延医给费治之;战死之士则抚恤其家;其在内地之军器则设法保全之计。巡防营实不足信,新军与警练之人,则因临时无人接洽不得责以不来,幸事后尚无大牵涉,可留为后图。

（十六） 预算不足之原因

至于此次办事,由开办至发难之日,共用款十七万余,溢出原来预算四万余:统筹部溢出一万余,储备课溢出二万余,选锋课溢出一万余。统筹部之溢出,因经营既久,费自稍多,且内含有电报费三千余,又去年各课未成立之时,一切费用俱属于统筹部故也。储备课之溢出,则原拟购枪六百,约价三万八千余,加入运送费四千,炸弹费一千,及他种军用品费,定预算为四万五千余。后因选锋加多人数三百,于是另发款,由该主任人自购枪械,即如下开姚、张、郑、莫、黄所支购枪费。又为新军补充子弹,增购炸药。在日本购枪六百二十八支,连子弹及运送费(四千余元),用银三万五千余。由西贡购枪一百六十余支,用银一万二千九百余(此两处所以加购枪械浮于原额者,以周来苏弃枪于海,凡失去七响七十五、大六响四十也)。在港购得三十余支,用银三千七百元。三共银五万一千余。加入各主任人购枪费七千三百余,打刀费七百二十,省港运送费、秘密保存费、军用品费共三千余元,总共用银六万五千九百余。现尚欠日本枪价债银一千元(日本银)。附表如别纸。

此外惠州一方面,已被罗炽扬先后用去预算之款,而其后再给费严德明谋之,此处去款二千五百。交通课本算五千,伯先所任为交通委员郑赞臣者,既尽去所指定三千之款,更攫伯选锋款千数百元用之,犹以为未足,三月初储备课使林直勉往沪购械,余款二千,郑竟伪造电报,将该款骗去。(人固不易知,知人不明,弟等当共负其责也。)其余尚有各项琐碎之费,为当初预算所未及者。此超过原来预算之情形也。

此次以党之全力举事，中外周知，而事机贻误，不能有成。省会既失（乐从圩未几即退），各处都不能发。虽虏以党人之敢死勇战，至今犹草木皆兵，然费如许力量，得此结果，岂初念所能及耶？又况殉我仁勇俱备之同志之多耶？谋之不臧，负党负友，弟等之罪，实无可辞！惟此心益伤益愤，一息尚存，此仇必复，断不使张、李等贼安枕而卧也。此数日内，痛悼战死之良友，哀方未艾，而忽又有一大伤心之事，则伯先兄于[1]几患肠病，加以郁郁，初不肯调理，至剧痛时，延西医再三诊视，乃知为盲肠发炎。展兄即催其入医院割治，既又数日，始行割治，则肠已灌脓，割处亦竟不知痛，内流黑水，饮食俱不能进，且呕且噎，至十九日竟长逝矣。哀哉，痛哉！以伯兄平日之豪雄，不获杀国仇而死，乃死于无常之剧病，可谓死非其所。彼苍无良，歼我志士不已，又夺我一大将，想公等闻之，亦将悲慨不置，若弟等则更无可言矣。书至此，不能复记，惟公等鉴之。即颂筹安。

弟黄兴、展堂顿首

此书太长，各埠不能一一录寄，故乞尊处摘抄要略，分寄附近如星加坡、麻坡、吉隆、麻六甲、太平、金堡、龙邦、阅丹等埠，并乞代为声明弟等不暇一一致书之故，求我同志恕其疏略也。弟展堂又及。

据邹鲁：《广州三月二十九革命史》

附：储备课用款略表

日本购枪六百二十八支，连码运送费四千余元，又补银共用三万五千二百二十六元四角。

西贡购枪一百六十余支，连码费一万二千九百〇九元五

---

① 此处疑脱落一“初”字。

角九。

在香港购枪三十余支，连码三千七百元。

补充新军子弹一千元，炸药费二千五百元。

打刀费七百二元。

省港运送费、保存费、军用各品费共三千元。

姚雨平支自购枪费三千五百元。莫纪彭支购枪费一千〇八十元。

黄侠毅支购枪费八百元。

张六村支购枪费五百元。

郑平坡支购枪费一千〇五十元。

共用六万五千九百八十一元二毫三占。另欠日本枪价债银一千元。此为大略计算表，其详细则俟一一清算后，奉呈察核。

选锋课用款略表

赵伯先选一百五十人，八千四百元；黄徐选一百二十人，三千一百八十元；陈炯明选一百，三千元；莫梁选一百人，三千三百元；胡毅生选百五十人，四千六百〇五元；张六村选五十人，一千七百五十元；克选二百人，四千二百四十元；郑平波选五十人，一千七百五十元；姚雨平选一百二十人，四千二百元；刘古香选二十人，八百一十元。

共用银三万五千二百三十五元。

说明：人数加多，为此课超出预算之总用。赵选费重者，因于正月时在省已有所组织，未几破裂，即严德明事件，重复招士于江南也。克人最多而费省者，闽同志四十人，自备资斧来港；何晓柳数十人，李群数十人，皆临时就近招集也。郑平坡自称已运动督署卫队多人，硬欲独当督署，故使自招五十人，此亦在于预算之外。乃临事则不见其人，而卫队亦非有联络。姚、张、郑、罗四人共支出公款四万二千七百一十元。姚雨平选锋支四千二百元，调度处支二万四千九百六十元，自买枪械支三千五百元，共三万二千六百六十元。张六村选锋一千七百五十元，自买器械五百元，共二千二百五十元。郑平坡选锋支一千七百五十元，自购器械支一千〇五十元，共二千八百元。罗炽扬惠州运动经营费四千元，失败后营救三百元，自借一百元，失去枪费六百元，共五千元。姚雨平专任运动军界兼选锋，而临时并不与军界接洽，其选锋则有枪有弹，在省坐视。张六村念九下午到克强处，见克强发怒，即急走避。至于罗炽扬之偾事，郑平坡之荒谬，更不足论。然此数人则共支出公款四万余元。尚有统筹部运动调度各费数万元，容日详细一一清算，奉呈察核。

据曹亚伯:《武昌革命真史》前编

致新加坡等地同志书*

（一九一一年五月或六月）

星加坡、庇能、芙蓉、怡保各同志大鉴：此次失败情形，详于弟与汉民之公函，想邀洞鉴矣。兹特介绍者，有莫君宇非，东莞人，此次与花县徐维扬君同任选锋，二十九日之役，同攻督署后，战于龙王庙一带，指挥悉中机宜，卒以他部不出，士卒相继陷敌，仅以身免。莫君盖文而能武者，兹来游各埠，望推情招待，或能于学堂教

---

* 莫纪彭，字宇非。黄花岗之役后，曾与洪承点在香港将破坏此役的清探陈镜波秘密处死。黄兴考虑到莫难在省港附近居留，故作书介绍，以避走南洋。信封书："宇非兄持交南洋各分会同志公启。弟兴托。"此书无时日。中有"左手执笔"一语，应为一九一一年五、六月所写。时黄兴在香港九龙治疗右指伤。

员及报馆主笔分割一席，知必有以发挥民族精神克尽厥职者。余不多及，手此，即请公安。弟黄兴顿首。

此函系左手执笔，与平日字不同，乞恕之。

据《黄克强先生书翰墨迹》

与胡汉民致加拿大同志书

（一九一一年六月十七日）

加拿大各埠同志诸兄公鉴：此次事前各部之组织，与临战党人殉国之烈，已详于前寄自由兄书矣。当时以广东为主动，而云南、广西、湖北、湖南、江南、安徽、四川、福建、直隶数省为响应，各处皆有党人在新军中预备反正，拟广东省城一得手，则以次续起。因广东财政充足，交通利便，各种形势为天下最，抑且极宜于建立军政府之地也。岂知以经营过久，又猝遇温生才之事件，致虏加意侦察提防，未及期而事泄，迫于发动，遂无成功，幸新军不致受影响。同人等为大局起见，亦遂电止各省，不使遽发，盖恐其发而不足以制虏死命，则不如养其全锋，今虏虽知我党人此次必系聚精会神之举，然究不审我致力所在。所幸事后人心益愤，今云南、广西干部将弁学校俱已毕业，更加入同志数十人为新军将领。直隶第六镇有吴六徵①为镇统，密召其心腹同志于各省，使到其军为臂助。江南闻广东事起，有数营露甲欲起，幸为标统某同志婉止。广西同志蔡松坡调往云南，总揽新军之事。凡此皆军界愈见进步之情形。而铁路国有问题激动民心，更使广东、两湖、浙江、四川五省反对政府之气益炽。从此港、澳两处密接省城，我党只利用为秘密办事之地，不为显扬之运动。今则殷实商人愿附入于吾党者日众，因见革

① 吴六徵，即吴禄贞（1880—1911），字绶卿，湖北云梦人。曾留学日本，参加兴中会、华兴会，时任新军第六镇统制。一九一一年十一月六日被袁世凯派人暗杀。

命军起，而民间丝毫无扰，三月二十九之夜竟有开门而观战者。事后粤省民贼乃借口搜捕，纵兵掳掠。以总督之总文案（即胡铭槃，广西劝业道，而张鸣岐特调来广东者），其住眷亦被抢，并枪伤其仆妇。此外商民之受害者，更不胜言。故民心专向于吾党，而视虏政府如蛇蝎，此又普通社会进步之情形也。闻之先哲有言曰："经一度之失败，可得良好之经验。"此次失败其大端有二:（一）则仍蹈往年一面办事一面筹款之辙。军事部组织于去年冬月，而南洋、美洲之款大半到于三月中，对外则未免日露风声，而内部且有极多障碍;（二）则待械以应用，待款以购械，械未至而人众已集，疏虞既所不免，伸缩更难自由。故弟等深维其理由，于此时党力方盛，人心激昂，卷土重来，不宜少懈。然经济若无预备，必临渴而共掘井，则费时失事，屡屡由此。现在南洋同志已为筹款之预备。弟等之意，深望美洲同志亦为此绸缪，更宜于未事之先，各分贮于本埠，力量既厚，应机同集，庶不致迁延岁月，坐误事机。天时人事，近在咫尺，国仇友仇，誓以必报，惟我同志兄弟共图之。专此，即颂义安。弟黄兴、胡汉民顿首。中历五月二十一日。

据冯自由:《革命逸史》初集

致美洲少年学社等社团电*

（一九一一年八月十三日——三十日间）

少年学社及中山、致公堂并转芝加古:电函悉。弟此行以粤事非先破坏，急难下手，且不足壮党气，酬死友。今遵谕先组织四队，按次进行，惟设机关及养恤费甚巨。兹李凖虽伤，须再接再厉。恳

* 此电未署时日。中有"兹李凖虽伤"语，可知在一九一一年八月十三日李凖被林冠慈、陈敬岳炸伤之后。又同年八月三十一日孙中山致吴稚晖信中转录了黄兴这份电报。据上，此电当发于一九一一年八月十三至八月三十日之间。

助万五千元，电《中国报》收。乞复。兴。

据吴曼君编:《总理函电集》上编

蝶恋花·赠侠少年*

（一九一一年八月下旬至九月上旬间）

画舸天风吹客去，一段新秋，不诵新词句。闻道高楼人独住，感怀定有登临赋。昨夜晚凉添几许？梦枕惊回，犹自思君语。不道珠江行役苦，只忧博浪锥难铸。

调寄蝶恋花，赠侠少年也。中华民国元年三月书。觉生吟正。克强。

据《黄克强先生书翰墨迹》

致武汉同志书

（一九一一年九月）

革命迭次失败，损失太多，此次经营武汉，要格外慎重。各省没有打通以前，湖北一省千万不可轻举。必须迟至九月初旬，与原定计划中之十一省同时举义，方可操必胜之券。希望武汉同志暂行忍耐。

据蔡寄鸥:《鄂州血史》

---

* 据黄一欧云，此词系黄兴于一九一一年避居香港时作。黄花岗之役失败后，黄兴在香港养伤。是年夏，组织东方暗杀团，以为复仇之计。八月十三日，林冠慈、陈敬岳受黄兴的派遣，谋炸清广东水师提督李凖，未果。八月下旬，决定实行第二次暗杀；九月上旬，派李沛基前往广州执行任务。对此次行动，黄兴至为关怀，特作词书赠李沛基。此词当写于八月下旬至九月上旬之间。后以此词书赠居正。

侠少年，据黄一欧云，指李沛基，同盟会会员，与徐宗汉有戚谊。一九一一年五月初起，黄兴、徐宗汉、李沛基、卓文、李应生夫妇，同住九龙筲箕湾。时李沛基尚未成年，即赴广州执行任务，于十月二十五日炸毙清广州将军凤山。

复同盟会中部总会书*

（一九一一年十月三日）

中部总会列公大鉴：奉读手札，欣悉列公热心毅力，竟能于横流之日，组织干部，力图进取，钦佩何极！迩者蜀中风云激发，人心益愤，得公等规画一切，长江上下自可联贯一气，更能力争武汉。老谋深算，虽诸葛复生，不能易也。光复之基，即肇于此，何庆如之！弟自三月广州败后，自维才德薄弱，不足以激励众人，以致临事多畏惧退缩，徒伤英锐之同志，负国负友，弟百死不赎。自念惟有躬自狙击此次最为敌之虏贼，以酬死事诸君，庶于心始安。故自四月初二出港，即专意于复仇之计画。虽石公①等极力阻止，弟未稍动。即至七月终，未尝与一友通只字。其所以断绝交通如是之孤行者，冀有以解脱一切纠缠，以促其进行之速。弟虽明知背驰，负罪公等，亦所不计。想匹夫之谅，君子当能见原也。自蜀事起，回念蜀同志死事之烈，已灰之心复燃，是以有电公等求商响应之举。初念云南方面较他处稍有把握，且能速发，于川蜀亦有犄角之势。及天民、芷芬两兄来，始悉鄂中情势更好，且事在必行。弟敢不从公等后以谋进取耶？惟念鄂中款虽有着，恐亦不敷，宁、皖、湘各处需用亦巨，非先向海外筹集多款，势难联络办去。今日与朱君执信等商议电告中山先生（汉民现赴西贡亦电知）及南洋各埠，请先筹款救济。但各埠皆在元气大伤之后，不知能否协助多寡。惟闻人心尚在奋发，益以公等之血诚，想不至空无所得。弟之行止尚不能

---

* 广州黄花岗之役失败后，宋教仁、谭人凤、陈其美、吕志伊等，谋在长江中下游发动起义，成立中国同盟会中部总会于上海。湖北方面派居正等赴沪，详述武汉、长江一带起义准备情况，并派吕志伊、刘芷芬携同盟会中部总会函赴香港晤黄兴。黄兴即为复函，赞成在武汉发动起义。

① 石公，指谭人凤，号石屏。

预定，以南洋之款或须弟一行亦未可知。数日后接其复电，方能决策也。鄂事请觉生兄取急进的办去，如可分身，能先来港一商尤盼(如能来，请先电《中国报》)。他处事公等已有布置，照公等计画办去。余俟续述，手复，敬请筹安。弟黄兴顿首。八月十二晚。

吕、刘两兄来，因弟处初未与他人交通，闻其至，请何克夫兄招待，渠亦以不得日本旅馆，故迟至昨日始晤，今日方能决议。又及。

据《黄克强先生书翰墨迹》

致邓泽如等电*

(一九一一年十月四日)

泽如、德栋、源水、怡益、秋露、金庆、文辉列公密鉴：四川事尚可图，鄂军能反正，需款急。兴即往策应，不暇来商，乞公等速筹款。盼复。黄兴叩。

据邓泽如：《中国国民党二十年史迹》

致冯自由书(二件)**

(一九一一年九月三十日、十月五日)

一

自由我兄鉴：广州之役，弟实才德薄弱，不足以激发众人，以致

---

* 据邓泽如说此电为十月四日。

** 时在武昌起义前夕，长江中下游革命风云激荡，同盟会中部总会与湖北方面屡请黄兴前来主持起义。故于复书同盟会中部总会之外，又函在加拿大的冯自由，表示"大事不难一举而定"，"不日将赴长江上游，期与会合"，并速助款。按：二书虽所署日期不同，实际均为一九一一年十月五日发出。

临事多畏惧退缩，遭此大败。而闽、蜀两省英锐之同志，因此亦损失殆尽。弟之负国负友，虽万死无以蔽其辜。自念惟有躬自狙击此次最为害之虏贼，以酬死事诸人，庶于心始安，亦以作励吾党之气。故自四月初二返港，专意养伤，一面团集少数实行之士，以为复仇之计。除与展堂兄同署布告书之外，未尝与一友通只字。其所以如是之孤行者，冀有以排脱一切纠缠，促其进行之速。不意蹉跎岁月，为同事人所阻止，不得径行其志。悲愤交集，无可发泄。适得杨君笃生在伦敦自沉消息，感情所触，几欲自裁。呜呼！人生至斯，生不得自由，并死亦不得自由，诚可哀矣！嗣得兄及中山先生并《少年报》、致公堂①各同志书，责备甚重。如以弟为系华侨之望，则弟实不敢当。以弟在吾党亦不过徒负有虚名，自问于党事，初未有如何之实益。若以弟一死为妖党所借口，致阻碍将来筹款之路，或所不免。此则弟日来所踌躇于心而未决者也。七月以来，蜀以全体争路，风云甚急，私电均以成都为吾党所得，然未得有确实消息。前已与执信兄商酌，电尊处转致中山先生，请设法急筹大款，以谋响应，尚未得复。今湘、鄂均有代表来沪，欲商定急进办法，因未得接晤，不能知其实在情形，故不能妄断。至滇之一方面，若欲急办，尽可办到，以去年已着手运动，军界会党皆有把握，有二、三万之款，即可发动。然此方面难望其成功，以武器甚少，不足与外军敌也。滇为蜀应则有余，为自立计则不足，倘蜀败，亦同归于消灭而已。是以弟等尚未能决其如何办法，专符蜀事得有确信方敢为之也。粤事弟已组织实行队，先去其阻碍吾党之最甚者，得成功时，再为电告。前兄嘱书各字，三月二十九以前均作好，闻皆存于令夫人处（时因令夫人来美之故），不知刻已寄来否？其中有一最足纪念者，为林时塽兄书赠兄之横额，字势飞舞如生，诚绝笔

① 《少年报》，即《少年中国晨报》，美国旧金山华侨办的报纸。致公堂，是美、加华侨团体之一，对革命经费的筹助历来热心。

也。余未及多叙，即请筹安。弟兴顿首。中八月初九夜。

通函请由金利源李海云兄转交。

二

又启者：鄂代表居正由沪派人来云，新军自广州之役预备起①，其运动之进步甚速（广州之役，本请居君在鄂部总理其事，以备响应者）。办法以二十人为一排，以五排为一队，中设有排长、队长以管领之。平时以感情团结，互相救助，使其爱若兄弟，非他人所得间隔，成一最有集合力之机体。现人数已得二千左右。此种人数多系官长下士，而兵卒审其程度高者始收之。以官长下士能发起，兵卒未有不从者，不必于平时使其习知。况其中又有最好之兵卒为之操纵，似较粤为善。近以蜀路风潮激烈，各主动人主张急进办法，现殆有弦满欲发之势。又胡经武②君亦派有人来。胡虽在狱，以军界关系未断，其部下亦约千余人。去岁弟曾通函胡君，请其组织预备，以备响应。胡已扩张其范围，闻进步亦速。胡君之人，在居君之部下者亦有之，拟于最近发动，期两部③合而为一，据此则人数已多。乘此路潮鼓涌之时，尤易推广。盖鄂省军界久受压制，以表面上观之，似无主动之资格，然其中实蓄有反抗之潜力；而各同志尤愤外界之讥评，必欲一申素志，以洗其久不名誉之耻。似此人心愤发，倚为主动，实确有把握，诚为不可得之机会。若强为遏抑，或听其内部自发，吾人不为之指挥，恐有鱼烂之势，事诚可惜。即以武汉之形势论，虽为四战之地，不足言守，然亦视其治兵之人何如。贼吏胡林翼于破败之秋，收合余烬，犹能卓然自立者，亦有道以处之。今汉阳之兵器厂既归我有，则弹药不忧缺乏，武力自足与北部之兵力敌，长江下游亦驰檄可定。沿京汉铁路以北伐，势极利

---

① 此处脱落一"事"字。此处新军，指湖北省的新军。

② 胡经武，即胡瑛，湖南桃源人，时因萍浏醴案牵连监禁武昌府狱。

③ 指文学社和共进会。

便。以言地利，亦足优为。前吾人之纯然注重于两粤而不注意于此者，以长江一带，吾人不易飞入，后来输运亦不便，且无确有可靠之军队，故不欲令为主动耳。今既有如此之实力，则以武昌为中枢，湘、粤为后劲，宁、皖、陕（前本有陕西人井勿幕君在此运动，今已得有多数，势亦足自动，熊克武君已驰赴该处为之协助）、蜀亦同时响应以牵制之，大事不难一举而定也。急宜趁此机会，猛勇精进，较之徒在粤谋发起者，事半功倍。且于经济问题尤易解决。兹约计各处，大略有二十万左右，即足为完全之预备。至少四、五万，亦可发起鄂事。总之，此次据居君所云，事在必行，即无外款接济，鄂部同志不论如何竭绌，亦必担任筹措，是势成骑虎，欲罢不得。吾人当体验内地同志经营之艰苦，急为设法筹集巨款以助之，使得有以宽裕筹备，不致艰困从事，归于失败，徒伤元气，不胜切祷之至。弟本以欲躬行荆、聂之事，不愿再为多死同志之举，其结果等于自杀而已。今以鄂部又为破釜之计，是同一死也，故许与效驰驱，不日将赴长江上游，期与会合。故特由尊处转电中山，想我兄接阅，必为竭力援助。前加属于广州之役最为出力，此纯系我兄血诚所感，故能有此，今更望有以救我。拟得兄等复电后即行。或南洋之款，须弟一亲往，亦未可知。余俟续告，手此，即颂文安。弟兴再顿首，八月十四日。

前函书好未发，适鄂派人来，故特补叙。又及。

据刘揆一：《黄兴传记》影印件、冯自由《革命逸史》初集

致陈其美等书

（一九一一年十月六日）

英士、石屏、觉生、钝初、木良、训初① 暨列公大鉴：公函经已详

① 英士，即陈其美。钝初，即宋教仁。木良，即章木良。训初，即潘训初。

复，想已入尊览矣。不知近日有无急情，甚为悬念。前未约有密电消息，不能速达。兹将数字颠倒，另纸开列，以应一时之急。此法钝兄一观即明，想沪上外国电局用密码亦不妨。款事，外埠尚无回电，惟展兄在西贡得电后筹得数千元，拟稍妥即驰赴他处再筹。中山因往东美小埠，转电略迟，刻想在筹措中。将来一共能得若干，不能推测。总之，外埠皆在元气亏虚之后，不能过望。是布置不可过大，用人不可不择。以广东前事比较，好挥霍者其用钱必多，而成绩又不好；能俭约者其用钱得当，而成绩必良。此一定之程式也。若欺罔诳骗之流，则又在所勿论矣。尤要者，天义晦塞，人心险诈，外托热心之党员，以为贼虏之侦探者有之。广州之败，首坐于此，此次不可不引为前鉴，严剔内部之人。用一人必深悉其底蕴，绍介者尤宜负其责任。如有迹涉嫌疑者，可不用之，毋以其现在对于党事无他恶迹可指，即为之原谅也。须知虏吏奸险之进步，一日千里。以广州之事言之，在最初时期即可破坏，乃不破坏者，乃虏吏欲为一网之计。陈镜波既为侦探，其输运军火能不发泄，皆虏吏使为之，必待吾人团集然后逮捕，即张鸣岐所谓待其作逆行为既露而后诛之者也。兹鄂部既定为主力之地，用人尤要。沪上虽仅有机关，其乞丐侦探甚多，亦当注意。广州前事，尽在列公洞鉴之中，不待弟之多言也。又广州之败，半在统筹部组织之不善，纯慕文明参议体制，所以有廿七忽而解散、廿八忽而集合之活剧。不知发难之事，非专断不可，一容异议于其间，立可见其破败。拿破伦谓："一军之中，情愿有一劣将，不愿有两良将。以言夫将虽劣而号令得专，军犹不至于溃散；若有两将，必各有主见，互相争议，军情必因之散漫，欲求制胜，何可得者？"此言深得治军之理。吾党发难时之组织，不可不以军律行之。补救其偏，在多设参谋。凡事先重计画，由参谋作成之。计画一定，只有命令，不得违抗，如此庶可收指臂之效。若欲缩短革命时期，以速其成功，即军政府初成立时，亦当如是。言虽近慢，事势则然。一管之见，是否有当，希高明有以裁之。弟必待外款稍有眉目，方能前来。惟才识浅陋，恐不足补其万一。觉公如鄂事紧要，即不必来港，列公酌而行之，弟必赞同也。手肃，即请筹安。弟兴顿首。中秋夕。

据《黄克强先生书翰墨迹》

复美洲致公堂同志书

（一九一一年十月七日）

致公总堂各位同志仁兄大鉴：前接中山先生书，知公等热心祖国，协力以谋光复，海天翘首，何任神驰。昨又蒙赐书，极情奖慰，并许力筹大款，独任其艰，弟等感激之余，敢不竭力预备，期有以答公等之侠情耶？迩者，西蜀风云变幻日急，长江一带民气飞腾，已专电中山先生，请设法筹应，想已有函达尊处谐商一切矣。专此肃复，敬请毅安，统希爱察不宣。中八月十六日。弟黄兴顿首。

据《革命文牍类编》

致美洲筹饷局同志书

（一九一一年十月七日）

筹饷局列位同志仁兄大鉴：前接中山先生函，知贵局成立，即为恢复我祖国之基，远识宏谟，曷胜钦佩。弟自广州事败，愤同志死事之惨，即组织实行队，先为狙伏汉奸之计，以助革命大军之进行。盖二者相辅而行，乃能有济。今再举之师已次第预备，则实行队自当竭力以办去。前电中山先生乞筹万五千元，专为此事设立机关及养恤之费，已蒙贵局先筹垫万元，经已收妥。兹各处机关将及完备，不久当有事实发现，成功时再为电告，以慰廑念。仍望贵局再筹备若干，以资接济，弟处得以宽裕筹画，尤所切祷。再要者，四川民党已起，长江一带皆需款响应，前已有电致贵局筹商矣。闻贵局原议俟美属各埠大款齐集然后调用，本为至善之法。但今内地情形瞬息万变，若乘此机会，则事半功倍。今四川同志之利用保路风潮，亦万不得已之势，外间若无响应，必至为贼虏摧残殆尽，复起者殊难为力。伏乞贵局念内地同志经营之艰苦，即速开议速筹大款，立予救援，中国大事不难一举而定也。临书西望，不胜瞻依。统希爱察，即请筹安。中八月十六日。弟黄兴顿首。

据《革命文牍类编》

致伍平一等书

（一九一一年十月七日）

平一、通约、超五、芸苏、是男列位同志大鉴：广州之役，弟自维才德薄弱，不足以激发众人，以致临事多畏怯退缩，而英锐之同志，一时殉难殆尽。弟之负国负友，虽万死莫赎。惟有躬自狙击此次最为敌之虏贼，庶于心始安，亦可以作励吾党之气。故自四月以来，除与展堂兄署布告之外，未尝与一友通只字，虽中山先生处，亦未敢以所事告，恐增良友以伤感，亦冀有以断绝一切纠缠，以促其进行之速。不意蹉跎岁月，屡为同事人所阻止，行动不获自由，悲愤填胸，无可发泄。时适得杨君笃生在伦敦自沉消息，感情所触，几不自持。又复先后得中山先生及各兄电函，慰勉有加，而责备綦重。弟自服党务以来，迭次失败，自问于实际初无裨益，何足重劳公等之嘉许。至若为保党所借口，有阻后来筹款之路，或所不免，此则日夜所踌躇于心而未能决者也。旋以李贼负伤，一时未可必得，同事诸人咸愿代负其责任，是以有组织实行队之议。又得公等筹捐巨款，兹各处机关将及完备，不日即有事实发现，至时再为通告可也。夫革命与暗杀，二者相辅而行，其收效至丰且速。清吏在粤东最久，而其奸智足以笼络一般之营弁者，以李準为最。李準不去，防营骤难运动。今又添一龙济光，龙所部不过与防城、河口之降兵等。其分统之黎天才，曾在宣化界与弟遇，相持竟日不战，彼此通使，讲订投降之花红。当时以无现银，是以反戈未果。以如此之将校兵卒，若能去其统帅，岂有不受吾等之运动者耶？为粤省计，去龙、李即可下手。得公等函，知美款确实可筹，则大复仇之计画仍可相续，弟等敢不勉力为之。迩者四川以铁路风潮为吾党所鼓动，其势甚急，今成都外府归吾党所占领者甚多。惜军队未能公然反戈，不能占据其省会，是为失计。昨湘、鄂各有代表来，言军队极表同情，皆有自动之力。已专电中山先生，请其急为设法筹集大款援救，想已有电函告公等矣。伏望公等体察内地同志经营之艰苦，而机会不可坐失，亟为劝告筹饷局诸君，改变原议，无拘守一年筹措之办法。弟察看长江一带之情势，有如骑虎，不能罢手。即无吾人提挈之，彼亦将自发，有不可收拾之日，而成鱼烂之势矣。与其日后不可救药，何若谋胜于机先。且利用此风潮，较之平日凭空运动，其省费必万倍。弟已电商南洋各埠，请其再为筹措。事在必行，更望公等有以赞助之，不胜幸甚。肃此，敬请侠安。弟黄兴顿首。中八月十六日。

据《革命文牍类编》

和谭人凤*

（一九一一年十月二日——十日间）

怀锥不遇粤运终，露布飞传蜀道通①。吴楚英豪戈指日，江湖

* 一九一一年十月二日，湖北同盟会推代表携同盟会中部总会函去香港晤黄兴，请其来武汉主持起义。次日，黄兴复函同盟会中部总会，赞成在武汉发动起义。时盛传成都为革命党人所得，黄兴振奋异常，因谭人凤奔走两湖，积极策动长江中、下游起义，故和赠七律一首。及一九一二年十月，黄兴以"能争汉上为先著，此复神州第一功"二句，书赠吴醒汉，并款题"录武昌起义前和谭石屏旧句，赠厚载我兄正之，中华民国元年十月。黄兴。"按：湖北代表一九一一年十月二日抵香港，黄兴于是年十月十七日离港，此诗当作于一九一一年十月二日至十日之间。

① "露布"句，一九一一年八月九日黄兴致冯自由信中说："七月以来，蜀以全体争路，风潮甚急，私电均以成都为吾党所得，然未得有确实消息。"

侠气剑如虹。能争汉上为先著，此复神州第一功。愧我年来频败北，马前趋拜敢称雄。

据《黄克强先生荣哀录》

致锺幼珊书

（一九一一年十月十六日）

幼珊尊兄鉴：三月事败，其一切内情，除公函外，刘芷芬兄想已详述，痛愤不堪言状。今幸鄂军骤起，基础已立，公等于外必有以协助，以竟直捣黄龙之功。急情已由电达书报社，想能谅察，立加援手。兹有寄书报社函，请为交上。不尽区区。专此，并请吴兄伟安。弟黄兴顿首。八月二十五日。

据《黄克强先生书翰墨迹》

致巴达维亚华侨书报社同人书

（一九一一年十月十六日）

书报社① 同人公鉴：启者，蜀中党军起久，立谋各处响应，以款绌未能即发。幸于本月二十日鄂军又起，克复武昌，川、湘皆立相应，府抵黄龙，铭勒燕然，胥是举也。因尊处未有密码，借由邓树南兄处转达一密电，不知可到否？昨得来电，乃敢以明码相复，想同人等必能竭力筹措，以应急需。自三月事败，弟愤同事诸人之畏缩，以致徒伤英锐之同志，故愿专事暗杀一方面。蜀事起，乃与长江流域各要部通消息。今幸基础已立，力图北伐；而南方沿海各省不急起，不足以固后路。敢飞书求助，力汇巨款，协谋两粤。弟日内即前赴武昌，虽道途梗塞，必可得达，望勿以为念。粤事归汉民兄等主持，当必长有消息相告。前尊处两次所寄来之款共一千五

① 指巴达维书报社。巴达维，即今印度尼西亚首都雅加达。

百元,兹由出纳课出具收单呈上,以昭信实。不尽依依,敬请筹安。弟黄兴顿首。八月廿五日。

据《黄克强先生书翰墨迹》

再致美洲筹饷局同志书

（一九一一年十月十七日）

筹饷局列位公鉴：鄂事起，五日之间，湘、蜀、豫、皖皆有响应。武汉之秩序今已恢复,长江流域指日可定。惟两粤、滇、闽各省,非待外款接济,不能独立发动。今贵局所汇到之款只二万元,南洋各处亦未有大款来助。计已得之款，以之办一省之事，尚忧不足，请火速竭力筹画,事方有济。前所电弟为实行队用之万元,只用去二千,余八千拨归公用,已由电中陈明。今弟赶赴前敌，实行队员留粤省待机而动。总之，此次革命，决望成功。望海外同人，尽力相助，时不可失。以公等之明，想得电即奋跃襄事，不俟此书之劝告也。临行不尽区区。专此,即请筹安。近日以事忙迫,未能作书致各同人，乞为原谅。又各局之大字已书好，即日付上。弟黄兴顿首。八月二十六日。

据《共和伟人函牍》第八卷

为《少年中国》报题报额*

（一九一一年四月二十九日——十月十七日）

少年中国

据《黄克强先生全集》(一九七三年台湾版,下同)

---

* 《少年中国》报原说明:“本报右上端‘少年中国’四字之报额，为本党革命先进黄兴(克强)先生所亲题。先是辛亥三月二十九日广州黄花岗之役，克强先生实参与进攻督署,右手拇指为流弹击断,事后逃至香港，旅美华侨同志，函电慰问。先生感各同志热情,特以受伤之手,勉为本报题此四字以作报额,永垂纪念。”按：黄兴于一九一一年四月二十九日抵香港,同年十月十七日离港赴沪,故此报额为武昌起义前所书。

蝶恋花·哭黄花岗诸烈士*

（一九一一年秋）

转眼黄花看发处，为嘱西风，暂把香笼住。待酿满枝清艳露，和风① 吹上无情墓。

回首羊城三月暮，血肉纷飞，气直吞狂虏。事败垂成原鼠子，英雄地下长无语。

辛亥秋哭黄花岗诸烈士，调寄蝶恋花。

书霓仙我兄吟正。黄兴。

据黄一欧藏原件

致长沙军政府电

（一九一一年十月二十九日）

长沙军政府鉴：黄兴、宋教仁、刘揆一到鄂，敬闻。兴叩。齐。

据上海《民立报》一九一一年十一月九日

---

* 一九一一年秋，黄兴在香港，闻长江中下游革命形势发展迅速，因痛念黄花岗之役死难烈士，遂填此词。后书赠梅蔚南（号霓仙，湖南宁乡人）。并书赠林森（字子超），款为“子超我兄鉴。黄兴。印。”

① 书赠林森原件作“和香”。

民军总司令官命令*九月初十日午后九时于汉口满春茶园发

（一九一一年十月三十一日）

一、满军仍占领大智门新停车场附近。我湘军已有步兵两协，业已出发，不日来鄂援助。

二、本军今晚拟在原占领阵地，以战斗队形过夜。

三、步队第二协警戒线，右翼由歆生路后城马路起，左翼至查家墩以东火车站之堤坊一带。

四、步队第五协警戒线，右翼与步第二协连络，左翼至玉带门一带。

五、其余各队之集合地如左：

步第七标在满春以北空地。

马队一营在满春西端。

炮队一标在满春西北端附近。

工程一营在满春北端附近。

敢死队二队防御满春本司令部。

六、步队第一标及季雨霖标，警戒汉口市街各要地。

七、各队给养，用军政分府预备之粮秣。

八、本总司令在满春茶园。

总司令官黄兴

注意：今夜口号“复汉”。

据曹亚伯：《武昌革命真史》正编

---

* 武昌起义后，黄兴于一九一一年十月二十八日抵：武昌，被推为民军总司令官，即赴汉口前线督师。此令发于满春茶园临时指挥部。按：曹亚伯《武昌革命真史》中，十一月二十日以后称战时总司令，与他书未尽一致。

致潘训初杨谱笙书

（一九一一年十一月二日）

训初、谱笙两公鉴：别后抵鄂，敌人已占汉口租界下之刘家庙，依租界设立炮兵阵地，相持数日不下，至昨日风起，汉镇房屋中炮火起，全市被焚。我军退守汉阳，尽力防御。兵卒多系新招，不能久战，今已疲乏。幸有湘军大队来援，及江南各学堂勇士，尚可保捍。弟到此间虽亲战两次，未能获胜，亟盼宁、皖响应，绝彼海军后援，则易驰除也。兹有章鋆、蔡国光两兄因带特别任务来沪，详情面陈，有可助力之处，望为指示，不胜切祷。福州闻已克服，不知确否？浙江、苏州、安庆现状若何？统希示知（有便人可带来）。即请壮安。弟黄兴顿首。九月十二日。

英士、烈武两兄之计画可能速达否？此间军用债票尚未办好，妥时当派耑员来沪共商发行之法，以助军资，至时望为尽力。皖北另股闻已发动，虚实若何？一并函知。兴又叩。

据《黄克强先生书翰墨迹》

在湖北军政府紧急会议上的讲话

（一九一一年十一月二日）

一、兄弟前日来鄂，即往汉口督队，意欲反攻，恢复汉口，不料各队新兵最多，秩序不整，颇难指挥。

二、军官程度太低，均不上前指挥。至战时因与兵士穿一样服装，辨别不清，亦极复杂。

三、各队战斗日久，伤亡过多，官与兵均已疲劳太甚，毫无勇气，且一闻机关枪声即往后退。

四、兵士中在武汉附近所招者甚多，一到夜间，即潜回其家，以致战斗员减少。各军官因仓卒招募，亦无从查实。

五、民军军火全在步枪，无机关枪，一与敌接近，即较敌人损伤较重；民军炮队又系山炮，子弹射出，又不开花，且射出距离太近，不及满军退管炮效力之远。

六、查满军俱系北洋久经训练之兵，秩序可观，亦善射击；惟冲锋时不及民军灵敏。故每闻民军冲锋喝杀声，即往后退，此民气之盛，可恃者仅此耳。

由此以观，汉口若无湘军来援，恐难保守。依兄弟之意，俟湘军到后，再图恢复可也。

据曹亚伯:《武昌革命真史》正编

在武昌受任民军战时总司令时的讲话

（一九一一年十一月三日）

兄弟才识本不胜任，既承不弃，亦不能不尽力。现今各省响应，大功已将告成，然我同胞亦不可以此自满。兄弟今日有三层意思勖我同胞：第一须努力。现在黄河铁桥已毁，敌兵已无归路，誓不能不拚死命以与我对敌。我若稍存畏缩，敌即攻入我腹心矣。临战时倘不努力，后退者决意斩首示众。（众拍手）第二须服从。军队纪律，非服从不可。倘不服从，长官命令皆不能行，此种兵士万不能以之临战。以后，军界同胞须服从长官命令，无论如何危险，皆不得规避。（众拍手）第三须协同。自来成大事定大业者，必自己能同心协力。若自己各存意见，互相枘凿，无论有何种势力，皆不能成事。洪杨之败，其前车之鉴也。我同胞无论办事人及兵

士，皆宜互相友爱，以期共达其目的。（众拍手）

此次革命，是光复汉族，建立共和政府。斯时清廷仍未觉悟，派兵来鄂与民军为敌，我辈宜先驱逐在汉口之清军，然后进攻，收复北京，以完成革命之志。今日既承黎都督与诸同志举兄弟为战时总司令，为国尽瘁，亦属义不容辞。但是军人打仗，第一要服从命令，第二要同心协力。自今而后，对于作战，倘有不服从命令及临阵怯敌者，即以军法从事。尚望大众努力前途为要！

据《革命军文牍》第三集、《中华民国军》第三集
及曹亚伯:《武昌革命真史》正编

致周震鳞谭人凤书*

（一九一一年十一月初）

……为了统筹全局，湖南局面不能再乱，如果再乱，湖北也将支持不住，其他各省响应，恐生观望，我们再不能失去这次两湖光复千载一时的机会。虽然谭延闿已经被推举为都督，就应权且维持他的威信，共同安定湖南。当前首要任务是迅速出兵援鄂。

据周震鳞:《谭延闿统治湖南始末》，
载《辛亥革命回忆录》第二集

民军总司令官命令（二件）** 九月十八日午后三时于汉阳昭忠祠

（一九一一年十一月八日）

一

一、满军在汉口兵力约一万余人，在汉口刘家庙至桥口附近。

* 一九一一年十月三十一日（旧历九月初十日），谭延闿在长沙发动兵变，杀害了湖南正副都督焦达峰、陈作新等革命党人。焦、陈被害后的头两天，市民惶骇，谣诼繁兴，湖南局势动荡不安。此时，黄兴自武汉作长书致周震鳞、谭人凤，对湖南事变作了指示。此件系其大意。

** 一九一一年十一月二日，援鄂湘军第一协统领王隆中及第二协统领甘兴典，率步兵一协抵武昌。次日，黄兴被举为战时总司令，黎元洪在武昌阅马厂举行拜将古礼，黄兴发表演说。随即赴汉阳设总司令部。农历十八日下午三时，发布命令二件。

又于上关及花楼一带并黑山对岸，均构筑掩堡，沿江岸设有炮位。又由孝感至新沟方面，有满军出没。清廷派袁世凯南下，现已抵孝感。冯国璋在大智门。

又迭接上海、浙江、江苏、广西、安庆来电，均已宣布独立，拟派兵应援武昌。

二、本军拟在汉阳南岸咀至三眼桥附近一带防御。

三、步队第四协统领张廷辅，率该协于南岸咀至兵工厂附近占领阵地，且派一部掩护我右侧。

四、步队第一协统领蒋肇鉴，率该协占领阵地，右翼与第四协连络，左翼至钢药厂西端附近。

五、步队第四标统带胡效骞，率该标与步队第一协连络，须于黑山至割丝口附近占领阵地。

以上各队须利用时间，构筑强固防御工事。

六、湘军第一协统领王隆中，率该协及工程第一营在十里铺锅底山附近占领阵地。但须构筑强固防御工事，且派一部警戒琴断口、三眼桥附近。

七、炮队团统带曾继梧，率该团须于大别山、黑山、仙女山、扁担山附近选占阵地，以能射击汉口龙王庙至玉带门及琴断口、三眼桥附近为要。

八、步队第五协统领熊秉坤，率该协在七里铺为预备队。

九、各部队给养，派员在归元寺粮台领取粮秣。

十、予在汉阳昭忠祠。

总司令官黄兴

二[①]

一、本军拟在汉阳南岸咀至三眼桥附近防御。

① 此为给粮台司令官及辎重第一营训令。与上令同时同地发出。

二、该粮台司令官王安澜，辎重第一营胡恢汉，须按照在汉阳本军所辖各部队准备粮秣，以便各部队派员领取；并须先在本司令部计算各部队报来人数，妥筹办理。

三、予在汉阳昭忠祠。

总司令官黄兴

据曹亚伯:《武昌革命真史》正编

对民军将士的密谕*

（一九一一年十一月九日）

自鄂军起义以来，不旬日间，吾同胞之响应者已六七省，足见天命已归，满贼立亡。乃虏廷不揣时势，不问民心，出其狴犴之卒，敌我仁义之师。是实妄干天诛，于我何妨。汉口之战，我师屡胜，继虽小挫，军家胜败，自古常然，不必介意。现鄂军大整，湘军来援，恢复之功，当在旦夕。顷据保定侦探何式微来报，虏廷已命袁世凯为内阁总理大臣，仍统陆海军队。袁世凯甘心事虏，根据初九日罪己诏，倡拥皇帝之邪说，先运动谘政院遍电各省谘议局，有云政府十分退让，吾人只求政治革命，不屑为已甚者云云。现袁已派心腹多名，分道驰往各省发布传单，演说谕众，冀离间我同胞之心，涣散我已成之势，设心之诡，用计之毒，诚堪痛恨！我同胞光复旧宇，义正词严，既为九仞之山，何惜一篑之覆，自不致为所动摇。然恐妖情善蛊，致荧众听，故此密谕同胞，速饬密探查拿前项演说之

---

* 一九一一年十、十一月间，黄兴率民军与清军在汉口、汉阳鏖战，互有胜负。此时清廷起用袁世凯，袁在要挟清廷的同时，对民军也威胁利诱，派出蔡廷干、刘承恩到武昌散布和谈舆论。黄兴特发密谕，以提高警惕，坚定斗志。李廉方《辛亥武昌首义记》一书在收录本文后有一条注："是文见日领十一月十日下午三时电。"按：《日本驻汉口总领事馆情报》第三十报（11月10日下午3时）载：筱本警士报告，11月9日，九江民军司令官马毓宝收到黄兴密谕。（见《近代史资料》1961年第1号）

人，消灭传单，俾鼠窃之技无由而施，大局幸甚。

据李廉方:《辛亥武昌首义记》

致袁世凯书

（一九一一年十一月九日）

中华民国军政府战时总司令官黄兴，谨致书慰廷[①]先生阁下：前由刘君[②]转达尊意，敬悉一切。明公以胞与为怀，爱民如命，来示嘱敝军停止战争，以免生灵涂炭，仁者用心，令人铭心刻骨。惟满州朝廷，衣冠禽兽，事事与人道背驰，二百六十年来，有加毋已，是以满奴主权所及之地，即生灵涂炭之地。如但念及汉口之生灵而即思休战，毋乃范围过狭，无以对四亿生灵。况汉口为我军所有之日，行商坐贾，百货流通，及贼军进攻不克，纵火焚烧，百余万生命、数万万财产均成灰烬。所谓涂炭生灵者，满奴乎，抑我军乎？至于遵嘱开党禁等四条[③]，乃枝叶问题，而非根本问题。兴等之意，原不在此。以大义言之，夷虏与中华，原无君臣之分。明公虽曾服满人之官，而十八省之举义旗、兴义师者，何亦非曾服满人之官者？按之是非真理，明公当自晓然。以利害言之，鄂省兴师，四方响应，至于今日，大江南北，复我汉人之主权者都凡十一省。寡人政治之满廷早已瓦解，明公即奋不世之威力，将何用？以明公个人言之，三年以前满廷之内政、外交稍有起色者，皆明公之力。迨伪监国听政，以德为仇，明公之未遭虎口者，殆一间耳。此段痛心

① 袁世凯，字慰亭。

② 刘君，指刘承恩，清道员，黎元洪的同年旧交。

③ 刘承恩承袁世凯旨意，于旧历九月十一日致书黎元洪，书称："顷奉项城宫保谕开，刻下朝廷有旨：(一)下罪己之诏，(二)实行立宪，(三)赦开党禁，(四)皇族不问国政"等，即此处所谓"遵嘱开党禁等四条"。刘承恩致黎元洪书，见张国淦编：《辛亥革命史料》。

历史，回顾能不凄然！况明公之辞国门之际，曾有誓言耶？革命动机未发以前，明公在郧谯居，犹且视为敌国，彰德、北京之道上，无日无贼政府之间探出没其间。迨鄂事告急，始有烛之武之请，满奴之居心，不诚令人心冷乎！近日北京政界喧传明公掌握兵权，当为朝廷之大害，是以满奴又有调明公回京组织内阁之命。夫撤万众之兵权，俾其只身而返，乃袭伪游云梦之故智，非所以扬我公，实所以抑我公，非所以纵我公，实所以缚我公也。赵孟之所贵，赵孟原能贱之。满人之自为谋则善矣，所难解者，我公之自为计也。兴思人才原有高下之分，起义断无先后之别。明公之才能，高出兴等万万。以拿破仑、华盛顿之资格，出而建拿破仑、华盛顿之事功，直捣黄龙，灭此虏而朝食，非但湘、鄂人民戴明公为拿破仑、华盛顿，即南北各省当亦无有不拱手听命者。苍生霖雨，群仰明公，千载一时，祈毋坐失。不揣固陋，唐突上言，可否有当，均乞尊裁。条件若何？亦祈赐示。九月十九日。

据《近代史资料》一九五四年第一期所刊影印件

复李燮和书*

（一九一一年十一月上旬）

燮和①我兄如握：沪事竟告成功，雄才佩甚。湘省兵饷，络绎赴援，各省贤士亦连袂来鄂。谋臣猛士，际会风云，北虏万无生理。乞遍告沪上同志知之，以释系念。沪事如何进取，乞卓裁主持，不必远商也。手复，敬叩健安。黄兴顿首。

据上海《民立报》一九一一年十一月十一日

---

* 此信自武汉发出。上海于一九一一年十一月四日光复，此书为十一月上旬所写。

① 李燮和，字柱中，湖南安化人。华兴会会员，后入同盟会。辛亥上海光复后，任吴淞都督、光复军司令。

民军总司令官命令 九月二十一日午后四时于汉阳昭忠祠

（一九一一年十一月十一日）

一、综合各种情报，满军主力仍在汉口至孝感附近一带，另有一部似由新沟方面南下。

又接九江来电，海军俱已反正，拟不日来鄂协攻满军。

二、本军拟仍在南岸咀至三眼桥附近一带防御。

三、步队第四协统领张廷辅，率该协仍在原阵地防御，并须利用时间加筑防御工事。

四、步队第五协统领熊秉坤，率该协（欠第十标）右翼与步第四协联络，须于兵工厂至钢药厂之间占领阵地。

五、步队第四标统带胡效骞，率该标于钢药厂及黑山西麓占领阵地，须与步第五协联络。

六、湘军第一协统领王隆中，率该协及工程第一营（欠二队），右翼与步第四标联络，须于割丝口至琴断口附近占领阵地。

七、湘军第二协统领甘兴典，率该协及工程第一营之两队，于美娘山、三眼桥至扁担山附近占领阵地，并与湘军第一协联络；但须派侦探搜索蔡甸方面之敌情。

八、炮兵团仍占领原阵地，以能射击汉口新停车场至东亚制粉工场一带，并三眼桥附近为要。

九、步第六协在七里铺同第十标在归元寺附近，为预备队。

十、各部给养，仍派员到归元寺领取粮秣。

十一、予在昭忠祠。

注意：各部队须按规定防御配备略图构筑工事。

总司令官黄兴

据曹亚伯：《武昌革命真史》正编

民军总司令官发布五项规定

（一九一一年十一月十五日）

一、通知武昌凤凰山炮队，当我军施行攻击之际，即向汉口射击，以援助我军。

二、通知海军，于我军攻击时，即向汉口满军射击。

三、设信号于武昌黄鹤楼、凤凰山及汉阳大别山等处，以资联络而期迅速。

四、派吴兆麟、王安澜专办攻击部队补充弹药粮秣，及收集情报等事。

五、各部队即按照如左命令施行。

据曹亚伯：《武昌革命真史》正编

民军总司令官命令

九月二十五日午后九时
三十分于汉阳总司令部

（一九一一年十一月十五日）

一、满军在汉口龙王庙至玉带门一带占领阵地。其炮兵阵地在刘氏堤防水电厂及满春茶园附近。

我游击队已向黄陂方面进发，扰满军之侧背。

二、本军拟于明二十六日渡襄河前进，出其左岸，攻击汉口满军。

三、工程第一营，明日午后三时，用铁舶及民船，将湘军步队第一标（欠一营），输送于东亚制粉工场，同时架设军桥。

四、左之诸队掩护架桥：

湘军第一协（欠第一标，欠一营），明日午后三时占领赵家湖西北附近；

步队第五协(欠第十标),明日午后三时占领琴断口东端附近;

炮队第一标(欠一营),明日午后三时于黄家湾、大吴湾附近布置放列,以能射击博学书院及东亚制粉工厂北方之无名独立家屋方向为要。

五、步队第四协,明日由原地准备渡河,俟我左翼部队出襄河左岸施行攻击时,即开始动作,向汉口中国街市攻击。

六、步队第六协,明日准备由汉阳东北岸航进,与步队第四协协同动作,至龙王庙登岸,向汉口满军左翼攻击。

七、炮队团(欠第一标欠一营),仍占领原阵地,须限于明日午后三时三十分,向汉口龙王庙至玉带门一带及刘氏堤防附近开始射击,援助我攻击部队。

八、步队第四标,明日防御兵工厂及钢药厂,于明日午后三时向襄河对岸开始射击,援助我部队进攻。

九、其余诸队,须限于明日午后三时在花园附近集合待命。

十、予明日午后三时在花园。

总司令官黄兴

据曹亚伯:《武昌革命真史》正编

民军总司令官命令 二十六日午后五时三十分于花园发

(一九一一年十一月十六日)

一、满军仍占领汉口龙王庙、玉带门及刘家庙、大智门、刘氏堤防并水塔附近。

二、本军拟于本晚向玉带门一带攻击,先展开兵力于博学书院堤防一带之线。

三、湘军第一协统领王隆中,率该协为右翼进攻队,即时由军桥渡河前进,展开于博学书院北端至襄河左岸之间,须与湘军第二协联络。

四、湘军第二协统领甘兴典,率该协为中央进攻队,俟湘军第一协渡河毕,即由军桥渡河前进,与右翼进攻队联络,展开于博学书院以北堤防之线。

五、步队第五协统领熊秉坤,率该协(欠第十标)为左翼进攻队,俟湘军第二协渡河毕,即陆续渡河前进,右翼与中央进攻队联络,向北展开。

六、炮队第一标统带尚安邦,率该标(欠一营)及工程一队即时准备渡河,须于博学书院西南端附近布置放列,以能射击玉带门一带为要。

七、工程第一营管带李占魁,率该营(欠一队)保护桥梁。

八、步第十标及其余各队为预备队,赴博学书院西端家屋附近集合待命。

九、予午后六时以后在博学书院。

总司令官黄兴

据曹亚伯:《武昌革命真史》正编

民军总司令官命令 二十七日午后七时三十分于昭忠祠总司令部

(一九一一年十一月十七日)

一、满军仍占领汉口龙王庙至玉带门一带。

二、本军今夜拟仍防御汉阳,以战斗队形准备彻夜。

三、步兵第四协,仍占领南岸咀至兵工厂东端附近。

四、步兵第四标,防御兵工厂。

五、步兵第五协,在兵工厂与钢药厂之间占领阵地。

六、步兵第六协,占领梅子山及割丝口一带。

七、湘军第一协,在割丝口至琴断口之间占领阵地。

八、湘军第二协，在美娘山、三眼桥、扁担山附近占领。

九、炮队团仍占领原阵地。

十、工程第一营将桥梁撤收后，在十里铺集合。

十一、各部队给养，用归元寺粮秣。

十二、予在昭忠祠。

总司令官黄兴

据曹亚伯:《武昌革命真史》正编

致黎天才电

（一九一一年十一月二十日）

黎君天才鉴：光复金陵，实仗劲旅之力，至为景佩。顷闻程都督已派君援鄂，壮哉！此行必奏伟绩，可为预贺。黄兴。号。

据上海《时报》一九一一年十二月十四日

示黄一欧书*

（一九一一年十一月二十一日）

努力杀贼！一欧爱儿。父字。十月初一日。

据刘揆一:《黄兴传记》影印件

---

* 此书未署年份。据黄一欧云：（一九一一年）农历十月上旬某天，张竹君从武汉带来此信，“落款处盖有先君常用的一颗小章：‘灭此朝食’。这是先君在汉阳督战时，知道我参加了联军，正在进攻南京，特地写来勉励的。……一九二九年刘揆一在北京自费撰印《黄兴传记》发售时，曾把它印在首页。原信归我保管着，我还写过这样一小段跋语：‘昔先君致全力于革命时，军务纷劳，家书殊鲜；加以不肖为党国效绵薄，频年卜居无定，致先君手迹遗失殆尽，惟馀此书而已。犹忆在江浙联军奉读此书，辄有中宵起舞、灭敌朝食之概！不虞自暴自弃，荏苒迄今，兹有负先君期勉之训，愧悔何及！男一欧谨志。’……这封不寻常的家书，后因亲朋戚友辗转借阅，不知怎么被上海青年会所收藏。这是抗日战争以前的事，距今又是四十多年了。”（黄一欧：《辛亥革命杂忆》，稿存中国人民政治协商会议湖南省委员会文史资料研究委员会）

民军总司令官命令 十月初二日午后七时于花园发

（一九一一年十一月二十二日）

一、美娘山、仙女山、三眼桥等处之敌，其步兵约二千人。汉口之敌，其兵力约一镇，仍在龙王庙、玉带门一带。

我海军现在阳逻附近，掩护武昌下游。

二、本军今晚以战斗队形彻夜。

三、各部队今晚占领阵地如左：

湘军第一协，在琴断口至郭家湾一带。

湘军第二协，在锅底山及扁担山附近。

步队第七标与湘军第二协连络在花园附近，但派一部夜袭仙女山及美娘山之敌。

敢死队一营在汤家山附近，掩护该山炮队。

步队第四协（欠第七标），在南岸咀至兵工厂东端。

步队第四标在兵工厂。

步队第五协在兵工厂与钢药厂之间。

步队第六协在梅子山、黑山及割丝口一带。

炮队团仍在大别山、汤家山原阵地。

工程第一营在十里铺。

四、各部队接济，仍用归元寺粮秣。

五、予今晚九时以后在十里铺，各队于十时派员来领命令。

总司令官黄兴

据曹亚伯：《武昌革命真史》正编

民军总司令官命令 十月初二日午后十时于十里铺发

（一九一一年十一月二十二日）

一、据侦探报告，满军抵三眼桥附近之步兵，不过一标；占领仙女山、美娘山者，步兵约一营，机关枪十余杆。

二、本军拟明日拂晓击攘仙女山、美娘山之敌。

三、步队第七标（欠第一营），明早五时以前由花园之线，向仙女山开始进攻。

四、湘军第一协派一标（欠一营），明早五时以前占领郭家湾之线，同时向美娘山开始进攻。

五、湘军第二协派一标（欠一营），明早五时以前，与步队第七标连络，同时由锅底山向仙女山开始进攻。

六、在扁担山及汤家山炮队，明早天明即向仙女山及美娘山开始射击，援助我步队进攻。

七、步队第七标第一营及湘军第二协（欠一标欠一营）为预备队，明早五时以前，在花园集合待命。

八、其余各部队仍占领原阵地。

九、予明早五时在十里铺。

总司令官黄兴

据曹亚伯：《武昌革命真史》正编

民军总司令官命令 十月初四日午前四时于汉阳十里铺

（一九一一年十一月二十四日）

一、汉阳之满军现占领锅底山、仙女山及美娘山附近，汉口之满军仍在龙王庙至玉带门一带。

二、我军拟以一部迎击汉阳之敌，以一部防御南岸咀至黑山附近。

三、步队第四协统领张廷辅，率该协本日午前四时须占领花园至扁担山之线，迎击前面之敌。

四、湘军第一协统领王隆中，率该协本日午前四时须占领琴断口、郭家湾之线，与步队第四协连络，迎击前面之敌。

五、步队第三标统带刘廷福，率该标本日午前四时在南岸咀至铁厂一带防御。

六、步队第五协统领熊秉坤，率该协本日午前四时，右翼与第三标连络，左翼至西月湖北端一带防御。

七、步队第四标统带胡效骞，率该标本日午前四时在钢药厂一带防御，但须与步队第五协连络。

八、步队第十四标统带黄申芗，率该标本日午前四时占领钢药厂以北防御，须与步队第四标连络。

九、步队第六协统领杨载雄，率该协本日午前四时，右翼与步第十四标连络，在黑山至割丝口之线防御。

十、炮队团长曾继梧，率该团炮队本日午前四时仍占领原阵地；但扁担山、汤家山炮队，须射击锅底山及美娘山附近为要。

十一、敢死队队长方兴，率该队在汤家山附近掩护炮队。

十二、湘军第二协统领甘兴典，率该协并其余各队为预备队，在金龙岭附近集合待命。

十三、学生军本日午前四时在扁担山、花园、琴断口、郭家湾之线督队，迎击前面之敌。

十四、予本日午前四时以后在十里铺。

总司令官黄兴

据曹亚伯:《武昌革命真史》正编

为内田先生书赠条幅*

（一九一一年十一月）

海上三神山，可望不可即。今则群仙高会，飞觞醉月，大非昔比。内田① 先生正之。黄兴。

据日本东京法政大学经济学部大岛清教授所藏
原件影印，赠存湖南省社会科学院

山虎令·为汉阳革命军事题词**

（一九一一年十一月末）

明月如霜照宝刀，壮士淹凶涛。男儿争斩单于首，祖龙一炬咸阳烧。偌大商场地尽焦，革命事，又丢抛，都付与鄂江潮。

据《昆仑杂志》第五卷第二期（一九六一年三月台湾版）

赠宫崎寅藏***

（一九一一年十一月末）

独立苍茫自咏诗，江湖侠气有谁知。千金结客浑闲事，一笑逢

---

* 据日本大岛清教授云，此件系黄兴于武昌起义期间书赠内田顾一的。大岛清教授为内田顾一之婿，其妻名内田百合子。此件为大岛清教授所珍藏。旅美学者潘家牛（台湾省人），得知编辑《黄兴集》，遂转告大岛清教授。一九七九年二月十三日将此幅与《湖北革命战见闻日记》寄赠湖南省社会科学院。

① 内田，即内田顾一，日本人。据大岛清教授云，内田系日本商社三菱商事株式会社职员，于一九一一年至一九一二年间，驻汉口。撰有《湖北革命战见闻日记》。

** 此件未署时日。按黄兴于一九一一年十一月二十七日离武昌赴沪，夜过汉口、汉阳，目睹劫后情状，旋作此小令志感。

*** 黄兴于一九一一年十一月二十八日晨离武汉乘轮东下，在镇江与宫崎寅藏等相遇，遂同轮赴沪。据黄一欧云，此诗当作于是时。

君在此时。浪把文章震流俗，果然意气是男儿。关山满目斜阳暮，匹马秋风何所之？

据《黄克强先生荣哀录》

与章炳麟宋教仁致徐绍桢等电(二件)

(一九一一年十二月二日)

一

南京徐总司令、镇江林都督、浙军朱司令、苏军刘司令、沪军洪司令、济军黎统领、江阴各军均鉴：南京光复，谨贺。目下因敌兵有南下江北之信，且浦口贼敌未灭，林都督又已公推为出征临淮总司令，故众意推苏州程都督移驻江宁，为江苏都督，一以资镇守，一以便外交。谨闻。章炳麟、宋教仁、黄兴同叩。

二

南京徐总司令、镇江林都督、浙军朱司令、苏军刘司令、沪军洪司令、济军黎统领、江阴各军均鉴：南京光复，赖诸公指挥之劳，将士用命之力，东南大局，以此敉平。谨祝联军万岁！中华民国万岁！章炳麟、宋教仁、黄兴、程德全、陈其美、汤寿潜、张謇、唐文治、伍廷芳、赵凤昌、温宗尧、虞和德、李锺珏、朱佩珍、王震、于右任、范鸿仙、郑赞成。文。印。

据上海《申报》一九一一年十二月三日

致黎元洪电

(一九一一年十二月二日)

武昌黎都督鉴：南京光复，联军克日来援。黄兴。文。

据上海《民立报》一九一一年十二月三日

与章炳麟宋教仁致林述庆电

（一九一一年十二月二日）

南京探投镇江林都督鉴：南京光复，为大局贺。鄂事紧要，亟待应援。临淮关须有劲旅驻守，既可进取，又可为援鄂之策应。且将来中州重镇，非公莫属。此间同志咸推公先进兵临淮，继图开封，谅邀鉴允。应带军队暨筹备一切，望酌核赐示。章炳麟、宋教仁、黄兴同叩。

据上海《民立报》一九一一年十二月三日

致胡汉民电

（一九一一年十二月五日）

广州胡都督鉴：南京光复，济兵之力最多。请再调数营前来，会合北伐，必资得力。闻竞存兄兵亦北上，喜极，请速出发。郭兵何日能来？望示复。黄兴。删。印。

据山东《齐鲁公报》（辛亥年十一月初一）及
《中华民国开国五十年文献》第二编

致胡汉民电

（一九一一年十二月八日）

广州胡都督鉴：此间组织临时政府，急盼兄来主持一切，赶于二十四日到宁，不胜切祷之至。黄兴。巧。印。

据山东《齐鲁公报》（辛亥年十一月初一）

复汪精卫电

（一九一一年十二月九日）

精卫兄鉴：来电敬悉。此时民军已肃清十余行省，所未下者才二三耳。北京不早日戡定，恐招外人干涉。项城雄才英略，素负全国重望，能顾全大局，与民军为一致之行动，迅速推倒满清政府，令全国大势早定，外人早日承认，此全国人人所仰望。中华民国大统领一位，断推举项城无疑。但现在事机迫切，中外皆注意民军举动，不早成立临时政府，恐难维持现状，策画进行。现已有各省代表拟举兴为大统领，组织临时政府，兴正力辞，尚未允许。万一辞不获已，兴只得从各省代表之请，暂充临时大元帅，专任北伐，以待项城举事后即行辞职，便请项城充中华民国大统领，组织完全政府。此非兴一人之言，全国人心皆有此意。惟项城举事宜速，且须令中国为完全民国，不得令孤儿寡妇尚拥虚位。万一迁延不决，恐全国人皆有恨项城之心。彼时民国临时政府如已经巩固，便非他人所得摇动。总之，东南人民希望项城之心，无非欲早日恢复完全土地，免生外人意外之干涉。项城若肯从人民之请，英断独行，中华民国大统领，兴知全国人民决无有怀挟私意欲与之争者。此事盼速成功，民国幸甚。请以弟尝与兄谈心之“难可自我发，功不必自我成”一语以为证明。朔风冰肌，伏维珍重。即盼速复。兴。效。

据《革命文牍类编》、《缔造共和英雄尺牍》

致李準电*

（一九一一年十二月上旬）

香港李直绳先生鉴：粤省光复，公树伟功。从前公仇，一概消

* 此电无时日。广东于一九一一年十二月五日光复，当系是月上旬所发。

释，望勿再为虏廷所惑。黄兴。

据李伯存:《重刊粤垣光复纪实》

复南狩书

（一九一一年十二月十五日）

敬复者：别教久矣。每忆豪情，良深驰念。弟此次归国，戎马匆匆，无暇修柬奉候，中心歉歉。顷奉惠书，如聆面教，感佩奚如！敝国处专制之下，人民咸愤，故一发而全局皆动。弟躬其事所持之主旨，仍确守维持人道、保全东亚和平主张。兹蒙阁下不弃，远道心印，奖饬有加，在弟感故人之交情，在全国国民实谢同种伟人之盛德。过此以往，惟有仰体厚爱，益加奋勉，以付挚望。民国政府行将成立，各省渐有统系；惟能力尚薄，时用兢兢。尚望友邦国民推爱相助，阁下出广长舌加之鼓吹，俾我国家成立完全，国民得蒙幸福，何庆如之。谨布微忱，兼谢盛贶。耑请侠安，诸希爱照不宣，南狩仁兄大人阁下。弟黄兴顿首。十月廿五。

据张居瀛玖夫人所藏墨迹

与伍廷芳等致各省都督电

（一九一一年十二月十九日）

各省都督并各处军政分府公鉴：上海电政总局有对外之关系，自应仍前由其统辖各处电局，业经其美迭次电达各都督，已承多数赞成。惟粤、赣、浙等省虽已承认上海为统一机关，而于用人、行政、理财数端，仍各自为谋，致多睽隔。窃思电政统一，为世界各国不易之理法，若省自为界，以款项言则盈绌不一，挹注无方，交通立见断绝；以外交言则要领无主，干涉有词，利权即从此丧失。当此大局未定，吾侪正当协尽心力以图大计，夫复谁有稍存自私自利之心，当亦为公众所共讦。兴等为维持大局起见，用再渎陈，统希谅察见复为荷。黄兴、伍廷芳、陈其美、温宗尧、张謇。

据上海《时报》一九一一年十二月十九日

给顾忠琛的委任书*

（一九一一年十二月二十日）

兹委任顾忠琛君与廖宇春君商订一切。十一月初一。黄兴。印。

据廖少游：《新中国武装和平解决记》及《黄克强先生书翰墨迹》

给何天炯的委任状**

（一九一一年十二月中旬）

兹因军事需财孔亟，特委任何君天炯赴东借募巨款，所有订立条件悉有全权，但不得损失国权及私利等弊。须至委任者何君天炯执据。黄兴。黄帝纪元四千六百另九年十月。

据《辛亥革命前后——盛宣怀档案资料选辑之一》

---

* 原委任书未署年份。一九一一年十二月南北举行和议，伍庭芳、唐绍仪分任南北两方代表在上海和谈。廖宇春（字少游，保定陆军小学堂监督）得靳云鹏同意，以私人资格秘访黄兴，斡旋和平。黄兴因密谕江浙联军参谋长顾忠琛和他商洽。廖、顾于上海文明书店内协议秘密条款五项：一、确定共和政体；二、优待清皇室；三、先推覆清政府者为大总统；四、南北满汉军出力将士各享其应得之优待，并不负战时害敌之责任；五、同时组织临时议会，恢复各地之秩序。此书当为一九一一年十二月二十日发。

** 何天炯，字晓柳，广东梅县人。同盟会会员。广东光复后，任军政府顾问，时在上海，被黄兴委为南京临时政府赴日借款代表。此委于黄兴署名后盖有“灭此朝食”印。

致陈其美书*

（一九一一年十二月二十三日）

兹有前充端方①之侦探张翼辉（闻害党人甚多），号侠琴，系四川合江人，来沪希图扰乱。闻本日午后一、二时在蜀商公所开会，请饬干员前往拿获，监禁待讯为要。手上，即请早安。弟黄兴顿首。初四日。

又孙清全前在四川充侦探，其罪亦重。闻兄已饬缉拿，不知获到否？请见示。又叩。

据《黄克强先生书翰墨迹》

致孙中山胡汉民书**

（一九一一年十二月二十五日）

中山先生、汉民兄鉴：闻驾抵沪，同志欢忻无极。兹特派时功玖、田桐两君前来接待，以表同人敬意。即请行安。中国同盟会代表黄兴启。

据上海图书馆藏原件影印件

---

* 此件未署年月。按：内容系黄兴于上海光复后写给沪督陈其美者。黄兴于辛亥年十月十一（公元一九一一年十二月一日）由武昌抵上海，同年十一月初八（十二月二十七日）离沪赴南京。函中“初四日”，当为辛亥年十一月初四（公元一九一一年十二月二十三日）。时黄兴在上海。

① 端方，字午桥，号匋斋，清末满洲正白旗人。曾任湖北巡抚、署湖广总督、江苏巡抚、署两江总督，后为两江总督。一九一一年为川汉铁路大臣，率军入川镇压保路运动，为起义新军所杀。

** 此件未署日期。按：孙中山于一九一一年十二月二十五日偕胡汉民抵上海，受到黄兴等热烈欢迎。此件信套有“中山汉民两先生”字样。

与程德全等复黎元洪电

（一九一一年十二月二十六日）

武昌黎都督鉴：阳电悉。尊拟四条，甚为妥协。惟第一款敌兵须全数退出武胜关以北句，似应改为退至黄河以北，不准调兵过此界，务祈酌裁。兴、德全、其美、廷芳叩。虞。

据观渡庐：《共和关键录》

致于右任电*

（一九一一年十二月三十一日）

《民立报》于君右任鉴：今日由参议院决议，以明日为中华民国元年正月一日，孙大总统来宁发表临时政府之组织。黄兴叩。文。

据上海《民立报》一九一二年一月二日

致陈其美电

（一九一一年十二月三十一日）

陈都督鉴：今日参议院决议改用阳历，并以中华民国纪元，明日即为中华民国元年正月一日，请公布。黄兴。文。

据上海《民立报》一九一二年一月二日

---

* 电中“文”日，系农历辛亥年十一月十二日，按公历为一九一一年十二月三十一日。电文亦有“明日为中华民国元年正月一日”字样，可知此电当发于一九一一年十二月三十一日。下电同。

致伍廷芳等电*

（一九一二年一月二日）

伍外交总长暨钮、王、汪① 各参议鉴：连日议和情形如何？念念。汉口、汉阳及各处之清兵尚未退出，且闻有增兵借债之议，其不守信约已显。日内连接我各处民军急电，均愤激欲战。清兵如此不保其名誉，恐终不免冲突。乞严词诘责唐代表，要求即行退兵前条为幸。火速祈复。黄兴叩。

据观渡庐：《共和关键录》

致陈其美电

（一九一二年一月四日）

陈都督鉴：敝部成立，拟请尊处参谋长黄君膺白② 为参事官。如蒙允可，即请转致为幸。黄兴。支。

据上海《民立报》一九一二年一月七日

复张謇书**

（一九一二年一月六日）

示悉。援滦兵可即日出发，惟苦于无饷无械，不能多派。接济

* 此电未署时日。据观渡庐所记收电日期为"元月二日到"，当为一九一二年一月二日发电。

① 钮、王、汪，指钮永建、王宠惠、汪兆铭。

② 膺白，黄郛字。

** 黄兴此信和张謇的信均未署年月。按：烟台于一九一一年十二月十二日光复，滦州清军于一九一二年一月二日起义，故有以烟台援滦之语。又据张謇当时向日本三井洋行借款三十万元的保证书所写的月份推算，此信当写于一九一二年一月六日。张謇信中所称"三十万借款"，是指当时由黄兴代表南京临时政府、张謇作保向日本三井洋行借用的上海通行银元三十万元，此款不久就照数归还了。

滦饷亦不可少，当力筹之，并望公有以助我。目下财政部初立，陈公① 虽去上海，恐外款非即日可能到手也。遣军舰去烟台与援滦同一事，以海军以烟台为根据地也。派人去天津之说，亦是要事，刻惟苦无款耳。和靖居海军处之说，虽无所闻，现已居兵轮中，即可想见。但观彼似亦不愿再闹乱子者。如何措置之处，尚未得善法。季老大鉴。兴顿首。初六晚。

附：张謇致黄兴函

……早车专人奉白李君云云，为公应付李君之备也。李君面说之言，不止此；其言欲径卖盐而径要鄙人之承诺。……又云，陆军部止允北伐饷五万，仅来一万余，其在宁之三营及总司令部开支无着，请于总统，总统委之陆军部，陆军部又不能应，军队乏饷即溃，到那时只好自由行动，莫怪对不住地方云云。鄙人答以此言非我所能答复，君应以此告总统及陆军部。……然问英士，言曾接济其十余万，……且所收吴淞之杂款亦不少，究竟……有若干兵，用若干饷，无从而知。……比令人访其代表梁君时，则房中方拥二妓。此等现状，可以推见其余矣。此不得不告公者。……盐事……收入，尚不可知，约略各处所要求及公所汲汲待用，非于所筹偿还三十万借项外，更借一百万不可，……此不得不告公者。总之，军事非亟统一不可，而统一最要之前提，则章太炎所主张销去党名为第一，此须公与中山先生蚤计之，由孙先生与公正式宣布，一则可融章太炎之见，一则可示天下以公诚，一则可免海陆军行政上无数之障碍，愿公熟思之。此为民国前途计，绝无他意也。……今日复有函于中山先生，请通电各省军政府，勿以嫌疑影响轻于拘人击人。……此次顾鼇拘后，而北方代表中各人惊走；林

① 陈公，即陈锦涛，当时任南京临时政府财政部总长。

长民击后，而各省代表中有心人寒心。昨排秉三，又排蹇季常，又击罗杰，似此举动，是诸公一片苦心为国民造福者，乃供一二人睚眦修怨之用。大小轻重之间，此一二个人者，亦太不审量矣。……危苦之言，出于爱国，公幸深谅。

据张孝若:《南通张季直先生传记》

复陈其美电

（一九一二年一月七日）

陈都督鉴:歌电敬悉。尊处人才济济，膺白兄务恳劝驾相助一切。兴百叩。阳。

据上海《民立报》一九一二年一月九日

致陈其美电

（一九一二年一月九日）

陈都督鉴：政府新立，各部须急组织。目下他部均有端绪，惟海军部因总长未到，不能开办。祈就近请黄君锺瑛立即专车来宁，以便部署一切。事关大局，无任切祷。汤司令① 准十一日到沪，并闻。黄兴。佳。

据上海《民立报》一九一二年一月十日

致谭延闿陆荣廷电

（一九一二年一月十日）

长沙谭、桂林陆都督鉴:湘桂联军总司令刻由沈幼岚先生提议

① 汤司令，即汤芗铭，时任南京临时政府海军部次长。

取消。兹拟就袁华选、赵恒惕、程子楷、陈裕时四君原有之军队编为一师，隶属于中央政府。诸君志同道合，必能联为一气，练成劲旅。除电知湘、桂都督外，用特奉闻。如荷赞同，祈速电复为盼。黄兴叩。蒸。

据《临时政府公报》第十六号（一九一二年二月十五日）

致伍廷芳电

（一九一二年一月十一日）

伍代表鉴：据柏军长电：倪嗣冲率一大队由颍州道经进坡集老官境三河尖抢劫宏裕典十余万，庆隆京货店及各商二十余万，民人均受荼毒，然数刻已将货财运至倪家寨，等因。希即电袁内阁转饬倪嗣冲，不得肆行抢掠，致生灵涂炭，为祷。黄兴叩。尤。印。

据观渡庐：《共和关键录》

与孙中山致伍廷芳电*

（一九一二年一月十三日）

千急。上海议和代表伍廷芳鉴：请公便宜行事，议定日数，约以十四日为期。孙文、黄兴印。

据观渡庐：《共和关键录》

复王树谷书**

（一九一二年一月十七日）

敬复者：接读惠函并章程缘起等件，具悉种切。公等为民国前

---

* 此电未署时日。据观渡庐所记收电日期为“元月十四日到”，此电当为一九一二年一月十三日发。

** 王树谷为自由党赴宁代表。原信无日期，现据《民立报》发表时间。

途图谋幸福，苦心孤诣，组织自由党，以助行政之不逮，鄙意极表赞成。但以现任行政职务，未便兼任党事。如解职后，当为党员，以效驰驱。谬承推举副主裁，愧不敢当，非敢固辞，实格于公例耳。区区此心，尚希亮之。专此奉复，顺请公安，诸惟爱照。黄兴顿首。

据上海《民立报》一九一二年一月十七日

致陈其美电

（一九一二年一月十七日）

上海陈都督鉴：闻陶君焕卿被刺，据报云是满探，请照会法领事根缉严究，以慰死友。并设法保护章太炎君为幸。黄兴叩。霰。

据上海《民立报》一九一二年一月二十日

致伍廷芳电

（一九一二年一月十八日）

密。伍秩庸先生鉴：议和愈出愈奇，殊为可笑！第一条仍保存大清皇帝之名称及“世世相称”字样，可谓无耻之极。第二条“仍居宫禁”，是与未退位无异。第一、第二，为我军人之绝对的反对。第五条实属无理，不可轻诺。馀我民国政府可优容之。至将条件列于枢弈印文，照会海牙万国平和会之案，此层仍须详细参究，万无可使污秽君主名词，永远留臭于我民国。是为至幸。陆军部长黄兴。巧。印。

据观渡庐：《共和关键录》

复某君书*

（一九一二年一月十九日）

敬复者：征马办法可行，惟必出令于陆军部，免使各军借口。近日来征发房室者甚多，其中不无流弊，明日当与部商定切实办法①再奉告也。即请捷安。弟兴顿首。十九晚。

据《黄克强先生书翰墨迹》

致伍廷芳电

（一九一二年一月二十日）

上海伍秩庸先生鉴：顷据第一师长柏文蔚报告，张勋日由徐州增兵至宿州，大有破坏和议之势。请严诘袁勒令退兵，以免生灵涂炭。陆军部长黄兴叩。号。

据观渡庐：《共和关键录》

复蒋雁行电

（一九一二年一月二十日）

清江蒋都督鉴：啸电敬悉。江北屏蔽，实仗长才。刻以积劳致政躬不豫，方深廑念。万勿力疾视事，勉为其难。非敢为不情之责备，以江北关系重要，非公不足资镇慑也。公矢志报国，乞仍留驻。诸维珍重。黄兴。号。印。

据上海《天铎报》一九一二年一月二十四日

---

* 据黄一欧称，此信是对陆军部所属的后勤部写的。原无年月。为黄兴主持南京临时政府陆军部时所发。以"捷安"判断，当为一九一二年一月十九日晚。

① 此处原文脱"法"字，现补入。

复谭延闿电*

（一九一二年一月十九日——二十日间）

长沙谭都督鉴：巧电敬悉，事关大局，皆予赞成，曷胜感慰。湘中官有只一、二矿，其余皆系商办，兴亦知之。惟此拟以取矿经售权抵借外债，无论官办商办，于利用均无损失。盖售矿砂，与采矿不同。官矿仍官矿，商办仍商办，惟矿砂归其售买，属买卖性质，必须按时价，决无害于办矿公司。此次借款，以矿砂之经售权作抵，并非纯粹报酬抵押借款之约。与售矿办法之约，本属两事，可分途办理。此刻但祈允以经售权，抵借契约即可成立。售矿办法专约，将来或在湘定，或由中央政府仿照湘中去年旧约拟定，另为一问题，目下仍可暂缓。大局紧急，千钧一发，全系此举。商民事不尽悉，乞恳挚劝告，以期于成，并祈速定电复。

据《湖南矿业总会档案》

附：谭延闿复黄兴电

（一九一二年一月十八日）

急。南京陆军部黄总长鉴：元电悉，事关大局，无不赞成。连日与议会、商会、矿局商榷，以国家安危，虽竭力以供全国，亦所乐从。况湘款即由此挹注，尤为一举两得。惟官只一锑矿，余皆商办，事须公认，非宽以时日，不能集议。闿意经理售砂，为借款之报酬，似可分为两截偿还。承借由中央政府主

---

* 原电未署时日。一九一二年，南京临时政府成立之初，军政费用困难，黄兴拟以湘省锑矿经售权向美商抵借债款一千万元，曾有“元电”（一月十三日）商致谭延闿。谭于十八日有复黄兴“巧电”。本电系黄兴对“巧电”的答复。当在十九日至二十日之间。旋以国人反对抵借外债，遂中止此议。

之，至售砂办法，须主专约，饬来长沙商定合同。去年湘人与英商布鲁特定约，甚周密，若能仿行，锑商当无异言。事不厌求详知，蒙詧，乞示复。

据《湖南矿业总会档案》

致伍廷芳电

（一九一二年一月二十二日）

火急。上海伍秩庸先生鉴：山东登、黄独立，秩序井然。前已电请尊处电袁以民军相待，彼此不得进攻。兹据烟台都督电称："顷得刘艺舟丑电称，登州府及所属各县，本在烟台、登莱、青胶道所属范围以内，且登州知府孙熙泽早已归顺民军，至今尚驻烟台军政分府，龙口税款已归军政分府收纳。二十七、八两日，民军入登黄境，是民军在民国地内组织军政府，不得谓为占领清政府土地"，等情。今叶军围攻黄县，实系有背和议条约，应请急电阻止，无多流血，是所切祷。陆军部总长黄兴叩。养。

据观渡庐：《共和关键录》

复盛宣怀电

（一九一二年一月二十二日）

前由何天炯转达尊意，承允助力民国，由汉冶萍公司担借日金五百万元，归民国政府借用。见义勇为，毋任钦佩。兹特请三井洋行与尊处接洽，商订条约，即日签押交银，公私两益，是所切盼，并复。陆军部总长黄兴叩。

据《辛亥革命前后——盛宣怀档案资料选辑之一》

附：盛宣怀致黄兴电

（一九一二年一月二十四日）

上海陈止澜[①]：发密。速译专送。南京陆军总长黄鉴：电悉。顷日商小田切面称，不愿担借，要求合办。何君天炯来函，华日合办政府已许可，而贵电无"合办"字样。合办虽系旧矿律所准，然以法律论，必应政府核准，方敢遵行。究竟民政府主意如何？日代表在此专候，请速核夺电复。来电请交陈荫明密电发。

据《辛亥革命前后——盛宣怀档案资料选辑之一》

致盛宣怀电

（一九一二年一月二十五日）

前电谅悉。至今未得确切回答，必执事不诚心赞助民国。兹已电授全权于三井洋行直接与执事交涉，请勿观望，即日将借款办妥，庶公私两益，否则民国政府对于执事之财产将发没收命令也。其早图之，盼复。黄兴叩。径。

据《辛亥革命前后——盛宣怀档案资料选辑之一》

附：盛宣怀致黄兴电

（一九一二年一月二十九日）

南京陆军总长黄鉴：二十四复电谅鉴。二十六尊电已授全权三井直接交涉，即日办妥。三井来函，所授全权系日华合办汉冶萍公司营业，并从速决定借款，与何天炯君来函相

---

① 陈荫明，字止澜，时为大冶铁矿商务部副部长，驻沪办事。

同。小田切[①]照此来议草约，坚持要挟，既速欲定，何敢观望。宣咯血不能起，已派李维格[②]与彼直接妥议，即赴东京签押，请即转陈孙总统并致农工商长。宣叩。艳。

据《辛亥革命前后——盛宣怀档案资料选辑之一》

与钮永建致陈其美黄郛电*

（一九一二年一月二十六日）

陈都督、黄参谋长鉴：和议破裂，战事方始，后方接济，乃全军命脉所关。现拟设大本营兵站局，请黄郛君为局长，已请大总统发委任状，祈即来宁接洽开办。所有应办各端事宜，请在沪先行布置。黄兴、钮永建叩。

据上海《民立报》一九一二年一月二十九日

复伍廷芳电

（一九一二年一月二十七日）

伍廷芳先生鉴：宥电敬悉。北军能表同情，民国幸福。惟张勋仍然跳梁，昨又分兵由王庄、宿州、固镇向临淮、蚌埠、怀远、涡阳四路进兵，殊属藐视公法。乞向袁内阁严加诘责阻止为要。兴叩。念七。

据观渡庐：《共和关键录》

---

① 小田切，即小田切万寿之助，字富卿，原任日本驻上海总领事。一九一二年初在东京代表日本财团与盛宣怀谈判汉冶萍中日合办等事宜。

② 李维格，字一琴，江苏苏州人。盛宣怀的心腹，任汉冶萍总公司经理兼汉阳铁厂总办，武昌起义后逃亡日本。

* 此电无时日。以见报日期和下面一月二十七日电参核，当为一九一二年一月二十六日。

致黄郛电

（一九一二年一月二十七日）

陈都督转黄郛君鉴：战机紧迫，兵站急需设立，望公速即首途，并盼电复。兴叩。廿七。

据上海《时报》一九一二年一月二十九日

致姚雨平电

（一九一二年一月二十八日）

固镇粤军司令官姚鉴：闻贵军获胜，足以壮军心寒敌胆。愿再接再厉，一扫虏氛，枭张贼之首以为民军吐气。后方接济，本部尽力筹备，请传语各将士同心戮力为祷。陆军部总长黄兴。勘。

据上海《时报》一九一二年一月三十一日

致黎元洪及各省都督等电（二件）

（一九一二年一月二十八日）

一

武昌黎副总统、各省都督、上海《民立报》、天津《民意报》鉴：勘日据粤军报告："昨早八时，粤军与镇军葛支队于新桥北方约十里与敌遇，粤军攻其右，镇军攻其左，敌军三千余，势甚猛，我军奋战，粤军则步一标第一营、炸弹队机关枪退管炮队特为得力，敌乃引退。然仍据阵地，我军逐次力攻，连战约五、六小时，直追三十余里，遂占固镇。击毙敌之炮管带、队官各一，其余官长目兵死伤四十余名，夺敌炮械子弹枪械颇多，并轰破其机关车、客货车，现正协谋攻宿、徐”等语。除专电复贺外，合行电闻。黄兴叩。二十八。

二

武昌黎副总统、各省都督、各军司令、各报馆均鉴：本月二十七号我军在新桥与敌开战，毙贼管带、队官各一，北兵死伤无数，并毁敌车及弹子箱，敌遂退，我军进追十余里，固镇光复。又接蚌埠来电，我军今晨七时与敌开战于新桥北大捷，现已追过浍河。黄兴叩。二十八。

据上海《民立报》一九一二年一月三十日

致伍廷芳电

（一九一二年一月二十九日）

伍代表鉴：北军违约，进逼潼关多日。陕军乞援之电，急如星火。元月十三日北军以锐师三千、开花炮十二尊向我猛击。彼等倘有意北伐，必须立刻退兵，仍请严重交涉，俾北军早日退出为要。黄兴叩。廿九。

据观渡庐：《共和关键录》

致段祺瑞电

（一九一二年一月三十日）

急。上海伍代表转段芝泉君鉴：足下不忍大局之危，一旦翻然，舍其旧而新是谋，共和底定，指日可待，豪俊举动，自非寻常可及，敬佩无量。惟潼关、山东、山西、淮颍等处，犹有北军误会宗旨，互动干戈。现在南北既已一致，此等举动，无异同室操戈，徒贻讥笑。足下德望，海内仰重。意者，近日宗旨各军尚未周知耶？在民军，誓志革新，等生命于鸿毛，就令北军如何抗阻，亦当达其固有目的而后已。惟是战斗延长，生民涂炭，殃及无辜，于心何忍？足下于各军多有师友之谊，务请即日传告，撤回抵抗民军之兵力，各率所部，直捣北京，同逼满酋退位，俾父老早日安枕。钟鼎旗常，自袁公外，宁有第三人耶？叨附同志，敢布腹心。黄兴叩。卅。

据观渡庐：《共和关键录》

致谭人凤电

（一九一二年一月三十日）

陈都督转北面招讨使谭人凤鉴：顷接烟台来电云："火急。事机甚迫，即应厚集兵力，请力催北面招讨使谭人凤火速统兵前来，以维大局。蓝天蔚叩"等语。查烟台为北伐军水师根据地，关系重大，务请谭使迅速查照办理，盼切。黄兴叩。

据上海《民立报》一九一二年二月二日

追悼徐锡麟烈士词*

（一九一二年一月）

呜呼！朱明失纽，秽羯流膻，污我华夏，垂三百年。旗奴张焰，汉帜不起，芸芸灵苗，蜷伏跼死。豺狼当道，荆棘满天，罗钳罟网，铲我英贤。高阳之裔，辱在重僮，曰予皇考，耻累京垓。天运大捩，瀛寰四通，文明之钥，逼西而东。海外志士，大声疾呼，泪尽血继，唇焦笔枯。粤树大帜，政治革命，蠢彼满族，中实为梗。铸我众心，

* 此件未署时日。一九一二年一月间，南京临时政府曾多次召开死难烈士追悼会，此词当作于是年一月。

锄彼非种，警钟一鸣，万类奇怂。觥觥徐公，乘时以出，气肃霜寒，神严鬼哭。含耻引辱，埋首鳞介，支天一柱，浮沉宦海。湫龙匿爪，扪之无棱，神思往来，心虑困衡。何物恩铭，乃敢用我，霹雳一声，血飞肉铧。当其举事，一尘不惊，儿曹衙官，木立噤声。公乃奋臂，誓众左袒，奴才股栗，曰予岂敢。惟虎有伥，喜噬同类，鸟族合围，垓心受敌。掀髯一笑，释剑受缚，屠狗既成，死胡不乐。横陈三木，风寒法庭，盛气所摄，旁若无人。洋洋千言，自志其志，吾事既毕，以谂后起。一电飞来，比干剖心，识与不识，哭声皆瘖。铜山一崩，洛钟斯应，摄武踵起，愈蹶愈奋。移山返日，神之所凝，天畀志士，实相其成。粤至今日，光复过半，盗酋之禋，不绝如线。轰轰男儿，声呼北伐，扫穴犁庭，责于谁假？同人不才，为公后死，誓于此生，必遂公志。天日在上，魂兮归来，鉴此葵藿，饮之玫瑰。尚飨！

据《黄克强先生全集》

致伍廷芳书*

（一九一二年一月）

秩庸先生赐鉴：迭接各处电，张勋兵尚逐日前进，与停战条约不合。特将各电呈阅，希即询问唐使，电其停战，以符原议。再，此电唯供先生察考，先生阅后，即请掷还为叩。专请勋安。黄兴。计呈电五封。

据观渡庐：《共和关键录》

---

* 此书无时日。按：辛亥年十月十八（公元一九一一年十二月八日）袁世凯以唐绍仪为全权代表与民军议和，次日续议停战十五日。及至是年十一月十二日（公元一九一一年十二月三十一日），协议展缓停战期十五日。辛亥年十一月十三日（公元一九一二年一月一日）中华民国成立，黄兴任南京临时政府陆军部总长。此电为黄兴任陆军部总长时在停战期内所发，当为一九一二年一月。

致伍廷芳电

（一九一二年二月一日）

伍秩庸先生鉴：山东即墨反正，闻胶督有派兵弹压之语。请就近与德领事婉词交涉，免生冲突。至叩。陆军部总长黄兴。东。

据观渡庐：《共和关键录》

致伍廷芳电

（一九一二年二月一日）

伍廷芳先生鉴：固镇一战，实系张寇先我挑衅。徐、颍两州，原在民军势力范围之内。倪嗣冲诱败我师，近复进攻颍上。此等举动，殊不足为希望和平之证据。民军潼关之失，因由清军违约，乃托词谓潼关以西本为己有。民军得而复失者，乃令弃置不顾。山东本经光复，清军威逼取消。以此例彼，又将何如？段军统联名电请共和，倨张本未承认。南北既然合一，民军前进，与挑战者自有区别。且民军意在共和，有反对者，在所必讨。倪、张倘与同意，必须速将各方面军队一律退往北方，要求退位。淮北父老子弟痛心疾首于倪、张残暴者已非一日，倘仍执迷不悟，此间断不能与段军统一律看待，置两处生灵于不顾也。希即转电袁内阁饬张、倪退兵。至要至要。黄兴叩。东。

据观渡庐：《共和关键录》

复伍廷芳电

（一九一二年二月三日）

伍廷芳先生鉴：各电均悉。联衔电张勋、倪嗣冲列名，即应查照敝处冬电，退出徐州、颍上境外，再行派员至民军商洽，以昭信用。再张勋向青岛德商购枪二千支。倘有意平和，此等事件，应饬作罢；如已订定，亦应俟共和大局定后再行接收。希电袁内阁。黄兴叩。江。

据观渡庐：《共和关键录》

陆军部总长正名布告

（一九一二年二月一日——四日间）

为布告事：自各省代表谋组织临时政府，举兴为大元帅，兴以德薄能鲜，固辞不受，乃改举鄂都督黎为大元帅，而兴副之，兴复未敢受职。逮临时大总统选举既定，强命兴为陆军部总长，不得已乃行就职，当即通电各省，取消元帅名义。前月十五补贺元旦，复亲对各军将校申明此旨，通告在案。现时各省军队以及各团体或个人似尚未尽悉，文、函、电、禀，或称大元帅，或称副元帅，参差不齐，举皆失实。夫称谓各有相当，名正则言顺，不可滥假也。初各省代表之举大元帅，原为暂虚大总统之位，而以大元帅摄其事也。今总统既已正式莅职，按诸法理，统率海陆军大权自应属之总统。今仍以业经取消之元帅名义，辱加诸兴，在称者或未详察，然兴甚惧国民心理不知注重于国家兵权之统一，而外人见名称歧出，亦以不能统一而见疑，因小误大，甚非民国之幸也。近来兴对于此种称谓之文电，处置颇难。绳以严格之法律，名称不正之公文当然无效。兴既不敢为正式之答复，欲不复，则又以关系紧要，迟延搁置，恐误事机。是复既不便，不复亦觉非宜，以一名称之误，而致使兴两为其难，殊无谓也。用再明白布告，兴现任陆军部总长之职，来往文件应称今职。所有已取消之大元帅、付元帅各名目，自不得更相沿用。经此次布告之后，如再有沿用者，无论何事，概不作复，以正名义，而保体制。此布。陆军部总长黄兴。

据上海《民立报》一九一二年二月四日

致马毓宝电

（一九一二年二月四日）

南昌马都督鉴：驻宁各军不下数万人，所需米甚多。查军米切于日用，视饷项尤为重要。刻下欲就本埠购买，固由款项十分支绌，而外埠又无大宗米粮运到。现时军队林立，不能使之枵腹从公。兹特电请尊处协助，拨济食米二十万担，速运来宁，以充军食。昔晋饥而乞粮于秦，秦人振之。我公仁明素著，当不让前人专美也。望济孔殷，祈先电复。是所切祷。黄兴叩。印。

据上海《时报》一九一二年二月四日

致伍廷芳电

（一九一二年二月四日）

伍代表鉴：张勋既列名赞成共和，自应与民军联师北伐。对于清廷，一方面尤应速将提督及两江诸伪职辞却不受，以表心迹。烦由贵处嘱唐代表转电前途，令其速办见复为要。黄兴叩。支。

据观渡庐：《共和关键录》

致黎元洪等电

（一九一二年二月五日）

武昌黎副总统、安庆孙都督并转皖军各司令、浦口柏军长、临淮关柏师长、姚司令、电局转怀远柏协统、清江浦蒋都督、孙司令、扬州徐司令并各省都督、军政分府鉴：顷伍代表转来袁内阁电，再请停战一星期，以便协商。当经电复如下："上海伍代表鉴：觉电悉。现在南北各军同赞共和，原无再起战争之理。惟清帝尚未退位，袁内阁主张共和，为二三顽迷者所箝制，是以民军亟图北上，速定大局。清廷意欲停战，惟有早日退位。否则迁延不决，徒滋祸害，恐惹起种种难题，民军岂能终止进行？顷已通电张勋、倪嗣冲、朱家宝、升允征求意见，如果赞成共和，彼此均系友军，自应联兵北上，共逼清帝退位，早图底定。若迁延顾虑，作无谓之抵抗，无论是否误会民军宗旨，而在民军方面，不能不视为反对共和之蟊贼，将与天下共同诛之。质而言之，时局至此，已非停战问题，乃在南北合力一致，联师北上，以实力定大局。不合此宗旨者，即为阻抗共和之蟊贼。天下后世，自有公论，民军不能为此等顽迷所阻止，自当竭力进行。既非挑战，即无所谓停战也。段军统与黎副总统所订条件最合此旨。袁内阁来电，似合今日时局，停战一节，应无庸议。至优礼条件，袁内阁既称有权商酌，可按照祃电所开条件协商办理。其山西、陕西各军及升允等屡次违约进攻，应由袁内阁严饬该军立即停止战事，退出新占各地，共同联师北上，以彰大义。若东南言联和，西北主抵抗，则民军自当一致运动，宁可玉碎，决不能坐受欺绐，致贻中外之笑也。希以此意电达袁内阁为祷。孙文、黄兴叩。支"。等语。希查照。黄兴叩。歌。

据上海《民立报》一九一二年二月七日

与钮永建致各都督等电

（一九一二年二月六日）

各都督、各军政分府、各报馆鉴：参谋部现已成立，奉大总统颁到印信一颗，文曰："中华民国参谋部之印"。合行布告。总长黄兴、次长钮永建。鱼。

据上海《时报》一九一二年二月七日

复伍廷芳电

（一九一二年二月七日）

伍先生鉴：虞电悉。已电江北都督询问事实。民军非不欲和平解决，亦非不愿派员接洽，不过欲张、倪退出徐、颍，然后派员至民军接洽，方为可靠。若一面言和好，一面仍相持不下，其势非冲突不止。应请先生速电袁内阁，饬张、倪退出徐、颍，再行派员接洽，以昭信用。盼切。黄兴叩。虞。

据观渡庐：《共和关键录》

致伍廷芳电

（一九一二年二月八日）

伍代表鉴：据张勋电称，派二人持函往告民军，讵民军张统领焚函，并杀一人，其一人逃回，等情。当电江北蒋都督确查，兹据电复："实无其事，恐系张勋有意诬蔑。"现在清廷尚未退位，该军如果赞成共和，自应联师北上，何为久占徐州？希即转电袁内阁为祷。黄兴叩。庚。

据观渡庐：《共和关键录》

致伍廷芳电

（一九一二年二月九日）

伍代表鉴：据淮扬镇联军总司令孙岳电称："奉蒋都督电询浦

军张统带焚函杀使一节。查张勋饬人与张统带来函二次，并非息战，乃系劝张统带投彼，原函尚存。曾优待来使，给赏遣还，并无焚函杀使情事，有遣来使王廷瑞可证。实系施彼诡谲手段，以败坏我军名誉。务请向袁内阁交涉，辨明其诬”，等因。希即查照庚电并转袁内阁为祷。黄兴。青叩。

据观渡庐:《共和关键录》

致伍廷芳电

（一九一二年二月九日）

伍代表鉴：据淮扬镇联军总司令孙岳庚电：“据清内阁电开，‘民军进攻皂河，破坏和议’，等语。查皂河之战，并非出于我军本意。盖因皂河久为光复之地，我民军在此区域本有自由进军之权利。不料张勋已派兵在内，于本月三号，当我军旅次行军开往皂河，行止中途，忽遇强大敌兵，趁我军未修战备，预先占领阵地，用猛力射击，伤我将士甚多，不得已退宿迁。我军在战线内受伤未能退回之将士，敌人拘往皂河，或挖肉供犬，或断其手足，种种暴虐行为，惨无人理，言之犹有余痛。祈速电袁内阁辨别曲直，以定最后之处置”，等语。希即转电袁内阁为祷。黄兴叩。青。

据观渡庐:《共和关键录》

致伍廷芳电

（一九一二年二月九日）

伍代表鉴：鲁抚拘捕即墨、高密民党王祐等数十人，酷刑凌虐，惨无人理。乞即转电袁内阁请饬鲁抚将王祐等速行释放，嗣后万勿作此等举动，至祷。黄兴。青。

据观渡庐:《共和关键录》

致伍廷芳电

（一九一二年二月十一日）

伍代表鉴：兹将关于和议应行注意之两大要点，敬陈左右。（一）今南北协议之唯一目的，实欲早定共和大局。然欲定大局，必速下逊位明文。欲迫促清廷逊位，必南北军队连续北上，以武力胁制之。欲南北军队连续北上，则张、倪二君应率所部军队离开徐、颍，以为南方军队之先导，业经屡次声明。今二君不但未能出此，且于徐、颍以南地区逐次抗拒，或行攻击，或行进占，实与协议之目的相背。如二君果欲早安大局，即宜互相联络，一齐北进。设仍扼据要害，阻我北上，则清廷存侥幸之心，逊位有观望之患。且恐惹起他方面之效尤，大局牵延，必致更形糜烂。逆料二君当不忍出此。（二）今南北军队既已全体赞成共和，则北① 方已毫无间隙，仍复弟兄之旧。除对于清廷共谋胁迫外，绝不致再有冲突之事，今后即应全体一律休战。若犹有一处仍然继续战斗者，即是与此旨相背。总之，今后我民军对于和战，始终取一致之行动。若此方已休战协商，彼处犹继续战斗，我民国军绝不承认之。故议定书中特须注重此条。凡既经休战之后，则不论东西南北，各方面自应一律照行。设议定之后，有一处尚兴战未已，我民国军即认为欲破坏全体和局而重兴战争，且使之负开战责任。以上两条，务望力求袁内阁及北方统将切实承认为叩。正发电间，适接陕西来电，谓北军第六镇及毅军六营，乘议和期中暗袭潼关。又安徽来电，谓倪嗣冲于赞成共和后，复以兵力夺三河，困涡阳。是二者皆非真心议和之象，务望严诘之，按照上开两条切实施行。并告以今后不可再有此等

① “北”，疑为“双”字之误。

举动，以免妨害和局，是为至要。黄兴叩。真。

据观渡庐：《共和关键录》

致伍廷芳电

（一九一二年二月十一日）

伍代表鉴：据淮上张副司令燕电开："倪军名虽遣使议和，实则兵已至颍上西四十里；且军使绝不遵守国际公法，奈因有英教士名伏思格者厕入其中，碍难处置。"请速与前途谈判，毋得阳借外人势力，阴图进行有妨和议。黄兴。真。印。

据观渡庐：《共和关键录》

致伍廷芳电

（一九一二年二月十一日）

伍廷芳先生鉴：张、倪与前敌各军正在直接谈判。我军以北军退出徐、颍百里外为标准，张意尚未明白宣示。倪又在颍州三河尖节节增兵，涡阳被围正急，请严重电袁内阁饬禁。黄兴。真。印。

据观渡庐：《共和关键录》

复谭人凤电

（一九一二年二月十一日）

北面招讨使谭人凤先生鉴：两电敬悉。和局难持久，想在洞中。兴正竭力筹划战备，以为后盾。公雄心侠气，贼闻胆寒，一旦战机再开，乞援我为幸。黄兴，陆军部。真。

据上海《民立报》一九一二年二月十三日

与蒋作宾等致姜桂题等电

（一九一二年二月十一日）

万急。北京姜军门桂题、段军帅芝泉、冯统制国璋均鉴：读报载公等致北军各路统兵官删电，不胜骇异。同是中国人，有何南北之分？即以南北军论，目今南军中北人极多，南人悉推诚相待，毫无疑忌。矧南北军人现正联合一致，赞同共和，函电交驰，欢言无间，同袍握手，遐迩咸钦。何谓南北军界由分而合，感情未必尽洽耶？至于强权武力云云，此乃各国政治家对外之辞，绝未含有对内性质。公等明达，胡竟误会，殊不可解。至谓武力之最健全在北方军队一节，目下南北携手，不忍以同种相残，诚不知谁健谁弱。然兴等愚见，以为能驱除异族，战胜敌国，乃可谓武力之健。若为虎作伥，自残同种，如昔日湘、淮诸军之所为，则虽战必胜、攻必取，仍不可称为武力之健。欧美伟人评论具在，非兴等一二人之私言也。要之，今日之事，总以巩固中华共和为前提，而一切强生界限、植党营私亡国之为，皆当一扫刮绝，以成我五大种族建设大共和国之盛业，方足以餍世界列国之望，而奠汉满蒙回藏群生之安。若如尊电所云，则不惟于南北军人联合进行横生障碍，且于中华共和大局显启纷歧破坏之渐，窃为公等不取也。事关大局，不容缄默。区区此心，统希亮察。南北军人联合会黄兴、蒋作宾、钮永建、柏文蔚、杜淮川、姚雨平、刘毅、陈晋、李书城、耿觐文、仇亮、沈郁文、覃师范、史久光、黄承恩、黄恺元同叩。尤。

据上海《民立报》一九一二年二月十四日

致黎元洪及各省都督等电

（一九一二年二月十二日）

武昌黎副总统、各省都督、各司令部、各分府、各地办事同人、各报馆均鉴：我中华民国方奠定初基，凡我同胞，均宜将旧染之污涤除净尽，乃能享共和之国，而见人道之尊。昨读黎副总统七号电，痛陈今时流弊，令人悚骨惊心。在我同志中虽未必出此，而一二不肖辈假托行私，诚不免有种种怪现象。不知最大多数人之幸福，乃积最小少数之人而成之。苟任其私利自图，则以一二人之举措，遂淆全国之听闻。涓涓不塞，流为江河，殊可惧也。今与诸公约：嗣后倘有假公名以遂私图者共摒弃之。我等仍当力求振作，互相规箴，勿使满清末造之积习再见于今日。同胞幸甚，民国幸甚！黄兴叩。侵。

据上海《民立报》一九一二年二月十四日

致伍廷芳电

（一九一二年二月十二日）

伍代表鉴：顷据各讨虏军参谋报告谓，前因传闻宿迁有焚函杀使情事，特公派参谋栾雨田亲赴实地访查。兹得复电，当时张勋来使，系欲诱降张统带，并未提及议和，故张统带当面呵叱，将书函扯碎，来使遂骇极而逃，杀使之事，全属子虚，云云。据此，合即电告。黄兴叩。文。印。

据观渡庐：《共和关键录》

致伍廷芳电

（一九一二年二月十二日）

伍代表鉴：顷据镇军卢支队长报告："倪贼兵数现达十二营之多；颍上之役，实系贼兵越境袭击；前日三河尖又被占去。"等语。特闻。黄兴叩。文。印。

据观渡庐：《共和关键录》

致伍廷芳电

（一九一二年二月十二日）

伍代表鉴：顷接诸城军政分府由青岛来电谓："鲁抚现派防营，由胶济铁路输送，进驻高密、潍县、景芝、慕容店等处，势将围攻诸城"，云云。查诸城既已自行光复，即应认为民军占领地面。今鲁抚竟于议和期中任意进兵，实属不合。请一面电袁内阁转饬停进，一面与德使交涉，禁止清廷由胶济铁路运兵为要。黄兴叩。侵。印。

据观渡庐：《共和关键录》

致伍廷芳电

（一九一二年二月十二日）

伍代表鉴：顷接山西阎都督锡山电开："袁前违约，攻陷太原，锡山因众寡不敌，率兵退居归化。迭奉民国政府停战命令，锡山按兵不动，恐破坏和议，为害全局。乃袁无信，迭次用重兵威压，我军力薄难支。现又派朱某携带开花炮多尊来攻归化。交绥方始，胜负未分"，云云。观此可知袁内阁对于民军能用远交近攻之计，故尤电第二项特提明,此后民军对于和战均取一致行为,即所以破袁之诡谋也。希即查照尤电,严饬令在山西之军队撤退,以免再有冲突。如有阳诺阴违,攻我民军,惟有按照尤电第二项实行而已,无他策也。黄兴叩。侵。

据观渡庐:《共和关键录》

致伍廷芳电

（一九一二年二月十三日）

万急。上海伍代表鉴:据浙军司令朱瑞文电:“现据支队长报告,涡阳已被北军攻破,王士秀在逃,敌兵约在一混成协以上”,等语。现在清帝退位诏已下,请速电袁慰庭先生转饬各军一律停战,毋再自相滋扰,切盼。黄兴叩。元。印。

据观渡庐:《共和关键录》

致各都督等电

（一九一二年二月十三日）

各都督、各军政分府、各军司令鉴:自武昌起义,各省从风,属在同胞,枕戈秣马,誓扫胡虏,恢复中原。数月以来,艰苦备至,时至今日,将见成功,黄帝之灵、吾民之幸也。今后共和建设,南北一家,无诈无虞,共成大业。我军人等念前功之不易,思来日之大难,保统一之政权,服统一之命令,维秩序而保名誉,实为无尚之天职。愿与同人共守斯旨。前途辽远,幸各努力。陆军部兼参谋部总长黄兴叩。元。

据上海《民立报》一九一二年二月十五日

致袁世凯电

（一九一二年二月十五日）

袁大总统钧鉴：本日午后二时，参议院全体一致公举先生为中华民国临时大总统，亿众欢腾。民国初基，赖公巩固。谨贺。

据《黄克强先生全集》引北京《临时公报》（一九一二年二月十八日）

致伍廷芳等电

（一九一二年二月十九日）

上海伍廷芳先生、汪精卫先生，广东陈都督鉴：顷广东香惠两军来电，大不满意于新总统，并云决意北伐，等语。如此，于大局实有关碍。项城处两艰地位，苦心孤诣，致有今日，其功实不可没。孙总统顾全大局，早有此意。粤东明达者居其多数，此事必系一二无识者所为，诸公均粤人，请即飞电劝阻，祷切盼切。黄兴叩。皓。印。

据观渡庐：《共和关键录》

致黎元洪及各都督电

（一九一二年二月十九日）

黎副总统、各都督鉴：满清退位，南北统一，大局将底和平。恢复秩序，整饬纪纲，实为目前要举。查军兴以来，各省以军事之要求，多于适要地点设立军政分府，以资镇慑。现战事已将告终，民政应设专员，军政应筹统一，军政分府多属无用。希贵都督酌量情形，将所属军政分府分别裁撤，以一事权。又战争方殷之际，各省兵卒皆仓猝召募，编配入伍，兵格既属参差；服装、饷械亦多缺乏。现南北军队维持秩序、剿灭匪徒尽可敷用，凡各省军队宜就各该省情形酌留若干外，务希设法遣散，俾免滥竽。事关大局，敢祈竭力施行。赐复为叩。陆军部黄兴。皓。

据上海《时报》一九一二年三月一日

与李宝成等发起陆军将校联合会缘起

（一九一二年二月二十一日）

军兴时代，非多数瑰才荦识之士，同德协力，以供国家之牺牲，未有能歼大敌建伟业者也。徵之历史，自古皆然。比者武昌起义，不匝月而光复十余省，诚吾国革命史之特色。然北虏未灭，正吾辈枕戈待旦，为国家效死之秋。种族存亡，国家兴灭，在此一举。肩兹巨任，非有高尚之学术、卓越之精神、优美之道德，不足竟全功而巩新国，用拟邀集同志，结成一大团体，互相研究，互相箴勉，铸成中华伟大军人之资格，以共济时艰，此则某等组织斯会之本旨也。

发起人：黄兴、李宝成、何鸣皋、张炷、黄湘元、蒋作宾、张华辅、何国桢、张全吉、许文瀚、林调元、陈乾、李馨、黄国华、徐文澄、陈蔚、官其彬、汪略、金同寿、黄煃元、沈郁文、高兆奎、张鹤翎、陈虹煃、骆咏曾、仇亮、沈靖、黄中、奚政、潘荫春、杨廷溥、杨言昌、陆凤韶、邓鎔渠、卢润培、翁之麟、何浩然、程疆、何应钦、陆维达、耿觐文、余晋和、范滋泽、黄岐春、高冲天、张承礼、沙涌潮、赵鳌、彭光湘、常士彝、许葆英、张绪文、阮鸿、汪有容、凌敏刚、舒厚德、支士端、龚继疆、汪时璟、熊宝慈、何澄、杨葆毅、缪庆禧、蒋珩、劳远基、黄郛、文锡祉、王裕光、李勋、黄家濂、戴任、张元謇、淳于玉龙、许国馨、尹兆尘、何成濬，陈长虹、胡培新、陈丙炎、田辅基、陈懋修、胡宗铨、魏超中、朱崙、张群、官成琨、陈华，高宗远、曹纪泰、胡万泰、李书城、冷秉炎、黄均恩、汤盘、曾枥超、汪韬、程云飞、徐同、舒学成、陈晋、郑廷钧、俞钟彦、刘燮成、陈其蔚、汪迈、滕璧、沈尚仆、庄说、张志豪、张人武。

赞成员：刘器成、张志澄、陈汉钦、陈聂。

据上海《时报》一九一二年二月二十一日

附：陆军将校联合会致民立报馆电

（一九一二年四月十五日）

民立报馆鉴：本会成立[①]以来，迭经数月，粗具规模，应照章程分科办事，当即分别给予选任状，以资信守，而策进行。兹将各职员姓名电布，乞登贵报为荷。陆军将校联合会叩。

陆军将校联合会职员一览表：

正会长：黄兴。

副会长：陈蔚。

名誉会长：黎元洪、段祺瑞、姜桂题、冯国璋、蒋作宾、徐绍桢。

协理：陈懋修、洪承点、林调元。

评议部长：史久光。

调查科长：周诗；科副：汪有容、朱毅章、宁元庆。

审定科长：钱桐；科副：胡培新。

纠察部长：瞿钧。

纠正科长：蓝任大；科副：易荩臣、舒学成。

劝励科长：吴浩；科副：徐一清、张灶。

署理干事部长：刘泽沛。

---

① 将校联合会于一九一二年二月二十五日正式成立。

署理交通科长：卢润培；科副：张民宝、韩尚忠、程疆。

文牍科长：刘泽沛；科副：李玉铎。

编译科长：黄家濂；科副：王有丙、谢良翰。

署理庶务科长：汪科；科副：张志丰、张兆第、陈聂、胡家钰。

会计科长：曾枥超；科副：顾怡、刘迺封。

署理秘书：鲍秉中。

司事员：刘延、许恒寿。

书记生：文学、游寿宇。

据上海《民立报》一九一二年四月十六日

与蒋作宾等发起陆军将校联合会传单

（一九一二年二月二十一日）

径启者：国家多难，武事为先，欲谋辅助进行之方，必藉集思广益之力。是以纠合同志，创设陆军将校联合会，结成一大团体，互相研究箴勉，铸成中华伟大之军人，以共济时艰。兹定于二月二十五号午后一时，假座三牌楼第一舞台开成立大会，议决详细章程及选举职员，以期本会日渐发达，凡我将校，届时务祈驾临是幸。

发起人：黄兴、蒋作宾、林调元、陈蔚、汪迈、章亮元、茅迺封、黄朝元、刘燮元、张成礼、沈尚东、高兆奎、陆维达、柯森、马嘉全、徐同、何成濬、何国桢、李馨、李实茂、卢润培、潘荫椿、俞钟彦、徐家鎔、张鹗翎、黄中、仇亮、官成鲲、李勋、陈懋修、黄煃元、耿觐文、杨廷溥、官其彬、陈汉钦、陈雄修、张承礼、许葆英、舒厚德、陈晋、李书城、沈郁文、张华辅、何澄、黄郛、戴鸿渠、薛同、陈乾、翁之麟、何鸣皋、汪略、刘燮成、余晋和、张绪文、陈华、汪韬、冷秉炎、胡宗铨、戴任、陈凤韶、程疆、胡培新、高宗远、李华英、舒学成、奚政、汪时璟、黄均恩、何应钦、黄国华、金同寿、蒋珩、张志豪、张灯、张全吉、邓鎔渠、汪有容、黄岐春、陈裕时、范滋泽、赵鳌、阮鸿、高冲天、彭光湘、劳远基、常士彝、凌敏刚、张俊、胡万泰、陈聂、徐之鉴、熊宝慈、张群、尹兆尘、田辅基、邓翊华、熊烈、孟晋、孟宏、杨兆淞、宋长胜、徐涛、徐衡、高毓隆、刘毅、周应时、皮广生、叶文英、黄桂华、周凝修、黄尔宇、邓质仪、彭明俊、尹同佥、朱先志、王观镐、徐之鉴、夏观天、刘汉、何荩诚、李焜甫、方策、徐绍桢、郑廷钧、杜淮川、郑弘谟、李茂盛、徐振中、路孝愉、王有才、汪达、王有丙、许衍祥、黄诗选、黄胜奎、张宏斌、孙先岐、陈玉书、陈丙炎、蒋家骥、张栋、黄尔乾、吴德霖、陈立生、刘浏、金如鉴、朱嵛、许文瀚、黄湘元、许国馨、李得胜、陈正东、邹煜、张智恩、方清、杜持、徐文澄、骆咏曾、张毅、马玉衡、高维邦、俞腾、熊一弼、熊湘杰、杨得清、宋琪、张福胜、朱俊业、沈汉卿、徐春年、洪恪、金让、季亮。

赞成人：陈长虹、张元骞、黄家濂、文锡祉、曹纪泰、李思广、刘长誉、赵光、杨葆毅、支士端、张诸文、沙涌潮、沈光怡、许春荣、李雅章、成大材、余晋和、何浩然、杨志澄、张侯、黄世豪、汪瑞钧、王吉元、沈靖、杨言昌、刘器成、龚维疆、陈晋、陈其蔚、庄鳌、程云飞、缪庆禧、王裕光、淳于玉龙、曾枥超、陈虹煃、项泽蟠、陈棂、江恢阅、魏超中、陈虹奎、严康侯、蒋瑜、张兆第、林之夏、卢东瀛、夏文龙、留芝芳、左炳焘、王志阮、陈其璋、张锡祖、张人武、陶熙、宁元庆、滕璧。

据《临时政府公报》第二十二号附录
（一九一二年二月二十五日）

致各省都督及各司令长电

（一九一二年二月二十一日）

各省都督、各司令长均鉴：武汉军兴以来，无论大小战役，负伤军人恒因失治而致不救。至留守士兵之死于疾病鸩毒者，尤难枚举。其原因为卫生机关之不备，其影响归于战斗力之猝减。刻颁布陆军暂行编制，虽已编定各项军医员数及卫生队之组织，然吾国医学人才缺乏，分配綦难。各军队现有军医之程度不齐，又复漫无统计。长此以往，为患伊于胡底。兹由本部筹画改良办法，集配急需人员，冀达完全军队卫生之目的。贵管下所有已设之卫生机关及现有军医、司药之姓名履历，务请即速造册呈部，以备考核。以后所有应设卫生各机关及选用军医、司药官等，均须预先报部酌核，以重卫生，而一规制。陆军部总长黄兴。箇。

据《临时政府公报》第二十一号（一九一二年二月二十四日）

复庄蕴宽李书城书*

（一九一二年二月二十四日）

苏州庄都督及李书城君鉴：两电均悉。所论各节，以国都问题与临时政府建置地点混合，故生种种误会。鄙意：国都问题当由国会解决。临时政府为暂行统治权之机关。袁公受民国之事，接受民国政府建置地点，当经各方面观察，择最宜于现势者确定之。此次民国成立，合南北军民一致而成，袁公之功，自不可没。惟清帝退位尚在北京，南方各军多数反对优待条件。袁公虽与清廷脱离关系，尚与清帝共处一城。民国政府移就北京，有民军投降之嫌，军队必大鼓噪。且临时政府既立，万不能瞬息取消。清帝既退其统治权，统一政府未成立以前，当仍在南京，临时政府自应受之于政府所在地，更无移政府而送其接受之理。自和局既定，袁公心迹

---

* 庄蕴宽，字思缄，清末任职广西太平思顺道，黄兴在龙州曾秘密前往访问。辛亥革命后，庄充苏州都督，曾写信给孙中山，主张建都北京。黄兴此电，即对此予以辩驳。

已大著，万众倾心，移节南来，感情易惬，于袁与清帝关系断绝，尤足见白于军民各界，而杜悠悠之口。袁公明哲坦白，固已见此，故日来亦有来宁之意。若移政府而北往，势不得不移南方之重旅以镇北京，南北混一初成，移南军而镇北京，必启猜疑之渐，积猜疑而生破裂，后顾之虑，正复滋多。袁能南来，以北方领袖之宏才，为民国统一之元首，南方服其坦白，北方服其威重，感情融洽，统一之局可以大定。种种研究，临时政府地点必以南京为适宜。盖就现势细衡之，非为永久之国都计也。即以国都论，鄙意固非主张南京者，要亦不主张北京。诸公主都北京虽具有理由，究强半不甚正确，请先答尊问各节，再就时论略为评释。尊电所设问题：一、袁公南来，北方能否保持秩序？满、蒙各界能否无联络外人拥幼主以破坏全局？袁公在北固系人望，维持秩序，实不限于其身之驻在北方。袁虽南来，北军将校皆其旧部，对于袁公之爱戴，断无易地殊情之理。维持秩序，自有重镇之人，此节无容多虑。北方宜驻重兵，为今日必然之事实。宗社党或欲燃已死之灰，联外人以拥幼主，亦意中所必有。此在相机镇慑，随宜预防。袁公在北在南，皆同一揆，不得谓袁在北则必无此事，在南则难制此变也。一、地理与历史上之观念，南京是否有建都之价值？此层为国都与临时政府地点上之误会。鄙意原不主都南京，前已明言，不再赘。一、外界上之观念，东西各国不反对迁都否？使馆能移至金陵否？建都为国内重大之问题，决非专伺外人之意旨。北京非久远建都之地，将来决须迁都，岂能商诸外人始定进止？使馆以国都为主体，国都非以使馆为主体，国都迁则使馆必迁，外交上亦必有一番之办法。惟迁移使馆，建筑巨费，不能不由民国承认，经济上诚不能无损失。惟此种苦痛，实有万不能不忍受者。北方使馆以义和团扰乱之故，防兵、警察皆归外人，丧失国体，言之滋痛。建都北京，旧约继续有效，惟迁都可以谋废止，此自外交上收回国权之大关键，非一日所能办，非一言所能尽。然民国基础既定，迁都之际，开正式之谈判，持之有故，亦正可乘机而收回之。得收回此种国权，经济上虽蒙损失，政治上之所得固已多也。章太炎先生之函，与《民立报》上所论略同。所云谋政治之统一、谋经济之发展、谋兵权之统一等条，多非纯粹之建都问题。其最为人所信持者，北京非首都不足控制藩属，且恐北方地为蒙古。夫控制藩属，自有政策，必首都与藩属附近，始能收控制之效？英伦偏于一隅，而殖民地遍各洲，以此说衡之，英属应分裂久矣。而到今益繁殖，知控制之道自有在也。文化之通塞，在交通机关之通滞及其他政治之明否，于首都无绝对之关系。北方建都，在历史盖千年以上矣，南方建统之国都无百年之历史。然而文化相较，南优于北。安得以都不在北，北方退化，为不可迁都之确谛？鄙意所以决北京必须迁徙者，实逆计民国前途外交、军事两大问题而生。外交上之收国权，可由迁都而发生，前已言之。若以军事论，则北京今日万非建都之地。盖今日之所谓军事，为与世界各国争衡之军事。则军事之布置，当为御外之计。首都在北京，根本动摇，一有他虞，迁移亦难为计。此非可一一明言，谋国者断不可不为全国计久远也。总之，此次组织政府，尚不能即定国都，袁来宁毫无私意，大总统明誓具在，辞职后见明文，各部长官具有心肝，岂肯缘革命以图私利？或疑促袁南来之主张，为苟图利禄援附以谋固位者之怂恿。我辈办事，此心可质天日，岂为若辈所移转富于援附者？南都则南来，北都则北去，亦复谁能集者？要在当局者力遏以挽颓风，不得谓南都则攀附景从，而北都则否也。昨参议院已决定请袁公来宁组织政府，本无事哓辩，惟恐此中或有误会，故略布达，乞详审为幸。黄兴叩。

据上海《民立报》一九一二年二月二十四日

致袁世凯电*

（一九一二年二月二十四日）

北京袁总统鉴：起义以来，兴等本意全在扫除专制，拥护人权，以立国本。现时南北统一，共和成立，建设方殷，公素著伟抱，此间军民企盼甚切，前已连电劝驾，谅蒙鉴察。兴素不习兵学，于戎马仓皇之际，猥以菲材承乏陆军，久荷重任，日夜惶悚。兹值和平盛会，战事告终，才智之士，飙举云集。自惭学谫，无补平时，亟思引退，以避贤路。惟是南京自光复以后，军队屯驻颇多，现正从事整饬，将经手事项一律检清，使各安堵，以待公至，一星期内即可完竣。兴便当遄返故林，长享共和国民幸福。务恳速简贤能接充，以重军务，实所深感。比者外间言论，或疑临时政府诸人意欲恋据要津，此中误会，未免太甚。在北方未实行宣布赞成共和以前，兴等以为大业未竟，各省同胞尚有隔阂，民国基础或致动摇，睹此危机，责无旁贷，则诚不能置身事外矣。今南北一家，总统得人，民国从此万年，迥非当日比也。吾辈十余年兢兢业业以求者，真正之和平、圆满之幸福。今目的已达，掉臂林泉，所得多矣。区区此心，惟亮察焉。黄兴。敬叩。

据上海《民立报》一九一二年三月三日

致各报馆电

（一九一二年二月二十五日）

各报馆鉴：阅昨日报，有电称蒋方震君为汉奸一节，殊为失实。现在南北统一，人人尽力民国，断未有甘心向虏者。前有小愆，亦

---

* 《临时政府公报》第二十四号（一九一二年二月二十八日）刊有此电。

在所不问，请登报申明，以彰公道。更盼浙省同盟会诸君，急为查究，有无挟嫌诬陷情节，以保本会名誉。黄兴叩。有。

据上海《民立报》一九一二年二月二十六日

致黎元洪及各省都督电

（一九一二年二月二十六日）

武昌黎副总统、各省都督均鉴：吾华革命之事，继续几二十年，艰苦卓绝，始有今日。其间仁人志士、任侠勇夫，慷慨赴义者固不乏人；而将士登陴陷阵，以死报国，粉身碎骨而不辞，糜肝脑蹈白刃而不悔者，尤更仆难数。夫求仁得仁，死者可以无憾；而报功崇德，吾侪未忍忘情。爰订三月一日午前十时，邀集此间政学军警商报各界，开追悼大会于小营演武厅。尚冀贵处同时并举，藉抒哀悃，以慰死者之灵，以作生者之气。所有历年死难及此次阵亡诸烈士，并乞详细调查见示，以凭汇案，分别入祀忠烈祠，无任盼祷。陆军部黄兴。宥叩。

据《临时政府公报》第二十五号（一九一二年二月二十九日）

与汤化龙等发起召开吴禄贞追悼会启事

（一九一二年二月二十七日）

故燕晋大都督吴公绶卿，讳禄贞，于阴历去岁九月十七日子时被旗兵刺于石家庄正太车站，副官周幹丞维桢、参谋张华飞世膺死之。诸君为国捐躯，情形至为惨酷。遗骸暴露，薄海同悲。顷吴公遗族捧公遗像自津门来沪，凡我同人，尤深哀感。兹拟于三月十四号即旧历正月二十六日在张园开会追悼，所有中外伟人，热心志士，愿表同情者，即希届时同临。如有挽词、香花，请于开会日前赐交上海棋盘街经武公司代收，依次登报鸣谢。至吴公行状，另由各报披露。

发起人：黄兴、汤化龙、蓝天蔚、刘诚、王孝缜、李书诚、黄恺元、雷启隆、李宝楚、程明超、胡瑞霖、李人杰、刘一清、马中骥、李素、邓振巩、陆乃翔、万声扬、魏宸组、黄中垲、金华祝、耿觐文、陈登山、蒋作宾、余绍宋、仇亮、黄超元、王运嘉、黄瀛元、龚光明、万廷献、吴振麟、陈裕时、马毓雄、魏焘、赵正平、伍钧、全恕、袁华选、孔庚、高兆奎、金永炎、李浚、李任、范熙绩、陈模、曾广源、曾昭文、胡起仑、王式玉、阮毓崧、李善谧、李华贻、谢炳朴、胡殿甲、廉泉、孙揆钟、项钟华、陈钦霖、武维祺、金锵、王照、王钝根、唐汝良、孙东吴、骆文亮、吴明浩、张国溶、舒礼鉴、陈宧、王彭年、周斌、高佐国、何成浚、张华辅。

据上海《时报》一九一二年二月二十七日

致陈其美电

（一九一二年二月二十七日）

万急。陈都督鉴：前公辞职，经总统挽留，兴至沪又再三面恳勉为其难，谅蒙允诺。兹阅报公决意辞职，为公个人计未尝不美，但于军事交通上失公援助，宁中秩序恐致紊乱。万望以大局为重，辅助中央，筹画善后一切，不胜感祷之至。黄兴叩。沁。

据上海《民立报》一九一二年三月一日

与孙中山等发起江皖烈士追悼会通启

（一九一二年二月）

天不祚汉，宸极失纲，曼珠窃发，入据神州，农胄轩裔，悉隶奴籍，沉沦黑狱，垂三百年。其间志士仁人锐志光复，慷慨蹈难不旋踵者，何可胜数？大江上下，夙多豪杰之士，十稔以还，烈士奋起，或潜谋狙击，或合举义旗，取义成仁，项背相望。如赵君声、吴君樾、熊君成基、倪君映典者，尤其卓然著称者也。人心思汉，胡运告终，鄂师崛起，天下应之，曾不十旬，区宇统一。今者共和之帜方张，民国之基已定，抚今思昔，能不怆怀！呜呼，大江东去，逝者如斯！吾曹食共和自由之福，以及于吾曹子孙而至于无穷，向非诸先烈之断胫决项，前仆后起，曷克臻此！而河山依旧，日月重光，吾诸先烈士乃不克睹其成也，斯足悲矣！用特开会追悼，以慰忠魂，并励来者。凡我族类，亮有同心。爰詹某日开会南都，届时务望贲临襄礼。承锡鸿词，乞先惠邮，以昭香花之供。谨闻。发起人：孙文、黄兴①同启。

据《江苏革命博物馆月刊》一卷五期

复戴奉璋函*

（一九一二年二月）

奉璋②仁兄同学大鉴：来示敬悉。熊缄拟就乞訾收，并烦转达。手颂公安！弟兴顿首。

据湖南省博物馆所藏原件

复马毓宝电

（一九一二年三月一日）

江西都督马鉴：宥电悉。查军医为服役军务之重要机关，凡不

① 以下十七人姓名略。
* 此函另加字条，写有“南京留守黄克强上将复书，民国元年二月”字样。
② 戴启麟，字奉璋，湖南新田人。在南京临时政府稽勋局任职。

学无术之中医，一概不许滥竽充数。此意迭经通电各省军队在案。现贵省虽因人才缺乏，为通融办理起见，亦只能严加考选，酌留少数分派下级，以暂时供专门医才之指挥。拟设军医学校一节，本部已饬军医局妥议章程，早晚当可发布，贵省即可遵照该章办理。军医讲习所亦只能于军医学校成立后，斟酌情势，附设一科，未足为适当办法。至于各省军队军医之任免，本应由各省军医最高总机关从严甄录，分别委用。并一面由该军医机关呈报本部核准存案，以一规则。即希贵都督查照转饬遵行。陆军部总长黄兴。东。

据《临时政府公报》第二十九号（一九一二年三月五日）

致各省都督电*

（一九一二年三月六日）

各省都督鉴：京、津秩序确已恢复，临时政府不日可望成立，援师缓发，谨闻。参谋总长黄兴。鱼。印。

据上海《时报》一九一二年三月九日

致赵尔巽电

（一九一二年三月七日）

前闻我公①赞同共和，东南人心，靡不感佩。惟据蓝都督来

---

* 一九一二年二月十五日，南京临时参议院选袁世凯为临时大总统，十八日孙中山派蔡元培、汪兆铭、宋教仁、魏宸组、纽永建五专使北上迎袁南下就职。二十五日，专使抵京，袁却于二十九日密令第三镇统制曹锟在北京城内发动兵变，延及津、保一带。兵变后，临时政府陆军部总长黄兴电请各省出师弹压，袁世凯以“各国联军在京，恐滋误会”拒之，又密令各省督抚通电反对袁南下就职。专使鉴于形势危迫，电请南京从长计议。三月七日，南京临时参议院通过“袁大总统允其在北京就职”等六条办法。三月十日，袁世凯在北京就职。

① 我公，指赵尔巽，字次珊，时为东三省总督。

电，我公部下“仍多违反行动，双方对抗，险象毕呈”，等语。查关外逼处强邻，动辄牵制，与内地情形迥不相同，内讧朝生，外患夕至。我公素持国家主义，亦必不忍见此。第恐部下尚多误会，不免争端，特荐一言，以解群惑。兴与诸同志倡议目的，但求改造政治，并非攘夺权利，此心可白于天下。况际此全国联合，南北一致，兄弟一家，尤当各矢诚心，共维大局，何敢自甘鹬蚌，坐利渔人。昨接项城艳电，已嘱段军统与蓝都督代表接洽。统一政府成立在即，孙、袁两总统必能顾念地方，合筹善后办法，将来如何措置，必可仰慰荩怀。现在北方人心未靖，警报迭传，无非由宗社煽惑所致。愿我公坚持定见，万勿以少数感情牵动全局，致令优待条件不能实现，满人种族无由发达，则建忠于国家者多矣。务恳通饬三省部属保持现状，对待一切，总期和平，勿令再启纷扰，民国幸甚。张、冯两君，并乞代达鄙意。陆军部总长黄兴。虞。印。

据上海《民立报》一九一二年三月二十日

复蓝天蔚电

（一九一二年三月七日）

前读通电，声明我辈倡议，原为大局牺牲，非谋私人权利，此心皎洁，日月同昭。并详述关外特殊情形，瞭如指掌，设非亲历其境，断难洞察及此。业饬各路停攻，顾全大局，佩慰实深。惟北方赞同共和，兄弟一家，南北一致，自无丝毫疑忌。赵公①颇识时务，心必无他。第虑所部未能遍解大义，几疑我辈为与竞争利禄而来，致多误会，遂启争端。顷已电致赵公，详加剖白。请饬三省部属保持现状，对待一切，务期和平。昨接项城艳电，已嘱段军统与尊处代表接洽，如何议拟，仍盼电示。统一政府成立在即，孙、袁两公必能顾

① 赵公，指赵尔巽。

念地方，合筹善后办法，布置一切，当可仰慰壮怀。现在北方人心未靖，警报迭传，甚愿及早回复，免酿交涉。尚希尊处传檄各路，剀切劝导，谨守秩序，免贻口实。嗣后北方军情，并恳就近查探，随时电知，以便商承孙、袁两总统相机办理。黄兴。虞。印。

据上海《民立报》一九一二年三月二十日

致张广建电

（一九一二年三月七日）

执事[①]赞同共和，东南人心，靡不钦佩。前据胡都督[②]烟台来电，亦以执事深明大义，即令各路停止前攻，并经派员接洽，自是正办。兹接山东临时议会及各处来电，执事"忽逮代表，有意破坏"，等语，不胜惊异。我辈起义目的，但期改造政治，并非攘夺权利，此心可白于天下。况际兹全国联络，南北一致，兄弟一家，尤宜各矢诚心，共维大局。何忍自甘鹬蚌，坐利渔人。幸勿误会，致启争端。务恳通饬所属，保持现状，对待一切，务期和平。现在北方未靖，警报迭传，若鲁省再启纷争，大局何堪设想。统一政府成立在即，孙、袁两总统皆知地方重要，自当另筹善后办法，届时当有通知。业经分电胡都督遍谕同志，慎重从事，以维秩序。并希转饬所属一体办理。陆军部总长黄兴。虞。印。

据上海《民立报》一九一二年三月二十日

致黎元洪等电

（一九一二年三月十日）

武昌黎副总统、苏州都督庄、上海都督陈、清江浦都督蒋、烟台

① 执事，指原清署山东巡抚张广建，字勋伯，安徽合肥人。
② 胡都督，即胡瑛，字经武，时为烟台都督。

都督胡，并转关东都督蓝、广东都督陈、桂林都督陆、长沙都督谭、南昌都督马、安庆都督孙、杭州都督蒋、云南都督蔡、浦口柏军长暨各军司令官均鉴：组织统一政府问题，于三月初七日由南京参议院开会，因京乱难平，而袁大总统一时不能南来之故，当已决议允袁大总统在北京受职，并决定办法六条。当于初八日得袁总统致参议院誓词，并转饬所属知照，等因。特电转闻，请饬所属各路军队一律安静，快睹新猷，俾与全国人民乐享幸福，是为至盼。黄兴叩。蒸。

据《中华民国新文牍》卷三

致袁世凯等电

（一九一二年三月十一日）

北京袁大总统、各部正副首领、各省都督、各省议会均鉴：顷闻北京因兵变扰乱以后，将添招新兵三十营，自为保卫治安起见。惟兵兴以来，公私交困，南北现有各军已苦难以安扦，岂容再行增兵？且新募之兵，训练、装备种种困难，又不适急用。现在正议南军调北，尤不必多此一举，转滋歧误。鄙意与其添募新兵，不如移南方业已编成之军填扎北省。在南方可节饷需，在北方得资保卫。且一令调发，旬日可至，尤为便捷。应请大总统速发命令，将所议添募各营即行停募。当此共和一统，必无畛域可分，维祈断行幸甚。黄兴叩。尤。

据上海《民立报》、《时报》一九一二年三月十三日

致《民立报》及各报馆电

（一九一二年三月十二日）

《民立报》转各报馆鉴：昨接扬州徐宝山君电开："扬城谣言四

起，由报纸讹传，顷已出示晓谕，希即由部电知沪上各报馆更正，以靖人心"，等语。查扬州自光复后秩序井然，并无丝毫紊乱，特电转闻，即请更正为荷。陆军部长黄兴。侵。

据上海《民立报》一九一二年三月十四日

复袁祖成书*

(一九一二年三月上旬)

敬启者：顷奉执事致鄙人电，议将同盟会名目取消，改组政党，并指摘陈英士都督通电，以为把持军政之据，词旨严正，无任感悚。惟再三反省，尊论虽不为无见，而误会之点似亦甚多，用是详为奉答，特掬诚悃，借释疑团。同盟会初为秘密结社，原带政治性质，无非为联合民党、推翻帝制起见。成立之初，其会员人数即达数百人以上；嗣后支部遍设，会员愈多，盈千累万，不可殚纪。方今帝政虽倒，民国未固，本党尚多遗憾，必期克竟全功，既无解散之理由，复无取消之办法，自应改造政党，发阐政治。惟宜仍沿本党名称，留为国人纪念。昨经宣布政纲，刊登报纸，愿执事留意披览，无待赘述。盖政党活动，以国利民福为目的。现在双方和解，南北一律，兄弟一家，彼此岂复猜忌？所有党员，自当各尽其职，各摅其诚，以建忠于本党，而建忠于民国。将来政治竞争，但能以政见相折冲，不愿以武力相角逐，各国政党大抵如此。至党员之行动，视乎个人之

---

* 一九一二年二月十五日临时参议院选举袁世凯为临时大总统，关于各部总长人选问题，各省都督多表示意见。陈其美通电对陆军部总长一职尤为关切，三月一日电中云："当此军政时代，陆军部尤关重要。总、次长非有醉心共和、威望道德学术经验确为全国军界所信仰者，不能胜任。"袁祖成(时任江北第二军徐宝山部参谋长)认为这是把持军政，曾于是年三月四日致电黄兴对陈其美进行攻击。又是年一月，张謇曾致函黄兴，称"军事非亟统一不可，而统一最要之前提，则章太炎所主张销去党名为第一。"袁祖成亦袭此说，致黄兴电中要求取消同盟会名目。故黄兴复书予以批驳。

道德，少年血气用事，咄咄逼人，间或不免，既非全体意思，亦非本党宗旨，即他党亦多此病。欲祛斯弊，在严党规，或能稍望补救。执事谓宜取消名称，因噎废食，似非根本之解决。盖党员贤否，党魁或应负责，从而纠正，党名何能任咎，不必加诬。此次民军起义，同盟党员虽效微劳，而全国同情，成功乃速，结果乃良。如何论功分赏，出于国家之激劝、社会之报酬则可；亦不过表示人心之未泯，公道之昭彰，与党员何多荣誉？若借此贪天之功，为主张个人权利地步，吾党领袖固已现身说法，力辟其非，执事何庸过虑？至鄙人志望，前电袁大总统解职电文，早经表白。盖束发读书以来，即知立志自爱，凡一切谋利禄、争权势与夫寡廉鲜耻、卑鄙阴贼之念，不待禁革，早能自绝于心，奔驰内外，固非一日，生平似已略有公论，亦无须斤斤辩白于执事之前。陈君通电，内有"若非醉心共和威望素著之人，不能执掌军务"一语，固系忧时爱国切中肯綮之言。际兹国家残破之日，万方多难之秋，凡身任国务者，责任既重，关系尤大。设有奸邪杂羼其间，一旦根本动摇，国家危险，即袁大总统且无容足之地，遑论执事？遑论鄙人？民国前途，何堪设想！言念及此，令人战栗！惟鄙意，今日任国务者，固不仅以醉心共和者为能尽责，要必以醉心共和者方能与选。陈君立论，实有颠簸不破之理由。惟陈君身为都督，分治军政，专注军事，若谓为思不出位，范围稍狭，辞意未完，犹或近理。乃竟疑为有非常可怪之目的，并以鄙人阳表退让，阴示把持，直视陈君为鄙人嗾使所致，则诚风马牛不相及也。陈君为同志伟人，行事有条，立言不苟，颇能自树一帜，非碌碌依人者可比，非能受人鼓动者也。执事发表来电，即有人奔走相告，谓为乘此新陈代谢之际，私心揣测，肆口雌黄，无非有意挑拨，为将来见好夤缘之预备，并受他人运动，排斥同盟会员，俾无发言之权，专为便私之计，云云。此盖不可必能之事。执事贤者，亦无忍破坏大局，一至于此。不待执事置辩，鄙人早嗤为道路不经，不愿入耳。鄙人无所怀疑于执事，而执事能否见谅于鄙人，则非所敢计也。事言庞杂，观听混淆。敬布区区，伏维鉴察。专复。敬请勋安不备。黄兴拜启。

据上海《民立报》一九一二年三月十四日

致各省都督电

（一九一二年三月十三日）

各省都督鉴：陆地测量，关系切要。满清时代，中央政府不负责任，划归各省，致涉纷歧。本部现正计划全国测量办法，以谋统一而促进行。所有贵省陆军测绘学生已未毕业人数、履历、成绩及测绘图书仪器名称数目，乞迅速汇齐报部，以备查考。参谋部黄兴叩。

据《临时政府公报》第五十三号（一九一二年三月三十一日）

致陈嘉会便条*

（一九一二年一月十三日——三月十三日）

凤兄①鉴：倾得庄都督②缄，皆急宜办者，请拟稿交军务局照行，并拟复内务司张科长函。此请军法局长。弟兴叩。十三。

据湖南省博物馆藏原件

---

* 原件未署年月。按：南京临时政府陆军部于一九一二年一月九日正式成立，下设有军务、军衡、军械、军法等局。同年四月一日成立的南京留守府，无军务局、军法局设置。据此，本条当为是年一月九日——三月之间某月十三日。

① 凤兄，指陈嘉会，字凤光，湖南湘阴人。时任南京临时政府陆军部军法局局长。

② 庄都督，指庄蕴宽，曾于一九一一年十一月代程德全为江苏省都督。

致各省都督等电

（一九一二年三月十五日）

各省都督、各军长、各师长、各旅长转知各省军队均鉴：为布告事，自北方赞成共和，全国一致，平民政治略具雏形。惟以政府地点主持各异，解决较难。近日双方内怵变故，外鉴时势，佥认暂驻北京，早定大局，统一政府，指顾告成。从此南北一家，兄弟一体，凡我军人，犹当各表诚敬，悉化猜嫌，群以国利民福为唯一之宗旨。溯自武汉起义，各省风从，我军人冒险进取，身临枪弹，气壮山河，如撼岳家之难，竟继朱祖之武。金陵一役，有众二万，克期兼旬，无取铁锁之沉江，已见降旛之出石。凡兹凯捷，皆军人遐迩之声援，前后之仆继所致。精忠所贯，感动万方，已足判专制之余威，为共和之先导。迨北方罢战议和，昌言反正，相与倒戈，遂令帝政告终，民国确定。故今日共和成立，虽北军实为后盾，而南军实为前驱，震慑古今，惊动中外，微我军人，曷克臻此？俟新内阁完全组织，必录当时之勋业，俾增后世之光荣。虽目下军队如林，数逾百万，然将来如何编练，如何配置，如何归并，如何调遣，必有一定办法。常备之非①，或屯田开垦，或移民实边，或建筑工程，或改编警察，新内阁统筹全局，将见次第设施，凡我军人，何患无效用国家之地。惟欲行将来之计划，必须保现在之治安，故兴负一日之责任，即思尽一分心力。念我军人，实有不敢缄默者，谨掬诚悃，略有忠言，惟我军人察之。军人遵守国家之纪律，服从长官之命令，乃为当然义务，切勿误解自由独立，出于民国范围之外。观国者辄谓吾国现象，大乱方始，莫知所终。兴言及此，不禁寒栗。凡我军人，尤当猛省。无论如何，毋紊秩序，毋残种类，一隅糜烂，全局动摇。前者京

① 非，疑为“法”字之误。

津构乱，列强环伺，稍一纷扰，外足以酿干涉，内足以兆割裂，堕奸党鼓煽之术，中他人挑拨之谋，国种将亡，身家何有？生命莫保，利权何有？须知维持社会，保卫国家，为军人固有之天职。凡我军人所有衣食之给，身家之奉，何莫非国家帑款？何莫非人民膏血？若受其豢养，不予报酬，反加蹂躏，实是背人道主义，不特违我辈革命之初衷，抑且负我四百①万同胞希望之公意。况奸淫焚掠，罪在不赦，世界通例，民国何容有此？务望我军人，各革其心，各爱其身，各守区域，各尽责任，勿以无安扦而自惊，勿以有勋劳而自足，勿攘夺私利而操同室干戈，勿把持财产而蹙中央之命，勿遗同志之耻，勿动全国之愤。倘能共体此意，广行劝告，互相譬谕，俾我军人皆能为民保障，为国干城，庶几东西南北各省，满蒙回藏各族，民业从此无惊，国基从此永固。雄飞纪念，峙立环球，惟我军人实利赖焉。凡兹军人之利害，即系民国之安危兴亡，不禁涕泣陈辞，愿我军人反复注意。此令。即希转饬为盼。黄兴。删。

据上海《民立报》一九一二年三月十八日

与胡汉民等致孙中山呈

（一九一二年三月十七日稍前）

溯自有文字，遂有记载，古称史官肇于沮苍，历代相沿，是职咸备。盖以纪一时之事，昭万祺之鉴，甚盛典也。顾概观中国前史，《春秋》、《史记》而外，多一人一家之传记，无一足称社会史，可以传当时而垂后世者。抑典午东渡而还，中原涂炭，自时厥后，国统淆杂，殊方入主，尤间代相闻，以云正史，不足十六。而所称正史者，亦复狃于君主政体，其典章、制度、人物、文词，见于纪、传、表、志者，多未能发挥民族之精神，方诸麟经迁史，去之夐远。若藉为民

① 百，当为"万"字之误。

国之借鉴，犹南辕北辙，凿枘不能相容。诚以立国之政体不良，而记载遂不衷于至当耳。今我中华聿新，民国前自甲午而后，明识远见之士，怵于国之不可以见辱，而政体之不可以不改变也，于是奔走号呼，潜移默运，垂二十年。兹者民国确立，以前之艰巨挫折，起蹶兴踬，循环倚伏，不可纪极。若非详加调查，笔之于书，著为信史，何以彰前烈而诏方来，正史裁而坚国本。为此连同众意，合词呈请大总统，速设国史院遴员董理，刻日将我民国成立始末，调查详彻，撰辑中华民国建国史，颁示海内，以垂法戒而巩邦基。如蒙俯允，即请作为议案，提交参议院议决，并祈从速特委专员筹办一切，民国幸甚。胡汉民、黄兴、王宠惠、宋教仁、马君武、王鸿猷、于右任、钮永建、蒋作宾、居正、黄钟瑛、汤芗铭、吕志伊、徐绍桢、秦毓鎏、任鸿隽、萧友梅、冯自由、吴永珊、谭熙鸿、耿觐文、陈晋、张通典、郑宪武、但涛、刘元栴、程明超、金溥崇、胡肇安、汪廷襄、伍崇珏、王夏、唐支厦、彭素民、易廷憙、廖炎、林启一、卢仲博、余森、李尧生、邵逸周、刘式庵、林朝汉、梅乔林、刘鞠可、胡秉柯、张炽章、贺子才，朱和中、覃师范、仇亮、杜纯、黄中恺、金华祝、汤化龙、张铭彝、巴泽惠、林大任、付仰虞、梁能坚、侯毅、翁继芬、蔡人奇、田桐、林长民、张大义、萧翼鲲、孙润宇、于德坤、史青、高鲁、王庆华、程光鑫、马伯瑗、林文庆、方潜、熊传第、刘健、瞿方书、刘馥、仇鳌、杨勉之、姜廷荣、曹昌麟、刘伯昌、张周、周泽苞、黄复生、彭丕昕、饶如焚、史久光、王孝缜、何浚、唐豸、陈宽沅、喻毓西、黄大伟等呈。

据《临时政府公报》第四十一号（一九一二年三月十七日）

附：孙中山批示

（一九一二年三月十七日稍前）

呈悉。查中国历代编纂国史之机关均系独立，不受他机关之干涉，所以示好恶之公，昭是非之正，使秉笔者据事直书，无拘牵顾忌之嫌。法至善也。民国开创，为神州空前之伟业，不有信史，何以焜耀宇内，昭示方来？该员等所请设立国史院之举，本总统深表赞同，应候提交参议院议决。至请先行派员筹办一节，俟遴选得人，即行委任可也。此批。

据《临时政府公报》第四十一号（一九一二年三月十七日）

与刘揆一等发起组织中华民国民族大同会启

（一九一二年三月十九日）

今既合五大民族为一国矣，微特藩属之称，自是铲除，即种类之界，亦将渐归融化，洵吾华轶代之鸿轨，而环球各国所同钦也。顾五族语文互异，忱悃或有难孚；居处殊方，接洽未免多阻。如无集合之机关，安望感情之联络？况乎强邻逼处，虎视眈眈，唇齿互有相依之势，肥瘠敢存秦越之心。仆等不揣绵薄，组织斯会，藉岁时之团聚，谋意识之感通，智德以交换而愈完，志气以鼓舞而益奋，相挈相提，手足庶无偏枯之患，同袍同泽，痛瘰更有相关之情。其始以言论造事实，其究以通力赴成功，共荷民国之仔肩，众擎易举；永奠共和于磐石，转弱为强：此仆等立会微意也。尚希爱国英贤，识时巨子，共矢宏愿，大扩初基，俾我四亿同胞，携手而偕登乐利，与彼五洲强国，联袂而永享和平，本会有厚望焉。此启。发起人：黄兴、刘揆一、吴景濂、冯邻翼、李瑞清、景耀月、沈秉坤、王芝祥、谭延闿、马君武、孙毓筠、张继、恩华、胡瑛、张通典、吕志伊、尹昌衡、李鎜、赵士北、蒋彬、范源廉、谷钟秀、德启、杨道霖、李素、马浚年、秦毓鎏、程子楷、刘懋赏、洪翼升、王有兰、王正廷、时功玖、余焕东、李肇甫、沙炳南、姚雨平、盛先觉、赵士钰、金鼎、王宽、刘星楠、章勤士、陶昌善、温世珍、殷汝骊、朱德裳、黄树忠、文群、赵恒惕、马良基、邓文辉、熊成章、何维模、仇鳌、彭占元、平刚、任福黎、何陶、胡国梁、蒋宗藩、尹骞、廖名搢、常恒芳、唐乾一、廖炎、钱树芬、李伟、萧翼鲲、吉勇、金章、彭邦栋、汤漪、马际泰、曾彦、叶毓仑、黄格鸥、刘崛、钟勋、张智、廖秉衡、旷若谷、杨伯文、郭琮瀚、潘晋、刘其成、叶允吉、王树滋、瞿宗铎、李猛、罗仲素、张汉英、刘翼、刘芝芬、罗芬、钟元郑、彭定钊、杨时霖、彭桢。

据上海《民立报》一九一二年三月十九、二十日

附：孙中山批示

（一九一二年四月三日）

呈悉：该会以人道主义提携五族共跻文明之域，使先贤大同世界之想象，实现于廿世纪，用意实属可钦。所拟教育、编译、调查、实业各种办法，尚属切实可行，应即准予立案。至请政府拨款补助一节，俟该会各项事业开办时再行呈请拨给可也。此批。

据《临时政府公报》第五十六号（一九一二年四月三日）

致袁世凯电

（一九一二年三月二十一日）

北京袁大总统钧鉴：近闻上海《民立报》登载保定陆军预备大学堂告白一通云，该堂准阳历四月五号开学。又今日本部职员刘光等接该堂景教官来函，亦云开学在即。夫续办陆军大学以养成参谋人才，诚为国防要图。惟该堂应归中央参谋部管辖。今南北政府既已消灭，统一机关组织未成，该堂尚无所统属，若竟贸然开学，于法理似乎不合。且该堂学员因效力民军供职边远者甚多，纵使即能开学，亦须宽假时日，方能召集齐全。愚见拟请就近饬令该

堂暂缓开学，俟统一机关成立，再由中央参谋部计画续办，最为周妥。其已到堂之教员、学员尽可留堂静候。尊意如何？敬希电复。黄兴。箇叩。

附：段祺瑞复电

（一九一二年三月二十三日）

南京参谋部黄总长鉴：大总统交阅箇电，敬闻一是。查陆军预备大学向由中央参谋机关管辖，前以军事仓卒，堂中各生多半四出奔走国事，中道辍业。其在堂中未出者，亦各准假回籍。现在兵战既息，北籍各生纷纷回堂，故订期开学，温习旧课，免其无所事事。报章转载不明原委，教员寄函亦未了了，实非正式开学。其正式陆军大学自应俟统一机关组织就绪后，完全正办，绝非今日所能计及。除陈明大总统外，敬以奉闻。祺瑞。漾叩。

据《临时政府公报》第五十号（一九一二年三月二十八日）

与刘揆一等致各都督等电

（一九一二年三月二十三日）

都督、议会、各报馆、政团鉴：民国初建，五族涣散，联络感情，化除畛域，共谋统一，同护国权，当务为急，无逾于此日。互相提挈，人道宜然，凡我同胞，何忍歧视？用特发起中华民族大同会①，现已成立。拟从调查入手，以教育促进步之齐一，以实业浚文化之源泉，更以日报为缔合之媒介，以杂志为常识之灌输。章程即付邮呈。敬希协力提倡，随时赐教，酌拨公款，助成斯举，实纫公谊。

---

① 此会于一九一二年三月二十三日成立，黄兴被举为总理，刘揆一为协理，下设教育、实业、编译、调查四部，各举干事二人。

发起人：黄兴、刘揆一、黎元洪、吴景濂、蔡元培、冯邻翼、景耀月、谭延闿、王芝祥、沈秉坤、徐绍桢、马君武、陈其美、吕志伊、孙毓筠、姚锡光、蒋作宾、尹昌衡、范源廉、恩华、王鸿猷、蒋彬、龚僖、张通典、胡瑛、李鎜、赵士北、谷钟秀、张继、李瑞清、德启、杨道霖、李素、宋教仁、程子楷、刘懋赏、洪翼昂、王有兰、勃勒德克、王正廷、时功玖、马浚年、余焕东、李肇甫、沙炳南、姚雨平、盛先觉、秦毓鎏，赵世钰、金鼎、刘星楠、章勤士、陶昌善、温世珍、殷汝骊、朱德裳、黄树忠、文群、赵恒惕、马良基、邓文辉、熊成章、何维模、仇鳌、彭占元、吉勇任、福黎、平刚、胡国梁、何陶、蒋宗藩、尹骞、廖名缙、常恒芝、唐乾一、廖口、钱树芬、李伟、萧翼鲲、金章、彭邦栋、汤漪、王宽、张昭汉、曾彦、叶毓仑、黄格鸥、刘崛、唐群英、钟勤、张智、廖秉衡、旷若谷、杨伯文、郭宗瀚、潘晋、刘其成、王树兹、叶允吉、瞿宗铎、李猛、罗仲素、张汉英、刘异、陈鸿璧、骆通、马际泰、罗芬、钟元、郑覃政、杨时霖、彭桢、李膏润。（自南京发）

据上海《民立报》一九一二年三月二十六日

致各省都督电

（一九一二年三月二十五日）

各省都督鉴：全国测量事业，现经本部设立专局，统筹办理，以规画一。所有各省业经举办之测量事业，暂仍其旧。其未办各省，应即由本部统理，无庸另行举办，以免纷歧。参谋部黄兴叩。

据《临时政府公报》第五十三号（一九一二年三月三十一日）

与汪兆铭等致孙中山呈*

（一九一二年三月二十七日稍前）

汪兆铭、黄兴、张继、吕志伊、马君武、景耀月、陈其美、孙毓筠、洪承点、居正、李烈钧、尹昌衡、张凤翽、方声涛、刘基炎、平刚、丁惟汾、冯自由、宋教仁、谭延闿等呈为救国死义，公恳特奖，列入大汉忠烈祠，并宜付国史院立传，以旌义烈而慰忠魂事。

窃维民国成立，共和永建，嗣兹以往，胥四百兆人民同食幸福。而人民饮水思源所不忍一刻忘者，尤在出入专制剧烈时代，以一部分之决心，立于政府反对之地位，败则以生命殉之，前仆后继，矢志不移。虽按之事实，大功或未能及身而成，而溯其原因，国本不啻在当年已定。兆铭等或身与其事，或宗旨从同。开国以来，复见一般国民崇拜景仰之忱，既食光德，不忘义烈，用举烈士刘道一救国死义各事，敬为大总统陈之。

刘道一字炳生，湖南衡山县人，少端慧，五、六岁时读《孟子》即能成诵。稍长，并通其义。时海内外多故，道一年少气盛，所思辄轶常规。读《汉书·朱虚侯传》，至"非其种者，锄而去之"，遂自署曰"锄非"。甲辰年游学日本，与其兄刘揆一密谋光复事，遂与会党马福益相知。道一献策曰：此时举事，在利用不交通之地点。我党欲得根据地，不如先据湖南，前瞰洞庭，背负五岭，有险可恃，不致动辄失败。党人然之，遂定计在湖南起义。议分五路，同时并举：一宝庆，一衡清，一岳州，一辰州，一浏阳。甲辰冬起兵，浏阳因各路未能一致运动，事败，道一乘间走日本，慨然曰：事之不成，虽由

* 此呈无时日。孙中山大总统一九一二年三月二十七日批令称："仰陆军部查照邮赏章程，从优核办。"陆军部"即饬军衡局核议"，"优给刘道一邮金一千元，并附祀大汉忠烈祠"。后孙中山批示"准如所请"。（见一九一二年南京《临时政府公报》第五十四号）按：此呈当写于是年三月二十七日稍前。

专制之威毒,抑亦会党之力涣。于是研究新创之华兴会、同仇会及旧有之三合会、三点会所不同之点,与联络之方,不数月而大通。以道一性慧有口,方言及外国语一学即能,又为游学界同声推许。故能混合新旧,沟通党派,俾各为国效忠也。即如同盟会之宗旨,其初输入日本时,并未皎然揭出。且彼时留学诸君,多却步不敢入,自道一昌言而董劝之,于是有一日千里之势。丙午复与党人萧克昌等谋在萍、浏、醴等处起义,事败被逮,狱吏欲以严刑谳之。道一曰:"吾非畏供,无如此中大义,供之决非汝所知,徒费唇舌何益。"因出佩章示之。狱吏细审佩章镌"锄非"二字,遂以定狱。然终以无供为嫌,乃混而名之曰刘道一即刘揆一。盖其时湘之大吏只知刘揆一名,故借以欺上也。又惧湘人议其无供而刑人也,乃舆道一之浏阳,阳言赴浏对质,阴使魁刽于中途杀之。及至中途,魁刽仓惶出不意,举刀乱击,四击乃断其头。故道一之死至惨,识与不识皆哀之。今幸大义昭然,凡为国死义之士,均先后表彰各在案。兆铭等对于刘道一,既悉其生平,复迫于公论,未敢再事缄默,用胪列事实,公恳大总统鉴核批奖,准予列入大汉忠烈祠同享祀典,并宜付国史院立传,以顺舆情而慰忠魂,民国幸甚。谨呈。

据上海《民立报》一九一二年四月十九、二十日

致各报馆电

(一九一二年三月二十七日)

各报馆鉴:本部三月二十三日奉大总统令开:"民国统一,战事终息,大本营名目应即取销。所有关防案卷等即交参谋部存储,以资查考。其作战局职员向系参谋部第一局职员兼任,着即销去兼差,仍归本部办事。至兵站局,因有复员转运等事,未便即予撤除,应暂由参谋部兼管",等因。奉此。本部业将大本营撤销,接受关

防案卷。所有兵站局未尽事宜，现由本部暂行兼管，其作战局职员已饬回本部供职，特此通告各处。嗣后如有关于兵站局事件，请直与本部接洽，以一事权，而免纷歧。参谋部总长黄兴。沁叩。

据上海《时报》一九一二年三月二十八日

致各省都督电

（一九一二年三月三十一日前稍）

各省都督鉴：本部对于全国测量事业，拟统由中央办理，已于有、覃两次通电贵都督在案。现已计划全国三角测量，先从沿边、沿海着手地形测图及制图两项，先分险要重要地点次第进行，概由中央派员办理。所需人才，查各省已毕业人数将近二千，所存器械亦复不少，均可敷用。俟将经费议案交参议院议决后，即可宣布，合先电闻。贵省测量情形如何？请即电复。参谋部黄兴叩。

据《临时政府公报》第五十三号（一九一二年三月三十一日）

挽黄花岗七十二烈士联

（一九一二年三月）

七十二义士英鉴：七十二健儿，酣战春云湛碧血；四百兆国子，愁看秋雨湿黄花。中华民国元年三月。黄兴拜题。

据《黄克强先生书翰墨迹》

致段祺瑞等电*

（一九一二年四月一日）

陆军部段总长、各都督、各军师镇协司令统将、各议会、谘议局、各报馆均鉴：顷接袁大总统令，以兴继任参谋总长，并统辖两江一带军队。自维与海内同志起义以来，力小任重，时虞覆悚，决意事定之后，解职归农，已将此意屡次表明。况参谋总长职任綦重，非兴材力所能胜任，已复电力辞。至两江一带军队，维持整理刻不容缓；兴素怀归隐之志，断不敢置经手未完事宜于不顾，以负我军界同胞。已商请唐总理妥定办法，务使南方各军队布置得宜，各安其所。俟布置大定，始行告退，以遂初志，诸祈鉴察。黄兴。东。

据上海《时报》一九一二年四月三日

复华侨联合会电

（一九一二年四月三日）

华侨联合会公鉴：艳电悉。现今财政支绌，外债乘机要挟，制我死命，国势岌岌，不可终日。非恃全国之民协力维持，不足以救现今之险象。黄君文荣慨捐银千元，并拟回原籍鼓吹提倡，爱国热诚，钦佩无量。假使吾四万万同胞皆如黄君，急公好义，慷慨乐输，民国富强，计日可待，将见主盟全球，称雄世界，又何忧为埃及、印度之续也。言念及此，尚希黄君为国自爱，并厚期我最亲爱之同胞努力进行，共挽大局是祷。黄兴叩。江。

据上海《民立报》一九一二年四月二十日

---

* 袁世凯一九一二年三月底组织政府时，任其嫡系将领段祺瑞为陆军部总长，以取代黄兴，三月二十九日并任黄兴为参谋总长。袁世凯的命令发表后，黄兴力电坚辞，袁世凯乃于三月三十一日任命黄兴为南京留守。

与陈蔚等致民立报馆等电

（一九一二年四月初）

民立报暨各省都督、各军司令鉴：溯自武昌起义，豪杰奋兴，各省响风，清帝退位。破坏既终，建设方始，结集团体，巩固国基，使五族各享共和，列强不敢干涉，既赖我军人提倡于前，尤赖我军人维持于后。然使情意不孚，精神涣散，将校各怀意见，兵士易启纷争，势必至各省军队自为风气。如火不戢，易兆焚如。前途危险，实堪深虑，同人忧之。特纠集同志组织陆军将校联合会，于二月二十五号开成立大会，公举正副会长，强属兴、蔚，举黎君元洪、段君祺瑞、姜君桂题、冯君国璋为名誉会长，使作宾、绍桢勉附其后。更属懋修、承点、调元为协理。拟谋军事研究，所以求增进学术；办军事报，以求交换知识；谋俱乐部，以期联络感情。兴等才力绵薄，曷克胜任。第以事关大局，义不容辞，只得勉效驰驱，聊尽军国民义务。所希海内群公，共襄盛事，各抒伟见，时锡箴言，俾此后进行方法有所率循，庶足合全国军人共底和平，共谋福利，则幸甚矣。谨此电布，详章后布。黄兴、陈蔚、蒋作宾、徐绍桢、陈懋修、洪承点、林调元、刘丽母、汪达、李玉铎、卢润培、汪迈、张兆第、蒋珩、汪时璟、王有内、舒学城、戴鸿蘖、韫尚忠、汪有容叩。（自南京发）

据上海《民立报》一九一二年四月六日

与程德全等发起拓殖学校招生广告*

（一九一二年三月十八日—四月四日间）

芸芸中原，厥忧过庶，莽莽疆土，视等不毛。此迩来中国民生

* 黄兴为首发起拓殖协会，于一九一二年三月十八日正式成立，举黄兴为会长，旋即开办拓殖学校于苏州。此广告登报日期为同年四月八日，四月四日开始报到，此件当在是年三月十八日——四月四日之间。该校于“二次革命”失败后，为袁世凯勒令停办。

所以日蹙，而强邻眈逐动食指于我边陲也。天牖吾华，共和告成，登五族于一堂，合四远以为国，泯种族之界，无主属之分，泱泱大国，肇基于此。今后吾汉族之于蒙藏，与蒙藏之于汉族，宜如何关系亲密，宁复得如从前之视同瓯脱，自贻日削百里之忧？我同人等，外察世界趋势，内度中国潜力，以为巩固疆圉，非联络蒙藏不可；联络蒙藏，非沟通文言不可。于是创议有拓殖学校之设，预备人才，藉为导线，所以审要荒之情况，泯尔我之诈虞，辟天然之利源，舒民间之财力，疏东南之生齿，固西北之边防，杜绝列强抵隙蹈瑕之机，实行吾侪移民殖边之策。循是为之，锲而不舍，庶几收树人之后效，固金瓯于万里。同志诸士，可以兴焉。简章列后：

（一）、分科：分蒙文科、藏文科，愿入何科，须于报名时注定。

（二）、课目：入蒙文科者，授蒙文、蒙语、蒙历史、地理；入藏文科者，授藏文、藏语、藏历史、地理。其他政治、经济各学及国文、算学、兵操、马术等，为两科公共课。

（三）、入学资格：中学校毕业，或有与中学相等之程度，年在十八岁以上者。

（四）、学额：蒙文、藏文两科，暂各设额一百名。

（五）、期限：两科均扣足三学年毕业。本校为特别专门学校，毕业后除给各科毕业证书外，呈请中央政府发给学位证书。

（六）、效用：毕业后分别派遣蒙、藏两处任事。

（七）、学费：本校创办伊始，巨款难筹，每学期暂收学费十八元，膳宿等费二十六元，俟后经费稍裕，再当酌量减免，以示优异。（考取入学者，预缴学费十元，膳宿费十五元）

（八）、报名期：自阳历四月四号（即旧历二月十七日）起至考期日止。

（九）、报名处：一在南京碑亭巷本校事务所，一在上海西门外江苏教育总会。报名时随缴证金二元，取则扣算，不取则发还。

（十）、考期：上海报名者，于阳历四月念五号上午八时，在上海西门外江苏教育总会考试；南京报考者，于阳历四月念七号上午八时，在南京碑亭巷本校事务所考试。俟考试后，示期开学。

（十一）、试验：国文、算学、普通学科。

（十二）、校址：在南京城内四条巷前李公祠。

本校事务所设在南京碑亭巷前洋务局内。欲知详章，到各报名处取阅，远处函索亦可。

发起人：黄兴、程德全、陈其美、朱佩珍、沈懋昭、顾履桂、王震、伍廷芳、于右任、李钟珏、李厚祐、温宗尧、胡汉民、景耀月、蒋作宾、居正、郭恩泽、黄家声、余壮鸣、夏尊武、朱英、胡文田、魏渤、黄家本同启。

据上海《民立报》一九一二年四月八日

委任长江水师总司令通告

（一九一二年四月四日）

长江古称天堑，关系匪轻。自海禁既开，内地行轮，商船辏辐，奸人伏莽，盗迹充盈，防御稍疏，贻患滋巨。前清于湘、鄂、皖、赣、宁、苏、浙七省沿江方面，设立长江水师提督，藉资镇压而保治安，立法颇善。自武昌起义，各省独立，用人行政，各自为谋，长江水师之制遂破。今日南北统一，共和告成，亟宜规复前制，以销隐患而固国防。业经本部商同海军部长呈请前孙大总统，委任前光复军总司令李燮和充长江上下游总司令在案。因李君志在退隐，一再力辞，是以悬未发表。然长江重镇，非有声望素著、勋业昭彰者不能肩兹巨任。经兴再三恳留，始允就职。兹已刊刻关防，不日颁发，敦促就任视事，用行通告。凡属湖南、湖北、江西、安徽、江南、江苏各水师，总归李总司令节制。责成该司令就旧日营规，考察现在情形，酌量编制，务期周密完善。各省都督公诚体国，谅能和衷共济，以维时局。各水师营军士，其各懔遵命令勿忽。黄兴叩。豪。

据上海《民立报》一九一二年四月十七日

致袁世凯电

（一九一二年四月六日）

兴承委南京留守，统辖南方各军，谨于本日将本署组织成立，启用关防，文曰："中华民国南京留守统辖南方各军之关防"。合将启用日期呈报鉴核。南京留守黄兴谨呈。鱼。

据上海《民立报》一九一二年四月十二日

致唐绍仪等电

（一九一二年四月六日）

唐总理、黎副总统、各省都督、各部总长鉴：奉大总统电，允兴辞参谋总长，命充南京留守，统辖南方各军。兴以菲材，久思引退，乃再四坚辞，竟未许将一切责任概行脱卸，殊觉进退为难。顾念留守一职，专为维持南方现时军队起见，原系暂设。兴此心尚存，亦诚恐遽将经手未完事件均置不顾，或于大局转致违碍，负我同胞。惟有暂羁将去之身，勉随诸公之后，藉效棉力。俟布置略定，仍当归息林泉，以遂初志。除电呈大总统暂行就职外，已于本日将敝署组织成立，启用关防，文曰："中华民国南京留守统辖南方各军之关防"。特此奉布。南京留守黄兴叩。鱼。

据上海《民立报》一九一二年四月十二日

复吴忠信书

（一九一二年四月六日）

礼卿①尊兄鉴：来文及大示均悉。南京自光复以后，足下即主持警局，保安地面，数月之间心力备至。现在卫戍总督取消，兴承乏留守，接管此间一切事务，正赖贤者相助为理，务请足下仍屈就原职，勿遇事谦退为荷。明日午前请至本署一谈，甚盼。此颂公安。黄兴顿首。初六日。

据《黄克强先生书翰墨迹》

复陈虹奎等书*

（一九一二年四月七日）

昨读来书，藉聆伟论，所以推崇景仰于孙中山先生者，情意实深恳挚，诸君惓惓之怀，自显露于楮墨间也。前明徐中山驱除胡元，功业炳耀。湘乡曾氏戕同媚异，得罪国民。所有专祠淫祀已一律取销，改修忠烈祠。若而人者，乌足与前贤相提并论。惟中山先生首倡大义，克尽全功，民国奠定，长揖归田，让德高风，允足增湖山之色。其与徐中山后先辉映，都人士皆斤斤道之。若得管领名湖，洵属千秋韵事。诸君拟以湖楼匾额更易标题，借伸景仰。诸君既提倡于先，鄙人谨赞成于后。六朝金粉，万顷烟波，固非名流莫属也。所拟孙徐千古，可否易为徐孙，以志年序。至千古二字，

① 吴忠信，字礼卿，别号守坚，安徽合肥人。一九〇六年入同盟会。一九一二年任南京警察总监。一九一二年四月南京临时政府北迁，黄兴出任南京留守，吴忠信任原职。

* 陈虹奎、方灏、张仲衡致书黄兴（时任陆军部总长），请改莫愁湖匾额，拟题为“一湖千古两中山”，黄遂有此复书。

对于中山先生一方面言，似觉未允，仍祈大雅君子酌改为盼。

据上海《天铎报》一九一二年四月八日

致袁世凯等电

（一九一二年四月十二日）

万急。北京袁大总统、武昌黎副总统、孙中山先生、上海唐总理、各部总长、各省都督、各军师长、各报馆鉴：昨晚十一时半，宁垣居民不戒于火，焚烧房屋数间，当即熄灭。今晨三、四钟时，匪徒数十人乘机抢劫白门桥铺户，幸军队防卫严密，弹压迅速，毙匪多名，并拘获数人，随即敉平。城内外各处现均安靖如常，仍一面督饬军队注意警备，以保治安。谨此奉闻。黄兴叩。文晨十钟。

据上海《民立报》一九一二年四月十三日

黄留守安民告示*

（一九一二年四月十二日）

昨夜匪徒滋扰，今晨一律剿平，已筹善后办法，居民安心勿惊。

据上海《民立报》一九一二年四月十四日

致袁世凯呈

（一九一二年四月十二日）

兴于初九夜赴沪，与唐总理商议要事，十一夜专车回宁，至已天明，始知匪徒勾结江西军队暴动之事。随即入城巡视，幸赖各军

* 一九一二年四月十一日晚，南京发生火灾，匪徒乘机抢掠，并发生兵变，故次日黄兴以留守名义出此布告。以下三件均指此次变故。

队竭力弹压，未致蔓延。然实由兴德薄能鲜，镇抚无方，致有此乱。留守任重，决非所胜，务乞另选贤能，俾免倾覆，并严加处罚，以谢国民，无任感祷。至于此次出力人员，第三军长王芝祥、第四军长姚雨平、第六军长朱瑞、第七军长洪承点、第二十二师长林震、第三师长陈懋修、第二十六师长杜淮川、第八师长陈之骥、第五师长刘毅、第二师长朱先志、独立旅长田应诏、警备队司令长何元山、陈煦亮、要塞司令长官成鲲、巡警总监吴忠信、守卫队长林虎、吴洁、宪兵司令长茅乃封、宪兵营长成国屏等，或亲巡市街，或躬往捕缉，均能处置适当，力保治安。其余各将士亦皆奋勇用命，恪守军纪，对于驻宁各国领事馆及教堂、商民，尤能竭力保护，幸皆无恙，足以告慰。王芝祥年高望重，劳瘁不辞，热心毅力，深堪欣佩。洪承点接统廿七、八两团未久，已知该军气习甚坏，定十六日撤回赣省。此次扰乱，该员虽事先防范未周，然能单骑驰入乱兵之中，晓以大义，俄顷间卒令缴械回营，以弭后患，临机应变，实为难得之才。本府总参谋李书城、军务处长张孝準、副处长杨廷溥、参谋处长耿觐文、总务处长何成浚、副官长徐少秋，均称奉职无状，自请议处。惟该员等当兴未在宁时，变生仓猝，竟能调度迅速，布置周详，究应如何处置之处，仍候钧裁。兴自惭驽劣，无补时艰，既知该员等出力情形，未便缄默，合并呈明，伏维垂鉴。特此奉闻。

据《黄留守书牍》

致袁世凯等电

（一九一二年四月十二日）

袁大总统、武昌黎副总统、上海唐总理、各部总长、各省都督、各军司令、各报馆鉴：宁垣秩序如常，并有军队严密防范。谨此奉闻。黄兴叩。文下午八钟。

据上海《民立报》一九一二年四月十三日

致袁世凯等电

（一九一二年四月十三日）

火急。北京袁大总统、陆军部及各部总长、武昌黎副总统、孙中山先生、上海唐总理、各省都督、各军师长、各报馆鉴：昨日捕获匪徒一夥，严密讯供，多江西军队二十五、二十八两团之兵，已经判决处死刑者二百余名。其余该两团之犯兵，当派各军队协力追剿。旋由洪师长承点竭力开导，令其缴械回营，贷以不死。该犯兵等势穷力绌，午前八、九时即遵令缴械退回原营，全城秩序幸未扰乱。查此次起乱之原因，匪徒勾结，并有宗社党从中煽惑，已搜获旗二面。借减饷为名，忽尔倡乱，幸经各军师团长爱国心长，洞明大义，均亲率士卒，剿抚乱党，分段防守，保卫平民，赖以即日敉定，未致蔓延。兴昨已发布戒严令，现仍饬各军警极力防范，加以镇抚，定于明日将该两团兵妥协送回赣省遣散。惟是白门桥、太平桥一带商民被劫者不下数十家，哀此无辜，突遭惨乱，已分饬南京府知事、巡警局会同切实查报，以便酌量抚恤，免其失所。并一面示谕被害各户听候查明，以及其他商民各安生业。谨此奉闻。黄兴叩。元。

据上海《民立报》一九一二年四月十五日

致黄钺电

（一九一二年四月十六日）

兰州赵署督转黄钺君鉴：顷奉袁大总统删电开："查黄钺来电，自称于阴历正月二十三日在秦州设立临时军政府。而赵惟熙等全省官吏绅民承认共和之电，系阴历正月十八日所发。黄之独立，在赵承认共和后。现在民国统一，不得假借名义，扰害治安，迭经通令在案。甘省既一律承认，何所容其独立。前据赵署督电称：'黄钺自据秦州独立，举兵西向，遣人四出勾煽土匪，业经电饬该督转电黄道，取消独立，撤去临时军政府，以昭统一，而维现状在案。’西陲邮电稽迟，既往不咎，该道如果服从命令，保守治安，既系边防有用之才，自可重加依畀，希即谆劝该员早释猜嫌，共维大局”，等因。窃维共和告成，南北统一，秦州名义自应取消。当此时局艰危，正赖群策共济，各泯猜嫌。足下才识宏通，深明大义，务请遵照大总统命令，实行取消独立，同保治安，大局幸甚。翘盼西陲，无任祷祝。南京留守统辖南方各军黄兴叩。铣。

据黄钺:《陇右光复记》

致章士钊电

（一九一二年四月十七日）

民立报馆章行严兄鉴：顷准谭都督电开：“湘人因反对特别议会，致与参议院员大起冲突，议会议员四散，不能开会。大总统前定参议院员到京之期，为时已迫，湘参议院员不可无人。查敝省原举之刘彦、彭允彝、欧阳振声，补举之覃振、刘揆一，均为湘民信仰之人。嗣因刘揆一辞职，举章士钊自代。查章留学英、日，于吾国政治问题夙有讨论，学业人品，均极完全。刘君既非滥举，湘人士皆赞成，业经政务会议博采舆论，决定承认刘彦、彭允彝、欧阳振声、覃振、章士钊为中央参议员议员，俟将来正式选举成立时再议改选。除电催五君速赴职任外，谨此电呈。至特别议员既经人民反对，正式议会亟应成立，其选举法是否由中央政府从速颁发，抑或暂由湘省自行议定办理，作为正式选举，乞速电示”，等语。查参议员为监督政府重要机关，非得极有学识、富于经验之人，不能明晰事理，分别缓急，以促进行。今公既经湘省政务会议推为议员，殊深庆幸，务乞肩此重任，共维大局，即希从速北行，以慰众望。黄兴叩。篠。

据上海《民立报》一九一二年四月十九日

复黎元洪电*

（一九一二年四月十七日稍后）

侵、篠两电均已诵悉。尊意拟将军务、民政划界分权，诚为至论。民政为平时行政最要部分，泰西各国近甚注意，所以保持安宁，增进幸福，国家生存，端赖乎此。军务性质乃属特别，混而为一，实成两败。强则把持，弱则废弛，军无节制之实，民有凋蔽之忧，流弊愈深，譬舟靡届，前清蹈此，致速覆亡。民国初兴，权限未析，建设方始，重在民生，岂可沿讹，贻误来轸。务当早日分厘，期与各国一致，庶几军民安帖，分道进行。我公爱国铭心，救时有道，屡披来电，辄想仁风，陈贾谊之策，痛哭时闻；读陆贽之文，指掌如数。凡兹硕画，实牖私衷。敢乞主持，无任拜祷。

据《黄留守书牍》

致程德全电

（一九一二年四月十八日）

程都督鉴：东南人士望公甚殷。兴才力竭蹶，时虞陨越，尤望旌节早临，俾有遵守，无任翘企。黄兴叩。

据上海《民立报》一九一二年四月十八日

题刘道一烈士墓碑

（一九一二年四月十九日）

烈士刘道一墓。中华民国元年。黄兴题。

据上海《民立报》一九一二年四月十九日影印件

---

* 此电无时日。黎元洪曾于一九一二年四月十二日、十七日先后发出“侵”、“篠”两电，主张将军务、民政划界分权，军民分治。此为黄兴复黎元洪电，当在一九一二年四月十七日稍后。

致陈嘉会便条*

（一九一二年四月二十日）

幼岚①先生来，请兄即移驾过我一谈。凤光兄鉴。弟兴启。廿日。

复伍平一书**

（一九一二年四月二十日）

平一先生大鉴：屡辱电缄，备承垂注，拳拳之意，良不能忘。弟前任陆军部时所居之楼，有一飞弹破窗而入，戕我副官。事后详查，确系猎者流弹，并无谋刺情事。平生屡频危殆，幸荷天全。射三发而皆远，许为剑再舞而不及刘季，我生有命，亦无怖焉。至辞陆军总长之职，实有不得已之苦衷；又自问非军学专门，且少经验，不能不避贤路，非敢放弃责任也，知我者当能谅之。政府北移，留都军队林立，整理一切，颇费周章，弟以凡才，肩兹重任，究不知何日方能布置就绪。前数日驻宁赣军被宗社党徒煽惑，忽尔哗变，幸兵机奋迅，立即平之。现在筹办善后事宜，盖已心力交瘁矣。党事有劳擘画，热心毅力，始终不渝，至深佩仰。尊意拟改政党，并推广办

---

* 此条所用信笺印有"南京留守府启事用笺"字样。按：南京留守府于一九一二年四月一日成立，至六月十四日黄兴交卸留守职务。据同年四月二十六日黄兴致沈秉堃书中有"昨奉光仪"句，此条写于是年四月二十日。

① 沈秉堃，字幼岚，湖南长沙人。辛亥革命时任清广西巡抚，宣布独立，被推为都督，以湘桂联军总司令入湘后辞职。时在南京。

** 伍平一，系美洲华侨，同盟会会员。关于黄兴复致伍平一书的背景，据《伍平一先生革命言行录》载："余于黄兴君在留守府遇刺一事，曾函黄君，责以辞陆军总长，并言吾党孙公让位，已属失策，而南军不达到北京，究难认为革命告成，因是数函黄君及孙君论列此旨，旋得黄君四月二十日由南京复函，其文如次。"

法，大收会员，以厚势力，洵为卓见，弟亦极表同意。遥遥瀛海，相印以心，何日东归，藉慰饥渴，临颖无任神驰之至。专此布复，敬请撰安，诸维亮照。弟黄兴顿首。中华民国元年四月二十号。

据王纯根辑：《伍一平先生珍藏先烈黄克强陈英士两公遗墨》

附：伍平一致孙中山书

（一九一二年一月十五日）

中山先生大鉴：前致两函，夹附电报，当已达览。此间报载精卫兄已出狱，同志大慰。惟不见黄复生名，未知如何？自民军胜利传至美洲，彼国人士咸表同情于我国，革新之机，在此一举。摩根虽有助袁消息，然为各报攻击。纽约小银行团亦联络牵制，助袁之事终难实现。昨由何利君介绍一小银行团代表到商，允为无条件借款，助我革军，当已给函介绍，嘱其到南京晤先生。望北伐之师，勿为和议所误。兹将同盟会抗和宣言一篇，及关于吾党应迅速改组政党办法，附上。但弟未到关内，究不知何以同盟会停止收纳会员？及现在南京成立政府，何以不依同盟会当日宣言，先军法之治，以次而约法、宪法之秩序？在弟处于支部，当然遵照先生电报，停止收录会员。然终以为不可。正宜乘此时机，宣布改组政党，植势力于议会，为实行三民主义之准备。且当北伐未告成功，正军饷尤须办筹，更宜厚集势力。弟以为今日革命未能认为成功，纵北伐完成，并须经过约法之途，而至完全宪法。故弟以为在此时期，停止会员入会，实为下策。是以略草改组政党大纲邮上，并以此意另函克强、遯初两先生，俾同讨论进行，以期收功圆满。现在华侨革命思潮已弥漫全美，无论由借款，由捐饷，北伐不患饷需也。如何？望为示及。弟须俟此间筹饷局征信录发出，方能归国。并以对外联络承认问题，已由局推由唐君琼昌进行矣。临书匆匆，不尽所言。手此，即请义安。弟伍平一顿首。元年一月十五日。

据王纯根辑：《伍平一先生珍藏先烈黄克强陈英士两公遗墨》

复程德全电

（一九一二年四月二十二日）

啸电悉。莅苏有期，如熬饥渴。刘君①之洁，学问历练，素所欣佩；光复之时，勋劳卓著。前经委充高等顾问，正欲借重鸿才，密参机要，近闻尊处拟以军事相托，刘军于苏军情形熟悉，无负委任。谨表同情，希卓裁。黄兴叩。

据上海《民立报》一九一二年四月二十二日

复国务院电*

（一九一二年四月二十五日）

准有日通电，敬悉。详译尊旨，自系为图统一起见。但禁各省购械情形虽有不同，要无非因地方秩序未复，土匪蠢动，宗社党到处煽惑，军械不容缺乏之故。且各省经济困难，百计罗掘，仅能购得此数，良非易易。若径一律收回，电关扣留，似与目前情形诸多窒碍，且恐因此遂酿他变。兴对于此事，亦已筹计再四，不得已故前曾拟具特别护照，商由唐总理转温交涉使，与沪税司交涉免税，实欲就已购之械分别准驳，而将来亦可借以稽查约束，免至滥购。现各省纷纷来领此护照者已属不少，今准来电，又忽与前项办法事

① 刘君，指南京临时政府陆军部二等顾问官刘懋政。

* 此电无时日。按：一九一二年四月二十五日，北京政府国务院发出通电，各省自行订购的枪械一律由海关扣留，归北京政府收回。时黄兴任南京留守当日复电，请变通此令。

出两歧，似亦有所未妥。拟请贵院仍将前令变通，凡在中央政府未成立以前各省所购军械，无论已未到关，凡持有本府护照者，应请税司一律免税放行。一面通电各处，此后不得再由各该省径自订购，以归划一。鄙意如此，尚希斟酌示复为荷。

据《中华民国临时政府新法令》

致陈嘉会便条*

（一九一二年四月二十五日）

凤兄鉴：昨杨性恂①兄来此未晤，歉甚。请查明住何处，当即函请其速来也。即请刻安。秘书长。弟兴顿首。四月二十五日。

据湖南省博物馆所藏原件

致沈秉堃书

（一九一二年四月二十六日）

幼岚乡先生道席：敬启者，窃维谋国之道，首重谘询；非常之功，必资英杰。所以《诗》垂老成之训，《书》有好问之文，诚以欲为天下求治安，当先为一己求师友也。兴本湘上布衣，才识疏浅，忧心国事，湖海奔驰，南北东西，弥历年载，幸得追随豪俊，共睹光华。方将退处林泉，仍遂初服，乃以南方军旅整理需时，勉竭愚诚，承乏留守。功殊王导，愧领袖于江东；名逊周郎，谬经营于天堑。诚恐覆悚，贻民国羞，非得高贤，孰与共济？仰公硕望，夙著鸿猷。当中华光复之初，抗前清专横之政，缙绅之侣，实所难能。昨奉光仪，益

---

* 原件未署年份。按：此条信笺印有“南京留守府启事用笺”字样，当写于一九一二年。时陈嘉会（凤光）任南京留守府秘书长。

① 杨德邻，字杏生，也作性恂。

钦矩臬，心焉响往，未可言宣。敬请为留守府高等顾问官，藉以时亲教益，庶免愆尤。黄石如来，礼同进履；夷吾再出，功在匡时。临颖悚惶，不胜翘企，谨布衷曲，幸垂鉴焉。黄兴顿首。四月二十六日。

据《黄克强先生书翰墨迹》

南京留守公启

（一九一二年四月二十八日）

启者：鄙人承乏留守，实因南京军队尚待整理，故暂任斯职，俟办理就绪，即当归田。署内一切设施，概从简约。而怀才欲试之士，近多误会，以致远道频来，荐书盈尺。在诸君殷勤相与，意诚不薄，而鄙人迫于事势，未能一一延请，心实难安。况民国用人行政，务求实际，从前乾修诸名目，理应一律铲除。所有款项均属国帑军需，筹措极难，未便遽以私情移赠旅费。兼以军事纷繁，昕夕靡暇，复书接见，实未能周，徒使诸君旅馆淹留，益滋愧歉。兹特登报声明，嗣后亲族故旧，非经鄙人函电敦约而来者，恕未能一概招待。谨此奉布，统希谅鉴。

据上海《民立报》一九一二年四月二十八日

致袁世凯等电

（一九一二年四月二十九日）

袁大总统，陆、海军部、参谋部总、次长，军界统一会，黎副总统，各省都督，各军、师长，各报馆均鉴：读黎副总统数电，劝告军界统一会诸公及时解散，胥隶一尊，并将鄂省前派充统一会员先行取消。仰见顾全大局，热心倡导，不胜钦佩。前王军长芝祥等亦为尊重中央军事机关起见，曾主张此说。兴以为现在统一政府已经成立，凡关军政、军令之事，自有政府机关统筹一切，据负完全之责任。且军事关系重大，非可以私人资格强为参预。黎公箴言，至为痛切，兴极表赞同。本府未派员与会，合并奉闻。黄兴叩。艳。

据上海《天铎报》一九一二年五月一日

附：黎元洪致黄兴等电

（一九一二年四月二十八日）

袁大总统、各部总次长、军界统一会、黄留守、各都督、各司令、各埠报馆公鉴：接王军长等养电，请取消军界统一会，老成谋国，钦佩无限。天方荐辞，祸变环起，推波助澜，皆原军界。有心人追原祸始，相与叹恨于机关复杂，秩序紊淆，以致统系不明，事权不一，此雄彼长，莫之适从，军心动摇，民视惶惑，四分五裂，自召灭亡，天下滔滔，莫敢匡救。兴言及此，良用慨然。军界统一会之设，原以当时共和初布，政府未成，欲借以泯合猜嫌，驱策群力，苦心硕划，南北同钦。现在海、陆军部既经组成，军界统一会诸公固已共告成功，克偿夙愿，及时解散，胥隶一尊国之利也，军之福也，元洪敢不拜赐。所有敝省前派该会会员，谨当先行取消，勉副嘉命。仍望建言诸公暨我最亲爱军界同胞共推此服从政府之心，连类××以身作则，回山转海，化险为夷，元洪当范九洲金为公等香花供养也。元洪叩。

据上海《民立报》一九一二年四月二十八日

致袁世凯等电

（一九一二年四月二十九日）

万急。北京袁大总统、唐总理、参议院、各部总长、武昌黎副总统、广州孙中山先生、各省都督、各政党、各报馆、军学工商农各界男女同胞均鉴：民国肇兴，政府成立，建设之事，无虑万端，而要以厚民生强国力为本，则此后所最当研究者，财政问题是也。今之论者，见需款甚巨，而国内经济久已支绌，难于筹措，于是乎一弃其在前清时代所主张之外债拒绝论，而利用其投资，以应吾急。是说也，多数明通之士类能知之，盖诚非得已耳。虽然，兴犹有说焉。天下之患常伏于所倚，拒债所以杜外患，而政事不无废弛，借债可以应急需，而国权未免亏损。在主张借债论者，夫岂不曰前清时代公款之用途不明，投资未属于生产，而民国则无之。然不知起义以来，公家事业多付废阙，官署新设，军队环布，筹置整理，需款浩繁，将来所借巨款，能否即用于生产之一途，尚未可知，而担负抵押，国家负累已深，则较之空言拒债、而不别筹善后方法坐视衰败者，其弊将无同。故贸贸然徒言拒债者，因噎废食之见也；龂龂然侈言借债者，贪饵吞钩之为也：两者均未见其可。兴旰衡时局，统筹国计，终夜旁皇，靡知所措。顾深念权借外债，原属万不得已，若恃为惟一方法，而其危险将至债额日高，债息日多，债权日重，抵押从此益穷，监督财政之举，且应时以起。二十年来忠义奋发之士，所以奔走呼号于海内外，糜顶捐躯，不稍稍退却者，徒以救国故，徒以保种故，徒以脱奴籍而求自由故，乃一旦幸告成功，因借债以陷入危境，致使艰难缔造之民国沦为埃及，此则兴血涌心涛所不忍孤注一掷者也。夫国家者，吾人民之国家。与其将来殉债而致亡，无宁此时毁家而纾难。况家未至毁而可以救国不亡，亦何戚而不为？则惟有劝募国民捐，以减少外债之输入乎？吾国人数约计四万万，其中一贫如洗者，与夫遍地灾黎，固无余力可以捐助国款。而中人以上之产，即可人以银币一元为率，最富者更可以累进法行之，所得较多者亦可以所得税法征之。逆计收入裒多益寡，当不下四万万元，于特别劝募之中，仍寓公平征取之意，在贫者不致同受牵累，在富者特著义声，而仍不失为富。且捐率有定，可免借端苛扰之虞。而国家骤得此巨款，以资接济，俾得移新借外债，尽投入生产事业，后来工作繁兴，利源充裕，以公经济之发达，调和社会私经济，贫者可因以生活，富者经营实业，可由国家提挈或补助之，而前此外债更易偿还，岂非两得之道乎？使果全恃外债挹注，则初次所借巨款，只可供革命后之收束，既如前所述；而生产资本，更待外求，纵有赢余，无论误时已久，即补前次积欠，犹恐不足；循至债台愈高，上下交困，仓皇束手之际，仍不能不取求于吾民，彼时虽竭泽而渔，国已不可救药，行见沦胥以亡耳，此筹国者所不可不早计也。兴岂不知今日民生半多凋瘵，而故倡此不韪之论，诚以两弊相衡，宜取其轻，大局至危，惟呼将伯。天下往往有至苦之言，听者狃于闻见，不加谅察，遽相诘难，以是智者多塞口，致误事机者屡矣。昔普法战争，法认赔普款二十万万，其人民、土地少于我何止十数倍计，而负此巨款，一呼捐集，卒成强国，诚晓然于计学公例，利公即所以利私。兴又安敢臆测吾国人爱国之心竟不如法，失此不言，后恐噬脐。且兴亦欲使吾国人知此次共和建设，皆出自国民至痛苦之膏血，允宜廓清积弊，慎重用途，以此铢积寸累之金钱，造成最璀璨庄严之民国，为亿万年留一大纪念耳。若大富者平居谯游之费，车马之需，辄耗弃巨资，何止十户中人之赋，则更不过略加节啬已足供此。矧革命为何等事，死者肝脑涂中原，白骨转丘壑，吾辈幸存，保邦之责，非异人任，区区之款，复何足云。言念及此，心怀增恸，爱国之士能不凄然？此尤兴所不敢不痛哭流涕以言之者也。惟是事属捐助，原非正供，如何收集之法，尤当博采众见，切实研究，务期劝导人民共喻此旨，而黠者不得缘以为奸，斯为善耳。所赖政学军商农工各界诸君子，共矢热诚，持以毅力，早为提倡，其庶几有济乎。兴自愧庸才，救时乏术，临风洒涕，不知所云，惟垂鉴而采择之是幸。黄兴叩。艳。

据上海《民立报》一九一二年五月二日

致程德全电

（一九一二年四月）

苏州遣散军队，昨今在下关骚扰，又欲强行入城。宁垣军队甚多，一经混入，隐患堪虞。现已饬军队在城门堵截，如该兵士不听命令，即行痛剿。宁、苏皆先生辖境，务恳严饬该队长官，将被遣送兵士妥为押送，勿得顾苏祸宁，是为祷盼。

据《黄留守书牍》

致实业部等电

（一九一二年四月）

宁省渔业统一党，该党未经禀请贵部核准立案，总理李天麟遽行刊刻图记，组织成立，殊有不合。现在宁省拿获不法会党多名，大半皆系该党中人，已饬传该党职员姜眉仙、曹星吾、廖滨浦、高锦山等，讯饬勒令即日解散。查民国成立伊始，基根尚未稳固，该党即招集无赖流民，收买军械，种种不法，实为隐忧。乞从严取缔，以息党祸，而维治安。除分别通电查明勒饬解散外，用特电达。如该呈请贵部立案，务立予驳斥为盼。

据《黄留守书牍》

复上海制造局兵工学校电

（一九一二年五月六日）

兵工学校诸君鉴：接奉来电，深佩热忱。贵校首倡民捐，自校长、教职员、学生以至校役，均踊跃输将，可见爱国为心理所同。深望各学校、各机关闻风而起，竭力提倡，实我民国前途莫大之幸。至详订章程以杜流弊一节，已电达中央政府矣。黄兴复。鱼。

据上海《天铎报》一九一二年五月八日

复夏廷桢电

（一九一二年五月六日）

贵州路角夏廷桢君鉴：支电敬悉。募集国民捐，减少外债，救国即以自救，来示力表赞成，具见卓识。亟望携带章程来宁，面商办法。如贵同志中夙有研究此事者，并望邀约数人同来为荷。黄兴复。鱼。

据上海《民立报》一九一二年五月八日

复夏廷桢电

（一九一二年五月七日）

贵州路角夏廷桢君鉴：昨电计邀台鉴。旋奉鱼电，知为国民捐事，慨捐二百元首为之倡，具见爱国之忱，好义之勇，敬佩敬佩。仍望拨冗来宁一商办法为幸。黄兴。虞。印。

据上海《民立报》一九一二年五月十日

致袁世凯及国务院等电

（一九一二年五月七日）

袁大总统、国务院、陆军部、参谋部、鄂黎副总统、各省都督均鉴：步队第三旅，由旅长陈裕时督饬遣散，已于本月一日将全部解散完毕，各军士已一律资送回籍。该旅官长自旅长以下各军官，未补实缺以前，仍给原薪。用特电闻。黄兴叩。阳。

据上海《时报》一九一二年六月九日

致袁世凯及国务院等电*

(一九一二年五月六——十日间)

北京袁大总统、国务院、参议院、武昌黎副总统、各省都督、参议会、各报馆均鉴：鸦片流毒，垂及百年，弱种瘠国，实其媒介。岁耗千万，超过吾国之岁入。稍有国家思想者，久已深恶痛绝。前清政治腐败，有司之能奉行法令者，对于禁烟要政，尚有微效可睹。自光复以来，军事倥偬，不遑内政，烟禁大弛，有妨观听。吾辈改建共和，原期生人肉骨，设竟听其变本加厉，贻害内国，腾笑外邦，蒿目沉痾，能无愧愤。循译皖议会孙都督转电，主张禁运，须速商明，约以元年为鸦片进口终止之日。硕画决心，无任钦佩。黎副总统歌电更推衍其说，畏禁运最难亦最急，谆请内外坚持，洵亦洞见症结，兴极表赞同。诚以逐渐减运之约，固已履行，然箱数虽减，重量转增。禁种厉行，价率更涨，朘削民财，不异昔日。诚非力求前约之变更，不能谋根本上之解决。兴之愚见：一面请中央政府速与英人磋商改约，缩短限期；一面速订禁烟特别刑律，处分必严，期限必短。但并禁吸实行，鸦片贸易自然衰落。禁种一事，开明之地尚易服从，僻隐之区动生抵抗，则非慑以武力，不克竟此全功。总之，禁烟三种办法，禁种、禁吸，主权在我，兼营并进，期绝根株，外人见吾国内外一致进行，无可藉口，则缩短禁运期限，外人必相赞成。是力谋禁吸、禁种之实施，即以促成禁运之效果也。至各省土行膏店，现仍林立，或谓加重捐税，遂可寓禁于征。不知税重则价昂，

* 原电无时日。按此系黄兴有感于黎元洪推衍禁烟之说的“歌电”(五月五日电)而发，又于五月十一日见报，故此电当在一九一二年五月六日至十日间。

利在外人。烟民视鸦片为第二生命，必不因此而自行戒断，何如早予蠲免，禁止其营业权之为得乎？诸公痌瘝在抱，力遏横流，尚望积极主持，务达目的。勿以牵涉外交而事迟疑，勿以关系生计而存姑息，庶几烟害既除，母财日涨，睡狮一吼，万马齐奔，转弱为强，旦夕可致。兴因有感黎副总统电，聊贡区区，迫切陈词，敬祈裁夺。南京留守黄兴叩。

据《黄留守书牍》及上海《民立报》一九一二年五月十一日

复徐宝山电

（一九一二年五月十一日）

扬州徐军长鉴：青电敬悉。贵军全体赞成减俸助捐，虽由各将校深明大义，实我公激劝之功，曷胜钦佩。本府职员经已一律按级捐薪，勉尽义务，知注特闻。黄兴复。真。

据上海《民立报》一九一二年五月十七日

复顾师长电

（一九一二年五月十一日）

镇江顾师长鉴：佳电敬悉。贵师官佐深明大义，已集国民捐巨款，为军界倡，爱国热忱，良堪钦佩。黄兴复。真。

据上海《民立报》一九一二年五月十七日

复宁波社会公益促进会电

（一九一二年五月十一日）

宁波社会公益促进会鉴：来电谨悉。贵会赞成募集国民捐，共保危局，良用钦佩。尚望热心毅力始终无懈，为各界倡。详章俟中央政府拟定经参议院通过后，再行宣布。黄兴复。真。

据上海《民立报》一九一二年五月十七日

致唐绍仪熊希龄电

（一九一二年五月十二日）

此间经济又已告罄，千万罗掘，敷衍至今。日来奇窘之状，几于不敢告人。不但各军积欠饷项无从发给，即目前伙食已无术支持，告急之声，不绝于耳。似此情形，一两日内必有绝大险象。务恳无论如何，请由尊处火速电知中国银行，立拨百万元以救眉急。万分危迫，立盼电复。黄兴告急。五月十二日。

据姜泣群辑：《熊秉三先生政书》（甲编）

复袁世凯电

（一九一二年五月十三日）

袁大总统钧鉴：真电敬悉。军人干涉中央任免各部员之权①，殊属妄诞。况且私团名义干涉政治，尤为无理。所谓南北陆军经理团，不知何人何时所组织，尚未查明。如此间果有此团，即当严行取缔，勿令干犯法纪也。黄兴叩。元。

据南京中国第二历史档案馆藏抄件

致袁世凯等电

（一九一二年五月十三日）

袁大总统、唐总理、各部总长、参议院、武昌黎副总统、各省都

① 指袁世凯授意北方军界反对任命王芝祥为直隶都督。

督、各埠报馆均鉴：统一政府成立之时，兴自维才力已竭，曾经迭请归田，以安愚拙。惟当时值南北交代，军队林立，人心未靖，暂设南京留守，命兴勉强支持其间。兴不敢以难于收拾之局，遗祸于人，故暂抑私愿，勉承其乏。乃甫经任事，即遭赣军之变。兴之德薄能鲜，不能抚驭兵士，保卫人民，已可概见。现虽竭力维持，无如力不称志，时虞陨越。幸赖各将士爱国心长，力顾大局，南方各军整理已略有端绪。第三军军长王芝祥，已将所部桂军六大队全数遣散回籍。第四军军长姚雨平除已遣散兵士三千回籍外，亦拟整顿全军，陆续开拔回粤。第五军军长朱瑞，前已将所部全军移回浙省。第二师师长朱先志，则自请取消司令部。其余各军已经遣散者，约计不下二万余人。此外减缩军队之各种办法，已迭次与各军师旅长等会同协商，依次进行。仅就缩小军队编制一端而言，约计两月之内，已可减少兵数三分之一。此外裁遣之法同时并举，所减之兵数尚不止此。嗣后南京附近之军队，不难如期整理，则留守一缺即可裁撤，多此机关，反形赘疣，且于行政之统一，诸多窒碍。拟请大总统准予销职，即将第一军所属之第一师、第四师、第九师混成一旅及淮上军交军长柏文蔚整理；第二军所属之第十一师、第十二师，交军长徐宝山整理；均直隶陆军部管辖。其余除第三十九旅已蒙允拨归山东都督管辖外，分驻江苏地面之第三师、第五师、第七师、第八师、第十师、第十六师、第十九师、第二十三师、第二十六师、独立第三旅、第三十五旅、南京东北区西南区两警备队、独立步兵团、江阴步兵团、吴淞要塞步兵团、交通团、宁镇澄淞四路要塞、驻宁光复军、福字敢死队，及南京卫戍总督所辖宪兵二营及前陆军部宪兵一营，守卫队一混成团，均归江苏都督统辖，必能实行整顿，竭力裁汰，不辞劳怨，以济时艰。兴赋性愚拙，罔知矫饰，凡自量力所能为，无论如何艰难困苦，非所敢辞，十余年来矢志如此。今兹所请，非敢自图暇逸，实为国家制度计。统一政府既经成立，断不可于南京一隅，长留此特立之机关，以破国家统一之制，致令南北人士互相猜疑，外患内忧因以乘隙而起，甚非兴爱国之本心也。况整理南方军队之办法已略有端绪，但循此而行，则云屯雾集之军队，不难渐次消散。裁此机关，事实上并无窒碍，而少一机关之糜费，于国家财政尤不无微补。故敢披沥陈请，伏望大总统鉴此愚衷，准予即行销职，俾全大局，而偿私愿，无任迫切待命之至。南京留守黄兴叩。元。

据上海《民立报》一九一二年五月十五日

致唐绍仪熊希龄电

（一九一二年五月十五日）

告急一电，谅邀鉴察，未蒙赐复，五内焦灼。前尚可藉军钞救济，今则坐困穷城。此间军队伙食已数日不能发给，今日有数处竟日仅一粥，每日索饷者门为之塞。危险情形，日逼一日。加以急报密陈，日必数十至。哗溃之势，已渐发端。二日内倘再无款救宁，大乱立至。兴德薄能鲜，支持至今，实已才尽力竭。此后东南大局如有变乱，则兴不能负此责任，合先陈明。想大总统暨诸公救国为怀，当不至坐视此间之糜烂。危在旦夕，用敢密陈，无任迫切待命之至。南京留守黄兴告急。五月十五日。

据姜泣群辑：《熊秉三先生政书》（甲编）

复李徵五电

（一九一二年五月十五日）

沪军光复军总司令李徵五及全体官佐士兵公鉴：来电悉。近日政府商假外债，枝节横生，非得国民踊跃输捐，何以善后。诸君实力提倡，一呼而集款七千元，足征爱国热忱，无任钦佩。本府各职员昨亦一律按级捐助，并闻。黄兴复。删。

据上海《时报》一九一二年五月十七日

在南京黄花岗之役周年纪念会上的演讲

（一九一二年五月十五日）

今日为黄花岗诸烈士在广州死义之纪念日。是役也，去年海上各报均有记载，但语焉不详。兴请为诸君一详言之。

近十年来，堂堂正正可称为革命军者，首推庚子惠州之役，次大通之役，此后一二年间，寂寂无闻。后孙中山先生由美归，而广东，而日本。乙巳年组织同盟会，苦心经营，旋有萍醴之役、钦廉之役、镇南关之役，旋有河口之役。河口一役，感动军界，以致复有安庆之役，前年正月有广东新军之役。此役败后，海外各同志更加愤激，即各军队中之同志亦非常充足，无间于南北。众论多欲利用此时机，克日起义，可收全功。是时孙中山先生由美至日本，转而抵南洋，与各同志集议。此时赴议者，东南各省多有代表，会议之地点在南洋槟榔屿。兴与赵伯先、胡汉民两先生日日商议，当时所缺者，惟饷械二项。幸南洋各志士担任筹款者极形踊跃，得十余万元，乃议决由孙中山先生赴美，购美军械，赵君与兴来内地运动。本拟去年正月即当起义于广东，后因种种事件均未办理完善，故迟迟未发。地点议定广东省，因运有机关枪四十五支在彼，又广西军队中诸同志有为之援应。至于内地之布置，长江一带，谭人凤先生任之。谭先生身体多病，此时亦冒险力疾至鄂。其时，鄂有居正、孙武及系狱之胡瑛诸先生暗中筹划；湘省则有焦达峰先生力谋进行，异常敏速；上海则今都督陈其美先生极力运动。当时交通部公举赵伯先先生主持，盖赵与兴皆驻在香港者也。而又议定：赵由闽出江西，兴出湖南，谭人凤出江西。此时北军亦有暗为援助者，东京同志则归国援助者极多。但吾辈此时起义，不能多得军械，只得购备手枪，及同志中所制炸弹。种种困难，故又行延期。然节节进行，未尝稍懈。姚雨平先生则任运动广东新军，及巡防营暨各会党，各会党亦非常服从。现海军司令胡毅生先生亦力为运动。至军事上之计划，兴与赵伯先先生任之。议定以千余人为选锋，赵率百余人，今第七师长洪承点及兴亦各率数十人。陈炯明君守备城西旗界，因旗界内有训练之兵数千人，而旗民之备有枪械者亦五六千，故不得不力谋防御。但此时又有极端之困难，则因起义之举，早为清粤督张鸣岐所侦悉，城中增设军队，防备极严。虽议决三月二十八日发动，而军械尚未运进。此时又设统筹处，兴自任之，赵伯先先生为总指挥。事后外间传言兴为总指挥，误也。二十五晚，兴入广州城至机关部，宣告发动期。然此时又发生一极困难问题，则承运枪械之人有陈镜波者，系李準令其投身我党为侦探也，彼已将由头发船内运进之枪百余杆、子弹若干报知李準。幸我辈起事之期及另行运进枪械子弹，为渠所不知，故不疑我等即日起事。盖我等另运之枪弹，系装入油漆桶内运进者，亦有由同志诸人随身携带者。二十六日满吏防备更严，张调巡防营数营入城，驻观音山。广州城内之观音山，犹南京城中之北极阁，居高临下，极占形势，故张派兵驻此以扼我军。此日有倡议改期者，然种种机关已备，势难再延，故兄弟及少数同志坚持不可，谓改期无异解散，将来前功尽弃，殊为可惜。是晚，又议赵所率二部分多外乡人，易为满吏侦知，不如暂退驻香港。二十七日 姚雨平先生来城，然枪仍未到，赵部下已退驻香港。二十八日，张又调巡防营入城，然营中多有同志，故此时多数人又决议进行，冀有该营为之援助。而该营中同志，亦多半赞成发动迅速者。下午三时半，遂电赵部下，要其来城。当赵部退香港时，方疑我辈另有意见，故彼等甚愤激，此次得电，皆极欣然，来者颇多。是夜商议次日进行方法：兄弟任由小东营出攻督署，陈炯明诸人承认抵御警察局，姚任收复小北门枪炮局，时间则定午后五时半。二十九日上午分发枪械与各处，然是晨城门已闭，赵君率所部自港来时已不能入城。而兴遂任指挥，部下共数十人，部署一切。至下午五时二十五分，手续尚未完毕，迟二十五分钟，始率由小东营出发。先十分钟，陈炯明君派人来问，今日究竟发动与否，然来者见我等皆携弹荷枪，遂不言而去。事后始知陈因畏事之棘手，欲不发动，故派人来陈说一切。然来者并未明言，故我等并不知其不来援应，仍孤军冒险前进。

出军时，全队行走迅速，至督署门首，有卫兵数十人驻守。林时塽先生率二三人前进，用炸弹猛击，死卫兵数人，余皆逃入卫兵室内，匿不敢出，然我军此时亦死三四人。卫兵既退，兴率十余人由侧门入署，余大部分，四川喻培伦先生率之，驻门外防御。兴入署至大堂，有卫兵数人见我军至，即招手谓张在花厅，我等遂入花厅各处搜张，不获。且室内一无陈设，似久已迁移者。我军觅得床板木料等物，放火后遂出。复有卫兵一排，在大堂下用枪向我军猛击，兴立大堂柱旁，双手各持手枪还击，毙卫兵数人，余皆鼠窜，我军乃得出署。至门外见喻及所率之部皆已不在，盖当兴入署后，喻已率队往攻督练公所矣。我军行至东辕门外，时有李準之卫队与我军相遇，隔仅五十米突，卫队遂即跪击，我军林时塽君时在前列，刚欲用弹还击，而头部已中枪弹，遂倒街中。兴手指及足亦受弹伤，乃率残部十余人转行，欲往助喻君攻督练公所。至双门底，又遇巡防营一大队，距我军丈余，福建人方声洞先生猛击之，中其哨官巡兵数人，然彼见我军人少，乃向前直扑。尔时硝烟漫空，弹如雨注，方君遂中弹而仆，存者仅数人矣。兴乃避至一民房中，由板壁内放枪，毙其前进者数十人，相拒约十分钟，巡防营退去。我军复行，途遇喻君，喻以为欲攻督练公所，必先攻观音山所驻之巡兵，乃身先部下，携弹直上，至山半与巡兵激战，但部下之人多无经验，不善掷放炸弹，又见彼军势盛，遂一面竭力抵御，一面徐徐退却。巷战至十二时，我军见彼巡防营愈增，乃退至一米店，用米袋筑墙以守，各挟利枪，一发数中。遂以十余人力御巡防营四百余人，毙敌近百数。巡防营畏势不敢复来，始放火烧店而去。

此役之失败，至是完毕。统计百二十人中，存者无多。而所亡者皆吾党之精华。推原其故，均由兴一人之罪。盖兴当日若不坚持迅发，则陈、姚不得愆期，又何致以孤军无援，陷入重地，死我英俊如此之多。然自此役后，同志中不以挫折灰其壮气，图谋再举，弥增激厉。现上海都督陈其美先生亦来香港，谓广东虽失败，内地尚可进行。而兴一人之意见，则痛此役之失败、同志之惨亡，决意欲行个人主义，狙击张、李二凶，以报同志。而谭人凤先生及海外诸友，每邮电力阻。又以粤省防御甚严，猝难下手，乃淹留香港，日伺机会。

六月间，陈其美、谭人凤两先生在鄂运动，幸有端倪，派人至上海催促进行，并嘱兴筹措饷项，兴乃电致南洋、美洲各同胞，幸各地乐于捐输。至八月湖北起义二周后，各同志电兴速来鄂襄助，兴遂由港来汉。自兴离港后，狙击之事，各同志转意于凤山，卒达目的。且此举并为光复广州之导线，盖自凤山被炸后，全粤满吏皆极恐慌，李準竟令其弟来香港与诸同志联络，而广州乃兵不血刃，九星之帜已高悬于五羊城矣。是鄂省八月之起义，由广州之原动力，而广州九月之光复，又我七十二烈士之死义激而成之也。七十二烈士虽死，其价值亦无量矣。且烈士之死义，其主义更有足钦者，则以纯粹的义务心，牺牲生命，而无一毫的权利思想存于胸中。其中如林觉民先生，科学程度极其高深，当未发动之先，即寄绝命书与其夫人，又告同人云："吾辈此举，事必败，身必死，然吾辈死事之日，距光复期必不远矣。"其眼光之远大，就义之从容，有如此者！

又喻君培伦最富于爱国思想，前在天津与汪精卫、黄复生诸人苦心经营，谋炸载沣，后因事机失败，炸弹为警兵搜去，不遂所志。来港后，日夜与李君荫生复制炸弹，不稍休息。此役所用之炸弹，多出其手制者。至方声洞，以如花之年，勇于赴战，当其与巡防营巷战时，身中数弹，犹以手枪毙多人。他如窦鸿书①、李君荣诸君，虽系工人，然皆抛弃数百元之月俸，从事于革命事业，捐躯殉国，尤足钦佩。总之，此次死义诸烈士，皆吾党之翘楚，民国之栋梁。其品格之高尚，行谊之磊落，爱国之血诚，殉难之慷慨，兴亦不克言其万一。他日革命战史告成，必能表彰诸先烈之志事。今届周年大纪念，兴与诸君同负后死之责，当共鉴诸烈士之苦衷，竭尽心力，以图民国之进步，庶无负于死者。并愿年年此日，永永举行纪念，追思既往，劝励方来，谅亦诸君所表同情者。

据中国近代史资料丛刊《辛亥革命》(四)

致报界通电

（一九一二年五月十七日）

《民立报》及各报馆公鉴：国事多难，根基未固，兵众饷绌，险象万端。凡稍知爱国者，无不以减少军队为唯一救国之办法。乃据近日内外人各方面报告及调查会谓：张勋在兖州一带强占车辆，肆行招募，已陆续增至一万余人。当此国病民穷之时，犹复自私自利，甘冒不韪，实为民国之公敌，应请大总统及陆军、参谋两部速饬解散，并严加处罚，以谢国人，为拥兵自固者戒。否则各省相率效尤，前途何堪设想。倘北方各镇必欲招补，此间所有军队，无论若干师旅，即请任意拨调。总之，此后只能就现在已有军队竭力减少，不得再增一兵，并请通电各处，实行禁止，不胜盼祷。南京留守

① 窦鸿书，即杜凤书。

黄兴叩。印。

据上海《民立报》一九一二年五月十七日

复王兆銮书*

（一九一二年五月十七日）

径启者：顷接手函，就谂足下督同兵士，慨捐月薪合集一千四百余元，具见爱国热心，输将踊跃，赤忱奋发，钦佩良深。目下经济恐慌，借款棘手，事机迫促，非此不足以救危亡。幸赖诸君急公好义，乐表同情，民国前途，大有裨益。惟劝募之机关及经管之方策尚未组织完备，应候中央政府拟定章程，经参议院通过后明白宣布，以慰海内同胞鼐望之心。至贵营所集之款，请暂存尊处，俟敝处筹备妥善再行接洽可也。

据上海《民立报》一九一二年五月十七日

复薛何杨三君书

（一九一二年五月十七日）

径复者：顷接手书，承询及国民捐一事，具见诸君子殷殷爱国，出于至诚，良用钦佩。目下财政困难，罗掘计穷，兴之提倡此议，实为暂时救亡之一法。乃蒙诸君子热心计画，怂恿其成，忻感之至。惟关于劝募之机关及经理之方策，应候财政部拟定详细章程，经参议院通过后，再行登报广告，以慰海内同胞急公好义之心。

据上海《民立报》一九一二年五月十七日

---

* 此件与下二件标题，据《民立报》所拟。

复陆军辎重兵第十营全体官佐书

（一九一二年五月十七日）

径复者：顷接手书，敬悉贵营将士，时艰怵目，义愤填膺，痛外人要挟之难堪，知国民自救之不可缓，已由五月薪饷项下，扣存洋五百一十一元整，提充义捐。爱国至诚，曷胜欣慰。现拟由本府随时汇集，寄存上海中华银行。凡收到各款，一面呈报中央财政部，一面陆续送登各报宣布，用昭大信，而广义声。俟办法确定后再行函达，以便缴纳。

据上海《民立报》一九一二年五月十七日

复少年中国党书

（一九一二年五月十七日）

少年中国党诸君鉴：来示并章程读悉。贵团体设立伊始，即实行提倡国民捐，具此热忱，收效必远。所拟办法十则，行之贵团体内部，足以昭激劝而促进行，尤征办事切实，良用钦佩。近日借款事非常棘手，今得诸君首先倡导，踊跃输将，财政前途庶免困难。至订详细章程以防流弊一节，洵为要著。现已电中央政府从速拟定，交参议院议决颁布。

据上海《民立报》一九一二年五月十七日

复许苏民电

（一九一二年五月十七日）

嘉定许民政长苏民鉴：来电敬悉。贵民政长慨捐四个月俸共五百元充国民捐，并以助捐普劝地方，以身作则，见义勇为，爱国热忱，殊堪钦佩。所捐款项，容俟收款机关成立，再请缴积。黄兴复。霰。

据上海《时报》一九一二年五月二十一日

复熊希龄电

(一九一二年五月十七日)

顷奉删电及删二电①，已悉借款为难情形。公艰苦卓绝，不辞劳怨，稍知大局者皆当曲谅，何恶名之有？民国前途艰巨万状，尤望公力任其难。此间待款万分迫切，前借三井二十五万，早已到手一空。前清沪道存款能否到手，殊不可靠，且于上海市面关系甚切，亦未便过事逼索。承拨汇丰借款一百三十万两，请电嘱英达谂君，迅换银行钞票三百余万解宁，以救危急。惟区区此数，仍属杯水车薪，支付立尽。尚乞速拨大宗接济，俾敝处得以按日实行所定裁兵计画，迅速了此残局。否则节节敷衍，终无止局也。兴叩。五月十七日。

据姜泣群辑：《熊秉三先生政书》(甲编)

致袁世凯等电*

(一九一二年五月十四日——十八日间)

大总统、国务院、参议院、副总统、各都督、各报馆均鉴：前元电请即取消留守府，准予销职各节，谅蒙鉴察。待命至今，竟未奉到

① 指删日(十五日)接二电："删电"为第一电，"删二电"为第二电。

* 此电未署时日，刊于上海《时报》一九一二年五月十八日。电中有"前元电……"字样，即是年五月十三日电。则此电当在五月十四日至五月十八日之间。

大总统批示，无任焦灼。窃以留守机关一日不取消，行政一日不能统一，即南北疑虑一日不能消除。况南方军队情形，已如前电所述，循此而行，万无窒碍之处。务恳大总统英断，迅赐取消留守府，立予解职，俾得早赋归田，以偿初志，则受赐多矣。北望燕云，据鞍以待。南京留守黄兴叩。

据上海《时报》一九一二年五月十八日

附：袁世凯准黄兴辞职令

（一九一二年五月三十日）

南京留守黄兴，以整理军队业有端绪，迭请取消留守机关，以保行政统一。当因南方人心尚需坐镇，再三电令缓撤，并派陆军次长蒋作宾驰往商办。该留守去志甚坚，情词恳切，并称整理军队实已就绪，决不因裁此机关而生影响，言出至诚，未便拂其初意。所有南京留守机关，候程德全到宁接收后，准即取销。黄兴俟解职后，迅即来京，用资赞助。此令。

据上海《民立报》一九一二年六月三日

致四川全体陆军电*

（一九一二年五月上中旬）

外债亡国，如影随形，埃及、波兰，彰彰具在。今我民国既陷此危境，若不力图补救，即蹈危亡。言念及此，忧心如焚。爰倡办国民捐，以为目前救急之策。然非大众起为后盾，协力维持，终不足以救危局。贵军慨捐巨款，以救国危，爱国血忱，溢于言表，钦佩无

* 此电和以下十件，均系黄兴感谢赞助国民捐的有关人士和团体的函电，收入《黄留守书牍》，未注日期。按：黄兴于一九一二年五月二十五日致袁世凯等电中云："艳电（四月二十九日）提议国民捐……旬日以来，南省输捐极为踊跃，北省应者亦多"。据此，以下十件日期，现均置于是年五月上旬至中旬处。

既。惟冀我四万万之同胞，皆如贵军深明大义，踊跃输将，共维大局，是所祷切。

据《黄留守书牍》

复刘之洁电

（一九一二年五月上中旬）

艳电敬悉。财政奇绌，债约要挟，国民捐原非得已，实为补助救亡之计。伏承热心赞助，极言危悚，发端哀痛，感切心脾，展诵再三，泪随纸堕。

据《黄留守书牍》

复聂汝清电

（一九一二年五月上中旬）

聂君汝清鉴：艳电敬悉。国民捐补助财政，救国危亡，洵非得已。承允热心赞同，官佐以下，捐薪有差，爱国至诚，感动顽懦，临风东望，景佩莫名。

据《黄留守书牍》

复陈昭常电

（一九一二年五月上中旬）

俭电敬悉。国民捐补助财政，减轻外债，务以拒要挟而救危亡，洵非得已。承电军官及各局长公决输助，踊跃赞成，爱国热忱，极为感佩。政界发起，必有同情，东望海天，无任驰祷。

据《黄留守书牍》

复天津国民捐联合会电

（一九一二年五月上中旬）

电悉。贵会业经成立，具见爱国热忱，钦佩无已。章程已寄交参议院，陈请议决颁布。

据《黄留守书牍》

复民国协济会书

（一九一二年五月上中旬）

电悉。贵会续办爱国自愿捐，补助国债，具见热心国事，深为钦佩。望始终持以毅力，藉救危急，民国幸甚。

据《黄留守书牍》

致《中华报》书

（一九一二年五月上中旬）

启者：兹有陆军第五师第九旅第十八团第三营二连一排三棚一等兵娄绍景，因财政困难达于极点，极力提倡国民捐，先行自捐薪饷二月，以示表率；并切中指作血书，冀激动各界人士，热心爱国，实堪钦佩！特送上该兵士血书照片二方，希即印诸报端，以昭劝勉，而示表扬，无任企祷。专此，顺颂台祉。

据《黄留守书牍》

复柳达书

（一九一二年五月上中旬）

敬启者：来牍敬悉。国民捐事，仰荷赞成，并开会劝募，非夙具爱国热忱者，不能见义勇为若此。倘各团体员俱同此进行，则巨款可集，而外债可减，民国前途，曷胜庆幸。至爱国公债与国民捐并行，实多滞碍，双方提倡，恐无一当。来示商及公债办法，似非此时急务，乞再酌为幸。专复。顺请台安。

据《黄留守书牍》

复王柳生书

（一九一二年五月上中旬）

柳生仁兄阁下：前电奉复，谅蒙鉴及。续承大教，并简章一纸，拳拳爱国，出于至诚，循诵再三，良深钦佩。程督对于此事，原极表同情。惟国民捐既须全国举行，其办法总期一律。关于劝募之机关及管理之方法，应候财政部拟定详细章程，经参议院通过宣布后，各省遵章举办，方无流弊。尊处所拟简章，尚属妥善，拟留备参考。近来借款事愈形棘手，国民捐更不可一日缓。今得诸公热心毅力，竭力提倡，将来举行，必能消阻力而收实效。至于在上海设立统一收发所一事，俟章程发布后当能照办，此时尚未能定也。手复，顺请道安。

据《黄留守书牍》

批曾天飞禀

（一九一二年五月上中旬）

曾天飞等请设宣讲所提倡国民捐由。禀悉。该生等拟分设支部，将民国提倡国民捐意旨预备宣讲，以开民智。足见爱国热心，深堪嘉尚。仰即联合同志，实力进行，藉纾国困。所请以王绳玉为太仓支部理事及立案，着无庸议。

据《黄留守书牍》

批达彩康呈

（一九一二年五月上中旬）

共和宣讲团达彩康请担任鼓吹团并请发护照由。两呈已悉。该宣讲团社达彩康所称担任鼓吹国民捐,流动演说,并不经手捐款各节,足徵爱国心诚,钦佩之至。所请发给护照,亦属可行。除发给外,为此批示。

据《黄留守书牍》

致各报馆电

（一九一二年五月二十一日）

各报馆鉴：临时稽勋局,大总统已委任冯自由君充局长,自后恤赏事宜,应请径向该局呈请办理。黄兴。

据上海《民立报》一九一二年五月二十一日

致留守府秘书厅函*

（一九一二年五月二十二日稍前）

电稿甚好。惟于忠孝字须详加诠释,并须将君臣字抉去,毋使忠孝专对于君主而言,致被奇冤莫雪。须知"为人谋而不忠乎",此亦忠也。此电发出,新学诸子必多反对。须立身反对面而使无置啄之余地,方为完璧。此上冕、凤两兄何如?兴顿。

据《黄克强先生荣哀录》

* 此件未署日期。按：黄兴于一九一二年五月二十二日有致袁世凯及各省都督电,申明礼教。此件为南京留守府秘书厅所拟该电稿后,黄兴审定时所写的批示意见。故此函当在是年五月二十二日稍前。

致袁世凯等电

（一九一二年五月二十二日）

北京袁大总统、唐总理、教育部蔡总长均鉴：民国初建，百端待理。立政必先正名，治国首重饬纪。我中华开化最古，孝弟忠信、礼义廉耻为立国之要素，即为法治之精神。以忠言之，尽职之谓忠，非奴事一人之谓忠。古人所称上思利民，以死报国是也。以孝言之，立身之谓孝，非独亲其亲之谓孝。昔贤遗训，如好货财，私妻子，纵耳目之欲，以为父母戮，推而至于战阵无勇，举为炯戒是也。盖忠孝二字，行之个人则为道德，范围天下则为秩序。泰西各国，礼治法治虽不相侔，而大本大原终未有背弃者。秦汉以降，学说庞杂，道化凌夷。君主私其国家，个人私其亲族。大盗窃国，奸夫有家。驯至胡虏僭位，称为圣明。烹子调羹，见于史传。忧时之士，眷怀世变，积痛在心，谓非破此迷津，无以尊重人道。殊不知前举弊端，非误于国民之崇尚忠孝，而误于国民不明忠孝之真理。即如此次起义，全体一心，父诏兄勉，前仆后起，复九世之深仇，贻五族以幸福。于民国则为忠，于私家则为孝。是以政治革命、家庭革命诸学说，原为改良政教起见，初非有悖于忠孝之大原。惟比来学子，每多误会共和，议论驰于极端，真理因之隐晦。循是以往，将见背父离母认为自由，逾法蔑纪视为平等，政令不行，伦理荡尽。家且不存，国于何有？应请通令全国各学校教师申明此义，毋使邪说横行，致令神明胄裔误入歧趋，渐至纲纪荡然，毫无秩序，破坏公理，妄起私心，人惟权利之争，国有涣散之势。孟子所谓猛兽洪水之害，实无逾此。兴频年奔走，志在保邦，睹此危机，五内焦灼。用敢披沥上陈，伏乞采纳，立予施行，毋任盼祷。黄兴叩。

据《黄克强先生荣哀录》

致各都督电

（一九一二年五月二十二日）

各都督均鉴：民国初建，首重纪纲。我中华开化最古，孝弟忠信，礼义廉耻，夙为立国根本，即为法治精神。以忠言之，乃尽职之意。古人所称上思利民，以死报国之类是也。以孝言之，亲亲而外，立身为要。昔贤遗训，如好货财，私妻子，纵耳目之欲，以为父母戮，推而至于战阵无勇，举为炯戒是也。盖忠孝二字，实包己身与国家社会而言。于个人则为道德，于人群则为秩序。东西各国，礼治法治虽有不同，而大本大原终未尝相背。秦汉以降，学说庞杂，道化凌夷，君主私其国家，而忠之一字，解释最误，竟以奴事一人为确证。循至胡虏僭位，奉为神明，专制淫威，流毒滋甚。家庭之际，亦不免骨肉参商。忧时之士，眷怀世变，积痛在心，谓非破此锢习，无以尊重人道，此论诚然。但前举弊端，非误于国民之崇尚忠孝，实误于国民之不知忠孝。忠孝之真理，未可率尔漠视。此次起义，全国一心，父诏兄勉，前仆后继，复九世之深仇，谋五族之幸福，何莫非忠于民国、孝于宗亲之一念所致。故政治革命、家庭革命诸学说，原为改良政教起见，初非有悖于忠孝之大原。而比来年少每多误会，共和议论驰于极点，真理反致湮晦，至有谓古人设此等谀词，皆所以愚惑黔首，殊为大谬。夫以孝弟忠信为戒，则必不孝不弟不忠不信，自相残杀而后可。以礼义廉耻为病，则必无礼无义无廉无耻，沦为禽兽而后可。循是以往，将见背父弃母，认为自由；逾法蔑纪，视为平等。政令不行，伦理荡尽，家且不齐，国于何有？孟子所谓猛兽洪水之害，实无逾此！兴频年奔走，志在保邦，睹此危机，五内焦灼。应请通令全国各学校教师，申明此义，毋使邪说横行，致令我神明胄裔，误入歧途。保国保种，惟此是赖，伏祈采择，立予施行。

据《黄留守书牍》

致袁世凯唐绍仪等电

（一九一二年五月二十二日）

北京袁大总统、唐总理、陆军参谋两部、武昌黎副总统、各省都督、各报馆均鉴：第二师长朱先志、第五师长刘毅先后自请取消师司令部，牺牲权利，拯救危亡，爱国血诚，可歌可感。夫以两君之学术经验，皆军界一时人杰，徒以财政困难，民穷国病，争相解甲，为天下先，此等襟怀，洵足风厉当世。兴忝有统辖南方军队之责，未便湮没其志，用特电闻，统希垂察。南京留守黄兴叩。印。

据上海《民立报》一九一二年五月二十二日

致袁世凯唐绍仪等电

（一九一二年五月二十二日）

袁大总统、唐总理、陆军参谋两部、黎副总统、各都督、各报馆均鉴：方今兵多饷绌，非裁减军队不足以救危亡。此间军官多深明大义，愿先解释兵柄，以为天下倡。前第二师师长朱先志、第五师师长刘毅均先后呈请裁撤师部，归并军队，迭经通电布告。本日第二十六师师长杜淮川，亦自愿取消该师部，第十旅旅长袁华选，亦自愿取消该旅部，当将该师部、旅部即行裁撤，以成其顾念大局、牺牲权利之美德。特此奉闻，伏希鉴察。南京留守黄兴叩。祃。

据上海《民立报》一九一二年五月二十四日

复上海昌明礼教社书*

（一九一二年五月二十二日稍后）

前奉惠书，因军事旁午，久稽裁答。再奉华翰，敬悉诸君拳拳礼教，欲挽狂澜，愿力甚宏，佩慰无已。吾华立国最古，开化亦最先。制礼乐，敷五教，舜时已然，三代尤盛。吾国数千年文野之分，人禽之界，实在乎此。秦汉以后，学术庞杂，道化凌夷，君主私其国家，个人私其亲族，流毒至数百世。夷狄乘之，国种岌岌！忧时者眷怀世变，疾首痛心，主张政治革命、家庭革命。而不学小夫，窃其词不识其义，或矫枉过正，或逾法灭纪。来书所谓假自由不遵法律、藉平等以凌文化，鄙人亦日有所闻。诚古今大变，为始事诸人所不及料者。前请大总统通令全国学校教师，申明纪纲，即以此等恶习关系民国前途甚巨，实欲遏此横流。诸君创办昌明礼教社，以研究礼法、改良风俗为己任，深明匹夫有责之义，是宣布共和来所日夕望而不图得之者也。甚盛！甚盛！鄙人频年奔走，学殖荒落。窃以为西国实业，日异月新，既以东亚为市场，既不能禁民之不购货。惟有事事仿造，翻新出奇，非惟可塞漏卮，实可畅销国货。至其习俗，则学其醇而避其醨。必一一求其形似焉，则误矣。此模仿外国之当辨别者一也。中国习俗恶染甚多，如食洋烟，喜缠足，不明公德，不讲卫生之类，志士呼号，已数十年，至今尚未能痛改。而其习惯之善良者，如孝友、睦姻、任卹之类，或弃之如遗，不惜犯天下之大不韪。比来少年在学校则不师其师，在家庭则不亲其亲。似此行之个人则无道德，行之天下则无秩序。发端甚微，贻祸甚大。

---

* 此函无时日。文中"前请大总统通令全国学校教师，申明纪纲"等语，指黄兴一九一二年五月二十二日致袁世凯及各省都督等电。据此，本函当发于五月二十二日稍后。

孟子所谓猛兽洪水之害，实无逾此。此中国习俗当湔除、当保存之不可不辨别者二也。抑又有进焉者，中外治理各不相侔：大抵中国素以礼治，外洋素以法治。吾国制礼，或有失之繁重者，不妨改之从同；外国立法，或有因其宗教沿其习俗者，万不可随之立异。本此意以辨其途径，导以从违，酿成善良风俗，庶几在是。诸君子以为何如？鄙人志在吊民，晚不闻道，尚望不我遐弃，有以教之。谨复。

据《黄克强先生荣哀录》

致各省都督议会等电

（一九一二年五月二十四日）

万急。各省都督、各议会、各报馆均鉴：敝处昨致大总统、副总统及参议院电云："蒋次长来宁，阅悉十七日银行团与熊总长所订垫款已经签字之合同，又监视开支暂时垫款章程，不胜骇异。查该章程损失国权处极多，其最甚者，如发给军饷及遣散军队费用，均须由海关税务司或银行核计员会同签押。其领饷清单，并须以一份送交核计处稽核，且对于军队，予该税司及核计员以调查应需之便利。此种章程，匪独监督财政，并直接监督军队。军队为国防之命脉，今竟允外人干涉至此，无异束手待毙。埃及前车，实堪痛哭。二十年来，海内各志士赴汤蹈火、粉身碎骨所辛苦缔造之民国，竟一旦断送于区区三百万之垫款。吾辈一息尚存，心犹未死，誓不承认。熊希龄身负重任，竟敢违法专断，先行签约，悍然不顾，此而可忍，孰不可忍！闻章程已提交参议院核议，祈痛加驳斥，责令毁约。一面请由大总统提交参议院议决，发行不兑换券，以救目前之急。并实行国民捐，以为后盾。南方人心异常愤激，皆愿自输膏血以救危亡。望大总统及参议院诸公，毅然决然，立即施行，勿怀疑惧。即本留守直辖各军队欠饷已久，危迫万状，均不甘受此亡国灭种之借款，为饮鸩止渴之图。总之，吾辈九死一生，祗知以爱国保种为前提，有破坏我民国、断送我民国者，即视为民国之公敌，决不稍存党见，顾惜私交。区区此心，可誓天日。临电痛切，泪尽声嘶，伏维谅鉴，共保大局。"等语。谨以奉闻。此举关系存亡，即乞贵处速电抗拒，责令毁约，并请主张发行不兑换券及实行国民捐，以救危急，无任企祷。其垫款合同及监视章程如下。

计开垫款合同云：

中国政府因本银行团代表现在伦敦会议，拨付中国大宗方法，令先行垫付上海平银三百万两，以应急需。本银行团现已将此三百万两备齐，静候拨用。但中国政府必得照以后所开各节办理。此款镑价，已由银行团定为合上海平，在上海交银一百五十万两，其余一百五十万两，在北京以公磕平核算拨付。兹将各节开列于后：

（一）、此次三百万两先行垫付之款，应照本年三月初九日银行团与袁大总统所垫三百十一万两同一办理。函件备齐时，亦应如前封固，送交银行团。本团所出之钞票，此等钞票，系注明本年五月十七日所出，除应扣者之外，其数应等于所垫付之数。此垫付之款及钞票，皆以现行之盐厘作抵。以后无论何等借款，此垫付之款，应尽先偿还。

（二）、道胜、正金两银行所代表日、俄之资本团，已承中国政府许可邀入。所有借款事件，即当各任六分之一。但此函签字人，该两银行现未列入。一俟各方面商洽之后，无论先借后借之款，皆当为一体看待，该时再由中国政府与六国银行或即银行团订正式合同。

（三）、当银行团代表在伦敦会议每月若何拨款之际，中国政府当严守本年三月十九日函内之第三、第四两条，即各省长官遇有借款事宜，须先向银行团磋商，否则政府不得允许。

（四）、此三百万两垫款，开支时，即须照所议监视开支草章办理。此垫款之一百五十万两，系为收回中国银行所出军用票之用。因此中国政府即命在上海之本银行团，将此款拨交中国银行，并取回收据。其如何交付之法，听其彼此商定。此款开支之际，所有流行及取消之票，应送交银行团查核，以符定章。

又监视开支暂时垫款章程云：

（一）、在财政部附近地方设立核计处，用核计员二人，一由银行任用给薪。一由中国政府任用给薪。其他需用之中外人员，由该核计员等选派，薪俸俱由政府支给。

（二）、凡向银行提款拨款一切支票，须由该核计员等签押。

（三）、财政部定随时将各项用途，预具说帖，送交银行团核允。此项说帖，经参议院核准之后，应即允登官报。每次开支时，财政部备具应有详细清单说帖等类，送交该核计员，以资查核。该核计员查对无误，应即照章签字支单，不得再问。

（四）、每次开支款项，均须具详细领款凭单，按照新式簿记法办理。此项凭单，财政部须编订存留，以备核计员在核计处稽核。

（五）、关于各省发给军饷及遣散军队费用，须由该地方军政府备三联领饷清单，由中央政府委派高等军官及该地方海关税司会同签押，并须予该军官、税司以调查应需之便利。此项签押之三联清单，一份存该省都督府，一份存陆军部，其余一份与领款凭单一同送交北京财政部，再由该部送交核计处稽核。

（六）、预备支付之款，应由税司存储。为节省汇费起见，由中央政府派该地方税司，得由海关收入项下拨款。但须预由该核计员等由暂时垫款项下，照所拨关税数目支出，汇存上海总税司存款项下。如税司所有款项不敷拨用，可由该核计员等将不敷之数，从暂时垫款内开支票汇补。

（七）、如在北京及其附近地方发放军饷或遣散军队，由中央政府派一高等军官，会同该核计员，将三联领饷清单查核签押，并予该军官、核计员等以监查应需之便利，该项签押之三联清单，一份交陆军部，一份与领饷凭单俱交财政部，其余一份由该核计处收存。

并此奉达。

黄兴。敬叩。

据《黄留守书牍》

致袁世凯及国务院等电

（一九一二年五月二十四日）

大总统、国务院、参议院、副总统、各省都督、各省议会、报馆均鉴：借款事丧权辱国，万不承认。敝处力请废约，并主张发行不兑换券，及实行国民捐一电，计达览。窃谓不兑换券，为救目前危急之必要办法，同时实行国民捐所收之款，即可作为不兑换券预备金，于财政上绝无恐慌，务乞立断施行，大局幸甚。拟订国民捐章程，随即摘要电请核定。黄兴叩。

据上海《民立报》一九一二年五月二十六日

致袁世凯及国务院等电

（一九一二年五月二十四日）

袁大总统、国务院、参议院、黎副总统、各都督、各省议会、各报馆、海外华侨及军政学商农工各界同胞均鉴：此次借款合同及监视开支章程，损失国权甚巨，关系存亡。昨电痛陈危迫情形，力请毁约，并主张发行不兑换券及实行国民捐。本日又电请以国民捐为新发不兑换券之预备金，谅均蒙鉴察。惟国民捐只可救急一时，仍不能无维持永久之策，以持其后。六国银行团所以敢于挟彼债权制我死命者，固由于我中央政府无整理财政之能力，亦由各省无完固之金融机关，以致资本散在民间，不得集收，以储为国家之外府，实力因而薄弱。今欲使国家与人民有两利而无一害，除亟办国民捐外，宜再由各省自行集合人民资本，以组织国民银行，并由国民银行协力组织一国民银公司。国家如有急需，国民银公司得与政府直接交涉，酌量需款多寡，转向国民银行告贷。凡中央政府所承认六国合同内监督抵押各条件，悉收回于国民银行之手，款自我出，权自我操，大信既昭，财力益厚。平时则藏富民间，有急则贷与国用，乘此机会，以扩张民权，实行监督政府，较之乞怜外人，丧权鬻国者，其安危相较，奚啻天壤？我国民义勇奋发，虽毁家纾难，尚所不辞。况家可以富，国可以强，既能保现时财产之完全，尤可谋后世子孙之乐利，无论贫富，皆可量力集凑，取得银行股东之资格，永为民国政府之主人，利害关系愈切，爱国之心愈增，转危为安，莫善于此。若犹迟疑审顾，或恐投资银行致有亏损，则须知此种银行，财力雄富，抵押确实，监督政府，固极森严，万无亏损之理。今试问失此不为，若照此次借款办法，国已不国，个人私产终必同归于尽，尚复何利之有？愿我各省同胞，平情审量，抉择利害，毅然决然，从速举办，无任祝祷。拟办法数条，以备采择，详章另行规定。计开：(一)、每省筹设一国民银行，专以贷与国家岁费为目的。一国民银行之资本，其额数至少须在百万元以上，纯由国民集股凑成，以百元为一整股，十元为一分股，一元为一小股。(一)、国民银行股本，分优先、普通二种，以一人认五股以上于一月内缴足者为优先股，其余为普通股。(一)、每年所得赢余，除酌提若干为股东利息、红利及一切开支外，其余概作本银行积蓄金。(一)、筹办国民银行，概由各省商会经理，发行股票。(一)、国民银行成立，在国家财政完全整理之前，有于其制限内发行兑换券之权。(一)、国民银行贷款于政府时，必取得确实相当之抵押品。(一)、在上海设立国民银公司，由国民银行协同组织之。其职权如下：(甲)、与政府为贷借之交涉；(乙)、监视政府借款之用途；(丙)、量各银行资力，以分配筹贷。黄兴。敬。

据上海《民立报》一九一二年五月二十七日

致袁世凯及国务院等电

(一九一二年五月二十五日)

袁大总统、国务院、参议院、黎副总统、各都督、各省议会、各报馆均鉴：艳电提议国民捐，谅邀鉴察。现在借款一事愈出愈奇，名为磋商，实甘愚弄，财政军政均受监督，国权丧尽，生命随之。故睹此次垫款合同及监视开支章程而不痛心疾首者，非人也。于此而欲救亡，舍亟募国民捐以为后盾，决无幸理。旬日以来，南省输捐极为踊跃，北省应者亦多。如果办理得法，非特不难凑集巨款，实足增长国民爱国心。今征集众见，拟将民间从前所纳军饷，一律酌换公债票，周年照章给息，以便一意举办国民捐。拟定简章二十余条，大要以资产计算。除不满五百元之动产不动产捐额多少听国民自便外，其余均以累进法行之。五百元至千元为一级，纳捐千分之二。由千元至二千元为一级，纳捐千分之三。二千元至五千元为一级，纳捐千分之四。由五千元至二万元，每五千元为一级；二万元至三万元为一级，均递加千分之一，至千分之八为止。三万元至五万元为一级，递加千分之二。五万元至十万元为一级，递加千分之四。十万元至二十万元为一级，递加千分之六，至千分之二十为止。由二十万元至百万元，每十万元为一级，递加千分之十至千分之百为止。百万元至五百万元，递加千分之百二十。五百万元至千万元，递加千分之百四十。千万元以上，统以千分之百六十推算。凡超过每级之价额，在万元以下数不满百元，十万元以下数不满千元，百万元以下数不满万元，五百万元以下数不满五万元，千万元以下数不满十万元者，仍照原级计算。至政学军商各界及各工厂之职工等，除以资产计算纳捐外，应按照其月俸多寡，分别纳捐十分之一、二，以三个月为限。月不满十元者，捐纳多少听便。其有捐至百元以上者，由政府另给证书。例外特捐至百元以上者，给予铜牌；千元以上者，给予银牌；万元以上者，给予金牌。其收款用联单，由财政部制成盖印，省议会加印，分别存根、存查、持票、收执四种，凡经手人非有此联单，不得收款。款由城镇乡各公共团或银行收集列榜，而汇总于财政司，随时交银行生息，登报公布。并由省议会稽查，非经国会认可，不得拨发，以昭慎重。似此不另设局，不另支薪，可免虚糜，而归实用。大信既昭，人民无疑。其详章另呈，乞大总统速交参议院议决施行，以全大局，无任盼祷。黄兴叩。

据上海《民立报》一九一二年五月二十七日

附：袁世凯复黄兴电
（一九一二年五月二十六日）

南京黄留守：二十五日电悉。披阅章程，大致用累进法而税其所得，斟酌颇为完备。值此经济困难之日，我同胞果能热诚相助，则莽莽神州，式① 不致有陆沉之痛。已交国务院核明

① 式，疑为“或”字之误。

提议，以付殷拳提倡之怀。详章望速寄。大总统。宥。

据上海《民立报》一九一二年五月三十日

致上海政见商榷会电

（一九一二年五月二十六日）

《民立报》速转江西路政见商榷会鉴：贵会成立，消除党争，共谋国是，极力赞成。特派秘书员杨君德邻代表到会，希与接洽。黄兴叩。宥。印。

据上海《民立报》一九一二年五月二十七日

复熊希龄电*

（一九一二年五月二十九日）

俭电悉。现在大局危迫，间不容发。吾辈均以国家为前提，于个人关系，绝不宜稍存意气。而于国家生死关头，尤当审慎，岂得因一时一事办理骤难得手遽萌退志。此次借款，公固煞费苦心，但条件损失主权甚巨，又岂公所愿意。仍望录兴所历次电陈救亡办法，从速决议实行。一面将借约毁销，始于尽力国事，以期共济艰难，则公之心乃大白于天下也。倘因借款失败，国人反对，即绝不谋及善后办法，仅欲以辞职卸责，千载而下，其谓公何。兴与公本系至好，责公劝公，固皆为国，亦即所以为公。惟熟思而审处之，不胜盼祷。

据上海《时报》一九一二年六月十二日

---

* 此电未署时日。劝熊希龄不要“遽萌退志”，熊复电称“艳电悉”，当为一九一二年五月二十九日。

附：熊希龄复黄兴电

（一九一二年五月三十日——六月十二日间）

艳电悉。承责大义，敢不自勉，无如才智薄弱，实不能胜此重寄。当前在南京时，与公所筹办法，不料到京后，全局皆变。外人见我愈急，要挟愈坚，我之窘状危险，均在此数日之中，绝无丝毫后援，以壮胆力。各军索饷之电，一日数至，不应则哗溃之变，咎固在龄，应之则条约之损，咎亦在龄。近日反对风潮，日烈一日，各省责备之言，无虑数千。而接济之饷，不见涓滴。仅湖南允助三十万金，然只供南北两方二日之用，山穷水尽，龄何能为？然此犹为财政言也。至于内容，则南北之疑虑，各党之攻击，无法可以解释。前清时代，贤能之吏，精神才力，均消磨于猜疑应付之中，不料民国初立，此弊更甚前清。希龄身无尺寸之功，谬膺非分之选，当此潮流无法支持，南北之间，救过不暇，有此恶因，难结良果，内忧外患，相逼而来，不如退避贤路，以让能者，此实龄之美意，诚非敢与国民负气也。至于借款函约，一经停借，即可取销，并无难处，龄亦可谢天下。惟公手造民国，南方责任之重，较龄万倍，近闻亦有去志，殆亦鉴于时局人心之难为也。敢乞以己度人，见谅微忱，无任感祷。再，不换纸币事，已由唐总理照公办法，即日宣布，并告。

据上海《时报》一九一二年六月十二日

复上海政见商榷会等电

（一九一二年五月三十一日）

上海政见商榷会诸公、苏州程都督均鉴：电敬悉。民国肇造，处人士多仓卒联合，竞立党派，邀集一切学识经验不相等之人合为一群，对于国家无一定政见，故党派愈觉纷歧，往往以一、二人浊见，蛊惑多人，互相排挤。有一重大问题出，专攻他党，不问是非。除排挤外，几无所谓正当之解决。窃查各国政党，皆由各个人独立自由之意见择其相同者结为一团体，平日研究，均有一定不移之方针，决非他人所可奴使。故一旦立身政府，或被选议员，全国皆知其必有何种议论，世界皆测其必行何种政策。盖其初本因政而为党，非临时以党而为政也。以党为政，其弊专横而无理，他党又必效尤而加甚，贻误国事，实非浅鲜。今日吾国正坐斯病，使长此不改，复至是非倒置，则人之借政党以立国者，吾国且将因政党而召亡，岂不可痛！程雪老有见乎此，特于沪上发起政见商榷会，盖欲借此消除党派私意，而发挥正确之政见，使政府有所适从，不至如漫漫长夜。其心甚苦，其意甚盛。前日开会，兴因事冗未到，派员①代表，极为歉仄。乃谬蒙推举与雪老同为主任，实深惶愧。兴频年奔走，学殖荒落，恐难胜重任。惟勉附骥尾，相与随时研究真理，冀得实行，以保危局。尚望诸君子赐我教言，无任感荷。黄兴复。印。

据上海《民立报》一九一二年六月一日

批贺镜吾禀*

(一九一二年四月——五月间)

贺镜吾禀恳严办钱小山等纠抢军米、姚民政长袒匪酿害由。呈悉。查此案前据步兵团长刘继星与溧水县姚民政长并该县会董各呈，措词互异，已咨请江苏都督核办在案。仰即遵照前批，静候核办可也。

据《黄留守书牍》

① 指杨德邻，时任南京留守府秘书员。
* 此件为黄兴任南京留守期间所发，当在一九一二年四月至五月间。

致张怀芝电*

（一九一二年四月——五月间）

滦州死义诸烈士尸身在尊处，设法迅赐茔葬，以慰忠魂，无任盼祷。

据《黄留守书牍》

复南京警界书

（一九一二年五月下旬）

敬复者：国民捐为补助财政之一端，纾外债之要挟，全赖各界赞同，热心协助。承示警界全体，分别官级，乐输有差。急公好义，洵可嘉佩。请俟收捐章程妥定后，遵照缴纳，并按来表填给捐照，以昭核实可也。

附：南京警界上留守府公呈

（一九一二年五月下旬）

敬呈者：民国建始，财政困穷，借外债则险象环生，节内用又军需孔亟，顾瞻时局，莫不媿惊。我留守提倡国民捐，减轻外债之输入，荩筹伟画，钦仰曷胜。警界同人，虽非贤达之长才，亦具国家之观念。纵使无家可毁，安肯有难不纾？爰集全体，特开会议，决定按照六月份薪饷，官等各级，认捐月薪之

---

* 此电无时日。按：袁世凯派总兵王怀庆击败滦州起义军，王金铭、施从云、孙谏生等战死，为一九一二年一月八日。此电收入《黄留守书牍》，当为是年四月至五月间黄兴任南京留守职内发。

半，巡长警士，亦各乐输月饷一成，共得银五千六百八十一元六角。涓滴之水，虽无补于江河，而感奋之忱，或可资夫提倡。兹先将各级认捐数目列表送呈，俟收款机关成立后，即行汇齐受缴。

据上海《民立报》一九一二年六月十一日

致各省都督书

（一九一二年五月）

敬启者：前以筹设国民银行通电尊处，谅邀鉴察。其中迫不可缓之理由，请再详陈之。民国建设，端绪甚繁，然非财则一事不举。际此上下交困，不得已议借外债，各国银行乃协以谋我，要挟万端。我即操纵有方，而国力不足以为后盾，事终无济，徒寻埃及覆辙而已。窃谓国用不足，实由于百姓不足。兹欲振国民生计于疲敝之后，非先求银行业之发达，则凡百无可言者。夫天下财虽有限，散之则如沙，而机关滞，聚之则成团，而魄力雄。美国各实业均以脱拉斯势力压倒一切者，此也。今积国人之资财，谋公共之利益，社会金融于以活泼，政府借贷亦可接济，利国利民，实无逾此。况沪、汉各埠，外人所设各银行，其初资本未必雄厚，而卒之集零星存款，营业日扩。匪惟见信于其国家，其势力直被全球。成法具在，是在有心人热诚以导之，毅力以行之，力矫前清积弊，公举股东中之有学识、才器、经验者总挈其纲，庶几成此伟大之业耳。兴已与此间中外财政专家详细商榷，草定银行章程并招股办法。但事务重大，非棉薄之力所能举。敬乞大力提倡，赐衔发起，并刻期设立收股处，俾得早观厥成。兹将详章及招股办法奉达，如有未尽事宜，尚乞随时赐教为幸。敬请勋安。黄兴顿。

据《黄克强先生荣哀录》

致袁世凯等电

（一九一二年五月）

袁大总统、陆军部总长钧鉴：江苏常州军政分府司令长赵乐群、参谋粟养龄枪毙常州中学堂监学陈大复一案，兴前在陆军部总长任内，据该司令电禀陈大复携银赴沪购办枪械，故延时日，私存取息，并胪举其浮报罪状，请予枪毙，等情。同日接苏州庄都督电开："据常州专人报告，该司令因与同事陈大复意见参差，遽指为吞没军饷，有电部请先枪毙之说，请先电阻"，等因。当经电饬该司令暂行看管，彻查确情，禀候核办在案。随接该司令电称："陈大复购办军械等件，确系以少报多，自饱私囊，经执法官询问，供称不讳，业已枪毙"云云。比以该司令蔑视部令，滥用职权，不法已极，立电苏都督取销该军政分府，速拿该司令严讯究办。旋准电开：业经由苏派员前往查办。据该司令呈称：参谋粟养龄私写命令，现已将粟速送来苏，请由部派员赴苏会审。经即派员前往会审，去后，乃该司令既诿过粟养龄拿交苏委员带回，一面又电部请设法救粟，前后矛盾，真情亦已叠露矣。此案发现旬余以来，东南舆论一时大哗，苏、浙人士到陆军部呈请者，亦函电纷驰，共鸣不平，要求提讯论抵。适兴交替陆军部受任留守之际，窃念案关重大，该司令又藉词搪塞，延不赴苏，非调集人证来宁，组织军法会审，不足以肃军纪而维国法。正拟提案，该司令迫于舆论攻击，自行到宁投审。比经照会第三军军长王芝祥，会同审判官第二十六师师长杜怀川、第五师师长刘毅、第十五旅旅长陈裕时、第十旅旅长袁华选，暨司法官本府军法局局长陈登山，并苏都督派检查官彭科长锡范等，组织高等军法会审。并以此案关键，以陈大复之购枪赚钱与否为前提，案关军饷虚实，均应彻查。特于会审前三日，派员赴沪调查陈大复在和兰银行购枪情事。旋据报告，陈大复购枪实无赚钱情弊。当经谕令于四月二十五日在府中开庭，传集证人屠宽、屠密、童斐等，暨被告人赵乐群、粟养龄，详密研讯。兹据报称："业于本月十日审问终了。对于此案，特出意见书，略谓：此案陈大复前代常州军政分府购枪百支，每支二十八两，较粟养龄与苏掮所买之枪，每支价高一两五钱，确系掮客徐以桢、王志樑二人取得扣头，业经徐、王二人到庭认明宣誓签押，则陈大复并无赚钱之事，确系无辜被害。至赵乐群因闲谈负气，借端陈大复购枪赚钱，决心加害，据后列各证供及事实，足以证明赵有杀陈之决心及犯罪之行为，成为法律上之造意犯。一、于加害前，赵以兵力逮捕，声言誓必杀陈，经屠宽等再四跪求，始终不允。二、不论陈大复侵款与否，屠宽悉愿破产代偿，赵仍不允。三、屠宽以恳请不允，并愿登报使陈不见信于社会，赵又不允。四、屠密、童斐暨民政长屠寄等跟踪到司令部求情不允，请暂押民政署听候提讯，亦不允，请俟执法官讯明再办，又不允，始终坚执。五、赵乐群被屠民政长等之苦求，并监视赵不能亲自执行，且未经执法官讯问，不足掩人耳目，遂当众传口令，使粟养龄为临时执法官，有略问即行枪毙之语，则陈虽被杀于粟，其造意实基于赵。六、致陆军部电有'应即枪毙'等语，经赵供认自发。七、赵对屠宽等声称，我杀陈有负友谊，我愿以二百元厚殓之。杀陈后寄宁罪状告示及复松江军政分府责问电报，均经赵供认不讳，则杀陈之造意，实出自赵。八、陈被杀后，赵并未追问检举。迨告发后，经苏都督传讯，始交粟到案，希图卸责，又复电陆军部为粟救援，前后矛盾，互相印证，赵实有心杀害。九、陈被杀并未审问，赵乃令粟捏造供词，掩人耳目。以上九种事实证据，故认赵乐群为本案杀人之正犯。其粟养龄供词：一、该执行陈大复死刑之命令系亲笔所写；二、枪毙陈大复时并未审问，所发命令实未送司令核阅，执行后亦未报告。并据证人屠密言，粟在司令部，赵面委充临时执法官，经屠、童等人纠缠恳求之际，乃声言赵乐群太无决断。观此，则粟养龄发命杀陈，虽为被动行为，而滥用职权，帮助犯行，在法律上亦应以準正犯论。但按粟犯罪之心理而论，一因误认陈有赚钱之罪，前提已误；二因慑于赵威，承意执行，故决意帮赵杀陈：法律上亦得酌量减轻。”等情具报前来。窃查此案，赵乐群滥用威权，擅杀无辜，粟养龄帮助实行草菅人命，均应认为枪毙陈大复案中之正犯。查律载杀人者死，该犯赵乐群、粟养龄二名，侧身军府，睚眦杀人情形，尤为可恶，亟应按律严办，以昭法纪，而雪沉冤。惟现值民国初立，法律未备，滥用法权，所在皆是。此案关系重大，手续不嫌繁重，究应共同论抵，抑或分别办理之处，理合呈请大总统核夺，迅赐电复施行。并请将兴办理此案情形，宣布全国，使知以私意杀人，虽职官亦与平民同科，庶各地滥杀之风可以渐止，人民乃得受法律上之保障，于保护国民权之中，寓尊重国家法权之意，此尤兴一得之愚所愿贡献于新造之国家也。南京留守黄兴叩。印。

据北京《政府公报》（一九一二年六月）

与李贻燕等的谈话

（一九一二年五月）

我革命的动机，是在少时阅读太平天国杂史而起。又眼见韃虏政治腐败，纲纪不修，官可钱买，政以贿成，而一般狗官吏又在在虐民以逞，剥民刮地，舞弊营私，无恶不作，盗贼横行，饥馑交侵，民不聊生，对外交涉，着着失败，而那拉氏又竟发为宁与朋友、不给家奴的谬说，瓜分之祸，迫于眉睫，外人不以人类视我，益坚我革命的决心。但是又看到太平天国自金田起义之后，起初他们的弟兄颇知共济，故能席卷湖广，开基金陵。不幸得很，后来因为他们弟兄有了私心，互争权势，自相残杀，以致功败垂成。我读史至此，不觉气愤腾胸，为之顿足三叹。因此我决心革命的当时，就留意于此。我当时联络的弟兄，以两湖等处的会党为多。这些的弟兄，大半是承太平天国余绪的后人，我联络他们，首先引这事为鉴戒。告诉他们说：我们当革命党，一要服从首领，二要弟兄们同生死，共患难，有福不享，有祸同当，不能有丝毫私意、私见、私利、私图。我取名轸字，就是前车既覆、来轸方輶的意思。也就是我们革命党弟兄，不要再蹈太平天国兄弟覆辙的革命要件。

据李贻燕：《纪念黄克强先生》，载一九三九年十月三十一日西安《西北文化日报》

与谭延闿致袁世凯电

（一九一二年六月一日）

北京大总统钧鉴：前甘肃临时都督黄钺，于去年十一月以前清勋爵统甘肃骁锐军，出防秦州。时升允①督甘军，分途攻陕，乾州凤翔危急，陇州被陷，长庚②屡饬黄与驻徽、凤罗平安一军乘势会剿，黄力阻罗遣使赴陕。及北伐川军密报甘军虚实，并约就秦州反正，陕统领张云山、川司令李树勋均函允出师协助。旋甘军陷岐山，黄见事急，未待援军，即行反正，图截甘军平凉后路。甘军闻秦州反正，即退师息战。兴等先以陕屡电告急，势必不支，非有人就甘反正，不能就我范围。于是兴由南京、延闿由湖南各专③高云麟、罗韬④等潜赴秦州，促黄反正，以维大局。旋得复书，历陈前情，始悉黄之艰苦计划已有定谋，共和告成，实与有力。查在秦反正之日⑤，地方安谧，所行便民政策，人民至今感戴。嗣遵大总统电令，于兰州既认共和，即行解职⑥，其无权利思想又可概见。兴等既悉实情，未便缄默，可否援照胡瑛、林述庆、徐宝山、陈其美诸君于取消后，仍给予勋位之例，以示鼓励，而免向隅，出自钧衡，谨陈请。黄兴、谭延闿。东。印。

据黄钺：《陇右光复记》

---

① 升允，旗人。时署理陕西巡抚。

② 长庚，旗人。清陕甘总督。

③ 此处疑脱一“派”字。

④ 高云麟，陕西米脂人。受黄兴派遣，于一九一二年四月二十二日到秦州（天水）；罗韬，湖南人。受谭延闿派遣，与廖凯南等八人于一九一二年四月六日抵西安，同月二十二日到秦州。

⑤ 秦州反正，时在一九一二年三月十一日。黄钺被举为甘肃临时军政府都督。

⑥ 黄钺正式解职日期为一九一二年六月七日。同年六月二十一日，黄钺率部南归。

致袁世凯电

（一九一二年六月三日）

大总统鉴：奉命准予取消留守府，此后行政可期统一，无任庆幸。本府交待清楚，已经办齐。兴准于本月六日实行解职，请大总统电令程都督刻日来宁接收为盼。如逾期不来，此后责任即不在兴。合先陈明，伏维鉴原。黄兴叩。江。

据南京中国第二历史档案馆藏《江苏都督及督署职员任免有关文电》

致程德全电*

（一九一二年六月三日）

急。苏州程都督鉴：敝府既奉大总统令准予取消，我公亦承认来宁接收，所有交代事已经办齐，兴准于本月六日停止办公，实行解职，即日离宁，务请先来，以便接洽。黄兴。

据上海《时报》一九一二年六月六日

题周维桢烈士像**

（一九一二年六月四日）

幹臣① 与兴同学日本，别将十载，各以事奔走革命，不获相聚。

---

* 黄兴于一九一二年六月三日接到袁世凯批准辞职令，当日致电程德全前来交接。

** 此为应周景瞻之请题词。

① 幹臣，周维桢号。

去岁八月武昌义师起，兴以九月七日抵鄂与贼搏战。幹臣则与吴君禄贞、张君华飞① 等谋回攻北京，事为汉贼所觉，阴戕之于石家庄。时九月十六夜也。三君者既死，不克直捣黄龙，而南方各义师遂愈愤，不旬日下名城以十数，清廷胆落，遂逊位，乃建立民国，而径跻于共和。三君子之英灵，亦可以稍慰矣。幹臣之弟景瞻，将赴山西设会追悼，并办葬事。濒行出君遗照，属予加墨，展图睇瞩，犹见故人。塞黑枫青，梦魂睽隔，追维往事，和泪以书。中华民国元年六月四日黄兴识于南京。

据《中央画报》

复阎锡山电*

（一九一二年六月五日）

前奉来电敬悉。贵都督拟于六月初十日为吴君禄贞、张君世膺、周君维桢铸立铜像，并开追悼会。兴以职守羁绊，弗克躬奠，特派周君维桢之弟宗泽来晋代表微忱，并拟向同人捐募铸像费若干，以助盛举，特先电闻。

据《黄留守书牍》

致袁世凯等电

（一九一二年六月五日）

北京袁大总统、国务院、参议院、武昌黎副总统、各省都督、省议会、上海《民立报》鉴：阅报载：留守府向熊总长请款之密电，及国

① 华飞，张世膺号。

* 此电无时日。黄兴于一九一二年六月四日《题周维桢烈士像》文中有：周景瞻"将赴山西设会追悼"语，此电当在是年六月五日发。

务院咨参议院文，有银行团垫付三百万两，南北各半等语，不胜骇异。查留守府成立之时，曾将本府应行支出之军队额给，及应行筹备各节，开具说明书，送交熊总长。大约月需经常费三百六十余万元，即军队额给一项，已占三百零六万余元。均完全之师，计十六师，每师俸饷乾银约十五万五千余元，仅步兵一旅者计四处，每旅俸饷乾银约七万七千余元。加以四路要塞及宪兵卫队、警备队、独立团等未编成者约三万人，约月需三十万元。所辖各局、所、学校，如金陵军械所、机器局，月需三万五千余元。兵站、病院及卫生材料厂，月需四万八千余元。军官、军需两学校及入伍生队，约月需十三万元，上海制造局约月需十五万元。此外南京行政公署，如巡警监狱、审判厅、交涉局、南京府、测量局、长江营地调查局等处，约月需六万四千余元。兵站三处，约三万元。辅助教育费约一万元。此经常费之预算大概也。至临时费用，如欲整理军队，则添建兵房费、扩充制造费，皆属切不可缓之需。况陆军部接办之日，又有欠付各洋行商店之服装、枪炮、马匹费约四百七十六万余元，又五十九万五千余元。综计以上预算，两月以来应领款千万元以上始敷分布。然自留守府成立至今，已逾两月之久，共收财政部交来之款仅二百零五万元。此外期票五十万元，但能作为支还陆军部欠交商店之款。而兴统此南方重兵，一面抚驭，一面遣散，计南方军队初约二十万人，近已分别裁遣将近七、八万人之谱。凡遣散军队，除发给月饷并补给月饷外，并须备船车、给旅费。当时因遣散军队，需款孔急，两月以来，仅得此区区二百万元。除以私人名义筹借若干接济伙食外，已万分竭蹶，朝不保夕。故迭次电请熊总长拨款，并密告窘迫之状，自属实情。当时并不知借款条件损失主权，迨蒋次长抵宁，始悉借款条件危险。兴天良未泯，不忍坐视国亡，故发电争拒。而熊总长以为借款之忍辱签字，均系兴请款急切所迫，宣布本府密电，以图洗刷一身，而将中国财政奇窘情形，尽行发露，令外人愈有所要挟，不知所存何心，竟忍出此。且此次借款，所谓南方百五十万，均由该总长交沪中国银行收回军用钞票之用，并未拨充南方军饷一文。该总长借款时，以南京催款急迫为词，而南京并未实得此款之用。查军用钞票，在宁、沪市面颇资周转，今一旦收回，致宁、沪经济界陡起恐慌。此种政策，无异自制死命。兴前以关于南京一隅之事，迹近争执，隐忍不言。及熊失败借款条约，尚复多方掩饰，冀图诿卸，欺矇国人，以速外祸，故据实详陈，以符事实。至兴之责其毁约，非反对借债，实反对此次借款条例，于熊总长个人更无私恨。本日熊来电，谓兴反对借款，而参议院同盟会员意在即日将七条通过表决，与公意极端反对，龄实惶惑无主，莫知所从等语。此真儿戏之言。兴对于国家存亡所关，既有所见，自当忠告、岂敢挟持党见，而以国家殉之。无论何党何人，兴均以诚意相劝，务期平情论事，共维大局。敬请主张毁约，勿拘党见，勿争意气，致陷我国家于悲境。忧心如焚，无暇择言，诸祈谅察为幸。黄兴叩。微。

据上海《民立报》一九一二年六月八日

附一：熊希龄致黎元洪及各省电

（一九一二年六月十日）

借款事，外人要求监督财政，人心愤激，各报所载，集矢于龄，内疚神明，外惭清议，不敢为个人名誉稍有辩护。惟此中艰难曲折，有不得不详陈于左右者。希龄前以国民委托，深知财政困难，未敢担负，五辞不获，乃就斯职。接代后南京库储仅余三万，北京倍之，不及六万，东张西罗，寅食卯粮，危险之状，不敢告人。到京时正值银行团与唐总理谈判激烈，要求请派外国武官监督撤兵，会同华官点名发饷，并于财政部内选派核算员，监督财政，改良收支。两方争论，几将决裂，人心皇皇，谣言百出。适龄承乏其间，屡次驳辩，武官一节乃作罢论。然支发款项，各银行尚须信证，议由中国政府委派税务司经理此项垫款。至于财政部内设立核算员，无异日本之于朝鲜，无论何人，无不反对。银行团坚执前清时代铁路借款均由洋员司帐查帐为词，不肯让步，遂改议于财政部外设一经理垫款核算处，财政部与银行团各派一人为核算员，管理支付垫款；会同签字及稽核帐目，并声明此项帐目，只能及新垫款所指之用途，不能出于垫款用途范围之外，俟至阳历十月垫款支销罄尽后，即将核算处裁撤。此等勉强牵就办法，出于万不得已，曾经于国务院、参议院会议时据实直陈。事关国家重要，希龄虽不敢自擅专，然外交无术，咎所难辞。窃维希龄束发读书，稍知廉耻。关于借款及华洋合办之事，向亦主张反对，国人所知，何至一入政府即丧天良？无如国事危迫，实逼处此。当与银行团抗争时，屡欲决裂，而南北两方军饷甚迫，南京来电，兵已食粥，北方各军，衣尚着棉，阴历四月初一至初五，须放急饷八十万两，哗溃之势，即在目前。而黄留守告急之电，一日数至，并称二日之内若无接济，大祸一至，谁当此咎，留守不负责任，等语。昨日上海各商会来电，并为沪都督要求速汇欠款三百五十万两，以济急需。此外山、陕、甘、新、皖、浙、鄂、闽等督，飞电请款，迫不及待。陕西代表于右任等屡次坐索，应付俱穷，借贷无路。甚至大清银行房地，亦不得已而抵押，存亡呼吸，间不容发。希龄自顾何人，敢以国家为孤注之一掷乎？前见美使力劝中国节用，不可借债，英使并谓华人反对借款，何不自己捐钱，免得借债，等语。外人尚且如此，龄等亦岂愿甘出此借债之举？今银行团虽已拨款三百万两，稍救燃眉；然所约七款大纲，系属信函，并非正式合同。公等如能于数日之内设法筹定，或以省款接济，或以国民捐担任，以为外交之后盾，使南北两方军饷每月七百万两，有恃无恐，即可将银行团垫款借款，一概谢绝，复我主权，天下幸甚，非仅保全希龄名誉也。现在南北两京，数日之外即速须巨饷，并乞公等速派专员来部查看情形，切实担负，以救危局。希龄智力薄弱，值此财政极紊、饷需奇急之时，责备之加，固不敢辞；而大局所关，不敢不广征众议。诸公爱国热忱，世所钦仰，如有嘉谋良策堪以救此眉急者，务望迅速电示。如希龄力所能逮，无不切实奉行，临颍无任翘盼之至。除将各处催饷电文另密电呈览外，特此奉布。

附二：李书城致熊希龄电*

（一九一二年六月十日——十三日）

熊总长鉴：阅蒸日致克公电，不胜怪叹。克公因触电扇伤指，病卧未起，未便遽行转达。书城忝参机要，凡此间内情，知之甚详，敢代为一一答复。尊电谓此间前所收七十五万元，即为垫款易取军钞之数，责克公一概抹煞。记公于四月二十六日来宁，面允由上海捷成洋行借款项下，拨交现银百万元，钞票百万元。然所拨交者，仅二十八日六十万元，二十九日三十万元，五月一日十万元，尚差一百万元。公云陆续再交，嗣后五月十一日拨五万元，十四日拨五万元，十六日拨十万元，十七日拨五万元，二十日上海拨二十万元，镇江拨二十万元，二十一日拨十万元，共计七十五万元。自此以后，公再无一文拨交，公得毋即指此款为垫款耶？其日期实在发表垫款合同之前，且与公所指拨之捷成款数犹有未足，何得谓此即垫款？则

* 此电与上附熊希龄电，均未署时日。电文中有“蒸日致克公电”、“克公因触电扇伤指”等语，而黄兴伤指系在一九一二年六月九日晚，故熊电当为六月十日，此电当为同年六月十日至十三日间（黄兴于十四日交卸后即日赴沪）。

非克公之抹煞可知。又谓签押七条垫款，由克公屡告急所致。夫此间欠饷已久，情形急迫，原系据实相告。又同时有密电致公及国务院，请实行国民捐及减俸，或由中央发行不兑换券，并有金钱宁受损失，国权决不甘退让二语。公乃以告急之故，他不暇计，竟拼结亡国灭种合同，以为唯一方法，堂堂总长，何一愚至此！又谓克公电云，二日无款接济，大祸立至，近已数旬，尚无危机。据此，则知公既无款接济，又不肯发行不兑换券者，盖欲立候此间大乱，以塞克公反对垫款合同之口。继见经久未变，又复反唇相诘，深以南方未乱为恨，公之存心，岂尚可问？不知连月欠饷已数百万，当日情势实极危迫。自公签字之垫款合同发布后，克公首先反对，各军官佐士兵均天良发动，不忍迫催欠饷，自行典质食粥者有之，又分途自向商店挪借者有之，今日数十元，明日数百元，东扯西凑，竭力支持，以至现在。此间发饷领条，多系二、三百元一领可以为证。其不至以饷缺哗溃者，皆克公之精神所感，亦实因南方军人富于爱国心之故，在当日实未意料及此。而公乃以告急未乱为揶揄，人之无良，亦胡至此？又谓南京、苏州屡电拨款，均一、二百万为言，则留守府自五月二十三日蒋次长来宁，反对公所订垫款合同后，除请办国民捐、发不兑换券外，并未提及请款一字，国务院及尊处俱有电稿可查，不得任意捏造也。至谓克公不肯支用国民捐为层层紧逼，则前电明云政府尚未颁布国民捐章程，未便擅动，自系至理，乌得谓为紧逼？又谓参议院为一国主权所在，奈何不尊视立法权。不知克公前电云，此次约由公订，应由公毁，毁约非借款比，此语全由公电以毁约自任，又不实行毁约而生。若借款之必经参议院决议，尽人皆知，尚何待言。且克公初次反对之电，已云请参议院主持毁约，是足为尊重立法权之确证。又谓克公于政治少所经验，第一次主持建都南京，而北方兵变，第二次主持国务员拥兵北上，而苏州又兵变。今责克公于政治少经验，是公俨然以大政治家自命矣。夫克公之政治经验如何，鄙人不能尽知。至公自命为政治上富有经验者，观公自任财政总长以来，未闻有所建白，第一轰轰烈烈之事，当即为此次所订垫款合同七条可以骄人耳。大政治家所订合同，当可即作为铁案，一字不能增减，何以经未有经验克公反对，而公即允毁约，又云可以改正。吾知此七条经改正以后，必较公所订原约损失国权处稍轻，当亦公所承认。如此则公之自命为有政治经验者所订之约，反为少经验者之所反对，而得修改稍善，则又何说？至都北都南，何与兵变？若以此为罪，则政府北迁时，南京亦有赣军之变，又将谁尤？盖兵变原因复杂，未可执迁都一事以为论点。此中关节，明眼人当自知。国务员带卫兵北上，系当时唐总理在南京与众议拟之词，最后乃由克公毅然取消。当时鄙人亦有所赞助，公所言适与相反。且与苏州兵变，尤风马牛不相及。窥公之意，似欲言第三次主持反对垫款合同，而某处兵变，但恨无可附会耳。且甚欲南京再有一次兵变，以重其罪，故以上所言，近已数旬，尚无危险，实有失望之意，公自问有此心否乎？鄙人不敢诬公，在公扪心自省而已！又谓将来国家必亡于克公之手。譬之医生，用刀割治病人而不为封口，听其腐烂致死。此语尤为狂谬。夫公所谓将来国家必亡于克公之手者，其罪案指在此次反对垫借合同耳。然则公所订垫款合同，当即为救国之圣药，而敢反对公所订合同一字一句者，即为亡国之魁。似此，则参议院及国人之要求公改正此约者，均为亡国之一分子矣。且此约一经改正，即可亡国，照原约履行，国即可以不亡，公敢悍然承认此言乎？吾书至此，气已不能再忍，敢正告公曰：公订此合同，将来国家必亡于公之手。而国家或不至亡者，则克公反对之功也。是何以故？盖克公此次反对在垫款合同七条耳，并非反对借款也。如因反对之影响，而使合同可以修改，不至如公所订损失国权之甚，则国家可以获借款之利，不受借款之祸。试问孰功孰罪，不待智者可以知之。公负亡国之罪，而责有功之人，非丧心病狂，亦何至此！又谓公牺牲个人名誉，以暂救目前国家之生死，则公何为将南北国库支绌密电请款情形，尽行宣布，外人周知，愈有所要挟，不计国家生死，惟图洗刷一己之名誉，公虽有百口，尚何能辩？又谓目前受辱，未始不可报复于将来，此真小人无赖之言，非堂堂总长所应出口。政见虽各不同，皆为国家大计起见，并非克公有私怨于公，何险狠一至于此！岂将以总长之威严，拿办退职留守之老革命党乎？殊可哂也！总之克公之反对垫借合同，实公诚为国，未含一毫私意，责公改约，实所以助公。且闻公亦有所迫，未尝不为公原谅。故每次电文，除驳公合同之失败及责公毁约外，并未伤及公个人私德一语，电文俱在，可覆按也。且书城自武汉战争时，即相随克公至今，知克公与公之交谊亦最悉。当南京政府成立时，克公推荐公为财政次长，以各省代表反对而止。北京政府成立之时，参议院激进派人多谓公为前清猾吏，拟反对公为财政总长，赖克公多方劝慰始得通过。此两事者，皆公所深受，当能忆及。可见克公事事皆呵护公，于公绝无私怨隐恨。此次反对垫款合同，亦无非爱公之心深，故责公之言严，凡此皆因克公误认公为有才所致。蒸电狂悖若此，公若尚有一息之天良，清夜自思，何以为人？书城寻绎数四，终不能释此疑问，岂公脑筋受激刺太甚已改常乎？如此则民国财政命脉操于狂人之手，危险奚如！抑或此电系他人主稿，事冗未及细阅，故有此误乎？非此二者，公于克公为公为私，均不应有此狂悖之言，故来电不敢转达克公。望公明白见示，以便于克公前代公解释，全公与克公之交谊。临电惶惑，立盼电复。留守府总参谋李书城叩。

据《黄留守书牍》

复国务院电

（一九一二年六月一日——六日间）

百万火急。北京国务院鉴：三十一日电悉。发行不兑换券，已由蒋次长电复，即日照办，是专为毁约而计。此事须南北一致，断不可纷歧。乃外间喧传，中央仍一面借外款，一面发行不兑换券，群情惶惑。请即将毁约情形明白宣示全国，无任盼祷。

据上海《时报》一九一二年六月六日

致冯自由电

（一九一二年六月八日）

临时稽勋局长冯自由君鉴：支电悉。南京勋绩调查会，前电由敝处设立，因章程、办法、经费、用人等事茫无头绪，且兹事关系甚巨，若涉于滥，则国家财政将受影响，稍失精确，则赏恤不公，军队立生哗变。兴实难兼顾，故未敢过问。现兴交待在即，已饬敝处军核局，将从前各军请赏恤案卷册籍及已办、候办、未办各事，与同赏恤章程、勋章等件汇齐，拟派局员一人，赍送北京交贵局收纳。至调查会如须设立，请由尊处派人前来承办，若由敝处代为设立，请速将组织章程、经费办法示复，以便着手为盼。黄兴叩。庚。印。

据北京《政府公报》（一九一二年六月）

复熊希龄电*

（一九一二年六月五日——九日间）

万火急。北京熊总长鉴：支电悉。公对银行团要求，既甚愤懑，又云取销极易，应请立即取销，照下开方法，以资应付。（一）、还六百万垫款，可令各省分途向他处议借小款，随时密报政府。债权既有竞争，要挟可以顿减，更可直令各省同时协助。现湘、蜀拨款已八十万，各省人民均能爱国，必不漠视，而甘居人后。（二）、还二千万赔款，可从国民捐提拨。政府乘人民义愤，速倡此捐，可收四万万以上，拨还赔款有余。一面整理地契税，实行盐专卖，增加收入甚巨，实可资挹注。总之，此次约由公订，必由公毁，毁约非借约比，与参议院无关。公前电曾以此自任，乃屡电催促，并未经明白回示一词，惟沾沾向参议院纠缠，以延时日。而发不兑换券、行国民捐两事，则有排难。此间困苦万状，毫不念及。所谓拨归南方一百五十万，只为财政部收回军用钞票之用，实无一钱及宁，徒日以空言搪塞，不知全国命脉握公一手，若再犹疑，祸且立至。兴交代在即，责任属公，能担负否？至同盟会员是否有赞同垫款约者，兴不得知。吾辈专主救国，无论对于他党与同党，均以此旨为归，决无偏徇。万乞毁约，并速照前电发布命令，通告全国，实行不兑换券及颁布国民捐章程，以图自救，无任切祷。黄兴。

据上海《时报》一九一二年六月九日

莫愁湖粤军死事碑记

（一九一二年六月上旬）

天下成功之速奚恃乎？恃乎人之见义勇为而已。当民国临时政

* 此电未署时日。电中有“支（四日）电悉”字样，见报日期一九一二年六月九日，故此电为是年六月五日——九日间。时黄兴在南京留守府。

府设立于金陵也，前清政府相与震詟，群思抵隙蹈瑕。且有京浦铁路往来飙疾，朝发夕至，安危之机，间不容发。而清将张勋，方狼奔豕突于固镇、宿州间。固、宿者，扼江淮要冲，为南北腰膂。南不得此，无以图冀北；北不得此，无以窥江东：两方均视为胜负转移之地者也。元年二月，南北正议和停战，而张勋思乘机掩袭，警报叠至。姚军长雨平躬率粤军子弟，力当前敌。方其两军对垒，炮震肉飞，血流成渠。我军以少数之兵，当悍鸷之贼，奋臂坚拒，竟使彼军遗尸山积，余孽雾散，追奔逐北且百数十里，东南全局赖以安枕，何其壮也。粤军夙以敢死善战称，从事革命者十余年，殉难者指不胜屈。是役死者亦数十人，固由一二豪杰以为之倡，亦因其士夫见义之勇而不能自已也。和议已成，民国统一，乃改瘗忠骨于金陵城外。莫愁湖上，从此山色湖光，馨香亿载，士女瞻拜，无间岁时。相与流连往事，当有念共和幸福为诸烈士碧血所构成者，又何乐也。然国家既已改造，不可不求恢张。方今五洲大通，咸思协以谋我，群虎在旁，瞬息千变。窃愿吾国人勇于对内者，尽移以对外，与列强驰逐于世界竞争之场，则其乐又岂有穷期耶？今国家方开战史局，功绩将著于信史，不复备述。粗述死事者之惨，使来者怵然起敬。又因推论国家强弱无常，用破吾党自足之见，庶久而知所策励云尔。是为记。中华民国元年六月。南京留守统辖南方各军黄兴撰文并书。

据《黄克强先生荣哀录》

致袁世凯电*

（一九一二年六月上旬）

留守府机关蒙允取消已多日矣，程都督允来而不来，人情惶

* 此电无时日。袁世凯于一九一二年五月三十日批准撤销南京留守府，六月三日黄兴接到此令，十四日交卸后即日赴沪。此电当为六月上旬所发。

惑，久恐生变。恳请催令程都督速来接收，免致东南糜烂，无任切盼。

据《黄留守书牍》

复赵凤昌书

（一九一二年六月十日）

竹君先生大鉴：连奉手札，敬悉一切。先生深惧外债之速亡，又虑巨款一时难集，乃欲以取销末一条，权借此款为一时补救方法，用心至为委曲，殊极钦佩。惟垫款合同及监视章程各条，损失权力甚巨，外人诡计百端，倘我求之愈急，彼必要挟愈甚。原约所订稽核时期，不过掩耳盗铃之计划，当事者已受其愚弄，将来再借巨款，彼援案迫胁，我更无法对付。兴所为极力主张毁约者，正以国权损失，实无短期、长期之区别，匪独末一条断难忍受也。各省分借小款办法，前数日已电达中央。来示所云，允为至论。兴以为此时国内欲骤集多数现金，虽非易易，然除分借小款外，仍可速发不兑换券，以资接济。一面劝募国民捐作为预备金，于经济上实无恐慌，并由各省筹设国民银行及银公司，以维持政府永久岁费，于完全筹划，亦甚稳固。况各省协助中央，湘、蜀已首先倡办，若由大总统下一命令，他省亦必不甘居人后，则现时过渡，更无危险矣。其他如整顿地契税，实行盐专卖，岁收入益可增加，将来何至有破产之患。乃当事者绝不为徙薪曲突之谋，而专走饮鸩止渴之死路，殊可叹也。我公明达，素抱爱国热忱，辱承殷殷见教，聊布下悃，惟谅鉴是幸。敬请伟安，不备。黄兴顿。六月十日。

再，弟不日即可来沪面陈一切，宁事已布置妥洽，雪老来，断无他虑，请纾廑念。昨夜偶伤右手食指，仅以左手代书。又叩。

据《赵凤昌藏札》第一〇九册函电稿之二十四

致蔡元培范源濂电

（一九一二年六月十日）

教育部蔡总长、范次长鉴：民国教育，剪除积习，发皇新知，重编课本，实为急务。满清之世，扼于种界政体之箝束，官府愚民，书贾射利，通人鲜有著述，出版各书，不惟宗旨全非，即选材取法亦无教育之经验，以此授徒，贻害匪浅。今欲课本期于完善，必上有确实之指导，下网群才之辑述，庶免前弊。兹取斯旨，陈说数事：其一、课本提倡民间自由编辑，不限制用国定本。此其为益有三：（一）、通儒硕学，均呈著述，搜集宏富。（二）、政府专司审订，不必开局编纂，可省巨费。（三）、得相地取材，学生增乡土之观念，易动感情。其二、普通教科材料应取实利主义，教育方针不宜泛骛。世界大势，惟适乃存。学生就学数年，欲其出世应用，当畀以人生生活必需之具。若各科内容纷繁，非取适当之材料，不足应用；非用一致之方法，不能得系统之知识。况直观教授，今世奉为正宗，苟采实利主义，悉可贯通。其三、初小学读本应用国语教授。小学废止读经，良由儿童不能领受。以古文为读本，其弊相等。国民教育原重应用，以至短之期限，期其了解《尔雅》之文辞，势必不能。况既教事物，兼授文义、文法，又与普通讲话不出一致，数层隔阂，领受实难。若用国语教授，但多识字，口所欲言，笔即能述。及义务期满，虽不再入学，亦能写通常之信札，便利实多。且练习文话，避去土音，于统一国语亦有裨益。近者编辑课本，民间稍有从事。然抉择无本，未必尽适国势。应请宣示大旨，俾有依从，实为教育前途之幸。愚见如此，敢乞采择。黄兴叩。灰。

据北京《政府公报》（一九一二年六月）

安慰军民告示*

（一九一二年六月四日——十三日间）

照得本留守，因南方军队布置渐将就绪，是以电请袁大总统将留守府撤销。现值交替之际，本留守府在任一日，必担一日责任，非事事交卸清楚，接待有人，本留守决不忍抛弃我军民也。切勿妄信浮言，自滋纷扰。切切。特示。

据《黄留守书牍》

致交通部电**

（一九一二年六月四日——十三日间）

本府电报房员司徐徵三、项谦、张肇山、张问渠、顾叙宾、沈秀卿、张志诚、李金裕、许鸿儒、陈兆云、王宗林、施培芝、郑润民、李忠文、雷仲衡、张蓉侯、卢调翔等，均从公勤慎，历著劳绩，办理宁省临时政府暨本府报务，凡事奋勉将事，毫无遗误，不无微劳足录。兹值本府取销在即，究应如何嘉奖之处，用特据情电请贵部核办，以示鼓励。

据《黄留守书牍》

---

* 此件无时日。从电文内容看，当在一九一二年六月四日至十三日交卸留守职务期间所发。

** 据电文内容，当为一九一二年六月四日至十三日间所发。

为维持南京贫儿院公启*

（一九一二年六月十日——十四日间）

启者：南京贫儿教养院之孤儿，缘去年粤军在徐州之役，见哀鸿遍野，势成饿殍，故饬各军士收养，由第四军军长姚雨平每名给代价八元，使其父母得谋生活。统计孤儿约数百名，由粤军携带来宁。鄙人恐失其教养，特首捐巨款，创立贫儿教养院，由徐清、周其永两女士担任组织该院事务。复经指定旧上元县为贫儿院址，旧贡院为贫儿劝工场，并由徐、周两女士开会，筹集开办经费。现已经营匝月，将次开校，惟常年经费恒虑不足。顷鄙人交代在即，不得不为该院妥谋，以竟初志。余右手受伤，未能握管，特用左笔亲缮咨文，咨准程雪楼都督允拨公款，每月三千元，为该院常年费。如虑不敷，仍可增拨数百元。鄙人接准来咨，无任忻忭。则此后数百孤雏，不患无教养之资，将来教养成立，庶不负鄙人区区之苦心。用缀数言，登报纪实，俾各界慈善家亮詧。黄兴启。

据《开国纪念贫儿第一教养院十七年度概况》

解职通电

（一九一二年六月十四日）

北京袁大总统、国务院、参议院、武昌黎副总统、各省都督、上海《民立报》鉴：自临时政府北迁，此间军队林立，亟待整理，大总统特设留守机关，以资镇慑。此时兴以将去之身，强被任命。就职以

---

* 据黄一欧云，姚雨平于一九一二年二月间从徐州前线回南京，带回幼童两百多人，黄兴令交陆军部觅房收容，由徐宗汉（徐清）等组织教养，因此成立南京贫儿教养院。黄兴交卸南京留守前夕，发此公告。是年六月九日黄兴右手受伤，十四日交卸职务，此件当为同年六月十日至十四日之间。

来，深恐抚绥失宜，贻误大局，夙夜祇惧，如履春冰。幸赖各军将士深明大义，诚信相孚，得免重咎。自四月至今，与署内各员极力筹备整理方法，依次实行。约计宁垣军队，现已裁撤者数逾三分之一，其存余各军队亦均商定办法，按期分别裁并。虽其间饷项支绌，积欠数百万，罗掘既尽，应付俱穷，而各军士兵幸尚安堵。自借债条件失败后，共念时局危迫，除一律减薪助捐外，更有自请解甲归农，减轻国家负担者。可见男儿爱国，心理所同。起义光复之人，断无拥兵自卫之举。嗣因北方言论猜忌环生，不审内容，每多臆测，以为南方存此特别机关，势同树敌。且北方来电，谓此次借款，外人亦注意南方军队。兴睹此情形，殊非国福。窃恐内讧叠起，外患丛生。又以宁垣军队整理已有端倪，地方秩序自赣军变后亦渐回复。不如将留守机关早日取消，可使南北猜疑尽泯，庶几行政统一，民国基础日趋巩固。故自去月十三日起，叠次电请大总统取消留守一职，至本月四日始奉令允许，所余军队分别归陆军部、江苏都督管辖。兹于十四日已将一切经手事件交代妥贴，此后机关概已付托后人，务望各勿猜嫌，同舟共济。惟是财政奇窘，百废待举，外款要挟，实可召亡，自救之道，不宜或缓。公等谋国深远，愿好为之。兴江海奔驰，已弥年载，行能无似，肝胆犹存，本非畏难而卸责，亦非高蹈以沽名。自此退居田里，同为国民，倘有一得之愚，仍当竭诚贡献，借尽天职，以副初衷。兹值去位，聊布区区，伏维亮察。黄兴。印。

据上海《民立报》一九一二年六月十七日

布告各界文

（一九一二年六月十四日）

中华民国元年六月十四日，解职南京留守黄兴，敬告我父老子弟左右。兴自交卸陆军部事务，忝任南京留守，与诸父老子弟相处，又已逾两月。兹当解职，谊不能无一言。兴湘上鄙人也，文质无所底，然稍具世界观念。频年以来，奔走国事，幸随诸豪杰后，创造共和始基，大局粗定，差免重咎。本年四月政府北迁，大总统念南方军众留遣需时，强命兴为南京留守，受任后方，筹所以整理及一切裁撤方法。乃未六日，而赣军变作，致吾父老子弟惊恐备至，每一念及，实由兴镇抚乏术所致，且愧且痛。两月以来，实行整理裁遣之计画，除赣军投诚者首先押送回籍外，浙军则全数遣归，次遣桂军六大队，再次则粤军陆续开拔。其各军统各师长司令部深明大义自请取消者，尚络绎不绝。此外减缩军队之各种办法，迭与各军、师、旅长等会商妥协，依次进行，计已经遣散者约三分之一①。因念留守一职原为暂设机关，读大总统所颁条例，有曰“南方军队整理就绪，即行裁撤”等语，是用遵例，迭请取消。而诸父老子弟不以兴为不职，屡致函电款留，待兴诚厚。惟其中有与大局相关者，不能不略述之。民军起义，实首南方各省，南北统一后议设留守，不过因时制宜，而北方物议沸腾，或疑与政府对峙，或谓机关不一易兆分离。兹幸南方各军整理已有端倪，若不及早取销，不独有碍行政统一，且使南北猜疑益深，实非民国前途之福。兼以百端待举，国库空虚。自前清以国用殚竭，重以赔款，先后借债达数十倍②。今之当轴更主张大借外债，以资建设。夫借外债，诚非得已，然因窘迫仰望之故，至使外人要挟，侵失主权，我父老子弟应同声痛愤。当此之时，苟可以节糜费者，自当力从节省。使留守机关一日成立，即多一日费用。且此次北方借债失败，竟以南京军队为词，尤所难堪。而就近日事实上观察，此间对于各军队布置均已略定，留守一职，势同赘疣，实以取销为宜。本月四日奉大总统令，允

① 一九一二年六月十八日《民立报》作“二分一”。
② 一九一二年六月十八日《民立报》作“十余倍”。

许取销,所有军队分别归陆军部、江苏都督接管。从此付托得人,不难日臻上理。望诸父老子弟毋怖毋惑,毋以兴之去留为念。自今以往,兴归为共和国民,区区之私,诚极愉快。所歉然者,与诸父老子弟相依相处,前后凡五阅月,对于地方各要政,其已计划者,或议而未行,或行而未就绪,是因时与势为之,不免引为内疚耳。务望我父老子弟勤勤自治,以与都督程公共为辅助,则不惟东南半壁颂兹福利,将来大局实攸赖之。临别依依,不尽所怀,惟共谅是幸。黄兴。

据上海《时报》一九一二年六月十七日

布告将士文

（一九一二年六月十四日）

中华民国元年六月十四日,解职南京留守黄兴,敬告我将士诸君左右。兴承乏留守,已两月矣。以棉薄之材,处嫌疑之地,夙夜祇惧。幸赖诸君子一德一心,共扶危局,既纫公谊,共缕和衷。慨自南北统一,政府北迁,曾日月重光,烽烟已靖。然战争之余,四民失业,疮痍满目,鸡犬时惊。差幸两月以来,商集于廛,士安于校,已渐苏积困,颇复旧观。此诸君子严申军纪、共维治安之功也。主客各军,星罗棋布,方音隔阂,冲突堪虞。加以筹饷维艰,量沙无术,饥饿所迫,威令难行,卒能竭力维持,免于哗溃,此诸君子深明大义、固结军心之功也。以债殉国则国危,以民养兵则国困。诸君子痛国权之损失,慨民力之难支,于是减薪捐俸,以济时艰,裁兵归农,以节军费。此尤忠忱贯金石、义声震遐迩者也。兴对于我忠爱之军人,酬庸未竟,积歉方深,近日力谋所以安置之方法,规画甫定,略分两端:其一退职军官之补实也,其一退伍兵士之周恤也。军官补实之法,前已电请中央政府允准施行,一俟各军表册造齐,即可按级请补。军士周恤之法，按照道里远近，除应给饷银外，酌发川资，必使安返里闾，不致流离道左。以上二者，必期实践，凡我将士，可无疑虑。惟兴自今之后，所殷殷期望于诸君子者有三：曰爱国，曰保民，曰服从军纪。攘权夺利，逞威黩武，谓之国贼；恃众暴寡，倚强凌弱，谓之民蠹；违法蔑纪，倒行逆施，谓之乱军。有一于此，国亡无日。我赤心爱国之军人，当断不忍出此。兴虽去位，心不忘国，尚期互相劝励，永保治安，以竟全勋，而保荣誉，此则日夜祷祝于诸君子者也。溯自起义以来，我庄严璀璨之民国，实诸君子热血所构成，我共和大同之民族，尤诸君子精神所融铸。兴也何心，敢贪天功，以为己力。值此同舟共济之际，原非束身远引之时，惟内察国情，外观时局，猜嫌日甚，隐患方深，欲以国事为先，不得不奉身以退，此则兴所不忍与诸君子决别，而又不敢淹留者也。《易》曰："其亡其亡，系于苞桑。"民国安危，争此呼吸。兴与诸君子同兹利害，何分去留？此后之关系，不在形式，而在精神，不在私情，而在公义。如兴有不忠于国、遗害于民者，愿诸君子以正义责之，兴俯首受罪以谢天下。诸君子之行动，兴苟见以为不合者，亦当勉效忠告。掬此热忱，庶几宏济艰难，共跻福利。谨效古人赠言之义，不胜临歧感别之情！敢布区区，伏维谅察，民国幸甚。黄兴谨布。

据上海《民立报》一九一二年六月十八日

致袁世凯呈

（一九一二年六月十四日）

为呈请事：窃南京留守机关，业蒙钧令准予取消，所有留守府统辖各军，已于本年六月十四日分别移交陆军部及江苏都督府接收管理，并于是日将全府职员解散电呈在案。溯自留守府设立，正值南京临时政府北迁之时，当时军队林立，饷糈匮乏，主客各军羼杂一隅，伏莽暗中勾结，时图蠢动，东南大局，岌岌可危。兴以薄德菲材，膺兹重任，拜命之初，深惧陨越。以为欲保东南之安宁，谋国家之统一，当先以裁遣军队为入手办法。故新政百端，未遑兼虑，而先兢兢注力于此，誓于短少期间，裁遣多数军队，以期地方秩序稍得恢复，庶待兴之政，始得徐图整理。不幸镇抚无方，赣军肇乱，致贻大总统南顾之忧，每深负疚。此后持定裁遣之方针益力，并时召集诸将士会议府中，晓以大义，策其进行。幸府中各职员，均一致主张，不避劳怨。诸将士皆体念时艰，弗竞权利。故此云屯雾集之军队，竟不数十日裁汰归并行将及半，耗费约而程功尚速。惟因款项奇绌，计兵授粮，时虞不继。而资遣运输之费，更难筹措。于此两月余日之内，尚未能照拟定之裁遣计画办理完竣，此则深为遗憾者也。至留守任内关系稍涉重要之事项，均已随时电闻，想早在洞鉴之中。除取消时所有应行移交陆军部及江苏都督府之文牍已分别移交外，兹特派前南京留守府副官杨友棠赍文恭呈各项表册章制报销等件，并缴南京留守统辖南方各军关防一颗，伏乞鉴核。

再，此呈仍用南京留守统辖南方各军关防，合并陈明。谨呈。

计呈：

南京留守统辖南方各军关防一颗；

留守府编制及服务大纲一册；

留守府职员履历册一扣；

留守府整理南方军队计画一册；

留守府收支款项决算报告书一册；

前陆军部收支款项决算报告书一册；

陆军部未成立以前收支款项报告书一册。

据北京《政府公报》（一九一二年九月）

复黎元洪电*

（一九一二年六月十六日稍后）

铣电敬悉。共和肇造，公为首功。兴以菲材，谬蒙褒许，实所感愧。此后在野，仍当尽力民国，以副雅怀。

据《黄留守书牍》

和俄国外交官的谈话**

（一九一二年六月二十一日）

一九一二年六月前后，由于袁世凯的篡权专制，对革命党人步步进逼，国内发生动荡，黄兴等人颇有预见地对形势作了分析。"同盟会的某些领导人都看出来，国家机器的主要杠杆都掌握在敌视共和国的人手里。这方面值得注意的是黄兴在（一九一二年）六月二十一日和俄国外交官沃兹涅先斯基的一次谈话中对有关国内形势的分析。黄兴感到不可避免会出现新动乱。"（贝洛夫：《1911—1913年的中国革命》）他说：

并不是由于财政困难，也不是由于仓卒地把军队遣散，而是另外带有原则性的、完全出自政治方面的原因。

从革命成功之日起，在共和派里面，就是说在政府、军队和行政机关的现有成员当中，混进了异己者，甚至是新制度的敌对

* 此电未署时日。黎元洪为"铣电"（十六日），时黄兴已卸南京留守职，故此电当发于一九一二年六月十六日稍后。

** 一九一二年六月二十一日，黄兴在上海与俄国外交官沃兹涅先斯基作过一次谈话，论及国内形势，感到不可避免地会出现新动乱。此处系所引书的记录摘要。

分子。

我个人认为，可能当我感觉到革命组织者内部不够统一和团结时，这个问题就存在了。这些人以为是时候了，可以慢慢地、小心地把国家机器转向，使我们走回头路，打着共和国的旗号恢复旧制度，照旧专横地、不受监督地任用某些人，照样卖国。起初仿佛出乎意外地振作起来的中国整个国家生活，在最近两个月内就悄悄地掩旗息鼓了。今后怎么办？如何以自己的力量来挽救祖国？对这样普通的问题有人不去理会，而忽然对伟大的民族提出这样一些问题：官员要穿什么样的服装？如何用欧洲的借款来给官员支付薪俸？

新生共和国最危险之所在，会使她在人民心目中威信扫地。

据俄国外交档案，中国案卷第三五七号第七一、七二、七五、七六页，转引自 E. A. 贝洛夫：《1911—1913 年的中国革命》

和俄国外交官的谈话*

（一九一二年夏）

当国内普遍地看到旧制度已穷途末路（这是去年十一月前后），少数清兵不管怎样挣扎已无法阻挡事物的自然趋势之时，清朝的大臣们就接二连三地开始转向共和国一边来了。他们纷纷背弃自己的政府。这类大臣的大多数都是行将就木的人了。我以为，他们只有一个想法，那就是不要断了自己的生财之道。一些比较薄情寡义的人，打算勉强顺从新制度，把自己衙门上边“大清”这

* 见一九一二年六月二十一日谈话的题解。此次未记月日。

两个字抹掉，照旧当官；而另一些死心塌地和沽名钓誉的人，则希望凭借他们的统治经验，在不久的将来把新潮流扭回到旧轨道。

……不要这些外国借款，我们也过得去。因为，这些借款会使中国受外国银行家的束缚。在他们的眼里，我们不过是永远供人驱使的牛马。

只要你们靠金钱来奴役我们，你们自己迟早将会把千百万群众教育过来，到时，他们就会把每个外国人都看作是粗暴的剥削者，高利贷者，这些人在金融方面的霸道行为，比异族统治还要难于忍受。我不愿预言，更怕成为预言家。但是，你们伙同那些只顾发财的目光短浅的银行家，你们把钱借给我们，那就是要酝酿第二次更可怕的义和团起义。到那时，可不要抱怨政府恶意煽动老百姓。

据俄国外交档案，中国案卷第三五七号，转引自
E. A. 贝洛夫：«1911—1913 年的中国革命»

在上海各界欢迎会上的演讲*

（一九一二年六月二十三日）

鄙人自被推任南京留守以来，无日不以民国为忧。今日虽已推倒满清政府，而障碍之物尚多，且现在各国尚未正式承认我民国。目下最要问题，即是财政与内阁两问题。政府既拟借外债，不顾后患。但是稍有知识者无不知外债之可畏，且外国资本团即欲

* 一九一二年六月十四日黄兴交卸南京留守职务后赴沪，二十二日孙中山自广州抵上海。上海各界于二十三日下午在张园安恺第举行欢迎孙、黄大会，孙中山因事未到，请黄兴代表。本文即黄兴在欢迎会上的演说词。

因此监督我财政。我国民欲图挽救之策，必先从事于国民捐。鄙人在南京时曾首先提倡，想我热心爱国之士，亦必乐为赞助。（鼓掌如雷）且南方之人热心为国者居多，我知必无人敢公然破坏此局，即有知识之北方人，亦皆赞同斯举。我人民各慷慨解囊，免致贻人口实，民国有益，亦人民福也。至内阁问题，为目下最重要者。唐氏此行虽未得究其真相，而要为他党所倾轧，故惘惘然去位无疑也。革命流血，推倒满廷，我虽不敢自夸为大功，而亦可以告无罪于天下。组织内阁，当政见洽和者方可福国家。今日之现象观之，非政见相争，实以党名相争，前途非常危险。而今后之内阁若不速为解决，我知非驴非马将继续出现。民国之危，甚于累卵。故当此未解决时，诸君当如何研究其故而图救。

据上海《民立报》一九一二年六月二十五日

在中国同盟会上海支部夏季常会上的演讲（二件）*

（一九一二年六月三十日）

一

本会本有特别之党纲，更当有宏大之党德。所谓特别之党纲者，即孙中山先生夙所主持之民生主义。虽此主义在他党人多未认为必要，或且视为危险，实则世界大势所趋，社会革命终不可免。

---

* 一九一二年六月三十日，中国同盟会上海支部举行夏季常会，由姚勇忱主持，到会会员五百余人。特请孙中山、黄兴莅临讲话。所录第一件是黄兴在会议上的演说词。孙中山因事未到会，委托黄兴为代表，第二件系黄兴代表孙中山在会议上的演说词。

而本会所主张之社会主义，又极为平和易行。盖十年前本会初成立时，即标明四大主义，其一为平均地权，乃本会与他党特异之点。其详细办法，中山先生于南京、武昌两处均有演说，凡我同志，均当知此主义之必要，力谋进行。现在欧美各国，其政党均略分两种，一为国权党，一为民权党。国权党主增重政府权力，民权党主扩张个人之自由。本会既抱持社会主义，自为民权党无疑。至政党道德，吾人尤宜以宏大之心理对待他党。现在共和党竭力诬蔑本会，如谓孙中山先生得比款一百万，又谓唐总理尽将比款送人，又谓同盟会得比款三十五万，其实皆是捏造。天下事，是非曲直，终有大明之一日，吾人尽可以大度处之，切勿与他党谩骂。况比款事，中山先生已电请财政部宣布，不久即可水落石出乎！至国务总理，已推定陆子兴，吾人亦决不反对，且当竭力维持之。惟既与本会主张之政党内阁不同，自可确守文明国在野党之态度，实行监督。故所谓党德者，即以宏大之心理对异党，断不可尤而效之，捏造谩骂也。

本会亟应举办之事凡三：一、设立政法学校，造就建设人才，因现在为当力谋建设时代；二、扩张言论机关，因本会虽不计较他党机关报之谩骂，却不可不普及政见于国民；三、兴办调查事业，以洞悉国情，使本党所主张，不为纸上空谈。惟此三事，皆非经济不可。现有基本金仅徐固卿君捐万元，及他项捐款两万元，而办学校等事需款正多，望诸同志协力筹议。

据上海《民立报》一九一二年七月一日

二

中华民国成立已半年，而一切未能就绪，其原因在于政党未能确立。今日内阁风潮，实非好现象。如何办法，实政党一大问题。前次本会专致力于破坏事业，后革命成功，于南京大会始决议改为政党①。夫政党者，以政为党，非以党为政也。本党成立与他党异。中山先生倡三大主义，其特注重者则平均地权一语。本党对于社会亦甚出力，全体一致，此乃本党之特色，可以谓之党风。本党性质与民权党无别。凡此特色，本党须发挥出来。民生主义，孙先生曾屡次演说，惟外间尚未明晰。以世界大势观之，社会革命岌岌不可终日，吾人此次革命，即根据社会革命而来。民生主义繁博广大，而要之则平均地权。反而言之，即是土地国有。土地是不能增加的，而生齿日繁，土地私有则难于供给。他人见吾党持社会主义，群相惊讶，不知吾人于建国之初，不先固根基则难以立国。故吾党员极宜注意此点，宏其党风。而欲宏党风，须有包含一切之宏量。他党之攻吾也，虽含种种疾忌而不好之点，吾人亦当引以为戒，认彼反对者为好友，不必反报，含养大度，培植党德，成一个最大政党，于攻击风潮中特立不移，以一特别党风造成一种党德。故吾党从前纯带一种破坏性质，以后当纯带一种建设性质。欲言建设，当得人才；欲得人才，当兴教育。故本党能从教育一方面着手是绝好方法，先在上海立一宏大学校，教育本会会员，养成法政人才，然后各地再依次增设，渐渐忍耐进行，则本党人才自裕。至现在言论机关，与我为不正之反对者可不理会。惟本党自当多设言论机关，发挥本党政见。二者之外，其最要者为设调查专部。如不加调查，则一切事情不得明瞭，而万物纷如乱丝。调查部之性质，是国家大事均归调查，而各地分部可任调查之责。然欲调查之完美，必先养成调查之人才。故本党宜集中学以上意志坚卓之人才，换以简单之学科，使分赴各地而得其真相，然后本党对此确切之布告，则始不致谬误。今日政治中心虽在北京，而实在长江流域。故

① 中国同盟会原为秘密组织，本部设在东京。一九一二年三月三日，同盟会在南京召开改组会议，决定由秘密转为公开，设本部事务所于南京，宣布“巩固中华民国，实行民生主义”的宗旨，并制定了同盟会的新政纲，选举孙中山为总理，黄兴、黎元洪为协理。同盟会本部不久迁上海，后又迁北京。

本机关部之责甚重，即可于上海办起。所得各地报告，然后报告本部，而复合本党政治上人才，研究本会政见，确定进行，布告各支部，使外间知本党政见之所在，或选善于口辩之人，分赴各地演说本党政见。然而此种种措施，须有绝强之财力。今本党基金尚无确数，故本党一切应行之事，尚未能着手。……①

据上海《太平洋报》一九一二年七月一日

复郑占南书*

（一九一二年七月一日）

敬复者：前因飞弹事，远劳电问。兹复奉到手书，具悉爱国热忱，并殷殷以进行策励，鄙人殊深感佩。鄙人频年奔走，赖诸同志力，幸得划除专制。然政治尚未更新，舆论已甚形复杂。前之辞总长，今之辞留守，实为调和南北、破除猜疑起见，并非畏难而卸责也。同盟会现改为政党，在美洲公举足下为会长，实可为得人贺。国旗一节，经参议院议决，以天日旗为海军旗矣②。致王君棠函，当代探询转寄。专此奉复，祇请台安。黄兴顿首。七月初一日。

据《黄克强先生书翰墨迹》

与陈其美等介绍日医启事

（一九一二年七月六日）

吉住庆二郎君者，东瀛名士，素精医术，遇有难症，著手成春。

---

① 原文如此。

* 黄兴辞南京留守后，外间多有询问，郑占南（任中国同盟会美洲葛仑分会会长）亦有来书。本文解释前后辞职原因。

② 一九一二年五月十日参议院议决：五色旗为国旗，青天白日旗为海军旗。

囊在扶桑，声名显著。投身民军，于枪烟弹雨之中扶伤救死，功绩甚伟。在沪上法租界西城河浜九十三号，电话三〇七二，设立吉住医院，冀以延伸国手，济世活人，谨为绍介。介绍人：黄兴、陈其美、曾昭文、黄郛、王昆芳。

据上海《民立报》一九一二年七月六日及八月二十四日

致袁世凯书

（一九一二年七月中旬）

慰公先生大总统钧鉴：日昨由蒋雨岩次长交到手书尊照，既见觙蔑之心，如睹叶公之面。私衷钦仰，未可言喻。念自南北统一，先生独排众议，竭力主持，造福国民，诚非浅鲜。方今建设伊始，经纬万端，财政日陷于危机，舆论未衷于一致，潮流所至，国本堪虞，尤赖展布鸿猷，以匡大局。兴历年奔走，学殖久荒，才智不及中人，精力亦渐茶畬。临时政府成立以来，迭次忝膺重任，勉竭驽钝，实无寸长。退职之余，方思补过，而赐示乃奖励逾量，策以方来，命速至京，共筹大计，再三祇诵，愧悚弥深。惟是国事关怀，肝胆尚存。深念我公独当冲要，劳怨不辞，兴也何人，岂敢惜此一行，苟安旦夕。虽管、蠡之见无可贡献，而得见君子，借聆名言，实所欣愿。前因风扇伤手①，疮痕未愈，近复脚气发痛，跬步维艰。俟稍就痊可，即当遵命北行，抠衣进谒。兹因蒋次长还京之便，附呈相片，先表企慕之忱，伏维垂鉴，敬颂钧安。黄兴顿首。

据上海《民立报》一九一二年七月十九日

---

① 一九一二年六月九日晚，黄兴为南京第七师师长洪承点书条幅时，不慎手触电扇，伤右手食指。

在旅沪湖南同乡会欢迎会上的答谢词*

（一九一二年七月三十日）

今日辱承同乡诸君子雅意欢迎，实深惶愧，奖饰逾量，尤非所敢当。兴奔走海外，与吾父老兄弟别者盖十年，诚深痛夫清政不纲，外见侮于列强，日蹙百里，内恣行其专制，政以贿成。驯至国势阽危，有如累卵，中智之士，靡不审其崩离。而当道豺狼，处堂燕雀，仍相与酣嬉而不悟。兴窃不自量，欲尽匹夫有责之义，力谋恢复旧物，以除民贼，冲冒凶锋，屡濒于危。今幸共和成立，犹得与吾故乡父老兄弟相见于江海之间，赖诸同志之血诚，诸名流之响应所致，其为欣幸，何可言喻！惟民国肇造伊始，政治前途尚无涯涘，正资海内贤达竭力扶持，以期巩固基础。而近士夫多误于党见，急争权利，以致同室感情容有未洽，全国要政难期进行。益以强邻窥伺，边事日危，大局愈形岌岌，此则兴所日夜彷皇，痛心疾首，而不能不以一腔热血洒于吾父老兄弟之前者也。盖国家者积人而成，人人有应尽之责，各视其能力以为担负，非可强任，亦非可放弃。兴以为吾国人今后当各存责任心，有责任心，则纯以国家为前提，而私见自泯。且所谓责任者，其途甚宽。除政治方面外，尤以实业为发展国力之母，可共同为之，而无诈无虞者也。昔德意志之初兴也，其国内讧不绝，人民以农业为本位，素无进取之气，与吾国人相伯仲，乃未及三、四十年，竟压倒欧洲大陆之竞争国，使握世界商业霸权之英吉利亦生恐惧。去年美国总领事佛兰克美桑氏，曾推论德意志所以占产业国民之首位者，因有受教育学训练至绵密周到之商人，年年征集大学及工艺学校之卒业生，如熟练化学者、冶金

---

* 一九一二年七月三十日旅沪湖南同乡会假斜桥会馆开会欢迎黄兴，并议设湖南公学，公推黄兴任建校筹备会总理。本文即黄兴在会议上的答谢词。

学者、意匠设计者、染色技师、机械技师及纺绩技师成一大军队，以为彼等之后援，而从事于外国商业之故。其言可深长思也。然则吾国人苟能各视其能力，发奋经营实业，父老兄弟互相劝勉，则国家之繁荣，亦实可计日而待。兴今虽退职，偶有见于福国利民之处，不敢缄默，幸诸君子有以见教，即兴之所以望诸君子者在此，所以谢诸君子者亦在此。中华民国元年七月三十日黄兴谨答。

据上海《民立报》一九一二年七月三十一日

筹办旅沪湖南公学募捐启事

（一九一二年七月）

兴自卸留守事，来居沪，颇有隙与此间乡人士聚处，其中明达，外怵于教育普及之无期，内鉴于乡人子弟之失学，恒以兴学之谈来相研议。兴思二十世纪世界共同解决者，实为发展国民生计问题，而本问题锁钥，则在国民之企业力与日俱高。苟此着不行，则小之不能应新文明之要求，所得之佣金难与其应有之生活程度相应，甚至并无佣金之可言，而国民生计日即于枯燥，久之且不能保存现有之企业力焉；大之国民总体之企业力不强，则不能利用新器械，计画新组织，纷集大资本，因不能为大开大阖之生产运动，以最少之资本、最少之劳力而出产最大之额，在近世工业革命潮流之中立得住脚。甚矣，其可危也！夫发达国民之企业力，其途亦多，而有良好之中小学以桢其基，则为天经地义之不容或易。今同乡诸君筹办旅沪公学，诚哉切要之图也。兴感乡先生所见之明通，规画之真切，于公学之所以进行，极愿一竭其棉薄，以表其赞助之忱焉。吾乡贤达，随处可遇，倘亦同具此心乎？此兴所最为尸祝者也。

据《独立周报》第一年第三号（一九一二年十月六日）

致财政部电

（一九一二年八月四日）

北京财政部鉴：关于公债票事，屡次通电备悉。查前在留守任内所领公债票，计由陆军部移交二十一万七千九百九十五元，参谋部移交三千五百四十五元，财政部交来六百万元，共计总额六百二十二万一千五百四十元正。现计存怡大洋行担保子弹欠款自六千零一号至六千五百号，又七千零一号至七千一百号，共六百张，每张十元，共计额六十万元，存和𠸄银行，担保礼和借款，自六千五百零一号至七千号，又一千四百零一号至二千号，又四千五百零一号至五千号，共一千六百张，计额一百六十万元。又据财政部电咨转交谭人凤七百零一号至一千号，共三百张，计额三十万元。又交陆军部蒋次长五千五百零一号至六千号，共五百张，计额五十万元，已由蒋次长发给第八师。又交陆军部蒋次长二千零一号至二千五百号，又五千零一号至五千五百号，共一千张，计额一百万元，已由蒋次长发存龙华公司担保军装费。计以上交付及担保者共四百万元外，由留守府发出各军队者，仅第二师司令部解散时发给一次，计额五百九十元，卖出者计额三百元。现查少数者一百零五元。现计尚存二百二十二万五百四十五元，皆系五元、十元零票，不便转送，能否电饬沪行代收，希即电示。其卖出者，自六万三千一百零一号至六万三千一百四十号，共四十张，每张五元；又二万七千七百零一号，至二万七千七百一十号，共十张，每张十元，由留守府军需局长曾昭文签字，皆系照原额发卖。其实卖出时期概在四、五月间，票面上详细记载。又发给第二师之五百九十元，票面上记有受领人名，并有不准转卖字样。其清册随即送呈。至少数之一百五元，因票额太小，号数一时无从稽查，已责成该经手人照额缴纳现金。特此奉闻。黄兴。

据上海《民立报》一九一二年八月七日

致谭人凤电*

（一九一二年八月八日）

武昌都督转谭先生人凤鉴：顷接湘督电称，昨铁路公司开会研究，大众赞成，祈速返湘布置一切。特为转达。黄兴。

据上海《民立报》一九一二年八月八日

与孙中山致中国同盟会各支部电**

（一九一二年八月十三日）

各支部鉴：接北京本部来电云："连日与统一共和党、国民公进会、国民公党协商合并，另行组织。彼此提出条件如下：（一）、定名为国民党。（一）、宗旨：巩固共和，实行平民政治。（一）、党纲五条：保持政治统一，发展地方自治，励行种族同化，采用民生政策，保持国际平和。（一）、用理事制：于其中推一人为理事长。昨日开全体职员、评议员联合会，合并条件已通过"，云云。文等以上列各条与本会宗旨毫不相背，又得此多数政团同心协力，将吾党素所怀抱者见诸实行，此非独同人之幸，亦民国前途之福也。文等深为赞成。且同盟会成立之始，其命名本含有革命同盟会意义，共和初建，

---

* 谭人凤于一九一二年六月二十二日就任粤汉铁路公司督办，七月九日在《民立报》刊登《粤汉铁路说帖》，提出办理铁路主张。此时，黄兴电促其返湘布置该铁路湖南段事宜。

** 一九一二年八月十二日，同盟会联合统一共和党等合组为国民党，推孙中山为理事长。此电中有"昨日开全体职员、评议员联合会，合并条件已通过"等语。故此电发于是年八月十三日。

改为政党,同人提议变更名称者日众。即此时而易之,可谓一举而两得矣。特此通电贵支部,务求同意,以便正式发表。文等屡承袁大总统遣使持函来邀,已定十七日起程北上。赐复即交北京同盟会本部为盼。孙文、黄兴。

据上海《民立报》一九一二年八月十五日

与柏文蔚等发起熊成基烈士追悼会预告

(一九一二年八月十五日)

烈士以皖军将校,首举义旗,为天下倡,意在联合太湖会操诸君建旗北上,直捣黄龙。事虽未成,然种族大义由是深入军心,历久弥固。曾不五稔,武汉发难,江、皖响应,卒以军人革命覆满清而建民国,则烈士提倡之功也。今烈士之兄成模由吉奉迎灵榇,不日回扬。本党同人追念先烈,哀与敬俱,拟诹时日开追悼大会于扬州。海内人士,凡钦仰烈士者,可先期惠临,或以挽联、哀章见寄。尤望本党各地支部、分部广告各界征集联文代收,尽本月二十日前转寄扬州广储门外史公祠内同盟会扬(州)分部为祷。会期准在月内,容俟择定,再行布闻,即希公鉴。

发起人:黄兴、柏文蔚、方潜、胡维栋、范光启、凌毅、辛汉、陈策、常恒芳、程芝宣、王芝祥、陈其美、洪承典、姚勇忱、郑芳荪、陈陶怡、杜潜、章梓、巴泽宪、凌昭、王正蕃、熊传第、高从道、张永正、廖传仪、孙希文、方刚、孙斐轩、肖良璞、薛子祥、赵云龙、袁家声、倪伟汉、余友丰、韩慰生、杨士香、赵正平、冷遹、黄子鸣、廖传薪、赵丹、孙万乘、毕少山、龚维鑫、黄郛、龚振鹏、张汇滔、阚钧、方树仁、任诚、毛宗苌谨启。

据上海《民立报》一九一二年八月十五日

复黄钺书*

（一九一二年八月十六日）

屡读来书，情意周至，极为可感。久欲作复，因公已离秦，无处投递，遂尔中止，至今歉仄。昨又奉手示，敬悉大驾已还珂里，未审贵恙近愈否？甚念甚念。半年以来，我公维持甘事，煞费苦心，明眼人自有公论。悠悠之口，初何损于日月之光，望勿介怀为要。来示对于回患，犹深去后之思，抑何爱国之至如此。俟有机缘，当设法挽救也。兴因袁总统屡派人邀请晤谈，明日便北行，约住旬日，即当南返。倘得至湘，再与公图良觌，以罄所怀。承欲以名马见赠，此在公高谊虽轶古人借乘之举，而在兴则实非所敢当。

据黄钺：《陇右光复记》

致袁世凯电

（一九一二年八月十八日）

袁大总统鉴：南中闻张振武枪毙，颇深骇怪；今得电传步军统领衙门宣告之罪状，系揭载黎副总统原电。所称怙权结党、桀骜自恣、飞扬跋扈等，似皆为言行不谨之罪；与破坏共和、图谋不轨之说，词意不能针对。全电归结之语，注重于"爱既不能，忍又不可"八字。但张振武不能受爱与受忍之处，出于黎副总统一二人之意乎？抑于共和国法律上有不能爱之、不可忍之之判断乎？未见司法裁判，颇难释此疑问。乞更明白宣布，以解群惑，共和幸甚。兴

* 此信未署时日。黄兴与孙中山致中国同盟会各支部电中，有"已定十七日（一九一二年八月）起程北上"语。本函有"兴因袁总统屡派人邀请晤谈，明日便北行"句。据此，本函当发于是年八月十六日。因张振武、方维在北京被害，孙中山、黄兴均推迟行期。

略有事，稍迟当趋承钧教。黄兴。巧。

据上海《民立报》一九一二年八月十九日

附：袁世凯复黄兴电

（一九一二年八月十九日）

黄克强先生鉴：巧电悉。张振武一案，黎副总统原电有“蛊惑军士，勾结土匪，破坏共和，昌谋不轨，乞立予正法”等语。黎副总统为鄂军督帅，对其所部宣布罪状请正典刑，自应即予照办。至原案颠末，已电黎副总统明白宣布矣。中山先生北上，无任欢跃！执事因事稍缓，望眼欲穿。仍祈即日启行，得罄肝鬲，大局幸甚，鄙人幸甚。袁世凯。皓。

据上海《民立报》一九一二年八月二十一日

复袁世凯电

（一九一二年八月二十日）

北京袁大总统鉴：皓电敬悉。黎副总统原电述张、方罪状，语极含混。凡有法律之国，无论何级长官，均不能于法外擅为生杀。今不经裁判，竟将创造共和有功之人立予枪毙，人权国法，破坏俱尽。兴前在留守任内办理常州军政分府赵乐群一案，舆论均谓可杀，兴犹迭开军法会审，由王军长芝祥率同会审各师长暨法官，调齐人证，悉心研讯，业经取具确供，复汇案呈请大总统，饬交陆军部复核。原期详慎议定，使成信谳，以示尊重法律，拥护人权，为各省都督开一先例。庶几共和开幕，国民不至有死于非法之惧。而张、方案乃如此，两事相距，为期甚迩，张、方独因一面告讦者擅定极刑，未讯供证而死。国民生命财产权专恃法律为保护，即共和国精神所托。且在前清专制时，汪精卫谋炸摄政一案，讯供确凿，尚能出于详审，仅予监禁。纵使张、方对于都督个人有不轨之嫌疑，亦岂能不据法律上手续，率请立予正法，以快私心？现在外患日迫，政府信用未固，益以此事，致群情激动，外人轻视，民国基础愈形危险。顾瞻前途，良用滋戚，旁皇终夜，不知所措。洒涕陈言，伏维谅察。黄兴。智。

据上海《民立报》一九一二年八月二十一日

致北京天津各界电

（一九一二年八月二十一日）

北京《民主报》转京津各报、各界同胞诸君鉴：前承袁大总统邀约赴京，兴拟十八日就道，藉与各界同胞集叙情话，并聆雅教。乃因一时遽难离沪，未及与孙中山先生偕行，实深怅歉。屡见朋旧来电暨报纸传载，盛称诸君不以兴为不肖，预备欢迎。兹值展缓行期，致负盛意，尤为感愧。海天在望，共证心期，鸿雪何尝，再图良觌。国事繁巨，中山先生到京，当能与大总统商议一切，此可与诸君共慰者。临风响往，不罄所怀，惟谅鉴是幸。黄兴叩。箇。

据上海《中华民报》一九一二年八月二十三日

暂缓北上启事

（一九一二年八月二十四日）

张君昉，十年前与兴同学，且系旧同盟会员，此次受袁总统之托，来沪接孙中山先生及兴赴京，其眷念大局，热诚可感。兴本拟与孙先生同行，因事稍缓。且有孙先生与袁总统携手，诸事必能商酌，兴之北行与否，何关重轻？承张君过爱，觉兴一人不往，于大局颇多关碍，故敦促之情甚为急迫。乃报纸所载，不知内容，致与张君本意相左,兴对此极为歉仄,特此布告,以明事实。黄兴谨启。

据上海《民立报》一九一二年八月二十四日

致袁世凯电

（一九一二年八月二十七日）

北京袁大总统鉴：兴前因病赴西湖疗养，今晚返沪，始见孙中山先生自津来电谓:“顷见一总统府秘书云:张振武被执时,在张处搜得一书,系与兴者,内容有云托杀黎元洪事,已布置周妥”等语。今日又阅沪报译载《文汇报》北京电云:“此间谣传张振武之谋第二次革命,黄兴实与同谋,故不来京”云云。阅此两电,不胜骇异。张案鄂、京尚未尽情宣布,读漾电亦云案情重大,牵涉尤多。今京、沪忽拟议及兴[①]，若不将张案明白宣布，则此案终属暗昧，无以释中外之疑。务请大总统勿徇勿隐,彻底查办。如兴果与张案有涉,甘受法庭裁判。如或由小人从中诬捏人罪,亦请按反坐律究办。庶全国人民皆得受治于法律之下,鄙人幸甚。立盼电复。黄兴叩。感。

据上海《民立报》一九一二年八月二十八日

附:胡瑛于右任等致袁世凯等电

（一九一二年八月三十日）

北京袁总统、国务院、参议院公鉴:黄公克强缔造民国,备历艰苦,大局甫定,自解兵符,磊落光明,中外共感,成不居功,退岂失德? 张振武前因鄂事,重以私见,掊击黄公,不遗余力。东西人士,悉闻其言。苟有私谋,岂以腹心托之异己? 事理至明,愚者共喻。近闻有捏造函件,散布谣喙,冀损黄公盛德者。夫以宅心光明、行事刚毅、至正至大如黄公者，且不免宵小之

① 《袁大总统书牍》此句作“今京、沪各报忽拟议及兴”。

倾陷，下及瑛辈，能不骨栗心寒！在金壬党同伐异，祇知以私利为前提，而民国大局倾危，何堪有迭次之摇动？浊流所至，万众惊慌。务恳大总统特派公正专员彻查严究，以杜群小肆恶之渐，借免国本倾覆之危，大局幸甚。再黄公入都，前以事阻，时会有便，瑛等当即随同北行，抠衣晋谒，谨先附陈。胡瑛、姚雨平、于右任、陈陶怡叩。卅。印。

据上海《民立报》一九一二年八月三十一日

《铁道杂志》序

（一九一二年八月）

吾国铁道，始于前清光绪二年之淞沪路，视欧美各国，已后六十余年。今全球敷设者长凡五十余万英里，几以铁道之修短，为国家之强弱。而我国尚寥寥可数，且为外人经营者十而八九。固由清廷昏庸无识，任外人侵我交通行政权，抑亦信用久隳，国民又生计艰难，故相率观望不前也。今者共和成立，欲苏民困，厚国力，舍实业莫由。然不速建铁道，则实业决难发展。盖实业犹人身血液，铁道则其脉络。脉络滞塞，血液不贯注，自然之理也。本会有见于此，爰于研究进行之余，发行杂志，以唤醒国人均有铁道观念为主旨。且国家新订法律，事事皆求保障国民，议会又时时得以监督之。自兹以后，政府与人民可各释疑虑，先以铁道为救亡之策，急起直追，以步先进诸国后尘，则实业庶几兴勃也乎！民国元年八月。黄兴识于沪上。

据《黄克强先生荣哀录》

致陈嘉会电

（一九一二年九月一日）

湖南财政司转陈凤光兄鉴：弟拟北上，务请即日由汉赴京，以践前约。兴叩。东。

据《长沙日报》一九一二年九月四日

致章士钊书*

（一九一二年九月五日）

行严我兄鉴：雪老书草草书上，请转交令兄为荷。雪老入党事，盼从中怂恿之。右任尤盼我兄加入。不尽欲宣，即请晚安。弟兴顿首。九月五夕。

据上海图书馆原件影印件

与仇亮致华侨联合会电

（一九一二年九月五日）

华侨联合会鉴：敝会成立以来，极为发达，刻由政府拨现金百万，创办银行及公司。但事体重大，非群力不能集事。特派钟毓琦、吴应培两君驰沪，添募股份，恳贵会诸公鼎力协助，俾得早观厥成，是所盼祷。恳殖协会会长黄兴、□①亮叩。微。

据上海《民立报》一九一二年九月十七日

---

* 此信未署年份。信中提及劝程德全加入国民党一事，当写于一九一二年。

① 字迹模糊不清，当系仇亮。

与蔡元培等发起四烈士追悼大会通告

（一九一二年九月五日）

安庆起义熊烈士成基、滦州起义白烈士雅雨之灵榇，次第经过沪上，同人等共表哀敬，谨择于九月初八日在张园开追悼大会，兼悼首倡暗杀殉身彰德之王烈士汉①，萍醴被逮狱中殉难之刘烈士敬庵②。诸公如有祭文、诔歌、挽联、幛轴、花圈等，或合送或分送，请先期送至大马路同盟会机关部为荷。

发起人：黄兴、蔡元培、胡瑛、陈其美、王芝祥、徐绍桢、张謇、吕志伊、钮永建、吴敬恒、周浩、赵玉森、傅运森、朱树人、甘作霖、蓝镂、周培炳、赵正平、顾忠琛、陈陶怡、李怀霜、沈砺、徐公锡、王育、丁震、黄世械、朱正枢、祝君舜、居之敬、曹永城、吴家枚、丁冕黄、张倬生、朱树蒸、赵鸿钧、戴天仇、姚勇忱、吴继果、褚民谊、俞寰澄、邓家彦、周柏年。

据上海《民立报》一九一二年九月五日

在烟台各社团联合欢迎会上的演讲*

（一九一二年九月八日）

共和虽经宣布，而南北意见往往不免有隔阂之处，故兄弟首将

① 王汉，字竹庵，后名潮，号怒涛，湖北圻水人。武昌科学补习所发起人之一。一九〇四年十二月，因谋刺清户部侍郎铁良遇害。时年二十二岁。

② 刘敬庵（1875—1911），原名大维，字敬安，湖北潜江人。武昌科学补习所、日知会主要负责人之一。一九〇六年因援应萍浏醴起义，被捕下狱。一九一一年瘐死狱中。

* 一九一二年九月五日，黄兴一行乘铭新轮离沪北上，七日晚抵烟台。次日晨，黄兴登岸，出席烟台各社团联合召开的欢迎会。本文即黄兴在会上的演讲词。

留守取销，表示南北统一的诚意，以释天下人之疑念。此次北来，本意与中山先生同行，因有未完结事项，故迟至今日。到京后定当调和一切，使我同胞无稍隔阂，和衷共济，以巩固民国基础。况日来满蒙风云日益危急，兄弟阋墙，外御其侮，诚今日之要务。烟埠与民国成立关系最大。去岁山东虽取销独立，而烟台能独立支持，因以牵制北军，促成共和，其功甚大。兄弟今日见各军队秩序整饬，气象光昌，尤深钦佩。此次又承各界如此欢迎，实感激不尽。

据上海《民立报》一九一二年九月十二日

在天津国民党支部欢迎会上的演讲*

（一九一二年九月十日）

今日诸君开会欢迎兄弟，实为感谢。但张先生所谓英雄①，兄弟实不敢当。兄弟不过从前同盟会、现在国民党一分子。此次革命，因全国人民厌恶专制国体，改造共和国体，兄弟从前稍为奔走，亦属分所应为。至此次革命，系全国四百兆人之发于良心，应于时势，故能收此全功。但改革以后，建设甚难。现在全国秩序尚未恢复，吾人亦不能副全国人民之希望，最为惭愧。兄弟对于现在进行，以化除党见、统一精神为第一要义。谚有云：南北一家，兄弟一堂。虽二十二行省，虽蒙古、西藏，通是兄弟一堂也。此时虽在理想时代，将来必见之实行耳。至垦殖协会，兄弟以为改革以后，此

* 黄兴北上，于一九一二年九月九日晚抵天津。十日午后，天津国民党支部和垦殖协会联合召开欢迎大会，到会者八百余人。本文是黄兴在会上的演讲词。

① 张先生指张继，他在会上致欢迎词说："欢迎英雄，崇拜英雄，因对于时代有伟大之事业，必有伟大之国民，伟大之国民不能不崇拜伟大之人物。前日欢迎孙先生，今日欢迎黄先生及陈先生（指陈英士），即是欢迎其理想，崇拜其理想也。"（见上海《民立报》一九一二年九月十一日）

为第一件事。中国国家自有历史以来，天然为地球上一最大农国。兄弟进大沽口，亲见各处荒地甚多，如能讲求农业，必能发达一地方之地力。此不过一最小比例，其余如二十二省、蒙古、西藏可垦殖之地甚多。兄弟前在南方因事情甚多，未能切实进行，至为惭愧，将来愿与诸君日日讨论之。

据上海《民立报》一九一二年九月十七日

在前清皇族欢迎会上的演讲*

（一九一二年九月十一日）

二十世纪之国家，须赖国民共同护持。专制政体不足以独立于地球之上，非建设共和，无以保全我五族同胞。孙先生与兄弟及诸同志应世界之潮流，倡政治之改革，赖全国人同心协力，始有今日。君等乃归功于孙先生及兄弟，实为惭愧。且自武昌起义，甫及三月，大局略定，全赖隆裕皇太后、皇帝及诸亲贵以国家为前提，不以皇位为私产，远追尧舜揖让之盛心，遂使全国早日统一，以与法、美共和相比并。而北京首都不见兵革，社会秩序亦得安宁，尤为和平幸福。虽现在内政、外交诸形困难，然以五族同胞共和血诚，力肩斯任，于共和国家前途必能发展。兄弟等敢不竭其死力，以奠国家于乂安，致负隆裕皇太后、皇帝退让之美举？今承开会欢迎，孙先生与兄弟得与诸君一堂聚首，畅叙平生，区区此心，极为欣悦。并请贵爵将兄弟等意，转达皇太后、皇帝之前，实为感祷。

据上海《民立报》一九一二年九月十九日

---

* 一九一二年九月十一日下午黄兴一行到北京。当晚，与孙中山赴前清皇族于那桐宅中举行的欢迎会。本文是黄兴在会上的答词。溥伦讲话说，孙、黄“两先生都是非常之人，所以能建非常之业。这次国体变更，是两先生鼓吹奔走之力。咱们皇太后久仰孙先生的仁德，且信共和政体为二十世纪大势之所趋，所以毅然以国政还之国人。咱们所期待的，五族一律平等，国家从此巩固，皇室受福无穷。”

致袁世凯电

（一九一二年九月十二日）

大总统赐鉴：元年九月七日奉钧令，授兴为陆军上将，闻命之下，悚愧莫名。窃维国重名器，赏必当功；学贵专门，用须求实。兴湘上书生，军旅之事本未尝学。壮岁东游，外观列强之趋势，内忧国本之阽危，以为专制政体弊窦繁兴，讳疾养痈，决不能却弊求存。吾国非痛加改革，创建共和，俾全国人民共负责任，无以立于世界竞争之场。因不度德量力，联合同志潜谋起义，以为挽救。十年以来，屡蹶屡起，中间亡命海外，虽不敢苟且旦夕，爱惜余生，然多败垂成，实无功可纪。去岁武汉首举义旗，各省响应，卒致全体赞成，建设民国，时仅三月，兵不蔓延，而大局略定，皆出于我大总统救国之决心，与全国同胞之毅力。兴随诸君子后，强效驰驱，本国民分所应为。乃蒙宠以殊荣，侪之上将，是兴以不谙武学之身，滥竽军界。夫在揭竿而起之时，事务杂遝，患难生于俄顷，固不暇自审其所能。今日整军经武，方为国家谋久远，岂可瞢然自任？若徒拥虚名，更非民国所宜。才同下驷，位窃军荣，时值种瓜，功非老将，倘竟被此荣名，恐无以厉戎行，而昭来兹也。况复河口熸师，丧吾精锐，粤城苦战，失我良朋，以及历年各处相从起义，或运动革命而身死、妻子离散、久陷囹圄者，数且以千百计。汉阳之役，舆尸道路，皆为兴生平至痛之事。今独以侥幸残生，靦膺上赏，回顾荒原白骨，冢且垒垒，共和造成，皆诸先烈之碧血所化。曾记日本社会党有歌云："彼大将胸间，极光华灿烂之物，原非至荣誉之金鵄勋章，乃为最可怜之兵卒髑髅。"今之上将头衔，何以异此？此则兴五夜扪心，诵一将功成万骨枯之句，而悲不自胜者也。务恳我大总统俯鉴愚忱，而重视名器，不可滥假，收回成命，使兴得为共和国民，免滋咎戾，实所感激，不胜屏营之至。黄兴谨上。

据《袁大总统书牍汇编》卷三

附：袁世凯复黄兴电

（一九一二年九月）

据呈阅悉。该前留守奔走国事二十年，提倡共和，改革政体，热心毅力，百折不回，出死入生，坚苦卓绝，凡所经历，中外咸知，即起诸先烈于九原而质之，当无愧色。授以上将，非曰酬庸之典，祇征心理之同。来呈谓共和造成，皆诸先烈之碧血所化，抚今悼昔，悲壮苍凉，蒿目时艰，弥深悚惕，斯则本大总统与国民所当同思刻励，永矢不忘者也。该前留守谦挹之怀，足以风世。惟事经国务会议，佥谓该前留守名冠军界，众论翕然。所谓收回成命，碍难照准。

据《中华民国新文牍》

致谭延闿等电

（一九一二年九月十三日）

长沙谭都督、王军长鉴：前日午后到京，旋谒袁大总统。傍晚赴前清皇族欢迎会。昨又与总统晤谈，均情意欣洽。兴叩。元。印。

据《长沙日报》一九一二年九月十五日

在北京报界欢迎会上的演讲*

（一九一二年九月十四日）

兄弟到京承诸君优待，甚感。鄙意此次改革政体，虽由五大族

* 据一九一二年九月十五日上海《民立报》"北京电报"栏载，十四日下午北京报界公会假德昌饭店欢宴黄兴，到会八十余人。本文系黄兴在宴会上的演讲词

行动一致，实赖报界鼓吹之力。雷君①所云，第一级各报界鼓吹不能成为第二级之国民，此语良然。试想武汉起义，固是军界之力，然非报界之鼓吹不能成。彼时各省报同一鼓吹，故军人始发生起义，推源索本，仍为报力。兴本学校教员，因阅报始输入革命思想，故对于报界鼓吹效果，敢代五族感谢。现在之共和国，如太阳行于海，光明未定。此后凡我在党者，同负责任。况报界本为监督政府，指导人民。政府现在如初生小孩，智识似有非有，保其良知，端赖保姆，报界如孩提之保姆，不可不指导之。如饮食，如行事，皆依赖其指导。现在报界对于政府负指导之责，人民程度不齐，民智不开，革命以后，民气大涨，应各维持指导，则赖报界。现在报界对于政府固负极力监督指摘，但须忍此一时。现在国家处此危急时际，诸君须牺牲意见，共维大局。

蒙古问题，多主剿者。兴意：蒙古亦我领土，国内交涉，似可不必战争，须极联络，使其内向。共和成立，此五族共和，南北现已统一，而尚有以为仍未实行统一者，并非南北不愿统一实现，在政府无一定政策，南方各省无从遵守，故似未统一。若中央将此策拟定，则南北行政自然统一矣。即现在政府，对内对外问题，因无一定政策，诸事似甚敷衍。不知现在为临时政府，本为将来正式政府之预备，故诸事皆甚简略办理。

至于反对借款一层，更可不必。借款固重人民负担，此后非借款不可。此时借款，虽抵押失利甚巨，若往后则易见其重利息，倍蓰有逾于今，何此时即借乎？望此后牺牲党见，勿极力攻击借款。其在南京政府时，非兄弟反对借款，实因条件有害于人民。现在用盐务抵押，借款六万万元，定五十年归还，吃亏甚大。又仿海关办法，又吃亏尤甚，我人民本应当反对，然此虽是吃亏已大，将来必有甚于

---

① 雷君，指雷光宇，字道亨，湖南人。他在会上讲述报界与革命的关系，所谓第一级、第二级的提法，是雷光宇讲话中的语句。

此者，故又不得不勉强允许。试思革命以前，用款是否出在人民，革命以后，借款亦出在人民，与其间接负担，不若直接为快。故我人民现在对于借款，仅可监督，不必反对。……中央规定政费始可统一，南北如财政统一，军队统一。即就军队统一言，现在咸言裁撤军队，皆不易办到，非先将各应定经费若干规定，使各省一律实行，次按照该省财政而行，虽不令其裁撤，将自行遣散矣。

据上海《中华民报》一九一二年九月二十日

在蒙藏统一政治改良会欢迎会上的演讲*

（一九一二年九月十五日）

此次共和告成，自武昌起义，未及百日，即已南北统一，是五大民族同心合力构造而成。就此点看来，我五族是最亲爱的。第因久受专制，使蒙、藏诸同胞情势隔绝。今专制推翻，从此亲爱之情可以联络，兄弟固无不竭智尽力为同胞奔走。但蒙、藏政治，其如何改良进步，此中艰苦曲折，即为贵会讨论酝酿而成，是即贵会之精神也。库伦独立，考其原因，实以久受专制之毒，加以语言、文字不通，以致于中国情势不能明瞭。欲改良政治，宜从情意上着手，于蒙古地方设汉文学堂，于中国地方设蒙藏学堂。并宜以浅近文字，发行日报或杂志，请蒙、藏最有势力之人传播于蒙、藏地方，输入共和精神，使外交上减少无穷困难。英、俄两国日思利用蒙、藏，若蒙、藏为所利用，将来亦不许其独立，必贻后悔。不观之朝鲜乎？朝鲜本我属国，因受俄人运动，宣告独立后，以日俄战争之结果，朝鲜入于日本，以至于亡。我蒙、藏同胞万不可受其运动也。现在五

* 据一九一二年九月二十一日上海《民立报》"新闻一"栏载："九月十五日午前十一时，黄克强先生莅蒙藏统一政治改良会欢迎会"。本文系黄兴在会上的演讲词。

族一家，必思联合进行，使我五族同立于五色旗下，造成世界第一等国资格。此兄弟所望于蒙、藏同胞者。兄弟尤愿蒙、藏同胞注重宗教，蒙、藏喇嘛势力最大，愿我同胞以其固有之宗教，发挥而光大之，则团结之力更为稳固，而宗教上之冲突永不发生。

据上海《民立报》一九一二年九月二十一日

在北京国民党欢迎大会上的演讲*

（一九一二年九月十五日）

鄙人前在上海接电，知五党合并为一大政党，极非常盼望。今日能与各党员相见，欢慰之情，欲言不尽。鄙人对于国民党未尽丝毫之力，蒙诸君推为理事，且感且惭。惟以民国成立之要素，端赖政党。然政党之组织，则当因乎时势。中国今日虽已成立，而各国尚未正式承认，即不能算完全成立。夫国家既未完全成立，则国民党亦不得为完全成立。处今日危险时代，内忧外患相逼而来，政党之责任尤为重大。凡我党员，对于民国前途，应改革者，当如何改革；当恢复者，应如何恢复？方不失为政党。日本维新不过三十年，今为世界头等国，声势震于环球者，即本于政党之力。其初，政党亦是流派纷歧，以后逐渐合并，故有今日之势力。我辈今对于民国，亦当合无数小党以成为一大政党。政党之政策，尤须规其大者远者。如日本政党政策之所定，有在百年以后者，卒能进行者，确乎政党所定之政策不错也。其政党维新何？即所谓政友会是也。中华民国今日尚未完全成立，尤当有极大之政党以维持之。国民党于此时能大加扩张，成立一极大政党，使国家日趋于巩固，是则鄙人之所最希望者也。惟有此希望，则有当注意者二事。第一，重

* 一九一二年九月十五日下午，北京国民党本部在湖广会馆集会，欢迎孙中山、黄兴及贡桑诺尔布、陈其美等。本文是黄兴在会上的演讲词。

道德心。一党有一党之道德，道德不完，则希望即不能达。权利心重，义务心即消亡于不觉。我辈今日当提倡人人除权利心，以国家为前提。党德既高，则希望可达。然党德者，又不仅本党应有之，无论何党亦当保而有之也。第二，重责任心。此后民国建设，手续甚繁，凡我党员，均应共负责任，照党纲所定次序办法，人人尽力之所能为，以巩固中国，即以巩固政党，乃不失政党之本义。因以成立之大政党，对于内政，复极力研究，以求平靖。对于国际，极力辑睦，以求平和。人人均以此责任为天职，而又保守道德，则破坏与大建设之目的以达，能享真正共和之幸福。此非独本党一党之幸，实中华民国之幸，亦实世界各国之幸。鄙人所抱持之主义如是，诸君深明之。若能对于他党极力贡献斯旨，使各党同遵一轨，是尤鄙人所希望者。

据上海《民立报》一九一二年九月二十一日

在北京女界欢迎会上的演讲*

（一九一二年九月十五日）

今天承女界同胞欢待兄弟，兄弟不胜愧谢。又因他会耽搁时间，尤为惶悚。此次共和成立，并非武力造成，亦并非男子造成，即女界同胞，亦有一部分尽心力于革命事业者。兄弟亲临战阵，眼见女同胞躬执干戈，恢复祖国，是女子虽受专制之毒，却能与男子一德一心，演出此一段光荣历史。兄弟对于女界同胞有绝大希望。盖世界进化，人类平等。现在欧美女子教育非常发达，惟中国甚不发达，就是专制压住了。当此时机，最为一绝好机会。中国人数四百兆，女界占二百兆，先要达到教育平等目的，然后可达政治平等

---

* 一九一二年九月十五日下午，北京女界在四川学堂集会，欢迎孙中山、黄兴、陈其美等。本文是黄兴在会上的演讲词。

目的。即女子参政，兄弟以为不久就要成了。现在欧洲女子，不仅为本党运动，并为世界女子运动。中国不能不应世界潮流，予女子以参政之权。故女子参政，兄弟以为不成问题。且兄弟对于女子教育，于未革命前即抱此宗旨。我女界同胞其注意焉。

据上海《民立报》一九一二年九月二十一日

在北京回教俱进会欢迎会上的演讲*

（一九一二年九月十五日）

中华民国之成立，非一二人之力，乃五族同胞大家出力赞助而成。现在中国外患紧迫，我们五族弟兄同心同德，大家负起责任来，方能巩固共和，得享自由幸福。兄弟对于回教同胞，更有一番敬爱之心。原来回教自入中国以来，在唐天宝时，因安史之乱，借回教之兵以讨之。其后回人于黄河流域及扬子江流域流寓甚多，是回教人发育于中国，本有一段尚武精神之历史。顷间蔡先生演说回教不能发达之原因，因中国人系多神教，不知一神教之高洁，诚非虚语。兄弟以为地球上宗教，自以回教为极高尚。兄弟从前游历云南边境及越南、缅甸等处，与回教人相接甚多，深知回教好处。原回教发源于土耳其，土耳其虽孱弱，至今犹能独立于世界，即宗教之力也。回教轻生死重灵魂，最宜于军事教育。故土耳其陆军之强，虽欧洲强国亦畏之。但世界进化极速，直如飞行艇。如能就其高洁之宗教，输入其爱国思想，回教诸兄弟必能为四族同胞担任巩固国家之责任，而中国国家即可为回教之尚武精神造成之也。兄弟对于回教同胞所希望者如此。

据上海《民立报》一九一二年九月二十一日

---

* 一九一二年九月二十一日上海《民立报》“新闻一”栏载：“回教俱进会亦于十五日在织云公所开会欢迎黄克强”。

致各省都督等电

（一九一二年九月十六日）

各省都督、议会暨各报馆、各团体鉴：数十年来，仁人志士应世界之潮流，牺牲生命，亟谋改革，屡起屡仆，屡仆屡起，至去岁八月十九日，时机正熟，武昌义旗一举，全国赴助，竟告成功。推原民国成立之基，当以是日为民国一大纪念日。黎公前已报告，政府致电各处，伏乞公等届期一律举行，并希派员莅鄂，以襄盛典，无任切祷。黄兴叩。铣。印。

据《长沙日报》一九一二年九月二十日

在北京湖南同乡会欢迎会上的演讲

（一九一二年九月十六日）

兄弟今日承同乡诸君欢迎，实不敢当。兄弟久想北来，与同乡诸君握手言欢，每恨无此机会。流居海外，与桑梓断绝，而眷怀故国，触目惊心。二十世纪之中国，大有不能生存于世界的样子。故兄弟力倡革命，扫除专制，改建共和。此非一人私见，实全世界之公理。中国革命湖南最先：戊戌之役有谭嗣同，庚子之役有唐才常，其后有马福益、禹之谟诸君子。萍醴之役，广州之役，我湖南死事者，不知凡几。又如陈天华、杨笃生、姚鸿业诸君子，忧时愤世，蹈海而死，所死之情形虽异，所死之目的则无不同。兄弟继诸先烈后奔走革命，心实无他，破坏黑暗专制，跻我五族同胞于平等之地位而已。武昌起义，五族同胞同心努力，始克达此共和目的，兄弟实无寸助。今日朱先生① 赞美兄弟，兄弟惭愧极矣。

① 朱先生，即朱德裳，字师晦，湖南湘潭人。是日，他在会上致欢迎词。

但有为诸同乡告者：民国成立，破坏已终，当谋建设。但建设之事甚多，我同乡之士，本爱湖南之热忱，为国家谋幸福，则非独湖南之幸，亦中国之幸。惟建设之事，就湖南而论，当分为二层：（一）、我湖南对于中国之地位，（二）、我湖南对于世界之地位。我湖南在中国人物极多，故湖南在中国可立于优胜地位，即我湖南立于世界之上，亦可以占优胜地位。因湖南人性多具特色也，湖南物产多具特种也。更由此二层而言办法，则当分消极与积极二种。我湖南产物，最有价值者为农业，果能发达农业，吾知世界之上皆当受我之供给。于是再谋发达实业，开掘矿产，以供世界之需要。其为世界最富之区自无疑义。此宜用积极方法者也。一面吸集外资，以资扩充，更不患资本不足。现在华侨富人最多，欲投资以经营实业者，不知凡几。以前风气闭塞，偶有开发，即生阻力。现在共和告成，人知振作，此一极好机会。惟欲兴实业，当谋铁路，铁路不发达，实业即不振兴。此不可不注意者。

又有一事当极重视者，则为水患，此我湖南最大之害也。从前如湘潭、常德一带，屡遭水患，感无穷困苦，大阻实业发达。推其原因之所在，则为洞庭淤塞。然亦非一洞庭湖之关系，即扬子江之淤浅亦有关系。但开之之法，当在去淤以浚之，即以淤土建筑堤工，并可以塞溢水。但兄弟以为当从种植改良入手。简单言之，如南洲、如华容等地方，皆湖淤所成，屡遭水患，倘以其种稻之地易而种麦，即可以避水灾，可以避水灾，即可得丰收。此即消极办法也。兄弟愿与同乡父老共勉之。

据上海《民立报》一九一二年九月二十二日

在北京共和党欢迎会上的演讲*

（一九一二年九月十七日）

今日辱承贵党开会欢迎，兄弟实为感谢。原来贵党党员多系兄弟故交新知，今日得握手一堂，共谈衷曲，何幸如之。贵党与敝党本无嫌隙，而两党党纲渐相接近，将来携手同行，共谋福利，彼此均以国家为前提，尚有何事不可商榷。盖讨论政见与党派毫无关系，即同党人亦往往有因政见之不同而生差异者。且党员政见不贵苟同。政治本无绝对之美观，政见即有商量之余地。如贵党以为是、敝党以为非者，一经平心讨论，贵党所主张果属可行，则敝党必牺牲党见而赞同之；敝党以为非、而贵党以为是者，一经平心讨论，果不可行，则贵党亦将牺牲党见而赞同之。盖彼此均以国家为前提，只求真理，固无丝毫成见于其间也。至于实业，兄弟毫无学问，不过审察中国情形，非此不足以立国，故不揣愚陋，欲为全国同胞担任此事。且中国实业，张香涛先生提倡于湖北，袁大总统振兴于北洋，均有成绩可观。然皆借政府之力而为之。惟季直先生在野提倡，不遗余力，所办各公司、各工厂成绩烂然，兄弟极为佩望。此后中国实业，仍求季直先生规划一切，兄弟愿尽力赞助。兄弟于政治少研究，不敢多谈，区区之愚，仍恳有以教之。

据上海《民立报》一九一二年九月二十四日

---

* 一九一二年九月十七日下午，共和党在北京农事试验场举行游园欢迎会，宾主共百余人。张謇致欢迎词。本文是黄兴的答谢词。

在北京湖南女界欢迎会上的演讲

（一九一二年九月十八日）

今日兄弟蒙女界同胞欢待，感谢之至。宏词嘉奖①，惭愧之极。原来女子同胞，从前不但受国家压制，并受男子压制，实在是苦不可言。今日国体改良，我女子同胞趁此机会，二千年来所传遗之苦恼从此可以铲除，与男子同享共和幸福。前日蜀学堂开会时，兄弟曾将教育平等之理约略言之。但有一层道理，现在世界重要问题，即生活问题是也。欧美学制皆注重实业教育，无论男女，均能独立自营。美国女子职业，如图书馆之事务员、小学校之教师、新闻记者、看护妇、活字记者、写真师、簿记者、裁缝师等类，不可胜数。我湖南地方物产丰富，湖南女子教育宜注重于实业教育（如手工等类）。此不独湖南然也，推之中国亦莫不然。兄弟之意以为，可以实业教育定全国女子教育方针。女子有了学问，就可以参政。现在美国各州，女子为律师者、为行政官者已居多数，我中国正宜以美国为法。人类进化，男女平等，故参预政治为人类之天赋，人权不能有轩轾于其间。

据上海《民立报》一九一二年九月二十五日

在北京社会党欢迎会上的演讲*

（一九一二年九月十八日）

今日承诸君欢迎，实在感激。我国此次革命，非但种族上革

① 一九一二年九月十八日午后，旅京湖南女界欢迎黄兴大会在湖南同乡公会举行。王昌国在欢迎词中称颂黄兴说："十年前在湖南开办第一女学堂，湖南女界自此日益发达，故我湖南女界对于先生尤应表示诚敬欢迎之意。"按：一九〇四年春，黄兴曾在长沙民立第一女学堂兼任教师。

* 一九一二年九月十八日下午，社会党举行欢迎会，首由陈翼龙报告欢迎意旨，继由周剑庵致欢迎词。本文为黄兴在会上的演讲词。

命，非但政治上革命，其结果乃是社会上革命。从前专制时代，社会上受种种压制之苦，兄弟很为之悲恻。大凡富贵贫贱不平之等级，皆由政治上所造的恶。今政治上既已革命，我们当将眼界看宽，化除私心，将富贵贫贱各阶级一律打破，使全国人人得享完全幸福。社会主义，在世界上尚未十分发达，即如法、美二大共和国，社会上有资本家与劳动家之异。美洲之资本家，其一人之财产可敌全国之富。劳动家每因资本家之虐待，常有冲突之事，将来社会革命在所不免。兄弟愿诸君将社会革命包在政治革命之内，抱定国家社会主义，免去欧洲将来社会革命之事。提倡土地国有，使多数国民皆无空乏之虑。盖一国之土地有限，人民则生生不穷。土地为生财之源，应供一般人民受用。然财产倘为少数人所垄断，则必如欧美之资本家，实足为社会上之恶。必须财产归公，不使少数人垄断。财产归公之后，又必广设学校，使人民教育发达，致一般社会子弟，自幼至成人，吸纳一种高上知识于脑海，脱离依赖性质，具一种独立经营性质。从此社会一切不平等之事铲削无遗，是我中华民国为世界社会革命之先导，而为各国社党之所欢迎也。兄弟于诸君有无穷之希望焉。

据上海《民立报》一九一二年九月二十五日

在北京西北协进会欢迎会上的演讲*

（一九一二年九月十八日）

今日承诸君开会，实不敢当。兄弟对于蒙、藏，前在蒙、藏政治统一改良会及中华民族大同会欢迎兄弟时，曾经略表意见。今日

* 一九一二年九月十八日下午，西北协进会举行欢迎会，"首由姚锡光报告欢迎主旨，次由于君述欢迎词，次由黄克强演说"。本文即黄兴的演讲词。

又得与五族兄弟相见一堂，请再为诸兄弟陈之。兄弟以为：蒙、藏独立之原因，实为道路阻隔之原因，文言不通之原因，不明共和真理之原因，非反对共和真理之原因。故兄弟对于西北进行之意见约有二端：

（一）、蒙、藏既非有心独立，则取消独立，自应以和平解决为主张。苟其徒逞武力，不独无以启其向内之志，适足以坚其向外之心。夫五大民族，五色国旗，苟有缺点，五族之恨，同享幸福，五族之荣也。

（二）、铁路为交通利器，蒙藏以道路不通，致滋疑惑。例如成都至拉萨旅行，至半年之久，并非十、八、九三个月不能通行。西北进行之障碍，交通上实一大原因。故铁道政策，实为今日必要之图也。

据上海《民立报》一九一二年九月二十五日

在北京万国改良会欢迎会上的演讲*

（一九一二年九月十九日）

兄弟承贵会欢迎，荣幸何似！吾国现在社会上宜改良之点处处皆是，惟以数千年相传之风俗习惯，积重难返。今贵会不辞劳瘁，提倡改良，曷胜欣盼。惟以鄙见所及，则宜从社会心理上着手，俾造成一种极好社会，以保世界和平。兄弟于诸君实有厚望焉。

据上海《民立报》一九一二年九月二十六日

致冯自由书

（一九一二年九月十九日）

自由吾兄鉴：久不晤教，思念殊深！兹敬恳者，有学生章燮、季

* 一九一二年九月十九日午后二时，万国改良会在灯市口公理会开欢迎会。本文为黄兴在会上的演讲词。

亮、詹蒙、王卓四人，去年曾随兴作战汉阳，甚为出力。王、詹两生竟以受伤而死，惟章、季两生疮痕虽愈，幸保生命。追念前事，此心凄然。现在民国成立，奖恤之典，不可或缺。除王生家属已于南京留守府时发给抚恤金外，詹、章、季三处尚无以答慰。顷接章生来函，备陈此事。我兄现主持稽勋局，恐调查或有未及，特将原函送阅，敬乞从速照章分别奖恤，以资激劝，深为感荷。此颂筹安不宣。黄兴顿首。九月十九日。

据《黄克强先生书翰墨迹》

致谭延闿书(二件)*

(一九一二年九月中旬)

一

民国初建，人材缺乏，急宜选择宏毅之士，资送东西各国留学，储为国用。数月来，各省已次第派遣，尤以粤省人数为多。诚以革命以来，我青年学子皆联袂弃学，牺牲一己，以图民国之成立。其热心毅力，殊堪钦佩。今民国已成，其建功立业者国家皆有稽勋之典，独我不求权利，不求荣誉之志士，犹令其废时失学，甚非奖掖后进、论功赏酬之道。素仰我公矢教育人材之宏愿，当必有以筹谋之者。吾湘同志频年奔走国事，类多留学日本或内地高等专门学校，大都可以直接受教，名单另纸开列。望即饬教育司，就其外国语之程度分送各国。

二

现留学美洲者有汤松、连彝、刘世滋三君，皆系自费。汤、连两

* 原信未署时日。一九一二年九月二十四日《长沙日报》以“黄上将培养人才函”为题，刊载此信。并有“黄上将兴，昨致函谭都督”导语。按：黄兴于是年九月十一日由沪抵北京，十月六日离京返沪。据此，此信当于是年九月中旬自北京发出。

君屡有函诉其困难之状，若公家再无接济，甚忧不能卒业。刘亦寒素，兴见其志趣坚定，学有根柢，于光复后资遣其赴美预备。亦望补助学费，以宏造就。

据《长沙日报》一九一二年九月二十四日

在袁世凯宴会上的答词*

（一九一二年九月二十一日）

今谬蒙大总统奖饰逾恒，愧不敢当。共和成立，实赖大总统救国之决心，及国务员与各军长、师长各位一致赞助，始能收此效果，兴极为感佩。现在国基初立，建设之事甚多，大总统代表中华民国人民，当此艰巨困难之时局，一方面要维持破坏秩序，一方面要建立共和国家基础，其困难情形可以想见。兴此次来京，亲见大总统为国宣劳之苦心及一切规画，尤为感佩。以后国家困难之事，或较今日为尤甚。凡中华民国之人民，无论在政界、在社会，须出真实爱国心，以赞助大总统建设之伟业，使中华民国与各国立于平等之地位，维持世界之真正和平，此兴之所希望于在座诸君并用以自勉者。

据上海《民立报》一九一二年九月二十三日

在北京国民捐会欢迎会上的演讲**

（一九一二年九月二十一日）

兄弟前留守南京时，曾通电全国发起国民捐，竟有政党之反

* 一九一二年九月二十一日晚，袁世凯举行宴会，本文为黄兴在宴会上的答谢词。

** 一九一二年九月二十一日，国民捐会、五族共和联合会在后孙公园共同开会欢迎黄兴、陈其美、贡桑诺尔布等。首由国民捐会理事董云昭致欢迎词，本文为黄兴在会上的演讲词。继由李觉生主持五族共和联合会的欢迎会，下文为黄兴在该会上的演讲词。

对①。然就余所至之地仔细体察，一般国民实无一不赞成者。试问何以应有国民捐？请约略言之。盖造成共和所费太巨，概取诸民，又嫌其苛。现在政府概用外债，余非谓外债之必不可用也，然据要求条件观之，已足亡国而有余。吾国成于革命，而亡于外债可乎？我国革命甚速，惟其速也，即有多数人不识共和本旨。有谓化除南北意见为共和者，有谓南北休战为共和者，有谓自由行动、随便作事、毫无范围即为共和者，此皆极端的错误，无国家思想而致也。兄弟之发起国民捐，在使人人脑筋中受刺激，而有国家思想，且必稍持强迫性质。前查革命时代，何省不耗财？何地不耗财？耗费虽多，秋毫不犯，为国也，非敛钱也。在昔洪、杨改革时代，曾国藩创办厘金，系纯然敛钱方法，甚有以漏厘而杀人者，其勒索剥削，至今尚未尽净。

何言乎国民捐为发起人爱国思想？盖一国犹广厦，以全国合资造成此厦，使知此厦为国民造成，其爱国之心不难激发。前各省有反对此捐，仅系少数无识者，而一般爱国国民对于此捐之有责任心，与兄弟所见略同。何言乎国民捐必稍带强迫性质？自光复后，中国人之在汇丰银行之存款，香港约七千余万之多，上海约八千余万之多，天津约一万万之多。此外尚有交通不便之处，其存钱于他处者，又不知凡几。若以数百元家资者，取银数毛，千元家资者，取银一元。由是言之，虽近于强迫，而实非强迫也。即湖南筹饷局一事，创时未久，其收入已有六、七百万之多。昔普法战争赔款甚巨，此项经费，亦系由国民输将者。现在诸君若能慨然捐款，是兄弟最希望的。若当此时再不设法挽救，恐将来有钱无处可用。今何时也？我政府专借外债，以消耗于无形，而不谋生产事业，殊甚非计。国民捐一事，固望诸君合力进行，尤望政府毅然赞助，庶国

① “竟有政党之反对”，指统一党。一九一二年五月二十六日，黄兴条陈国民捐及劝办国民银行办法．统一党章炳麟于六月五日发表《论国民捐之弊》一文，予以反对。

计民生两有裨益。

据上海《民立报》一九一二年九月二十八日

在北京五族共和联合会欢迎会上的演讲

（一九一二年九月二十一日）

今日贵会开会欢迎兄弟，不胜愧感。前因五族之不统一，故贵会特以联合感情，乃有今日。现在民国既已统一，五族既已浃洽，且各族国民同立五色旗下，界域现已不分，联合二字，似不应有。虽然从地理上的关系，于西北方一面，其感情尚有不能不联合者。贵会若能使五族同化无迹，同归一致，使自此以后，不但无五族意见，并且无五族名目，协力同心，共跻大同，是兄弟今日对于一般同胞之最大希望，即对于贵会之最大希望。

据上海《民立报》一九一二年九月二十八日

在北京军警联合欢迎会上的演讲*

（一九一二年九月二十二日）

承诸君开会欢迎，复蒙奖饰，实深惭愧。民国成立，系南北同胞深明大义，北方军警两界赞成共和，消弭战端，鄙人何敢贪天之功，以为已有。唯从前军警两界为对内而设，初无分别。此后深愿我警界同胞保持国内秩序，军界同胞发扬国威，以御外侮，使对内对外，划然不复相紊，民国前途庶有豸乎。现在国体虽立，国基未固，诚如段先生言①。我军警两界同胞，共矢忠诚，以济时艰。谨

* 一九一二年九月二十二日下午，北京军警联合会举行欢迎会，原为冯国璋任主席，冯因事未到，改由段祺瑞为临时主席并致欢迎词。本文为黄兴在会上的演讲词。

① 段祺瑞在致欢迎词中有“现民国虽成立，国基未固”之语。

祝我民国万岁，我民国军界、警界同胞万岁。

据上海《民立报》一九一二年九月二十九日

在北京民主党欢迎会上的演讲*

（一九一二年九月二十二日）

今承贵党招待，异常感激。此次革命之成，出于国民心理之同然，仆何功之有？过承汤君奖饰，惭愧何似。今后对于国家前途，仆有一大大的悲观，并有一大大的希望。所谓大大的悲观者，若中国之大建设材料，非常丰富，此极可喜事。然不及半年，而内阁更迭已及二次，政府政策之无定，各党党见之纷歧，今后待至何年，乃能合政府、政党、国民于一炉之中，而有良好之政治？

所谓大大的希望者，今国事非常危急，应合全国人才于一党之中，而为一致之进行，则国事乃克有救。同盟会今方改为国民党，深望民主党合一炉而治。在坐诸君是否赞成，请有以教我。抑仆于奔走革命，稍效微劳，然于政治上向未学问，今以无学之人而谈政治，万无中肯之理。区区愚见，聊与诸君为政治上之商榷而已。

据上海《民立报》一九一二年九月三十日

在北京铁道协会欢迎会上的演讲**

（一九一二年九月二十二日）

民国经济之发达，全恃铁道。现在政府所发表之铁道政策，即是中山先生之铁道政策。中山先生之铁道政策非自今日始，数年

* 一九一二年九月二十二日民主党开欢迎会，由汤济武致欢迎词。本文为黄兴在会上的演讲词。

** 一九一二年九月二十二日下午四时，铁道协会假铁门安庆馆召开欢迎会，本文为黄兴在会上的演讲词。

以前已有十分之研究。革命时期铁道政策即包含在内。本欲于革命之前，将铁道布置完备，不意武昌义起，百日之内，革命告成，倘非合全国同胞力量，焉能如此之速？兄弟今日对于铁道之成功与革命同一希望。现在人民智识未开，不能不设一机关。机关者何？如铁道协会是已①。兄弟对于本会意见，第一要罗致人材，使政策易行。兄弟此来，避政界而趋实业界。盖铁道修成，必有以供养铁道者，而后铁道乃能充实。故兄弟专注重于矿业。盖矿产者，铁道之滋养料也。愿诸君努力进行，使中山先生之政策得以速成，是所希望。

据上海《民立报》一九一二年九月二十九日

在北京青年会欢迎会上的演讲*

（一九一二年九月二十二日）

今日莅会诸君，大都是青年子弟。民国初成，事业繁重，赖有青年的国民，然后能造成青年的国家，造成青年的世界。主席方谓崇拜英雄，是崇拜我，我者何老之谓也。兄弟今年三十八岁，岂敢云老？古之人三十而立，四十而不惑。兄弟愿从诸君之后，造成青年的国家，至为欣幸。

据上海《民立报》一九一二年九月二十九日

在北京正乐育化会欢迎会上的演讲**

（一九一二年九月二十三日）

今日承贵会②欢迎，鄙人至为感谢。我国自革命以来，社会上

① 中华民国铁道协会，于一九一二年九月二十二日成立于南京，其宗旨为指陈铁道利弊，监查铁道行政。正副会长为孙中山、黄兴。

* 一九一二年九月二十二日下午五时，青年会在湖南会馆开欢迎会，并举黄兴为该会名誉会长。本文为黄兴在会上的演讲词。

** 一九一二年九月二十三日下午三时，正乐育化会假东珠市口织云公所开欢迎会，由谭鑫培主持。本文为黄兴在会上的演讲词。

② 北京正乐育化会，是民国初年北京戏剧界成立的一种新组织（取代了辛亥革命以前梨园行的“精忠庙”），谭鑫培为会长，田际云为副会长。

不良之点极多，皆是为民国障碍物。故解决现在之社会问题，莫如从风俗上着手。然欲风俗之良，又必有多少机关鼓吹。据鄙人看来，能改良风俗尽鼓吹之能力者，伶界诸君是也。无论古今中外，乐歌感人最深。我国古时于乐歌极为注重，常设官以司之职，今古伶界即古乐府之遗。专制时代，大都轻视伶界，为不平等之故。盖一般社会之心理习惯，能使移易于无形，非伶界不为力。欧美各文明国，伶界最形发达，文学优美之士，多列身伶界之中，以实行风俗教育，激发人心，改良社会，故其国势蒸蒸富强。民国起义时，上海伶界同胞亲身犯阵，最称奋勇，可知伶界之中亦不乏豪杰之士。今共和告成，凡属人民一律平等，从前轻视伶界之界线从此破除。诸君仿欧美之成规，尽鼓吹之能力，普社会之文明，为我伶界维新之开幕。古语云："移风易俗，莫善于乐。"鄙人于诸君有无穷之希望焉。

据上海《民立报》一九一二年九月二十九日

致袁世凯书*

（一九一二年九月二十四日）

大总统钧鉴：入京以来，屡次进谒，渥蒙赐教，并垂询一切，感佩殊深。昨承示内政大纲八条，关系民国前途，极为重要。兴才识疏浅，于政治素少研究。然顾念大局，允宜亟定方针，睹兹伟画，实所赞同。肃此，敬请钧安。黄兴谨启。

据北京《政府公报》第一五四号（一九一二年十月一日）

---

* 袁世凯制订的内政八大政纲，于一九一二年九月二十五日通过公布，内称"与孙、黄二先生讨论后，并征得黎副总统同意，决定八大政纲"。此书当于公布稍前所作。现定为是年九月二十四日。

为陈翼龙书联*

（一九一二年九月下旬）

翼龙兄属　建设共和新事业，铲除世界最强权。黄兴。

据《黄克强先生书翰墨迹》

致临时稽勋局书

（一九一二年十月一日）

敬启者：顷接安徽韦璠声称，伊弟廷选前充武昌先锋队排长，与该队队长胡英厉战汉阳，先后中弹阵亡等情。并将呈贵局文及伊弟廷选小传哀辞，汇送兴处。披阅之余，实深伤感！兹特转送贵局，恳即按章叙录，以慰忠魂。此请公安。黄兴谨启。十月一号。

据《黄克强先生书翰墨迹》

为白逾桓书联**

（一九一二年十月四日）

立脚怕随流俗转，高怀犹有故人知。

据上海《民立报》一九一二年十月四日

---

* 翼龙，即陈翼龙，字意农，湖北罗田人。一九〇九年在上海任《神州日报》主笔，结识宋教仁。经宋介绍赴日本与孙中山、黄兴相识，参与革命活动。一九一二年九月十八日，陈翼龙在北京主持社会党欢迎黄兴大会，从联意看，此件当作于是年九月下旬。

** 黄兴于一九一二年九月十一日到北京，十月五日离去。在北京期间遇白逾桓（字楚香），为书是联。按：白逾桓为黄兴在武昌两湖书院求学时的同学和留日时好友，同年十月四日《民立报》以“黄克强欣逢旧雨”为题作了报道。

在北京叙别会上的演讲*

（一九一二年十月四日）

弟此次偕陈君北来，承本党理事、干事、议员、报界诸君及国务员诸君叠次宴集，至感厚谊。现因事南旋，迫于时间，不克与同志一一握叙，良为抱歉。现在临时政府期限已迫，内政、外交诸多棘手，将欲组织强有力之政府，必须强有力之政党，然后足彰政府威信，巩固国基，隐销外患。本党惟一宗旨，愿在扶助政府。然使政府与政党不相联属，扶助之责容有未尽，曾与袁总统一再熟商，请全体国务员加入国民党。袁总统极端赞成，后又商诸国务员，亦均表同情。今于濒行之夕，约各界诸君宴叙，并以代表本党欢迎加入本党之国务员诸君。此次各国务员加入本党，实为维持民国前途起见，深望诸同志此后同心协力，共济时艰，俾成强有力之政府，各国早日承认。民国之福，亦本党之幸。

据上海《民立报》一九一二年十月六日

致各省都督议会电

（一九一二年十月初）

各省都督、省议会均鉴：兴于南京留守任内发起恳殖协会，袁总统来电深表同情。嗣因首都地点决定，当经派员赴京改组本部，并派员分赴各省筹设支部，渐有头绪。兴于九月到京，招集各支部长暨会员开全体大会，筹商进行办法，并委任本部各项职员，以专

---

* 黄兴于一九一二年十月四日晚，与陈其美联衔邀请全体国务员、国民党籍议员、国民党本部各部正副主任、干事及报界记者一百余人，在六国饭店举行叙别会。本文是黄兴在此会上的演讲词。

责任。现由大总统批饬财政部分期措款接济，拟先设恳殖银行，并分设公司。惟此举关系国计民生，事体重大，需费浩繁，尤非群策群力，积巨资不能集事。务恳鼎力维持，筹款协助，俾能早观厥成，尤请转饬地方官员省会知照。无任盼祷之至。黄兴。

据上海《民立报》一九一二年十月八日

在天津日本人士欢迎会上的演讲*

（一九一二年十月六日）

此次来津，蒙贵国在留人士不弃，开会欢迎，至为感愧。但今日既承不弃，与诸君子握手，兄弟于极欣慰之中，又极有希望于贵国国民者。盖敝国此次革命，实因政治不良，敝国国民为求自立自强，遂不得已起而改造国家。然今日民国已成立，而政治及社会各方面事业均极幼稚，是不得不望贵国先进国民，以诚教导敝国国民，使向进于美好之途，然后敝国自能蒸蒸日进，与贵国相携，以保东亚真正之平和。贵国与敝国本唇齿之邦，两国国民又是同文同种，实如弟兄，愿贵国以兄对于弟之关系，教导敝国国民。敝国之革命事业，原来效法贵国，自革命组织，以迄武汉起义创设民国，承贵国诸兄弟相指导相扶助之处甚多。敝国国民已夙深感激，尤望贵国诸兄弟始终教导之扶助之，此实为中日两国至大幸福，且为东亚保障平和之至大幸福。今日兄弟所感谢所希望者即在于此。

据上海《民立报》一九一二年十月十三日

---

* 黄兴一行于一九一二年十月六日离京，当晚抵天津。天津日本士商长峰与一、今井嘉幸、藤田语郎、西村博等发起，开欢迎会于日本俱乐部，到会中日人士百余人。本文是黄兴在会上的演讲。

在国民党南京支部欢迎会上的演讲

（一九一二年十月十日）

今日承诸君开会欢迎，诚不敢当。然今日为民国周年第一国庆日，兴甚愿与诸君一谈衷曲。兴从北京来，北京之筹备国庆事已十余日，而沿津浦路线所见之五色国旗，到处飘扬，其热闹亦可推想。全国于此一日而为一致之庆祝，诚快心乐意之事。然一念及此，快乐之中，实含有无限椎心之痛。此不得不为诸君详述之。

革命事业有此成功，必先有其原因在。大凡人类无有生而即为奴隶之资格者，专制之虐，吾人备尝之矣。举凡自由幸福，世界文明，各国之人民能享有；而吾人独有所未能。此于理岂得谓平？故政治改革不能或缓。同盟会发生之宗旨即原于此。此等改革，孙中山先生所素持之唯一目的也。当时党员即今日国民党之一部分。当时之意，拟从言论入手，言论不能达此目的，即非力为运动不可。惟革命思想之灌输，受言论之力为最大。一时如风起云涌，进行非常之速。于是遂思非着手于武力不可，即暗中运动军界。当时，军界同胞对于本党宗旨非常赞同，未数年已大都一致。所苦者无人肯首先发难，故尔迟迟耳。兴等见大势已成，遂共任牺牲发难之责。惟屡举屡败，久之不成。然失败一次，即奋进一次。至徐锡麟、熊成基，又失败于安徽。而最后之大失败，即三月二十九日粤垣一役。失败频频，军界得此报告，大为奋激，乃议大举，期在必成。当先孙中山已由美至日本，复由日本至南洋，种种计划，皆为广东举事之备。

以广州为发难地点者，因交通便利，海外归国较易。根据地既得，然后以武昌为长江之中心点，而南京、湖南二处为之辅翼。其余西北、西南各省以及北京，均有布置。其主动之人物：广东为赵声，上海为陈英士，武昌为蒋翊武、孙武、胡经武，湖南为焦达峰。长江之联络则为谭人凤。谭曾亲至汉口、长沙各地实行联络，皆极表同情。惟定期本在去年正月，迟至三月二十九广东始发难。广东既败，各地遂亦延期。广东之败，为革命以来最大之失败，然革命之成功亦于焉赖之。但授命诸君，均以道义相结合。今日思之，犹不胜悲痛。然海外同胞热心革命，受此激刺，雄心乃由此而发，益踊跃十倍。

武昌起义前两星期，事甚危险，盖其最足令人焦急者，首在军饷。兴在香港，武昌曾屡发急电催迫，不得已遂赶于一星期内，筹集十余万解去。其长江、两广、湖南各处，以上海为总机关。宋教仁、谭人凤于八月十七日由沪赴鄂，十八晚即起义。先一日孙武因炸弹爆烈被拘，胡经武亦在狱，蒋翊武力主速起，军界均表同情。武昌光复后，继及汉口、汉阳。时兴在香港，于九月三日至上海，七日午后抵武昌，则光复已数日矣。是日汉口正被北军来击，即往见黎宋卿，力主死守汉阳及汉口，以待各省响应。惟各同志仅二千余，屡战不利，死伤甚多。然事已至此，岂能有他，但愿牺牲性命期在必成耳。初七晚，各同志均渡江赴汉口，初八、初九未战，盖欲固延以待各省。时九江、山、陕同时响应，声势浩大，然终以非死守汉阳不可。后接上海电，遂去武昌，至上海与陈英士计画江南事。因铁良、张勋防范严密，不易下手。攻战恃子弹，如江宁万一不下，即仍至汉口。时九月十三日也。武昌闻电，人心奋跃，当至汉阳督战。不幸汉口之兵仅有八千，而军饷二十余万，复为人拐逃，汉阳危险殊甚。计相持二十余日，遂失汉阳。汉阳既失，武昌危在旦夕，然誓必死守。惟军人能敌者，止有粤军，且感情亦善，因欲调鄂，与北方协力攻击。不幸吴禄贞又被刺于石家庄。幸南京、上海一带无恙，而粤军亦约期出发，遂誓师北伐。乃未久而议和之事起。

袁总统之主张，国人多未能明悉，今更顺次说明之。当时之袁总统,固以和平为职志,议和专使之来,内容实含有和平解决之策。在上海英巡捕房见唐代表,首秘密叩以袁总统之意见果主张和平否,代表非常诚恳,且言:北兵四、五万在京,而袁无权,若非取消摄政王,则满人必思对抗。当时之议既定,遂有今日。此外历史尚多,不及缕述。

惟兴有不能已于言者:今国体既称共和,则凡民国同胞均有力予维持之责。兴至京时,觉有一绝大希望及一绝大乐观之事,为袁总统之苦心谋国是也。报纸有以拿破仑诋之者,殊为失当,且亦绝无之事。袁之为人,精神充足,政策亦非常真确。忠心谋国,反不见谅于人,此最足以灰办事者之心。然袁总统未曾因人言,而遂有所踌躇也。其度量宽宏有如此。人之诋袁,既不足为袁病,反因此冲突而为外人所利用,则殊可惜。今之国势未能统一者,厥故在此。袁总统亦深以为忧,然兴以为不必虑。缔造之始,首贵统一。今惟藉政府与国民最大后援之力,事必有济。改革伊始,民气奋兴,政见不同,致起冲突,此亦事之常耳。美之统一,七、八年始成,其他数年、数十年者不等。今我国若一年大致就绪,岂非可喜之事?惟政治谋其统一,必藉最良之政党。请以日本为例:四十年前废藩覆幕之时,党派之争,经济之窘,其情形与吾国今日不相上下。而因利用一政友会强大政党之故,遂能一跃而为世界第一等强国。此吾人所当取则者。本党进行之策,国务员已加入本党矣。南京关系重要,兹推程都督为宁支部部长,因程都督与吾党意见甚相合,且能实行党纲。想此事必为到会诸君所赞成。(众鼓掌)此并非为一党之私,盖处此国危之时,如大海航舟,须同渡彼岸,虽非同族,犹且协谋,愿我同党诸君,讵可忽于此旨乎?

据上海《民立报》一九一二年十月十四日、十五日

武昌起义一周年纪念会祝词

（一九一二年十月十日）

江汉汤汤，这似水流年，常记取八月十九；

风云鬱鬱，愿中华民国，继自今万岁千秋。

据《黄克强先生全集》

致袁世凯电*

（一九一二年十月十一日）

奉真电，授兴勋一位，闻命之下，无任惶愧。窃维民国肇造，烈士堪悲，国庆纪念，弥增感痛。兴历年奔走，幸保余生，分所应为，何勋可纪。前辞上将，已述苦衷，今兹殊荣，更非敢受。伏乞我大总统俯鉴微忱，收回成命，勿以一再辞谢为罪。庶几九原可作，不因滥赏而怀惭；八表重新，长享平民之幸福。临电恐惧，务祈鉴原。黄兴叩。

据《袁大总统书牍汇编》卷三

附：袁世凯复黄兴电

（一九一二年十月十四日）

真电悉。人庆共和，君增感痛。至情至性，可泣可歌。但此次旌异元功，本非加重个人之荣名，实以移易国民之心理，即诸烈士九原，亦当表示同情。执事介节孤芳，固足风世，然为任事诸君计，为鄙人计，万望勉抑高怀，勿再辞谢。否则忝

* 原电未署日期，据袁世凯复电称"真电悉"，可知此电系十月十一日。

为公仆者，皆将以平民自居，惟执事图之。袁世凯。寒。

据《袁大总统书牍汇编》卷三

复耿觐文电

（一九一二年十月十三日）

武昌雄楚楼共和编辑社耿伯钊兄鉴：函悉。兴定十日内起程回湘。黎副总统处久欲奉访，届时必过江畅叙一切。承转示派船驶沪迎迓，实愧不敢当，务乞代为辞谢。相见在迩，兄亦不必远来。黄兴叩。元。

据上海《民立报》一九一二年十月十五日

复袁世凯电

（一九一二年十月十五日）

袁大总统钧鉴：寒电敬悉，至诚可感。兴虽顽钝，亦应无词。然以十年奔走之身，追念患难旧侣，多遭惨毙，独膺上赏，祇增凄痛，一再辞谢，亦实求其心之所安。他人所遇，或有不同，未可例视；于国民心理，尤觉无关。务乞我大总统曲谅愚忱，收回成命，使魂梦稍安，则感激之私，更切于受赏。冒昧渎陈，祈赐鉴允。黄兴叩谢。删。

据上海《民立报》一九一二年十月十六日

复黎元洪电

（一九一二年十月十六日）

武昌黎副总统钧鉴：翰书敬悉。兴日内回湘，过鄂时正拟趋大教，适接伯钊兄函，述我公厚意，欲派船欢迎，无任感愧。比即电伯钊兄代为辞谢，并述下怀，谅蒙鉴察。顷奉电示派员来沪相迎，情意优渥，实非所敢当。兴日内即当起程，务恳黄、金、廖三君切勿远来，以免半途相左。谨此奉复。黄兴叩。

据上海《民立报》一九一二年十月十七日

附：黎元洪致黄兴电

（一九一二年十月十五日）

同孚路二十一号黄克强先生鉴：台旌赴鄂，特派黄君瑞祥、金君华祝、廖君寿昌赴沪欢迎。先此电闻。元洪。翰。

据上海《民立报》一九一二年十月十七日

致北京国民党本部书

（一九一二年十月十八日）

俄国近来革命风潮，早有跃跃欲动迫不及待之势。惟一二狡诈之政府中人，反利用此时机，故作种种繁难对外之行为，借为靖内之方针，以期两得其便。又见吾国数月来党争时有所闻，一旦即有外患，必无一致进行之策。且库伦僻处荒漠，而又正值冬令严寒，吾国目前进兵，天时地利均犯兵家之忌，比至春暖可战，则彼一切布置俱已周备，即可反客为主、以逸待劳矣。然据弟愚见，彼若一与我国用兵，国内立见瓦解动摇，不可收拾，必不能阻我征库为强硬之干涉。至实行进兵，则北兵素耐寒苦，而又习知边情，可即用为先锋，立赴前敌，南兵当即整备完毕，一俟阳和令转，便能长驱直进，以为后援。至人心饷项一层，现国民被其刺激，踊跃非常，自能源源筹画，继续接济，亦无容过为疑虑。乞襄助政府早定大计。昔人有言：自非圣人，外宁必有内忧。吾国此时亦当以一切党见之精神岁月移以对外，切不可迁延违误，堕彼术中，致遗后兹无穷之祸。

据上海《民立报》一九一二年十月十八日

《民立报》创刊二周年庆祝会贺词*

（一九一二年十月十八日）

《民立报》于破坏、建设两时代，均极尽力，所持言论、态度、尤各如分际，破坏时则激烈，建设时则稳健。此不独吾党所公认，即一般国民对于《民立报》，皆具一种敬之爱之之心理。于君① 扩张计划，在中国容为大公司矣。若方之欧美报馆，诚藐乎其后。吾同志诚能视报纸为强国必要之元素，与视《民立报》为中国前途之师友，则合力经营数十万资本，不崇朝而集事矣。

据上海《民立报》一九一二年十月十九日

三十九岁初度感怀**

（一九一二年十月二十五日）

卅九年知四十非，大风歌好不如归。惊人事业随流水，爱我园林想落晖。入夜鱼龙都寂寂，故山猿鹤正依依。苍茫独立无端感，时有清风振我衣。

据《黄克强先生荣哀录》

---

* 《民立报》于清宣统二年十月十一（公元一九一〇年十一月十二日）创刊，二周年纪念于一九一二年十月十八日召开，本文为黄兴在纪念会上的贺词。

① 于君，指于右任。

** 一九一二年十月二十五日，黄兴由上海乘楚同舰启程返湘。是日适为农历九月十六，黄兴三十九岁初度，乘舰夜航江心，油然生感，因赋此诗。隔年，黄兴书以赠萱野长知，落款云："壬子卅九初度感怀，在楚同舰中作，今恰一年，书示萱野兄正。兴。"（见《黄克强先生书翰墨迹》）"大风"句，亦作："大风歌罢不如归"。

在鄂都督府的讲话*

（一九一二年十月二十六日）

鄙人谬承欢迎，诚不敢当。惟今日有两种观念：一是极悲伤的。回忆去年今日，鄙人督战阳夏，阵亡烈士横卧沙场，惨不忍睹，今日始见五色旗之飞扬。惟列强尚未正式承认，倘再经一次破坏，波兰、埃及岂可免耶？愿诸君同舟共济，以国利民福为前提，勿争权夺利，勿侵人利己。一是极欢乐的。同人组织革命以来，日在患难忧戚之中，即起义后，亦从未与在座诸君同室畅谈。今日第一次一堂欢聚，实不知愉快之由来。愿自此以往，日日若是，月月若是，年年若是。

据上海《民立报》一九一二年十一月一日

在江汉大学的演讲

（一九一二年十月二十六日）

列强承认问题，祇须求我国内政修明，秩序恢复，有可以承认之实而已。至于人之承认与否，可不计也。调和南北感情之事，本来不成问题，不过外人轻信一种无识者之言，妄相拟议。此次孙先生及兴北上以来，此种浮言已归冰释。但此后建设需材孔急，则教育至为急务，诸君求学务以远大自相期许，潜心力学，切戒浮动，庶几蔚为新共和国建设人材。先民艰苦缔造之美满河山，可期久远，可谋光大。

据上海《民立报》一九一二年十一月一日

* 黄兴于一九一二年十月二十五日离沪返湘，次日上午六时抵武汉，在会见都督府人员时作此讲话。并于是日下午三时赴江汉大学欢迎会，由校长石瑛主持，黄兴讲词见下文。

在国民党鄂支部欢迎会上的演讲*

（一九一二年十月二十八日）

今日承本党鄂支部开会欢迎，愧不敢当。惟鄙人今日与本党诸君相会一堂，有许多心事，得乘此机会发表于诸君之前，甚欣幸也。

我鄂支部在武汉，甚得地点，诸君不可不知。此地为我民国肇造起义之地，且为副总统驻节之处，箢南北之中枢，集党争之中点，于谋本党之发达利便莫大。支部诸君既得此独一无二之地，为本党政争之中坚，责任重大，荣誉亦罕与伦比。在今日之民国，所以不可不有政党者，因为欲产出真正之共和政治，必待政党对于政治为专门之研究。本党前身为同盟会，彼时从事革命运动，故其目的、性质、手段纯然为破坏的。今日则民国成立，建设伊始，时势已迥不同，即目的不得不改变。今所以与各党合并而改称国民党者，盖将应时势之要求，为解决建设问题之研究，自然之归结也。至本党对于民国建设事业当取如何之方针，是则不可不借鉴先进诸国。欧美各国之已成为完成之国家而能代表共和政治者，仅法、美两国。法、美两国政治之运用，需待政党之力为多，而共和之真精神亦于此发挥。我民国为数月甫经成立之国，一时国内政党勃兴。政党太多，于政策之进行不无妨碍。欲追踪法、美以收共和之美果，不可不造成伟大政党，俾对于国家政治力加研究，以得稳健之主张，发表于国民之前，使全国人心有所趋响，而后得多数国民同情，政治进行可免障碍，国家之发达亦于此基之矣。本党痛今日民国之政党虽多，然有精确而伟大之政策者极少，乃不惜苦心孤诣，结

---

* 一九一二年十月二十八日下午，国民党鄂支部在汉口大汉舞台举行欢迎会，场内外数万人。此为黄兴在会上的演讲词。

合多数小党，组成一极强有力之大党，相与制定党纲，以表示将来政治进行之方针。此国民党成立之由来，及将来进行之目的，当亦诸君所共喻而不忘者也。

本党所抱持之国家社会主义，实于国民今日现状最为适当。盖其精神纯为全体国民谋完全之幸福，本党向来宗旨如此，由破坏以至此后建设，一贯不渝，故对于全国为不可少之政党，固不待言；即以对于全世界而论，本党所主张之保持国际和平，原为谋人类真正的和平幸福计，故对于世界，本党亦当为必不可少之政党。望我党员抱定此决心，扩充此主义，使达完全圆满之目的，则本党前途正未可限量。惟兹事重大，断非一、二人所能荷担，故必党员人人负完全责任。且此等事业亦非一党所能自私，故对于他党，亦务期互相提携，交换意见，俾克砥砺观摩，收他山之助。凡他党之所主张，不可为无意识之反对，只当以国利民福为前提，平心静气，为稳健之批评，以待民国之抉择。盖政党必具此党德，方能光辉发达，成极伟大之政党，否则亦终归失败而已。前路茫茫，其各勉之。

至若本党对于现在已成立一周年之民国，宜持如何态度，要为吾党所不可不研究。民国虽曰成立，然尚未得外人之承认。此后对内须维持现状，更谋所以整顿之，必使国基稳固，秩序安宁，做到外人不得不承认地步，方得谓本党党员之责任略尽一分。况诸君在此地，如前述所云，为我辈极好舞台，尤当负极大的维持责任，望此地本党党员，将本党精神发挥尽致，以维持一切。此地既为首义之区，对于有功将士须敬而爱之。又须以一片公心，调和各党，保全秩序，则对于外人承认问题，自易解决。今日调和恶感　最为急务。国人譬之亲兄弟，若互争己见，则阋墙祸起，分崩离析，不能保内部之团结和平，又何能得外人之承认？此层更愿与诸君共勉之。今日北有袁大总统，南有黎副总统，犹之屋有栋梁，而吾辈方能住居寝食歌哭于其下，故我辈一面监督现今之政府，同时复当尊重此两大伟人。今日国家之急务，在谋内部之统一。我辈于此，不可不慎其言论行动。非惟本党诸君当如是，并愿非本党党员而到会之诸君，亦共体此意焉。

最后有为本党诸君告者，则目今选举在即，党员须大家共负责任，多赴地方演说，使人人知共和之真精神，并知本党之精神所在，而后国人皆知本党之可恃，共表同情，以助成本党之所主张。譬之草野，本党当先走出一条平路，使后来不患迷途；譬之铁路，本党须先造出一条轨道，使多数国民齐上此轨道，而更使政府上此轨道。盖政党本来一方有指导人民、代表人民意思之责，一方有监督政府、维持政府之责。约言之，即政党者，对于国家负完全维持之义务，为国民之耳目，使全国之人免于盲人瞎马半夜深池之危险者也。

抑鄙人对于民国有罪无功，重劳多数同胞欢迎，愧感交集。惟向来在武汉为时颇久，历计自肄业两湖书院，以至去年督战汉阳，特与武汉同胞有密切之关系，故对于武汉同胞尤形亲爱。今日欢聚一堂，不啻家人父子兄弟之关系，则亦鄙人所欣幸而敬谢诸君者也。

据上海《民立报》一九一二年十一月三日

在汉口二十六团体欢迎会上的讲话*

（一九一二年十月二十八日）

汉口民房，因往岁战事，延烧殆尽，殊堪悲痛。但正好趁此时机，重新展宽街市，沿江流方向，取垂直的线路，庶凡百行业不至有偏重之弊，且不数年川汉粤铁路交通，则人口商业当较前增加数百

* 一九一二年十月二十八日下午三时，汉口二十六团体联合举行欢迎会，本文为黄兴讲话节录。

倍。望诸君不可似前因陋就简，务须忍一时之苦痛，冀图来日之远大。

据上海《民立报》一九一二年十一月三日

致阎锡山电*

（一九一二年十月三十日）

山西阎都督鉴：兴昨至鄂，明日回湘。去岁吴绶卿、张华飞、周幹臣、王家驹四烈士殉难，至今已届期年，尚未安窀穸，实吾辈心所共歉。顷接绶卿夫人来函，尤情词凄恻。务恳我公主持从速营葬，以慰英灵，深为感荷。周宗泽君日内赴晋，趋谒台阶，祈赐接洽。黄兴叩。

据上海《时报》一九一二年十一月五日

游赤壁联**

（一九一二年十月下旬）

才子重文章，凭他二赋八诗，都争传苏东坡两游赤壁；
英雄造时势，待我三年五载，必艳称湖南客小住黄州。

据《黄克强先生全集》

---

* 黄兴于一九一二年十月三十一日自武汉返抵长沙，此电有“明日回湘”语，当为是月三十日发。

** 黄兴早年肄业武昌两湖书院，一九一一年十月二十八日至十一月二十七日在武汉指挥保卫战。一九一二年十月二十六日至三十日返湘途中逗留武汉，从联意看，当作于一九一二年十月下旬抵湘之前。

为吴醒汉书联*

（一九一二年十月）

能争汉上为先著，此复神州第一功。录武昌起义前和谭石屏日句赠。厚载我兄正之。民国元年十月。黄兴。

据《黄克强先生书翰墨迹》

题《悟庵遗著》**

（一九一二年十月）

江汉悲深记后先，神州光复倍凄然。不知何处苌弘血，君遗骸至今尚无觅处。只剩遗文是昔年。民国元年十月。黄兴题。

据《悟庵先生成仁录》

在长沙欢迎会上的讲话***

（一九一二年十月三十一日）

余去湘已八年①，今日承父老兄弟之欢迎，予心滋愧。但予尚有许多话与父老兄弟一谈，今日为时过迟，又地大不能听之明晰。予居湘尚久，俟异日徐徐谈论，今日道谢而已。

据上海《民立报》一九一二年十一月十五日

---

* 吴醒汉，字厚载，原湖北新军步队第十五协三十标排长，积极参加武昌起义，黄兴因书此联赠之。

** 原诗无题，今题为编者所加。悟庵，林圭号，字述唐，湖南湘阴人。1900年自立军起义时，任中军统领，居武汉；事败，与唐才常等同时被捕殉难。民国成立后，其兄林绍敏将其遗照、遗著等汇编成册。本篇即为黄兴对林圭遗著的题诗。

*** 一九一二年十月三十一日下午一时三十分，黄兴返抵长沙。稍事休息，即赴教育会坪欢迎会。由仇鳌致欢迎词。本文系《民立报》驻湘记者报道中的节录。

① 黄兴于一九〇四年谋长沙起义失败离湘，至此次还乡，正值八年。

致岑春煊电

（一九一二年十一月一日）

岑镇抚使鉴：前因执事赴闽，道路纷播，逮捕多人，众情惶惧。兴恐谣言日甚，有关大局，又与执事乏接席之雅，特电恳袁大总统特请和平排解。去月念八在鄂登舟，接奉袁大总统转示尊电，敬悉以息事宁人为主，并未波及一人，林斯琛、陈景松两员究竟有无应得罪名，仍以法律为依归，足见执事办理此事初无成见，无任钦佩。林、陈二员祈即饬承审诸人慎据法律秉公审判，以免外间误会，俾闽事早日和平了结，不致别生枝节，实为前途庆幸。前此传闻之误，当代为解释。至党见一层，兴力主融合，对于党员素无袒护。执事本无党，亦绝未尝以此相疑揣。上袁大总统电中语，恐他人从旁播弄，或激成党见耳。诸希谅鉴。黄兴叩。东。

据上海《时报》一九一二年十一月二十日

在国民党湘支部大会上的演讲*

（一九一二年十一月三日）

中华民国，不数月间，由专制而造成共和，此诚吾人之幸也。欲民国现象日臻良好，非政党不为功。本党改组以来即本此意。惟政党本旨在监督政府，指导国民。又贵随时变迁，以图匡济。我国自共和告成，外人尚未承认，内部时起纷争，本党对此应有如何态度？大凡改革之后，党派蜂起，必有大党全力维持，始能一致进行。设小党互起，是非不一，精神不固，断难免扰乱之祸。所谓大政党者，

---

* 《民立报》一九一二年十一月十三日“专电”栏载：十一月三日国民党湘支部举行欢迎会。本文为黄兴在会上的演讲。

必党员均有责任心，以改造为精神，以促进为目的，以爱国为前提，其党德乃日高。一党必有党纲，党员必确守不移，乃能秩序井然，进行迅疾。

本党党纲，其特别之点为民生主义，亦即国家社会主义。世界共和国家，以法、美为先河，今其社会皆嚣然不靖，是政治革命之后必须社会革命也。苟实行民生主义，则熔政治、社会于一炉而革之矣。有主张循序渐进之说者，谓政治必由专制而君主立宪，乃可共和。以今观之，不攻自破。谓政治革命不能与社会革命并行者，亦犹是也。欧美各国土地，多为富豪所据。上海、汉口亦有此象。以少数之权力，阻公益之利权，大不平等，孰过于是？民生主义之一大要素，即在削除此制，而行一种抵价税（言不论土地之大小，但视其产之丰饶以定税额）。至国制问题，有主张联邦者，谓由各分子集为一物。本党则主张统一。苟有强力之政府，以统治国家财政兵力，互相贯注，可收指臂之效。军民分治之说，当然不成问题矣。又政党贵应时而动，今之所亟宜注意者，为选举之筹备，苟党中最良分子皆选为省会国会议员，则党与国俱得良好结果。

更有进者，则湘省事务殷繁，务望本党诸君共相维系，力促进行，俾他党悉归旗下，非吞并也，魄力则然也。考我省今日要政首在铁路。湖南当京汉线未成时，每岁出口货仅值百万，今则达四千万以上。芝麻、豆、麦、棉花为其大宗。我省矿产甲全国，谷米冠东南。若能要求谭专办将干路速成，而以各商股加设支线，不出十年，湘省富强必过他省万倍。今各处铁路如京汉、津浦、沪宁等先后成功，独我省尚付缺如。所望诸君拥护政府，竭力进行，鄙人于此有厚望焉。

据上海《民立报》一九一二年十一月十七日

在湖南政界欢迎会上的演讲*

（一九一二年十一月五日）

今日辱承诸君欢迎，不胜感谢。鄙人奔走革命，十载于兹，艰险备尝，于政治未遑研究，但愿以在海外所见所闻及所怀抱者，与诸君一研究之。

夫共和政治求达于完全，其进行方法甚多，但吾人夙所主张者则民生政策，即国家社会政策是也。鄙人在本党开会时曾畅言之。大凡政治革命告成，而后社会革命在所难免。采用此策，自可永享清平幸福。欧美各邦治国大政，每为大资本家所左右，如美国脱辣斯之专横，社会不平，孰大于是？革命风潮随之而起。吾人谋国，必为百年长久之计。我国近虽无此现象，要当预为之防。以我国之地大物博，若能采取地价增差税，富强自可立至。况国家社会主义，为立国二十世纪者所莫能外。德之实行此策，英之于殖民地注意及此，其明征也。生当今世，侵略主义难望和平，须求大同主义，与列强盟好，然后可以图存，亦大势之无可如何者。不宁惟是，人民贫富不甚悬殊，国家财力日渐充足，普及教育可得言矣。夫欲谋国家之发展，莫先于教育，自宜竭全力运筹，而以国家资财充其经费。查儿童自数岁入幼稚园即离家庭，而教养于保姆。一方面使子侄繁多者不感教育费之痛苦，可以经营他事，一方面养成人民独立合群之性质，法至善也。

学以专而精，以久而成，增长年限亦其要点，如日本强迫教育之改四年为六年，其明征也。国际竞争最后解决于武力，中学而上，令学兵学二年，俾军事教育普及全国，则不待养兵而全国皆兵

---

* 《民立报》一九一二年十一月十三日“专电”栏载：十一月五日湖南政界各团体举行欢迎会，本文为黄兴在会上的演讲词。

矣。总之,教育为当今之急务,无论公私,在所必设。诸君各有子弟,各须衣食,若以衣食之费输之公家,使之代吾教养成独立合群性质,利莫大焉。吾湘教育素称完备,扩而充之,是所望于诸君。

外此交通实业,亦宜急谋进行。查湖南铁路仅成百里,现有谭督办主持,全路告成,谅亦不远。惟支线如常辰、衡永等路,均宜同时并举。其经费则宜以从前房租、米捐等股充之。至湖南矿产素号繁富,平江金矿,常宁锑矿,其尤著者。特货弃于开采者资本有限,未获胜利耳。现锑矿州咸为德商所垄断,公私俱受其害,自宜厚集商本,合力进行,以收后效。至工业不发达之故,多由湘人性喜从军,不屑为此。退伍以后回里者,多谋生无术,甚为可虑。宜设立大工场,强游民入场学习技艺三年,而后即可自营生业,而工业发达矣。以言商业,湘本山国,视闽、粤诸省之出洋经商,每年收入税数十万者,诚有愧色。然他日铁路告成,握各省交通枢纽,商务繁兴,可操左券。惟拆毁城垣,改良街道,辟北门为新埠,不容缓耳。又商业与工业相表里,宜于南门外迁去义冢,建造工场。而修天桥联水陆洲、岳麓山以为市场,则长沙驾港、沪而上之,亦意中事。以云农林,湖南产米甲东南,所谓湖南丰,天下足也。近因洞庭淤塞,水患频闻,为积极之说者,谓宜多发帑藏,广募夫役以疏浚之。不知现在财政因难,力万不逮,不若于受水害最甚之处,易稻以麦,新生之淤,不准再耕。且择水道淤塞太甚者,少为疏浚,以通水路便舟行,或易为力。至于林业,辰州一带,尚有可观,外此则童山汇口。今宜于沿湘两岸,择选土宜,广为种植,俾山林日有起色,而水患可少减矣。以上数端,鄙人对于湖南所极愿进行者。惟离湘日久,情形类多膈膜,愿诸君有以教之。

据上海《民立报》一九一二年十一月十九、二十日

归湘启事

（一九一二年十一月上旬）

敬启者：兴十载奔驰，今甫归里，辱承政、军、警、学、商各界同胞暨诸亲友枉驾至城外欢迎，极为感愧。连日复多蒙枉顾，情意殷拳。惟以初归事繁，有时外出未及恭候，殊为歉仄。兹谨定每日午前九时至十一时为会客时间，以便畅叙情话。特此奉布，诸希谅鉴。黄兴谨启。

据《长沙日报》一九一二年十一月十二日

致谭延闿书*

（一九一二年十一月上旬）

兴江海奔驰，忽忽十载，每怀桑梓，时切依依。今值共和告成，得归憩林泉，与我公暨诸父老兄弟畅叙情话，已云深幸。乃旬日以来，多承欢待，情意优渥，殊增感愧。复蒙推许逾量，将小西门坡子街改用贱名，作为纪念，以示矜宠。闻悉之下，弥切震惶。窃维司勋秉笔，必纪在勤，舆论念功，尤贵征实。泰西各国，如亚历山大、华盛顿、彼得之名城，维多力亚之名船，必其人皆有不世之勋业，足以踔绝前贤，照耀寰宇，为大名所归，然后尊彼景行，以资瞻仰。兴也反躬，曷克膺此。神州光复，众志所成，缔构艰难，先烈弥痛。虽力谋改革，屡与战争，实国民分所应为，亦绝无功可纪。今乃被此荣誉，表之通衢，则是功异楚庄，几同武军之筑，德非郑氏，忝列士乡之称。其为惭悚，岂有涯涘；名实未副，转滋咎戾。务恳我公收

* 黄兴于一九一二年十月三十一日抵长沙，书中有"旬日以来"句，此书当写于是年十一月上旬。

回前命，俾仍复旧名，无任感荷。

据上海《民立报》一九一二年十二月二十日

为《长沙日报》题字

（一九一二年十一月十一日）

振聋发聩。

据《长沙日报》一九一二年十一月十二日

与谭延闿等发起洞庭制革股份有限公司招股广告

（一九一二年十一月十二日）

吾人平生所持之主义维何？一曰民族，二曰民权，三曰民生。今汉族兴，共和建，前两主义之目的已达。兹所急急起而代谋者，非所谓民生乎？然持极端主义者骤欲讲均财产之高谊，铲托拉斯之淫威。窃谓借此发抒理论，取快一时，未为不可。若按之事实，其相去奚啻天壤。我国工商两者幼稚已极，即合群力奖劝而提掖之，可决其后大总统三十年不至有托拉斯之发见。傥萃不大，多数无恒产之人日与言均产，是非率天下之人皆游手好闲、饥饿以死不止。呜呼！讲民生者顾如是耶？近顷民国之秀，皆乞生活于政治，一方面议者颇讥士夫权利之竞争，不亚于满清末季之昏浊。吾谓官俸既定以后，公仆之义大明，向之乞生活于此途者，必渐渐舍此而他适。且嗣兹以往，民国之负担日重，富者惕于坐食，贫者不敢偷惰，非工非商，又将焉往？同人有见于此，故先以工业唤起世人，故有此公司之设。其制革者，以革之用途广，不学之工从宽亦可收容，非有见于制革之必可获利而始设此公司也。同人之大愿，惟希

冀洞庭以内月发起无数公司，洞庭以外日发起无数公司，则所以为民生计者，其庶几乎？海内同志或不弃予。……①

发起人：谭延闿、黄　兴、刘揆一、王芝祥、沈云堃、蔡　锷、陈方度、程子楷、程　潜、张其锽、张孝准、王隆中、赵上达、唐　蟒、童锡良、赵恒惕、胡学伸、陈俊初、黄恺元、聂　磊、金岳祁、何　陶、邓希禹、柳鹑火、柳聘农、黄　牧、王延祉、杨运丙、胡典武、李醒汉、赵　冕、梅　馨。

据《长沙日报》一九一二年十二月十二日

与龙璋等发起中华汽船有限公司招股广告

（一九一二年十一月十二日）

敬启者：湘汉航线从前尚有两湖、开济商轮行驶分利，近则久矣停班，徒让洋商垄断，独登鼓轮满载，坐失固有无穷之利。竟乏继起争竞之人，放弃自甘，殊堪浩叹。且以粤汉铁路限期建筑通行，将来各省货商势必如云拥簇，轻便者附载于铁道，繁重者转运仍赖航船。如苏、浙、沪、宁水陆交通商埠，莫不日见繁盛，并行不悖，利益尤属无穷。同人有见及此，特组织汽船公司，先行设立事务所筹办一切。数月以来，诸幸就绪，现拟招股二百万元，订造大小商轮六艘，广辟码头，分途载运。政府已经认股三十万元，并仿东西各国提倡航业办法，担任十年保息。前次华侨曾君连庆、丘君心容、谢君坤林来湘兴办实业，承认入股一百万元，发起诸君认股二十万元，尚须招足二百万元之数。刻已力促进行，收回外溢之利权，扩张自由之营业，热心诸君莫不赞同，来所入股者相形踊跃。所有股份一俟招足，当即报告停止。凡愿入股者，请速临朝宗街本公司事

① 以下附有招股简章，从略。

务所取阅简章，接洽可也。此启。

发起人：黄　兴、龙　璋、饶　祖、王国权、李燮和、龙绂瑞、徐运锦、张汉彝、谢坤林、仇　毅、朱恩绂、朱先寅、曾连庆、谭国辅、胡国梁、曾广銮、丘心容、徐鼎铭、郭宗熙、王世绶、郭竹樵、李达璋、李寿熙、左念贻、江上青、周声洋、孙　琇、曾广江、萧如成。

据《长沙日报》一九一二年十二月十二日

和余焕东的谈话*

（一九一二年十一月十五日）

为现时计，惟从实业入手为第一之方法。而在湖南言，实业又以矿为第一。以余所见，办矿纵失利，亦归政府担任之，而人民仍然得其利益也。况必无全然失利者乎？就现在湖南已出之矿而论，如水口山之黑砂、平江之金及各处之锑，应于现时计画清楚，应图若何之资，努力进行。而江华之锡矿属于大同公司者，尤予所注意，望湘人合力图资者也。且余等所主张之实业，不取个人主义，且非仅为一地方谋利益，实为全国家谋利益，所以计画不可不审慎，而规模不可不宏远。

据上海《民立报》一九一二年十一月十五日

复杨度电

（一九一二年十一月二十二日）

教育部范总长转杨皙子先生鉴：寒电因兴赴萍乡看矿，昨始接阅。政党内阁制度创始于英法，各共和国均采用之。即君主立宪如日本，近亦倾向此制。盖欲使内阁得一大政党之扶助，与国会多

* 黄兴回湘后，颇注意兴办实业。工商部派赴湖南查办汉冶萍公司的余焕东走访黄兴征询意见，黄兴作了这次谈话。

数议员成一统系，其平日所持政见大略相同，一旦发表，国会乃容易通过，不致迭起纷争，动摇内阁，陷国家于危险。故对于内阁可令负完全责任，对于总统可永远维持尊荣，而大政之计划始能贯彻。国民党主张此制，纯为救国起见，亦不能反于各国先例而轻为尝试。至来电以为与总统有妨，并指为不信袁总统之证，于学理事实均属误会。国民党于今日政府，专取维持主义。袁总统经营国事，不辞劳怨，兴在京亲见，实所钦服。公前与兴面谈，亦曾极力主张政党内阁。今忽变更前议，并别生枝节，恐非出自本心。望始终赞同，勿为浮言所动，大局幸甚。黄兴叩。养。

据上海《民立报》一九一二年十二月四日

附：杨度致黄兴电

（一九一二年十一月十四日）

前承不遗，邀入国民党，只以才识无似，未敢遽诺。近日京中贵党干部诸君继续招邀，议及党略，度以为贵党以前之经过及以后之行动，皆不免于困难者，实为政党内阁四字所缚。虽云根据学理，然贵党从前对于项城尚未充分信用，含有防闲政策，亦事实之昭然。度意此后贵党对于民国、对于总统，宜求根本解决之方，若不信袁，则莫如去袁，而改举总统。度必劝隐，袁必乐从。若能信袁，则莫如助袁，而取消政党内阁之议，宣布全国，以求实际沟通，度方有可效力之处。若仍相挟相持，互生疑虑，实于国家大计有损，非上策也。度姑以党外之人，预为建议。自分于贵党党员，关系甚浅，不敢轻于投身。乞公据度此电，通电全国、贵党本部、支部征集意见，若多数赞成鄙议，见诸实行，方敢追随左右。不仅以此觇贵党之方针，且以此卜一身之信用。进退所关，伏维裁察为幸。

据《民国经世文编》正编

致胡瑛电

（一九一二年十一月二十三日）

国民党本部转胡经武君鉴：电悉。本党主张政党内阁，专为维持政府使得负完全责任起见，与总统权限毫不相妨，哲子误会，已复电说明矣。请晤时再从旁解释。黄兴。梗。

据上海《民立报》一九一二年十二月四日

致袁世凯电

（一九一二年十二月二日）

大总统钧鉴：顷接国务院勘电，十一月廿八日临时大总统令，任命兴督办汉粤川铁路事宜。闻命之下，无任惭惶。吾国路政极关重要，办理手续尤属繁难，须有专门人才方能妥善筹画。兴既愧无学，又才力不足以胜此，敬请收回成命，另简贤能，深为感荷。黄兴叩。

据上海《民立报》一九一二年十二月三日

致袁世凯电

（一九一二年十二月四日）

顷准国务院江电，接奉钧令，奖饰逾量，劝勉并发，无任惭悚。窃维路事繁重，历年纠葛，至今颇难结束。奈向之主持者素乏学识经验，不能坚人信仰，以致隔阂日深，筹办难期迅速。兴目睹前事，顾念要工，实不敢冒昧就职。今承再三电令，本欲荐贤自代，仰承钧意，而筹思竟日，仓卒难得适宜之选，欲仍即乘轮，而空言相渎，又近于故意违命。日前督办谭人凤于今日离湘赴鄂，无法挽留。深恐因兴力辞之故，以致无人接洽，路事停止，转滋贻误，踌躇反复，进退维艰。乃于万不得已之中，特为一时权宜之计，谨拟暂为接管，俟调查明晰，改组机关，疏通意见，确定款项，可以大兴工作时，即行辞职。务恳我大总统仍一面物色众望素孚、富有经验之人才，届时另行委任，令其切实督办，俾用一人、用一钱，均有实效，不致糜费愆时，以维路政，国家幸甚。黄兴叩。支。

据上海《民立报》一九一二年十二月四日

与谭延闿致袁世凯黎元洪等电

（一九一二年十二月八日）

北京袁大总统、黎副总统、国务院、参议院、各政党、各省都督钧鉴：窃近年国民生计日艰，国家财政日窘，有岌岌不可终日之势。其故实由我国金融机关未能整理，挽救之法若涉迂远，必迫不及待。再四思维，惟有赶办中央银行，利用推行币制机会，吸收现资，扩充保证准备范围，财政借可整理，实业立可振兴。不过三年，必足与列国之财政经济取同一之趋势。方法至顺至稳，效果至大至速。前奉大总统歌日电令，知已筹画及此，用特电陈概略，伏乞察鉴。

一、筹银三千万元，以作中央银行资本，官商各占股若干。

二、决用金汇兑本位制。

三、发行新纸币，暂用最严限之比例准备法。

四、中央银行每周报告银行情况，以昭信用。

五、预备多额纸币及辅币，并相当之银法货，以便吸收现货。

六、利用新旧币兑换机会，吸收现货，以便纸币之保证准备，克与现货准备相和，而保证准备范围即得借此扩充，以承受政府公债及其他证券票据,为振兴实业、整理财政之余地。

七、本国现货不足时,暂借外资以为准备。

八、币制推行画一后,确定保证准备制限额。

九、实行借换方法,以消除旧外债之各种弊害。

右列方法,依兴管见所及,似只有利而无弊,谨分别陈述于后。

第一、行之至便。

甲、国民以现货存入中央银行,持银行纸币使用,仍一钱得一钱之用,于国民无损。

乙、纸币流通便利,人民乐于使用。

丙、吸收现货,利用新旧币兑换机会,不俟强迫。

丁、银行周报确实,足坚中外人之信用。

第二、行之至稳。

甲、纵令兑收现货目的不达,中央银行只有囤积纸币之微损。

乙、纵令极端失败,兑入现货仍悉被兑出,不过保证准备额内所发出之纸币成为有抵押之不兑换纸币。

丙、纵令因外人干涉财政,愤将外债立时退还,不过银行现货准备因之减少,保证准备因之增加,无他虑也。

第三、效果至大。

甲、假令全国现货仅得吸收四万万元,依最严限之法定比例,得发生证券资本至二万万元以上振兴实业。

乙、借入现货,依严限之法定比例,每一万元得一万五千元之用。

丙、有抵制外债严酷条件之能力。

丁、可铲除以后之特约借款,并从此得陆续偿还以前一切特约借款。

第四、效果至速。

观筹办年程表自明。第一年上半期:甲、筹定中央银行;乙、筹定币制;丙、筹铸辅币及银法货,限两年内有相当之适用额;丁、筹用新纸币至十万万元以上,限本年完毕。

第一年下半期:甲、开始兑换新旧货币;乙、开始领受借款;丙、筹办公债及实业;丁、筹定各省地方公债办法,以收回各省旧纸币。

第二年上半期:甲、续印新纸币至相当之适用额;乙、继续兑换新旧货币;丙、收回各省旧纸币,限本年告竣。

第二年下半期:甲、禁止杂纸币;乙、新旧货币兑换期间终了;丙、确定保证准备限制额。

第三年:甲、推展上列各事之进行期间,以本年为限;乙、开始筹办以后实行借换方法。

按财政计画事业纷繁,匪仅上所陈述为止,然整理金融机关,实为整理财政之入手方法,故缕陈概略,是否可采,敬乞赐复。如有另须说明之处,当派员前来接洽。黄兴、谭延闿。齐。

据《长沙日报》一九一二年十二月十二日

《民意日报》周年纪念祝词

(一九一二年十二月二十日)

燕赵古称多慷慨悲歌之士,徒以直隶于专制之朝,为日过永,遂变其旧。去岁构和,横起阻力,有由来矣。《民意报》出版日,橥共和之旗帜,号召幽燕间豪俊,今日一论,明日一文,默化潜移,卒扫共和之障碍物,而得大多数之赞同。清帝逊位,民国成立,讵非《民意报》之功哉!后虽屡经危险,究获无恙,殆天护吾民,故留此最正最确最平最允最高尚最完全之言论机关,于惊涛骇浪中焉。浑河九曲,终极千里,吾知民报由一周而逮千万周,民国不圮,《民意报》不休,可预决矣。

据《黄克强先生全集》

复孙中山电

（一九一二年十二月二十五日）

上海孙中山先生鉴：漾电敬悉。汉粤川铁路拟暂承乏。俟银行借款成，窥各省意见调和，开工有期，即行退职。先生所订铁路条例，谅参议院必可通过。现沪筹办情形如何，尚望随时赐示。北京本部款尽，弟处亦无法筹措，仍请密电梁燕荪再拨前款数万两接济，并希电复。兴叩。

据《黄克强先生全集》

附一：孙中山致黄兴电

（一九一二年十二月二十三日）

汉口黄克强先生鉴：闻兄接办粤汉，喜慰无已。弟所筹路策，现已订立条例，派人往京呈总统交参议院，俟通过后再定行止。近得北京本部消息，存款将尽，弟处尚无从为力，望兄设法接济，从速进行为荷。孙文。

附二：孙中山复黄兴电

（一九一二年十二月二十七日）

汉口黄克强先生鉴：有电敬悉。已由燕荪请向财政部转拨港款五万两，交国民党本部，请兄另电催之。孙文。感。

据《黄克强先生全集》

祝湖北《民国日报》*

（一九一三年一月一日）

万家箫鼓又喧春，妇孺欢腾楚水滨。伏腊敢忘周正朔，舆尸犹念汉军人。飘零江海千波谲，检点湖山一磊新。试取群言阅兴废，相期牖觉副天民。

据《黄克强先生荣哀录》

示黄一中书

（一九一三年一月二日）

端儿①年喜：接禀甚慰。父抵汉，足病稍愈，惟行动过多时，心脉仍搏动不已，想再加休息几时，自可全好也。祖母、母亲、姑母均安健？汝读书想日有进境。今又是民国二年，汝又增多一岁，必须学业与年俱进方好。哥、嫂、姊等闻已抵美，海上均平安，可告祖母等放心。父元旦日接收粤汉铁路公所，拟办二、三月，即行告退，出洋游历。汝须发愤求学，将来好带汝出洋也。前都督府梁副官回，嘱其告知家中，今年正月须迁移他处，不知现已觅妥住屋否？如觅妥时，可速写信来告知为要。余后告汝。代问祖母及母亲、姑母等年安。父兴字。民国二年元月二日。

据湖南省博物馆藏原件

---

* 一九一三年一月一日黄兴在汉口，就任汉粤川铁路督办，同月二十三日辞职赴沪静居。此为元旦日所作。

① 端儿，即黄兴次子黄一中，字厚端。

上继母书

（一九一三年一月十二、十三日）

母亲尊前：手谕敬悉。脚气现略愈，请毋系念。路事现正辞职，尚未得脱身，想日内总可定局，大约一礼拜后赴上海。湖南房子，前嘱梁、萧两君回湘，请其租现湘支部之房屋，不知有无定议，甚为念念。现住之卢宅，今已捐入国民党，此刻正当办选举之时，需用必急，若久迟缓，恐支部同人不便催促，总以速速迁徙为妙。端儿读书，想日有进步。淡如①近日身体想亦安好，余不多述。儿兴禀。二年一月十二日。

又禀者：顷奉到一月十号手谕，得悉一切。房子之事，万不可不搬。不可如野蛮人还迷信一切。淡如临产，当须时日，即检点家具，均可派人照料，自己可不必亲理，则不致过劳。如迁移时，七姊或细姊可请回家一为照顾。又现在城中学堂者甚多，如刘五嫂、贺大嫂皆可。又可多雇一二得力女工，即自己可不劳动矣。此事关系我之信用，如家人尚如此迷信，将来何以望社会之改良？此事请母亲勿坚执，以贻我羞也。此信到之后，望着人速速找房子，廖五舅如找不到手，请陆四先生代为一寻即可。汝田三哥如在省，亦可托其一寻。现由上海搬来洋式家具一套，一便付来，即放淡如房中用可也。搬房事千万勿迟，若迟到临产期又近，更难搬也。儿兴又禀。十三日。

据黄一欧所藏原件，现存湖南省博物馆

---

① 即廖星舫之女廖淡如，黄兴1891年秋结婚的元配夫人。

在国民党上海交通部欢迎会上的演说*

（一九一三年一月二十六日）

兄弟此次由湘、汉到沪，调查一切政治状况与选举状况，大略与交通部所得相同。惟现今最重大者，乃民国宪法问题。盖此后吾民国于事实上，将演出何种政体，将来政治上之影响良恶如何，全视乎民国宪法如何始能断定。故民国宪法一问题，吾党万不能不出全力以研究之，务期以良好宪法，树立民国之根本。若夫宪法起草，拟由各政团先拟草案，将来由国会提出，于法理事实，均无不合。至于吾党自身，则当养成政党的智识道德，依政党政治之常轨，求达利国福民之目的，不可轻易主张急进，以违反政党进步之原则。本党于各省选举既占优势，亟宜讨论政见，主张一致，共谋平和稳健之进行，则本党幸甚，民国幸甚。

据上海《民立报》一九一三年一月二十八日

致胡韫玉书**

（一九一三年二月二十三日）

朴庵①先生鉴：恳者，梁燕荪②兄为其严尊七十称觞，特征文诗词以表扬之。请我兄代作寿诗数章，谅词坛老将当不我拒也（事略呈上一览，务恳于日内交下，因前途催促甚急也）。弟黄兴谨启。

* 黄兴辞川汉粤川铁路督办职，自汉口抵上海，本文为二十六日在国民党上海交通部欢迎会上的演说。

** 信封上书："《中华民报》编辑处　朴庵先生启　同孚路黄缄。"此信写于上海。按：黄兴于一九一三年一月二十九日起居上海同孚路，后迁爱文义路一百号。

① 胡韫玉，字朴安，一作朴庵，安徽泾县人。著有《诗经学》等。

② 梁燕荪，即梁士诒，广东三水人。时任北京政府总统府秘书长、交通银行总理，为旧交通系首领。

二月廿三日。

据上海图书馆藏原件影印件

致王宠惠书

（一九一三年三月八日）

亮畴①我兄鉴：尊著《宪法刍议》虽未窥全豹，其绪论中"宪法非因一人而定，乃因一国而定，非因一时而定，乃因永久而定"，最为不刊之论。弟久欲撮斯议通电全国，使人人皆明公义，不敢自私，所谓宪法研究会之手段及各省都督之主张，可一扫而空之。兹大著出，而宪法之真义昭如日月，其爝火自熄矣。以后凡校对馀纸，请先寄下，以慰先睹之快。钝初昨午赴南京（约十二、三赴京），明日可回，并闻。此请伟安。弟兴谨启。三月八日。

据《黄克强先生书翰墨迹》

致谭延闿及国民党湘支部电

（一九一三年三月二十日）

长沙谭都督、国民党支部鉴：本夜十一时，遯初兄由沪赴京上火车时被刺客枪击腰部，伤甚重，刺客逸。特闻。兴。哿。

据《长沙日报》一九一三年三月二十六日

致袁世凯及国务院参议院电

（一九一三年三月二十一日）

袁大总统、国务院、参议院钧鉴：昨夜十时四十五分，兴送遯初

① 亮畴，王宠惠字，广东东莞人，同盟会会员。留日时与秦力山等发行《国民报》，宣传革命。后留学美、英，攻法律，一九一三年著《宪法刍议》一书。

兄北上，在沪宁车站突遇凶人自背后枪击遯兄，连发三枪，中其一，弹由后腰上部斜掠肾脏，穿过大腹，直入下腹皮肤停止。当即送入附近铁道医院，十二时三十分取出子弹，系卜朗式。今日午后二时，集大医士五人，又加剖治，将腹伤缝补，食物污血一概涤尽，然后合其刀口。现神思昏炫，状甚危险。据医者云：若不炎热，方有希望。当此人心摇惑之际，而有如此凶徒不顾大局，戕贼人道，殊深浩叹。当场凶手窜逸，未及捕获，知注特闻。黄兴叩。箇。

据《长沙日报》一九一三年三月二十九日

与陈其美致上海总巡捕房书

（一九一三年三月二十二日）

启者：兹有良友宋教仁君于二十号午后十时四十五分在沪宁车站被奸人枪伤，今晨四时四十七分去世。此案发现虽在内地，难保该凶手不藏匿租界，应请执事严饬得力探捕，加意侦缉。如能拿获正凶，澈清全案，准备赏银一万元，以为酬劳。宋君为民国要人，执事亦热心赞成民国，想当允如所请也。陈其美、黄兴启。民国二年三月二十二日。

据《宋渔父集》

致上海闸北警局书

（一九一三年三月二十二日）

敬启者：宋教仁先生于二十日晚十时四十分在沪宁车站突被奸人枪击，今晨五时十七分[1]绝命。当时凶手在逃，已向公共租界

---

① 黄兴前后数电，均称宋教仁去世时间为一九一三年三月二十二日晨四时四十七分。徐血儿《宋渔父先生传略》则称："先生于二十二日四时四十八分薨。"

总巡捕罗斯先生申明悬赏银一万元，如能拿获，澈清全案，即刻给银，决不食言。兹犯案之地，系贵局管辖，请为一体协拿，得正凶领赏。……

据《宋渔父集》

致袁世凯及国务院参议院电

（一九一三年三月二十二日）

大总统、国务院、参议院钧鉴：宋遯初先生痛于今晨四时四十七分绝命，特此耗闻。黄兴。养。

据《黄克强先生全集》

致谭延闿及国民党湘支部电

（一九一三年三月二十二日）

长沙谭都督、国民党支部鉴：钝初兄痛于今晨四时四十七分绝命，请转电其家属。遗命切勿告知老母。谨此电闻。兴。养。

据《长沙日报》一九一三年三月二十六日

致陈家鼎等电

（一九一三年三月二十二日）

北京国民党本部陈家鼎、刘彦、彭允彝、欧阳振声诸同志兄鉴：钝初兄已于今晨四时四十七分绝命。同事旧人，又弱一个，痛矣！特闻。黄兴。养。

据《震旦》第三期（一九一三年）

致东京支部电

（一九一三年三月二十二日）

宋先生于二十二日午前四时四十七分，因伤绝命于上海铁道医院。

据《国民杂志》一九一三年第一号

致仇亮电

（一九一三年三月二十二日）

北京《民主报》仇蕴存①兄鉴：叠接都中诸友来电，殷殷垂问宋钝初先生受伤情状，刻值治丧忙迫，未及一一拟答，殊深歉仄。兹特详述于下，乞登报章，以慰哀感。钝初于念夜十时四十五分由沪赴京，在车站被奸人由背后施枪，弹由右脊腰上部掠肾脏，穿大肠，直透下腹皮肤停止，当即送入附近铁道医院疗治。此时钝初伤虽重，而精神如常。然自知必死，即口授致大总统电文，并述对将来之政见，一一告别同志，绝不提及家事。惟云老母年高，不可使知变状。十二时三十分即将子弹取出，念一日午后二时，复集医士五人剖治，又将肠伤缝补，涤尽遗出食物及污血，仍合其口。此后神思虽困倦，然脑筋尚明晰，犹不能不作万一侥幸之想。乃今晨四时四十七分气出不及，口呼："我调和南北之苦心，世人不谅，死不瞑目矣！"竟尔绝命。呜呼！当此国势飘摇之际，而有如此奸徒，不顾大局，戕贼人道，行此暗杀手段，痛何如之？想诸君当亦同声一哭

① 仇亮，原名式匡，字蕴存。湖南湘阴人。一九〇三年留学日本，就读于振武学校及陆军士官学校。加入同盟会。曾任南京临时政府陆军部军衡局局长。时在北京主持《民主报》。一九一五年为袁世凯杀害。

也。凶徒正在密探，尚未缉获。谨此讣闻。黄兴。养。

据上海《民立报》一九一三年三月二十三日

致赵凤昌电

（一九一三年三月二十二日）

竹君先生大鉴：钝兄被刺，想已详悉。痛于今晨四时四十七分绝命。知注，特此飞闻。弟兴启。二十二日。

据《近代史资料》一九六三年第二期

致孙毓筠电

（一九一三年三月二十三日）

锡拉胡同孙少侯先生鉴：钝初兄已于昨晨绝命。凡我同人，无不悲痛。所虑杀机一发，不可收拾。我公具经天之伟略，抱救世之婆心，知必有以善其后者。思我良友，凄切于怀，北望燕云，久深驰慕。黄兴。漾。

据《震旦》第三期（一九一三年）

致季雨霖等书*

（一九一三年三月二十二日——二十六日间）

遁初惨遭狙击，经据凶手具吐实情，令人骇怒。大憝未除，必滋后悔。吾党同志，务当振奋精神，从新努力。此间情形，由梓琴

* 此信未署日期。据郭寄生云，一九一三年三月二十日宋教仁被刺杀，三月二十五、六日，田桐由上海携带孙中山的信和黄兴的这封信来武汉。黄信致季雨霖、詹大悲、蔡济民、熊秉坤、蒋翊武、蔡汉卿诸人。此为概略。据此，此函当写于一九一三年三月二十二日至二十六日间。

兄①面达。并盼兄等与之详商种切。

据郭寄生:《辛亥革命前后我的经历》,载《辛亥首义回忆录》第一辑

致梁士诒电

(一九一三年三月二十七日)

宋案连日经英廨审讯,闻发见证据颇多,外间疑团,实非无自。兴以遯初已死,不可复救,而民国根基未固,美国又将承认,甚不愿此事传播扩大,使外交横生障碍。日来正为遯初谋置身后事宜,并思一面维持,而措词匪易,其苦更甚于死者。公有何法以解之?乞密示。

据《三水梁燕荪先生年谱》上

《国民》月刊出世词*

(一九一三年三月)

昔者天祸中国,丧乱弘多,独夫秉政,蹙国百里。吾党不忍坐视国家之亡,思有以救之。而世界大势日趋于平民政治,吾人乃亦以平民政治为归宿。盖国家者,非一人独有之国家,乃人民共有之国家。以人民为国家之主人,起而担负国家之重任,此固理之至明,而亦情之至顺者也。登高丘而四望,专制黑雾既弥漫于神州,雨晦风潇,长夜不旦。吾人以不忍之心,发而为果决之气,集合同志,以椎击祖龙之手段,为传播文明之利器,趋世界之潮流,救中国之危弱,辛苦艰难,屡仆屡起。迨至武昌起义,海内从风,不百日满

① 田桐,字梓琴,湖北蕲春人。

* 《国民》月刊,为国民党上海交通部机关刊物,于一九一三年五月二十日创刊,仅出二期。

清退位,共和告成。此固吾同人至大至刚之气,贯彻到底,故能转移全国人民之心理;而亦人民苦专制之束缚,乐共和之自由有以致之也。虽然,共和告成,国基遂巩固矣乎？四郊多垒,民卒流亡,内政外交,紊然无纪,建设维艰,需才孔急,瞻顾中国,我劳如何？此非吾人息肩之秋也。况世界进步息息不已,而共和人民皆有担负国家之责任。美、法立国百余年矣,爱国之士,日以改良政治、谋国家之进步为事。可知建设事业非一蹴可几,亦非一成不易。吾国共和改造之初,风雨飘摇,根基未植,人民危惧,在在堪忧。吾党所负之责任,当十百倍于运动革命之时。集优秀之人民,为政治之讨论,民国前途达于何等之程度,一视吾党之能力若何。是国家对吾党所依赖者颇巨,而吾党对于国家所担负者甚重也。人之爱国,谁不如我？则凡隶籍中国者,应各有爱国之热心。政体改造,虽素与共和反对者,当亦洗心革面,勉尽国民之义务;而况吾党与共和国家有密切之关系,则爱惜之而维持之,应更恳恳者也。吾党今日所处之地位何如乎？国会议员发表,吾党实占多数,足徵吾党之政见合乎公理,所以得人民之赞同,占优胜之势力,而有左右政治之机会。吾人宜应时急起,实行吾政见,以慰人民希望之殷。吾人当以前日运动革命之精神,运动革命之心志,扩张其学识,磨砺以经验,必使中华民国达于完全巩固之域。国家主权稍有损失,则必起而力争。思国内之人民,有一夫不被共和之泽,若己推而纳之沟中。此吾党之宏愿,所当黾勉以赴之者也。

今者,正式国会成立在即,建设共和国家之第一著,首在制定宪法。宪法者,人民之保障、国家强弱之所系焉也。宪法而良,国家日臻于强盛;宪法不良,国家日即于危弱。吾党负建设之责任至繁至巨,首先注意宪法,以固国家之基础。善建国者,立国于不拔之基,措国于不倾之地。宪法作用,实有不倾不拔之性质。将制定宪法为吾党莫大之责任,吾党国会议员,应以平日之学问,出而为临时之讨论。而全体党员之优秀者，尤当以远大之眼光，缜密之心思，悉心商酌，发表所见，为吾党国会议员讨论之助，并以转饷一般人民，此《国民》月刊之出世，为吾党第一之希望也。至于发挥党纲，指导国民，固应有之事，不具论焉。民国二年三月黄兴书于上海。

据《国民》月刊第一卷第一号

为四烈士碑文题词*

（一九一三年三月）

慷慨一击烈士死，庄严亿载民国生。今之孑遗者断指拔眼尚健在，愿无使国士一怒兮而为此不情。宪民同志将归蜀，出手书四烈士碑文索题。呜呼！烈士死矣，国基不固，吾辈何归？知其心更苦也。民国二年三月。黄兴。印。

据《黄克强先生书翰墨迹》

致袁世凯电

（一九一三年四月六日）

袁大总统钧鉴：勘、宋两电敬悉。宋案关于洪述祖之证据甚多，未便宣布。洪系内务部秘书，既属逃官，应饬由外交部向胶督交涉提回。黄兴。鱼。

据《黄克强先生全集》

---

* 四烈士为炸良弼殉难的彭家珍及炸袁世凯遇害的张先培、黄之萌、杨禹昌。其灵柩于一九一二年移葬于北京万牲园。同年九月二十四日，黄兴偕宋教仁、陈其美、谭人凤等曾往公祭。

与陈其美等介绍牙医徐景明启

（一九一三年四月七日）

上海治牙不下数十家，而求其从医学来看，惟徐景明先生。余之戚友有牙患，莫不介绍于先生，到手辄效，且镶补续均，巧妙如生。然徐先生尝曰："治牙之技艺甚精微。彼不知医者，见牙之缺则补之，见牙之断则续之，而其牙致病之源，不暇研究。加以地方不轩爽，当治牙时，易为秽浊之气所侵入；器具不洁净，如曾治甲之患牙，旋又以之治乙，势必为所传染。盖牙之一部关系全体，设为此种种秽浊之气侵入，深以为曾治病牙之器具所传染。当其补时、镶时，则自以为无恙。久之，毒蕴于内，蔓延喉咙及腹内各部，必发生种种病症。小之贻口腹之患，大之为性命之忧。迹其祸始，实因于不知医之牙科误之。精熟西医者，先于牙之病源一一研究，先清其源，然后从而补之续之。且地之清爽，治具精良，不惟不贻种种危险，既治后其牙所享受之利益，各牙医愈增其势力。"诚哉，先生之言！殆自先生之言始，殆先生自道矣。先生自设局春申以来，凡中外宏达，莫不赠匾额以颂扬，登报章以赞许之，兹不赘述。先生总医局设上海英租界四川路四十洋楼，有局设四南路岑南楼隔壁。恐有未知先生者，故为之介绍焉。黄克强、陈英士、徐固卿同启。

据上海《民立报》一九一三年四月七日

祭宋教仁文

（一九一三年四月十三日）

惟中华民国二年四月十三日，黄兴等谨以珍蔬玄酒致祭于宋先生遯初之灵曰：

先生非可死之人，今非先生可死之时，私党狙击非死先生之道，而竟车站一瞬遂殂元良乎？自先生之殂，卒卒时日，寰宇不春，薄海群黎，以泪洗面，瞻念国故，涓涓以悲，时复废箸，颊首痛哭入梦者盖二十日于兹矣。彼二三巨恶，自阅新丧，曾未尝不哀辞琅琅以欺国人。先生生而为英，死而为神，朗朗天路，当升而为雷霆，降而为地震以惩警之。独吾生死并命之国人，际此哀典，捧泪一掬，尚为先生所神明眷念凄怆享之者乎？自民国失先生 昔之戚然于边患者，今则撤守受降，回车集中矣；昔之与民同体者，今则鸣珂清跸，深居旧宫矣。呜呼，曾几何时，乃至于此！国人闻之，已对此祸胎怆然泪下。矧一灵未泯，尚记先生临命遗恨之言乎？先生聪明，在天之灵，宜烛其奸。默度先生临此哀典，当必如曩日之晓著朗畅，慨慷诏吾，俾践吾侪与先生十年来平民政治之约，以巩共和。顾自先生之丧，良直君子，捐弃旧恶，以一进行。即令枭恶相济，造作祸难，秉吾忠贞，当可克之。此吾国人藉先生今兹之来享，佐蔬酒以告慰者。嗟呼！诛奸救民，后死之责不胜，则此日挥泪灵前之众，既继先生以死之魂矣。尚飨！

据上海《民立报》一九一三年四月十四日

挽宋教仁联

（一九一三年四月十三日）

前年杀吴禄贞，去年杀张振武，今年又杀宋教仁；
你说是应桂馨，他说是洪述祖，我说确是袁世凯！

据《黄克强先生荣哀录》

挽林述庆联*

（一九一三年四月十六日）

风雨无情，落花满地惊春梦；

江山如故，何日重生此霸才！

据薛君度影印件，现存中国人民政治协商会议
湖南省委员会文史资料研究委员会

致袁世凯电

（一九一三年四月二十六日）

大总统钧鉴：宋案自程都督奉到国务院勘电称："奉大总统令，仰该督在沪督饬各员严密讯办，以维大局，而定人心"，等因。仰见关怀巨案，一秉至公，无任感佩！程督旋即实力进行，拟在沪组织特别法庭，并呈请任命主任。据程督云：此种组织，大总统本甚赞成，惟司法总长拘执法理，拒绝副署。昨复接司法部漾电，反对甚力。夫尊重法律，兴岂有异辞？惟宋案胡乃必外于普通法庭别求公判，其中大有不得已之苦衷，不可不辨。盖吾国司法难言独立，北京之法院能否力脱政府之藩篱，主持公道，国中稍有常识者必且疑之。况此案词连政府，据昨日程督、应省长报告证据之电文，国务院总理赵秉钧且为暗杀主谋之犯，法院既在政府藩篱之下，此案果上诉至于法院，能否望其加罪政府，无所相挠，此更为一大疑问。司法总长职在司法，当仁不让，亦自可风。惟司法总长侧身国务院中，其总理至为案中要犯，于此抗颜弄法，似可不必。兴本不欲言，

---

* 林述庆，镇江都督。辛亥克复南京有功。一九一三年四月八日，在北京将校俱乐部赴梁士诒宴，归家即病，医治无效，十五日夜身死。弥留时，七窍流血，遍体皆黑。

今为人道计，为大局计，万不敢默尔而息。宋案务请大总统独持英断，毋为所挠，以符勘电维大局而定人心之言，不胜迫切待命之至。黄兴。宥。

据上海《民立报》一九一三年四月二十七日

与孙中山致各省议会等电

（一九一三年四月二十六日）

各省议会、各政团、各报馆：宋案移交内地以后，经苏程都督、应民政长会同检查证据完毕，凡关于应夔丞、洪述祖、赵总理往来函电，已于有日摘要报告中央，并通电各省都督在案。此案关系重大，为中外人士所注目，一月以来，探询究竟者无时不有。今幸发表大略，望即就近向都督府取阅原电。诸公有巩固民国、维持人道之责，想必能严究主名，同伸公愤也。特此奉闻。孙文、黄兴。宥。

据上海《民立报》一九一三年四月二十七日

致袁世凯及国务院等电

（一九一三年四月二十六日）

北京大总统、国务院、参议院、众议院、武昌副总统、各省都督、民政长、省议会均鉴：闻政府向五国银行团议借英金二千五百万镑，将有成议，且政府志在必行，条约迁就，损失利权甚巨，俟国会开始议事，再行提交追认，云云。此外尚有小借款，政府随时自由商借，兹则并追认二字亦不语及。此种消息，殊属骇人听闻。夫借款必由参议院议决，载在约法。今国会承受参议院职权，关系全国命脉之举，不容彼先事置议，立国根本之谓何？今政府以追认为词，不知约法并无追认之条。且在兴观之，议决募债事件为人民代表绝对之权利，大债由其议决，小债亦由其议决，非先得国会之承诺，政府不得自由募集分文，此立宪之真精神也。是故约法即有追认明文，兴犹以为不能适用于财政法案，况无之乎？且追认云者，距国会开会期甚远，而其事又不值召集临时议会者也。今国会正在开会期间，政府乃视同无物，倡言追认，是何用意？财政事项，动与国民生命直接相关，且数至二千五百万镑之多，已溢吾国岁入之半，宁尚不足告语纳税之人邀其同意？此在国会闭会期间，犹当特别召集，今正开会而秘不与议，古今立宪国家是否有此先例？况临时政府将遂告终，国势未安，百政莫举，掌财政者全无计画足以昭示国人，骤须巨款，用途安在？此小之表示政府之不诚，大之人民得坐政府以破坏约法、蹂躏国会之罪。今宋案证据已经发表，词连政府，人心骇皇，倘违法借款之事同时发生，则人心瓦解，大局动摇，乃意计中事。兴曩随国民之后，尽瘁国务，略知民意所在。此种举动，兴逆料国民决不承认。敢申忠告，冀幸当局者停止进行。至借款条件之受损，在事实上固所必争，兴前在南京留守任内持以反对六国借款者即此。顾此次谋为根本上之救正，深望政府俯从民意，非得人民之画诺，一文不敢苟取，此节不暇议及。痛念国家，出词戆拙，临颖神驰，无任惶悚。黄兴。宥。

据上海《民立报》一九一三年四月二十七日

致袁世凯电

（一九一三年四月二十九日）

北京大总统鉴：勘电敬悉。钧座解释证据，与鄙见颇有异同。兴亦非必固张己说，铁案如山，万目共睹，非一手所能掩饰。赵君为大总统左右侍近之人，是否与宋案有关，终当诉之法官之判断。至尊电谓，近一年来，凡谋二、三次革命者，无不假托伟人。词近影射，兴殊不解。近来人心险恶，信如来电所云，乙罪发见，往往媒孽甲短，以图钳制。转移此种恶风，不得不惟我公是赖。要之，兴争特别法庭，实见北京法院陷入行政盘涡之中，正当裁判，无由而得，不获已而有此主张。此于司法独立，实予以精神上之维持，以云摧抑，兴所不受。钧座曲谅此意，能有办法使政治与法律两得其平，兴敢不听命？黄兴。艳。

据上海《民立报》一九一三年四月三十日

致袁世凯及国务院等电

（一九一三年五月一日）

北京大总统、国务院、众议院、参议院、武昌副总统、各省都督、民政长、省议会均鉴：得国务院俭电及财政总长勘电，均谓此项借款条件，上年已经参议院议决。据参院议长通电，则并无议决之说。总之，立宪国先例，法案未经公布施行，纵议事之手续已经完了，而停会或开会之事实于时发生，至下期开议时，该案须重行提出。国务院来电谓无此先例，是调查疏忽之咎。自上年十二月以来，大借款之议已寝，事逾半载，一切停止进行，今忽重议募集，银团易式，合同易款，折扣迥异，总额大增，此另为一案，政府当重行提出，了无疑义。于时国会初成，民意待白，政府乃悍然不顾，借口于经年之废案，在临时政府告终之期，当局挥金僇辱人民之际，暮夜之间，骤加人民以二万万五千万之负担，事前不与国会筹商，事后复避国会质问，聚为秘谋，出乃规避，玩国民于股掌，视议会如寇仇，国政至此，体统安在？来电谓中央只以扶持大局为心，一经昭示，人民必当见谅。此以必谅责之人民，明示民意不得与政府立异。若而国者，果须议会何用？纵如来电所云，亦当视所昭示者为何种耳。迩来国政不纲，贿赂遍地，蝇营狗苟之徒，率争为政府之依,分仰余沥。观财政总长所谓忧时之彦,深惧此款不能成立,殊不能不令人涉思及此。即如应桂馨逆证中内务部秘书洪述祖至望大借款成功,润及凶顽,为政府锄除异己。于此则昭示以隶属财政部之审计处为搪塞议者之地,掩耳盗铃,人胡能谅?兴固不欲以此诋諆政府,惟此种恶相已深入人民脑中。政府转于此时秘密借款,数至二万万五千万之多,倘以此激动民心,酿成巨变,责将谁负?兴痛念共和,忧心如捣,心所谓危,不敢不告。临电旁皇,泪与墨俱。黄兴。

据上海《民立报》一九一三年五月二日

与孙中山复丁义华电*

(一九一三年五月六日)

万国改良会丁义华先生鉴:江电敬悉。危言谠论,肝胆照人,循绎再四,服之无斁!惟道路阻隔,流言孔多,其间实情容有为先生所未知者。宋案发现,为人道之所不容。证据宣布,涉及国务总理,为中央计,为大局计,皆不能不使总理辞职受质。乃当局强自辩护,不谋正当解决之法,以平公愤,而反造为南北分治之言,而图反制。不知国民纵有攻击政府之心,而此案并非关系南北之事。二次革命之说,实为不经。文弃总统于前,兴辞留守于后,当时果欲有为,何求不得,而必至于今日?因此忆及一事,则宋案发现之翌日,北京政界众口同声,指为国民党员所杀,今果如何?飞短流长,往往类此,不可不辩者一。五国借债,银团条款今昔悬殊,政府不交国会议决,擅行签押,国民起而反对,仅以其违法专横之故,而条款严酷,有负贵国退出银团好意,尚为第二问题,并非绝对的

* 美国人丁义华,时任万国改良会会长。就宋教仁被刺案及借款事,极力袒护袁世凯,并攻击孙中山、黄兴欲借此造成南北分裂。故孙、黄复电驳斥,望主持公道。

谓债之不宜借也。此不可不辩明者二。总之，金钱流毒，人心丧尽，当事者存倒白颠黑之心，旁观者以幸灾乐祸为事，公是公非，毫无存在。先生为共和先进国之国民，而维持友邦者独具热忱，倘能研究真象，发为正论，使世界知有主持公理者在，则顶礼而膜拜之矣。孙文、黄兴。麻。

据上海《民立报》一九一三年五月十二日

附：丁义华致孙中山黄兴电

（一九一三年五月三日）

上海孙中山、黄克强先生钧鉴：诸公痛专制之流毒，下改革之恒心，前年起义，告厥成功。其时南北不无隔阂，诸公设法沟通，力谋统一，大公无我之心，早已众目昭彰。诸公造成民国之伟烈丰功，实为中国五千年来历史上之独见。破坏既已告终，建设尤非易易。对外英俄有无理之频加，列强有赔款之催索；对内党争剧烈，兼之宋案发生，布短流长，骇人听闻者，非谣二次革命，即传南北分治。诸公用尽百折不回之志，造成灿烂庄严之共和民国，何来不幸之言，淆乱人心，有幸灾乐祸之徒，乘机蛊惑。姑毋论是否有无其事，然人言啧啧，不但有损诸公名誉，即从前伟烈丰功，一旦付诸流水。况列强虎视，设若国会摇动，人民涂炭，强邻收渔人之利，所谓谁厉之阶，平日为国家者之初志何在？兴言及此，实深浩叹！现在国家既处于危险漩涡之中，正诸公二次建功之日，理应攘臂急起，力挽狂澜，总以国家民生为前提。至于宋案，一经法庭，自有水落石出之期。中央借款如果用非其当，想五国资本团亦不肯轻易通融。以上两事，均无可猜疑之点，将来中央必有详细之宣布，洞达如诸公，亦毋庸弟琐陈也。弟蒙诸公不弃，相交有素，今睹大局阽危，不能不以朋友之谊，略进忠告。即敝国亦极盼中国诸伟人出而维持，所以日昨正式承认。公如采纳刍荛，非但四万万同胞之幸福，即敝国亦欣仰不置者也。丁文华。江。

据上海《民立报》一九一三年五月十二日

复黎元洪电

（一九一三年五月十三日）

武昌黎副总统鉴：接诵青电，至诚感人，金石为开，兴纵椎愚，宁不喻此。惟借款适成于宋案发生之后，宋案适生于选举总统之前，市虎杯蛇，种种误会，皆由而起，诚如吾公之所云者。夫宋案如何办理，固当由法庭主持。惟以堂堂政府首受嫌疑，国民一言及此，则曰：此借题发挥也。借债不交国会议决，暮夜签押，国民一言及此，则又曰：此借题发挥也。自吾人观之，三事本不相联属，而当事者反得利用此项机会，并为一谈，使天下之真是非皆为"借题发挥"四字所打消。今假设宋案发生，无所谓总统问题夹杂其间，借款事起，更无所谓宋案与总统问题为之牵连，则杀人者岂可置之不问？违法者亦乌可任其为所欲为？兴对于宋案，纯主法律解决，借债要求交国会通过，始终如一，实与吾公所见相符，文电具在，可以覆按。尤有言者，共和政体应审民意为依归，当此舆论纷腾之际，政府不自反省，与国民披诚相见，乃据外人无根之报纸，发为命令，以欺饰天下。幸国人皆顾全大局，否则逼之激之，至于此处，前途何堪设想？我公艰难缔造，手创民国，当亦同深痛心。兴与公相见于患难之时，相交已一年之久，既不相渝，后当视今。尊电所云以全力担保，永守共和。公之苦心，兴所素知；公之至诚，全国所共感。我公倘有其道，凡百君子，莫敢不从，岂惟兴奉命？黄兴。元。

据《独立周报》第十四、十五号合刊（一九一三年）

附：黎元洪致四都督及黄兴电

（一九一三年五月九日）

长沙谭都督、南昌李都督、安庆柏都督、广州胡都督、上海黄克强先生均鉴：四都督微电，谭都督东、江两电，李都督艳、卅、支三电，柏都督俭、微两电，胡都督微电，及黄先生宥、东两电，一一诵悉。元洪感、支两电，计达台览。宋案、借款两事发生，文电纷驰，谣言蜂起，分崩离析，祸在眉睫。顾以发端宏大，收拾颇难，时势逼人，调停无术。窃念借款一事，聚讼数年，只以国信未著，条件太苛，更迭数手，迄无所就。今既各国让步速成，苟于通过原议不再受亏，即小节亦当共谅。此时洋赔各款即须速还，军政各费不能停止，各省又不能立集巨款用为抵制，更不能保将来政府借债之事永不履行，则是今日舍借款无救急之方，舍五国无现成之款。为今之计，国民惟有监督用途，力求补救。至于宋案，当然由法庭主持办理，政府有无犯罪，司法独立自有特权。似此两案，决非万难解决之问题。而其致此之由，则以借款适成于宋案发生之后，宋案适生于选举总统之先，市虎杯蛇，疑心暗鬼，一若暗杀为帝制之谋，借款为军争之费，果有此事，吾鄂以阳夏之惨痛博此共和，又岂能坐视沉沦，自甘奴隶？顾所以委曲求全者，一则项城为救时之英雄，决不逆潮流而犯名义；一则现势值过渡之危险，深恐因激烈而速危亡。不意彼此争持，是非各执，在诸公热忱爱国，严守共和，义愤忠诚，至堪铭佩。但国务院、财政部、各都督叠次通电，要亦各有理由，未可偏废。总观全国舆论，人心趋向，可知诸公本明白无他，所虑望风承流者误会意旨，到处聚众开会，言论过激，骇人听闻。现在汉、沪等处，中外商民停货不办，银根紧急，倒闭相寻，寝馈不宁，怨咨交作，纷电告急，咎将谁归？若非请诸公早为防遏，以镇静和平之态度，出此险难，诚恐事与愿违，果与因反，国未蒙其福，民先受其祸，届时亦安得遍国人而剖心共白之？今者法权未有正式裁判之确期，议院未有正式否认之成案，似不能遽为政府罪。共和国家既特设此立法、司法两大机关，人民自当以全权付托，我辈惟有各守秩序，静候法庭、议院之解决，以免举国纷扰。如其尚有猜疑之黑幕，元洪不难联合各都督全力担保永守共和之责任，以取信于国民，而息无量之愤忾，其余自当迎刃而解。元洪与诸公昔为生死患难之交，今为唇齿辅车之势，感赴援之厚谊，怀通好之真诚，区区此心，万不至舍旧谋新，去近图远。惟外观世局，内审国情，但知以国利民福为前提，以保育共和、维持统一为宗旨，不忍南北稍形决裂，尤不忍武汉再见兵戎，利害相权，存亡所系，各有责任，未敢苟同。此事和平办理，则国基巩固，国用充盈，威德远行，友邦公认，诸公手造民国，永垂无上荣誉。否则内部萤裂，强敌剖分，民国不成，诸公前此勋名亦将安在？若强邻承认方殷，而人民猜疑顿起，茫茫前途，夫岂敢知！元洪恃在夙好，敢贡罪言，情尽于斯，尚祈矜察。黎元洪。青。

据上海《民立报》一九一三年五月十四日

致张勋电

（一九一三年五月十三日）

兖州张军统鉴：顷阅报载，尊电总统称兴派有张道鸿来尊处接洽云云①，不胜骇异。当此谣诼纷腾之际，难保无好事之徒，假借

① 据《民立报》一九一三年五月十一日"北京电报"栏载：谣传，张勋已电告北京政府，称其至友张大洪介绍伍某、孙某二人到彼处。伍、孙二人可能是黄兴所指使，意在怂恿张勋反对北京政府，并答应给张勋以巨款。张已将伍、孙二人逐出，以免扰乱云云。其它各报亦有所载。黄兴因电查究。

名义，在外招摇。有无凭据，请即电示，以凭根究。黄兴。元。

据上海《民立报》一九一三年五月十四日

致张勋电

（一九一三年五月十五日）

兖州张军统鉴：盐电悉。张姓等为何许人，兴实不知，乃竟敢假名招摇，殊堪痛恨。张等既来尊处运动，必有函件可凭，方能指为兴处所派，否则拘留彼等，径电询兴，亦可知其假冒。仍望尊处切实根究，以息谣诼，不胜盼祷。兴。删。

据上海《民立报》一九一三年五月十六日

致章士钊书*

（一九一三年五月二十日）

行兄鉴：日来鄂对赣甚形逼迫，恐决裂在即。公等在彼，想必有善法以维持之，特请陶弟① 前来面陈一切，祈示之为幸。何日能归？盼极。岑、李、章② 诸公前请代致意。此问旅佳。弟兴谨启。二十日。

据上海图书馆原件影印件

---

* 一九一三年三月二十日，袁世凯派人暗杀宋教仁后，袁氏窃国专制阴谋日益暴露，湖北方面亦向江西进迫。孙中山、黄兴等联络各方，酝酿讨袁。时岑春煊在汉口任粤汉川铁路督办，孙、黄遂派章士钊赴武汉游说黎元洪。李仲仙、章炳麟亦在。是函未署年月，按章炳麟于一九一三年五月抵武昌，是月下旬离武汉到北京，六月十五日在沪与汤国梨女士结婚，二十日赴杭州；又袁世凯于是年六月十七日批准岑春煊辞粤汉川铁路督办职，岑旋亦东下，此函当为一九一三年五月二十日于上海所写。

① "陶弟"，指章士戛，字陶严。

② 岑、李、章，指岑春煊、李经羲（仲仙）、章炳麟。是时，此三人与章士钊均在武汉，策动黎元洪讨袁。

致吴弱男书*

（一九一三年五月二十四日）

启者：前三次函电均收到。汉口电系行严发，幸平善。由天津各处来函，均已转交友人矣。以后如有函电到，请一并交来为盼。此上弱男嫂夫人鉴。兴启。廿四日。

据上海图书馆原件影印件

致谭延闿电

（一九一三年六月二十三日）

长沙谭都督鉴：顷闻湖南总银行致沪行电文曰："闻克强先生将常丰存米全数在沪抵押银两，是否确实？此事关系甚巨，总行危机全恃米款支持，务请速密电示，以释疑惧"，等语。惟兴自辞留守居沪以来，对于沪行从无一文之借贷。常丰存米主权在行，兴一平民，何能将其存米抵押？有沪行全行人员可证。如此荒谬之事，本可不理，惟总行既轻听人言，又怀疑惧，如有人从中煽惑，希图诬蔑，若不电请查明，将来以讹传讹，其真象愈失。应请都督追问总行，闻自何人？有何凭据？彻底查究宣示，以杜诬蔑，而息谣风。

据上海《民立报》一九一三年六月二十三日

---

* 此函未署年月。函中称"汉口电系行严发"，时章士钊在武汉。按：章士钊在《与黄克强相交始末》一文中云，章等在武汉活动（见一九一三年五月二十日黄兴致章士钊函），为袁世凯侦知，"（黎）元洪密遣人，赍台票五百版，致太炎与吾，央即刻返沪，免为人算"。查章炳麟（太炎）于一九一三年五月下旬离武汉到北京，章士钊亦于是时返沪，此函当写于一九一三年五月二十四日。

为蔡锷书联

（一九一三年六月）

松坡①我兄正之：寄字远从千里外，论交深在十年前。民国二年夏六月。黄兴书于申江。

据《黄克强先生书翰墨迹》

与程德全等讨袁电*

（一九一三年七月十五日）

近日北军无端入赣，进逼德安，横挑浔军，迫之使战。又复陈师沪渎，威逼吾苏。溯自政府失政，狙害勋良，私借外款，暮夜签押。南方各督稍或抗之，意挚词温，有何不法，政府乃借辞谴责，罢斥随之。各督体恤时艰，不忍力抗，亦即相继谢职，静听后命矣。政府乃复于各军凝静之时，浮言甫息之会，耀兵江上，鞠旅海隅，逼迁我居民，蹂躏我秩序。谣诼复兴，军纪大乱，政府倒行逆施至此，实远出意料外。吾苏力护中央，夙顾大局，今政府自作昏愦，激怒军心，致使吾苏形势岌岌莫保，德全对于政府实不能负保安地方之责。兹准各师长之请，于本日宣布独立，并由兴受任江苏讨袁军总司令。安良除暴，本职所存，出师讨贼，惟力是视。至民事一方，仍由德闳照常部署。呜呼！国事至此，尚何观望？诸公保障共和，夙所倾仰，特此通告，敢希同情。程德全、应德闳、黄兴叩。

据上海《民立报》一九一三年七月十八日

① 原件"坡"书为"波"。

* 一九一三年七月十四日，黄兴自沪抵南京，次日宣布江苏独立，即日发出此项通电。

讨袁通电*

（一九一三年七月十五日）

北京国务院、参众两院、武昌黎副总统、各省都督、民政长、护军使、省议会、上海海军李总司令，并海琛、海圻、海筹、海容、应瑞、肇和各舰长，《民立报》转各报馆，扬州徐师长、吴淞姜总台官、江阴陶总台官、北京《民国报》均鉴：近北军又复轻师袭沪，入据各厂，闻风之下，惊骇莫名。自宋案发生，继以私借外款，袁世凯之阴谋一旦尽露，国民骇痛，理有固然。兴当时悲愤之余，偶电中央，婉词切责。湘、赣、皖、粤四督坦怀论列，亦本之忠爱民国之心。乃世凯遽有异图，日作战备。当时世凯罪状既彰，岂难申讨？徒以天下甫定，外患方殷，阋墙之戒，乃所宜守。爰戢可用之兵，徐俟元凶之悟。兴虽得世凯砌词辱骂之电，置而不答。四督何谴，罢斥随至，亦各决心谢职，翩然归田，宜可以告无罪于世凯矣。乃彼豺狼之性，终不可移，忽于各省安谧之时，妄列大兵于江海；当蒙边不靖之顷，转重腹地以兵戎。倒行逆施，至于此极！推其用心，非至剿绝南军、杀尽异己不止。似此绝灭人道，破坏共和，谁无子孙，忍再坐视？兴今承江苏程都督委为该省讨袁军总司令，视事之日，军心悉同，深悔待时留决之非，幸有急起直追之会，当即誓师北伐，殄此神奸。诸公保育共和，夙所倾服，望即协同声势，用集大成。兴一无能力，尚有心肝，此行如得死所，乃所尸祝。若赖我祖黄帝之灵，居敌忾同仇之后，天下从风，独夫寒胆，则兴之本志，惟在倒袁。民贼一去，兴即解甲归农，国中政事，悉让贤者，如存权利之想，神明殛

---

* 一九一三年七月十四日黄兴离上海时，先命章士钊拟就讨袁通电，黄兴于上海北火车站即付记者，遂传遍沪、宁。次日，黄兴被举为江苏讨袁军总司令，以此职衔发出。

之。临电涕泣，伏惟矜鉴。江苏讨袁军总司令黄兴。印。

据上海《民立报》一九一三年七月十八日

江苏讨袁军总司令誓师词

（一九一三年七月十五日）

袁贼万恶，民军起义，备受摧残。嗣因清帝退位，赞成共和，起义诸人不忍同胞相残，忍辱就和。自彼攘政，专锄异己，不惜国难，信用奸佞，毒杀志士，蹂躏国会，私借外债，四都督力伸公论，竟获罪谴。蒙氛内逼，彼废弛国防，宁以土地割让敌人，不御外侮，而拥兵以扰害南方。我军士以血构之民国，为彼攘夺；攘夺不止，重以破坏，其极必至于亡国。国人同有身家，岂能坐视？兴忝附起义之名，深扼亡国之痛。前此自辞留守，对于我军士应尽之责未终厥职，原冀彼此破除猜疑，宣力国是。讵料袁贼变本加厉，保全禄位，宁亡国而不恤。近且进攻江西，残虐良民。上海南来之兵，纷纷接踵，商旅停滞，居民恐惶，衅自彼开，忍无可忍。江西背城借一，虐民之贼军，天诱其衷，覆没过半。各省闻风继起，同声讨贼。程都督内审舆情，外察大势，知非扫荡逆贼，不可以保全共和。爰徇众军士之请，委兴为江苏讨袁军总司令。兴德薄能鲜，义无可辞，乃率将士即日誓师，联合各省义军，奋旅北伐。但使民贼授首，国基大定，兴即退避贤路，与国民共享升平。尚冀我军士协力前驱，众志成城，伸同胞之义愤，去全国之公敌，精诚所感，金石为开。江西以一省新练之军，御袁贼全部精锐之卒，士气振奋，遂歼劲敌。盖理直则气壮，情怯则势孤，顺逆有道，成败在人。今者大军齐集，率吊民伐罪之师，讨众叛亲离之贼，犹摧落叶而扫枯枝，胜算之操，可以预决。兴竭九死之身，努力驰驱，不除袁贼，誓不生还，凡我军士，共鉴此忱。

据上海《民立报》一九一三年七月二十日

与程德全发布告示*

（一九一三年七月十六日）

照得江苏省此次宣布独立，保卫商民，维持公安，乃第一要事。凡地方财产，应即一律保护。本总司令受任讨袁，誓师就道，悉本此旨，断不忍令人民稍受惊扰。核计苏省军队，足敷讨贼之用，一时无庸招致新军。如有可用之才，本总司令自当量为器使。诚恐有不肖之徒，借故招摇，召集市井无赖，为害地方，复私自劝捐，以为肥己地步，或假托驻兵名义，没收公用私有财产房屋，以便私图。为此布告商民人等一体知悉，如有以上任意招摇、借端敲诈情弊，准即扭送本司令部，定即严惩不贷。其或出赞大义，自愿输财，自本司令之所祷祝，此则当亲到本总司令部报明存案，慎勿受人愚弄，使人中饱，其各知之。特示。

据上海《民立报》一九一三年七月二十一日

给钱廷幹的委任状

（一九一三年七月十六日）

委任状　今委任钱廷幹充江苏讨袁军总司令部稽查员。此状。黄兴。中华民国二年七月十六日。

据《黄克强先生纪念集》影印件

---

* 据《民立报》一九一三年七月十八日“南京专电栏”载有十六日“黄总司令出示，禁止借端招兵募饷并禁占用公产民房”等语。据此，此告示当为是年七月十六日。

致张勋电*

（一九一三年七月十六日）

兖州张军统鉴：江西、江苏先后独立，皆由袁世凯自开衅端，过为已甚。三都督既已去职，南方又无事变，调兵南来，是何用意？俄助蒙古，内逼张家口，外患方急，彼不加防，乃割让土地与俄，而以重兵蹂躏腹地，丧乱民国，破坏共和，至于此极，谁复能堪？九江首抗袁军，义愤可敬，一隅发难，全国同声。公外察大势，内顾宗邦，必且深寄同情，克期起义。呜呼！世凯本清室权奸，异常险诈，每得权势，即作奸慝。戊戌之变，说者犹为寒心。前岁光复之役，世凯复愚弄旧朝，盗窃权位；继以寡妇可欺，孤儿可侮，假其名义以御民军，旋乃取而代之。自入民国，世凯更无忌惮，阴谋满腹，贼及太后之身，贿赂塞途，转吝皇室之费。世凯不仅民国之大憝，且清室之贼臣，无论何人，皆得申讨。公久绾军符，威重宇内。现冷军已在徐州方面与袁军接仗。公苟率一旅之众，直捣济南，则袁贼丧胆，大局随定，国家再造即由我公矣。更有陈者：兴此次兴师，惟以倒袁为目的，民贼一去，即便归田，凡附袁者，悉不究问，军国大事，均让贤能。兴为此语，天日鉴之。临电神驰，伫望明教。黄兴叩。

据上海《民立报》一九一三年七月二十一日

---

* 此电无时日。江苏讨袁军总司令部于一九一三年七月十六日召开军事会议，令冷遹第三师防堵张勋所部南下，十六日开仗，十八日袁世凯任命张勋为江北镇抚使，二十二日讨袁军放弃徐州。是电称“现冷军已在徐州方面与袁军接仗”，此电当发于七月十六日。

致吴淞姜国梁电*

（一九一三年七月十六日）

江苏宣告独立，已经通电全国，尊处当已鉴及。吴淞为江海门户，腹地存亡所系。阁下① 昔年尽力光复，厥功甚伟。当此与国贼宣战之时，务祈严密防范，勿使有失。凡有载有袁军之船舶，非有本府预先通告，概不准入口。有不从命者，即以强力抑制之。事关全省命脉，务力为之。至盼。程德全、黄兴。

据上海《民立报》一九一三年七月二十一日

复秦毓鎏电

（一九一三年七月十七日）

无锡秦效鲁② 先生鉴：电悉，无任欢跃。我军兵力雄厚，士气发扬，极有把握，所虑肖何乏人耳。兵伊分饷，利不敌害，公以热忱，倘能就地筹措，移往前敌，则全军受福，生命系之。木良③诸君，均以为然，敢乞熟筹。兴叩。洽。印。

据《秦效鲁先生革命事略》

---

* 此电无时日。江苏于一九一三年七月十五日宣布独立，即日通电讨袁。本电中有“江苏宣告独立，已经通电全国”、吴淞要塞“务祈严密防范”等语，可见此电发于十五日稍后。又按：七月十八日吴淞要塞炮台击破“蔑视台令”的飞鹰舰，次日黄兴曾去电“嘉尚”。据此，本电当发于是年七月十六日或十七日。

① 阁下，指姜国梁，字文舟，贵州人。时任吴淞要塞司令官。

② 秦效鲁，即秦毓鎏，时任江苏讨袁军总司令部筹饷处处长。

③ 木良，指章木良。

致李鼎新等电*

（一九一三年七月十八日）

兴此次出师，惟倒袁一人，毫无地方之见。南北一家之语，已铭心腑。诸公① 如爱真正和平，请即宣言与袁氏脱离关系，共扶危局，否则将军队退出上海，免启衅端。扶持人道，惟此两法。仰领东望，立待好音。

据上海《民立报》一九一三年七月二十一日

致朱瑞陆荣廷电**

（一九一三年七月十八日）

删电计已达览。江苏宣告独立，军心一致，市廛不惊，士民称快。现徐州正与袁军宣战获胜，江西亦屡破袁军，北方内讧，狡计已穷，划除公敌，计日可待。公缔造共和，勋业最伟，年来对于中央，曲予维持，吾人具表同情。三都督以直言被撤，隐忍去职，亦即斯意。乃彼猜疑不已，奸诈百出，于地方无事、人心甫息之秋，忽尔提兵南下，节节进逼，苟非破坏共和，意欲何为？我军迫于自救，忍无可忍，已以血肉相搏，有进无退。大局至此，公等拥护中央之苦心，

---

* 原电未署日期。查一九一三年七月十九日《民立报》载该报记者是月十八日自南京发来的专电，内有黄兴"电请驻沪海军李总司令、饬北兵迁离制造局并电陈督理顾全大局"，内容与本电相符。故此电当发于是年七月十八日。

① 诸公，据《民立报》一九一三年七月二十一日报导，本电系黄兴致驻上海海军总司令李鼎新、中将郑汝成、上海制造局督理陈梘（洛书）及团长张××等人的。

** 此电致朱瑞、陆荣廷，无时日。电中"删电计已达览"，系指一九一三年七月十五日黄兴讨袁通电。又有"现徐州正与袁军宣战获胜"等语。按：讨袁军在徐州一度获胜，时为七月十七日至十九日。《民立报》于二十一日刊出此电，故本电当为七月十八日或十九日发。

必已化为灰烬。恃在昔日同仇之谊，用敢挥涕相告。公等眷念东南大局，必仍一致进行，民国前途，实利赖焉。兴此次兴师，唯以倒袁为的，民贼一去，即便归田。如或存心权利，神明殛之。临电神驰，伫候明教。江苏讨袁军总司令黄兴叩。

据上海《民立报》一九一三年七月二十一日

致各省都督等电*

（一九一三年七月十五日——十九日间）

各省都督、民政长、各师旅长鉴：此次兴师，只认袁世凯为国之公敌，虽袁氏私人或偶为袁利用，与民军有宿嫌者，但无反抗义军实迹，悉不究问。盖吾辈惟民贼之是诛，无南北之成见。诚恐各处义师犹有习用北伐等名义者，转相传播，淆惑观听，伤害感情，实非细故。鄙意拟将师、旅一律改为讨袁军，并于国旗之外加用四方白旗一面，墨书"讨袁"二字，应义正词严，范围有定，安同志之心，寒独夫之胆。江苏军队已经遵行，如表同意，请即知照尊处师，旅一律行之，不胜盼祷。江苏讨袁军总司令黄兴。印。

据上海《民立报》一九一三年七月二十日

与程德全致南昌湖口长沙广州福州等地电**

（一九一三年七月十五日——十九日间）

此次北兵逼赣，殊堪诧骇。号称共和国之政府，纯用武力以压

* 此电未署时日。黄兴于一九一三年七月十五日被举为江苏讨袁军总司令，本电以此职衔发出，二十日见报。据此，本电当发于是年七月十五日至十九日间。

** 此电未署时日。查一九一三年七月十九日《民立报》"江苏讨袁军"消息栏内有"黄总司令于十五日通电各省都督，声讨袁世凯之罪恶，已响应者如湖南、江西、安徽、广东、奉天等省；其福建、浙江等省亦有电赞成，独立之期即在此数日间"等语。据此，本电当发于是年七月十五日至十九日之间。

国人，尚复成何事体？不急声罪致讨，民国将不旋踵而中斩。此间军界深明大义，宣告独立，推倒袁氏，即行组织江苏讨袁军总司令部。机括已动，事不宜迟。会师江上，直捣燕云，惟诸公是赖。吾辈只以一点天良犹在，不忍坐视庄严民国断送一人之手，爰有此举，尚乞赐教。程德全、黄兴。

据上海《民立报》一九一三年七月二十一日

与欧阳武等致岑春煊电*

（一九一三年七月十六日——十九日间）

上海三板厂岑云阶先生鉴：自各省独立，宣布讨袁，闻风响应，几遍全国。足徵人心未死，国事尚有可为。惟军事贵统一，若无最高机关统筹全局，挈领提纲，恐各省自由行动，不克一致进行，实为前途之虑。先生威望素著，诚信克孚，凡我国人，莫不钦仰。谨公举先生为中华民国讨袁军大元帅，以资表率，而一事权。除派代表欢迎外，望轩车即日莅宁，组织大元帅府，布告全国。共和万岁，利赖无穷。临电不胜屏营待命之至。江西都督欧阳武、民政长贺国昌，讨袁军总司令李烈钧、安庆都督胡万泰、民政长孙多森、讨袁军总司令柏文蔚、江苏都督程德全、民政长蔡寅、讨袁军总司令黄兴同叩。

据上海《民立报》一九一三年七月二十六日

致招商局董事会照会

（一九一三年七月十九日）

江苏讨袁军总司令黄为照会事：照得江苏省于本月十五日宣

* 江苏讨袁军总司令部于一九一三年七月十六日召开军事会议，推岑春煊为各省讨袁军大元帅。七月十九日，独立各省省议会通电“推岑春煊开府江宁”。黄兴与欧阳武等联名电，当在是年七月十六日至十九日之间。

布独立，组织讨袁军，业经都督、省长及本总司令通电各省在案。此次起义，为保障人民，以推倒袁氏一人，求得真正共和为主旨。贵总局各商素明大义，谅亦乐为赞同。惟军中以粮饷为重，足食足兵，古有明训。现本总司令部派员在沪采办军米二十万担，须即日运宁，希贵总局分配附轮，陆续运至南京下关卸载，以充军粮，毋稍迟延，至纫公谊。须至照会者。民国二年七月十九日。

据《辛亥革命前后——盛宣怀档案资料选辑之一》

复姜国梁电

（一九一三年七月十九日）

急。吴淞姜要塞司令官鉴：巧电悉。飞鹰舰蔑视台令，一击即破，临机应变，手腕灵捷，实堪嘉尚。兵舰即备留，舰中人员应请严查。再江西十六日又获大捷，击死敌军五百余人，得枪炮子弹甚多，并闻。江苏讨袁军总司令黄兴。皓。印。

据上海《民立报》一九一三年七月二十四日

致欧阳武等电*

（一九一三年七月十九日）

江西欧阳都督、李总司令鉴：南京宣告独立，委兴为讨袁军总司令后，淮扬苏镇各属响应。徐州方面已于十六日晨八时开战，酣斗终日，敌颇顽强，幸我军士气振作，奋死力斗，卒获大胜，计敌军死伤二千人左右。我军以北军亦属同袍，不加追击。此次我军目

---

* 此电无时日。电中有讨袁军在徐州方面"卒获大胜，计敌军死伤二千人左右"等语。按：讨袁军于一九一三年七月十七日至十九日在徐州一度获胜，二十一日《民立报》刊出此电。故本电当发于七月十九日或二十日。

的，在驱逐误国殃民之袁氏，以救民国，非与北军为仇。贵省北军如能退出，或赞助讨袁，亦可视以友军，予以优待，特此电闻。黄兴。

据上海《民立报》一九一三年七月二十一日

致章驾时朱熙电

（一九一三年七月二十日）

江苏宣布独立，兴忝任讨袁军总司令，德薄能鲜，全仗军士协力御侮，灭虏朝食。现上海新驻北军一团，力虽微弱，于我军进行不无阻碍。都督电军派兵赴沪，先歼内寇。公等① 夙抱义愤，威望允孚，光复之时，勋劳卓著，此次先举义旗，保障共和，划除公敌，匪异人任，即希刻期派兵协助沪军扫荡北兵。临电神驰，无任盼祷。黄兴。

据上海《民立报》一九一三年七月二十一日

致盛宣怀等电

（一九一三年七月二十日）

招商局盛杏荪②、周金箴、傅筱庵③ 诸公鉴：袁世凯破坏共和，断送民国，南方兴师申讨，凡在商民人等，无不敌忾同仇，共襄义举。公等素知大体，更应发抒义愤，赞助民军。乃闻袁世凯乱命，有令贵公司树洋旗备运北军之事。窃虑公等不察，或受指挥，开罪民军，自贻伊戚。公等名誉固受损伤，即财产之在各处者，恐无人为保护之责。公等明达，宜早虑及，兹用电闻，即希察照见复。黄

① 公等，指章驾时（时任师长）、朱熙（时任旅长），均属苏军。

② 盛杏荪，即盛宣怀。

③ 傅筱庵，又名小安，浙江宁波人。时为汉冶萍公司董事、招商局董事。

兴叩。敬。

据《辛亥革命前后——盛宣怀档案资料选辑之一》

致各友邦通电*

（一九一三年七月二十日）

东南各省因临时总统袁世凯假共和之名，违法罔民，爰起义师，宣布独立，初无他故。夫为总统者当悉本民意，以执行政事。惟袁世凯违犯约法，蹂躏国会权限，凡腐败不堪胜任之私人，无不高据要职。爱国志士，惨遭谋毙。迹其罪恶，甚于专制暴君。我人先拟依据宪法，令袁世凯退职，以谢人民。法律解决既经无效，乃不得不诉之于武力，作最后之解决。今兹讨袁之军，其目的惟在保障共和，维持人道。因此而牺牲一切，亦所不惜。此次起义，并非新旧战争，更非南北决斗，除推翻欺陷我付托之民贼外，毫无自私自利之心。倘袁世凯知全国向背，顺从民意，辞退总统之职，则我人亦立即解甲归田。自战事宣布后，北京政府已失宪法上效用，请列强告诫各资本团，勿再交付款项于北京政府。凡合同等在宣布独立之前与袁政府所订者，新政府成立仍当继续有效。惟在宣布独立之后所订合同借款等，无论如何，一概不能承认。我人更欲宣布各友邦：凡在独立境界内，各国居留民之生命财产，我人担任完全保护责任。我人深信各国必能持友好之态度，特此宣告，愿各友邦之亮察也。黄兴叩。

据上海《民立报》一九一三年七月二十八日

---

* 原电未署日期。查一九一三年七月二十二日《民立报》载有该报记者二十一日自南京发出的"特约电"，中称"江苏讨袁军总司令黄兴，昨致上海各西报"，内容相同。据此，本电当为一九一三年七月二十日发。

致白朗书

（一九一三年七月二十日）

敬启者：自足下倡义，鄂豫之间，所至风靡，豪客景从，志士响应。将来扫清中原，殄灭元凶，足下之丰功伟烈，可以不朽于后世。现在东南各省均已宣布独立，江西战胜袁军，五次告捷，苏军在徐州与袁军酣战，亦获胜利。现北有蒙警，赣又合力进攻，袁军以大兵分道南来，内地空虚，乘虚直捣，必获优胜。足下占领鄂豫之间，相机进攻，可以窥取豫州。若能多毁铁道，使彼进路阻碍，为功实非浅鲜。抑有进者，此次兴师专为讨袁，以谋吾民之幸福。苏下饷械，两无接济，刍粮所出，不能不稍取给于民间。然必义不苟取，师出以律，无伤地方恶感，使人人晓然于吾辈之举动，实有吊民伐罪之意，则士民乐服，响从者众，而大局可以挽回矣。现有函润苍①、夏焕三二君进谒台端，希予接见，俾资进行。临风响望，不尽欲言。此请勋安。江苏讨袁军总司令黄兴启。七月二十日。

据介北逸叟：《癸丑祸乱纪略》卷下

致沈仲礼电*

（一九一三年七月二十日——二十三日间）

此次义师为驱除元恶，保障共和，不得已而用兵。贵会热心人道，轸念同胞，于枪林炮雨之中，为救死扶伤之举，感佩同深。已饬

① 函润苍，系阎润苍之误植。

* 原电未署时日。查一九一三年七月二十二日《民立报》载称，上海医院院长张竹君因苏赣两省宣告独立，已启战端，即开办红十字会，以资救济而重人道，救护队于是月二十日赴宁。据此，本电当发于是年七月二十日至二十三日之间。沈仲礼，时为赴战地红十字会负责人。

前敌军队，一体妥为保护。

据上海《民立报》一九一三年七月二十四日

启　事*

（一九一三年七月十七日——二十五日间）

江苏宣布独立，原有师旅，力足以讨贼，曾同程都督出示，禁止招兵筹饷。如有假冒名义在外骚扰者，经官绅报告，立予查办。缘以兵力多则饷巨，吾民负担颇难，讨贼而不安民，殊违吊民伐罪之初心。苟非地方真需保卫之时，必不为召募之举。凡我同志，应谅斯意。将来效力民国，为日正长。若因召募义勇，投函本部及请见者，恕不酬答，惟谅察为幸。

据上海《民立报》一九一三年七月二十六日

与程德全等复参众两院等电

（一九一三年七月二十六日）

北京参议院、众议院，鄂、赣、苏、皖四省议员联合会诸公鉴：咨电敬悉。此次战祸造于袁氏一人。杀宋案，吾民求诉于法律，未尝求诉于武力也。借款违法案，吾民求诉于国会，未尝求诉于武力也。求诉于法律无效，求诉于国会无效，吾民仍未尝求诉于武力也。三都督以直言先后罢职，吾民仍未尝求诉于武力也。无如袁氏野心勃勃，必欲示威吾民，以显其专制之手段，派重兵南下，假鄂以逼赣，据沪以逼苏，赣人乃忍无可忍矣。赣祸亟，苏岂能独安？

---

* 此启事无时日。文中有"曾同程都督出示，禁止招兵筹饷"等语，系指一九一三年七月十六日黄兴与程德全联名发出的禁止募兵劝饷告示。据此，此件当发于是年七月十七日至二十五日之间。

苏人为自卫计，势不得不独立。迩来迭次之战，均为正当之防御。衅自彼开，安能束手待毙哉？前岁光复之际，以无数之铁血铸造共和，若听袁氏一人破坏至此，吾民将无噍类，先烈在天之灵能勿悲痛？犹忆国会开幕，海内喁喁望治，以为袁氏虽阴贼险狠，国会可得而制裁之。数月以来，袁氏蹂躏国会，摧残议员，利诱威吓，无所不至。诸公身受之痛苦，较吾民为尤甚，吾军人为诸公忍之久矣。今日之役为吾民除暴，即为诸公除暴也。乃者义师所指，专讨袁氏一人，并无南北之见。袁氏若去，战祸自消。诸公忧念时局，欲图补救，正当解决之法，惟有令袁氏速退，惟诸公图之。燕云北望，无任神驰。江苏都督程德全、讨袁军总司令黄兴、第一师师长洪承点、第二师师长朱熙、第三师师长冷遹、第八师师长陈之骥敬复。宥。

据上海《民立报》一九一三年七月二十七日

致徐宗汉书

（一九一三年七月二十六日）

宗汉弟爱鉴：上海血战，非海军之奴隶一人何至如此！诚为痛心。不知两日来尚可图恢复否？闻李平书家被巡捕查搜，想爱文义路①亦必继续出此，闻已将关系物搬开，甚慰。但账簿、银摺等亦不可留家中。手枪子弹，亦望留心再为检查一遍，总不使另生枝节为好。闻弟极欲来宁一见，此可不必②。因天气炎热过甚，一美又不能脱乳。兴现身体极健，不必罣念。弟能安心在家保育儿辈

---

① 一九一三年一月二十九日起，黄兴卸任汉粤川铁路督办职务后，居上海同孚路，是年夏迁居爱文义路一百号伍廷芳故宅，夫人徐宗汉携子女居此。

② 此四字下，黄兴加“○”着重号。

(一欧、应生、鸿、强① 等均在内),我极心感。弟所负之责任,即我之责任。我所应负之责任,因不能尽而遗于汝,汝能为我负之,使我能完全尽力于国家,即汝之责任,亦不仅为兴一人也,故敢以是相托。吾责至大至危至暂,汝责至细至久至难,然则汝之责任终艰巨于吾乎!人生如戏,不可认真,战局方酣,安能逆料?但恨为国民求真正之幸福,而目前之痛苦已不可除,安得国民均能知真正之幸福由极痛苦中来也。书至此,吾不欲言矣。即讯佳善。兴启。廿六晚。

阿强、一美、阿鸿、文子② 乖好,大妹等均好。

据《黄克强先生书翰墨迹》

对程德全之评语*

(一九一三年七月二十七日)

自为小人,于大局无足轻重。程到沪后之通电,尚自谓支柱两日。可知独立,彼所赞成,绝非强迫。此次或仍为势利小人所劫制。我辈仁义之师,岂能做宁我负人之举。

据上海《民立报》一九一三年七月二十九日

致起义各省电

(一九一三年七月二十八日)

顷据河南确报:白狼军已将铁道电线拆毁,张镇芳已逃,讨袁军得手。

据上海《民立报》一九一三年七月二十八日

① 一欧,即黄一欧;应生,即李应生,徐宗汉前夫之侄;鸿即李雄(女),强即李强,均徐宗汉前夫子女。

② 文子,即黄文华,黄兴二女。

* 此文载《民立报》"南京专电"栏,电尾有"二十八日南京特电"字样。电文前段说:"此间闻程德全反复,舆论切责其无耻,黄总司令待人太仁厚者,黄昨与某君云:(余如本文)。"据此,本评语当于一九一三年七月二十七日所讲。

吴淞退赴金陵口号*

（一九一三年八月）

东南半壁锁吴中，顿失咽喉罪在躬。不道兵粮资敌国，直将斧钻假奸雄。党人此后无完卵，民贼从兹益恣凶。正义未伸输一死，江流石转憾无穷。

诛奸未竟耻为俘，卷土重来共守孤。岂意天心非战罪，奈何兵败见城屠。妖氛煽焰怜焦土，小丑跳梁拥独夫。自古金陵多浩劫，雨花台上好头颅。

据《民国》杂志第一卷第六号（一九一三年）

致章士钊书**

（一九一三年十月六日）

行严兄鉴：弟寓后有一室，租金月二十八元，押金两月份，颇幽静，惟嫌少狭，不知兄意合否，乞酌定。如可，弟即将押金交足，只候令夫人到来入居可也。图如下纸，即请大安。兴启。十月六日。

据上海图书馆原件影印件

复章士钊书***

（一九一三年十月九日）

行兄鉴：八日函诵悉，感甚。静仁兄赞成，必更易成，不另租屋

---

* 依此口号内容看，当作于吴淞要塞失守及南京危急之际，时为一九一三年七月下旬。

** 此件未署年份。按黄兴一九一三年八月九日至一九一四年六月三十日亡命日本，所书"十月六日"，当为一九一三年。

*** 此书未署年份。因言及"租屋"事，当在一九一三年十月六日上函之后。

亦好，惟未接兄函前，有易象君(号枚臣)① 来云，彼久欲为此书，弟即以此意告彼，彼欢然。因不识兄，欲与仇亦山② 同来晤兄，藉领教益。此君(纯然学者)前在北京报馆，文笔优秀，袁氏之近来恶行知之甚详，且与静仁至好(咏仪③ 亦知之)，想可招之。如来，乞接谈为幸。兄目录拟好，盼示知。手此，即叩学安。弟兴启。初九日。

据上海图书馆原件影印件

致章士钊书*

（一九一三年十一月一日）

行兄鉴：箱根之行，本拟二三日内，因孔兄④ 未到，尚须待数日。前月尾欲稍筹助兄亦未获，想亦困迫，如未开销，请即告我，当为设法。手上，即请大安。弟兴启。十一月一日。

据上海图书馆原件影印件

致萱野长知书**

（一九一三年十一月七日）

启者：近日脑热，本日偕林濑越诸君赴热海，借以养病。兄有

---

① 易象，号枚臣，也作枚丞，湖南长沙人。曾办《上海晚报》。一九二〇年十二月被赵恒惕杀害。

② 仇亦山，即仇鳌，湖南湘阴人。

③ 咏仪，即陆鸿逵。

* 此件未署年份。按：黄兴于一九一三年八月九日至一九一四年六月三十日居日本，此“十一月一日”，当为一九一三年。

④ 孔兄，即“孔方兄”。旧时铜钱中有方孔，因称钱为“孔方兄”，简称孔兄。含有取笑和鄙视之意。

** 此件无年月。黄兴于一九一三年十一月一日致章士钊函中有“箱根之行……尚须待数日”，是月十五日函中又称“昨由热海转道箱根归京”此“初七日”，当为是年十一月七日。

暇，万乞来游。住樋ロホテル，仍用冈本名。此行颇秘密，恐惹新闻之目，请勿告他人为幸。此上，萱野兄鉴。兴启。初七早。

据《黄克强先生书翰墨迹》

致章士钊书*

（一九一三年十一月十五日）

启者：昨由热海转道箱根归京，殊有旧游之感。特上橘数十个，乞分致夫人、少君一味。克强启。十五日。

据上海图书馆影印件

致章士钊书**

（一九一三年冬）

行兄鉴：前次所闻华生被害之事，全属子虚。并杏生之母亲现尚在乡住，并不知有是事。可见楚人之多谣，亦有激而为是语也。兹特将华生复张君润农之函附上一阅，以慰惊心。此颂年佳。弟兴启。廿九日。

据上海图书馆原件影印件

致萱野长知书***

（一九一三年末）

启者：议会旁听券请设法要请多枚，以吾党亡命者多欲参观，

---

* 此书未署年月。据一九一三年十一月一日、七日致章士钊、萱野长知函，此“十五日”为是年十一月。

** 此件未署年月。书中所称“华生”，系杨昌济字；“杏生”，系杨德邻字。一九一三年十月初，汤芗铭入湘，逮捕反袁人士。杨德邻时任湖南财政司长，于十月十三日被害。据杨昌济之子杨开智称：杨德邻被害后，外间谣传杨昌济亦遭不测。此件当作于一九一三年冬间。

*** 此书与下面一书，均为黄兴于“二次革命”失败后，亡命日本期间作，当为一九一三年末。

能长期可听者为好，至急至要。此上，萱野兄鉴。弟黄兴。廿三。

据萱野长知:《中华民国革命秘笈》影印件

致萱野长知书

（一九一三年末）

启者：昨托索众议院傍听券，望请即日设法，以能得长期为好，否亦请短期券多索几枚。即上，萱兄鉴。弟兴启。廿六日。

据《黄克强先生书翰墨迹》

致吴弱男书*

（一九一四年一月十日）

启者：手书并承赐小儿各物，一一拜领，谢谢。新年日肇，寒气未加，何日偕行兄来游，不胜延盼。此请弱男夫人鉴。并颂新禧！行严兄均此。弟兴谨启。一月十日。

据上海图书馆原件影印件

致宫崎寅藏书**

（一九一四年二月二十七日）

拜启：忆前兄言有资本有志家欲投资于支那矿业，一时不得

---

* 原书未署年份。“二次革命”失败后，黄兴挈眷流亡日本东京。一九一四年六月离日赴美。此书当为一九一四年在东京所发。

** 原件无年月。封套上写：“小石川区西原町二の二四宫崎寅藏殿（速达）芝高轮南町五三·冈本”。按：一九一三年“二次革命”失败后，黄兴于是年八月亡命东京，蛰居芝区高轮南町五三番地，化名冈本，直至次年五月后，才移居东京市郊北丰岛郡高田村学巢鸭三六〇〇番地。据封套邮戳上有“高轮　3.2.27”，即为日本大政3年2月27日。故此信当作于一九一四年二月二十七日。

实业者，故骤无以应。今有同志某君，最得社会信①，兹处袁氏暴政之下，恐其破坏其事业，欲得贵国资本家投少数之资，约十万即可，多亦好。俾得行其所志，昨已携有契据来此。一锑矿、一锡矿，皆大希望者。请即访前途，如可行当为绍介。但此事某君请秘为之，不欲宣布，致惹起意外之阻力。如何？盼复。此致　滔天先生阁下。黄兴启。廿七日。阅后付火。

据日本藤井昇三先生赠黎澍同志原函复印件

致章士钊书*

（一九一四年三月二十四日）

行兄鉴：昨晚劭襄兄来云：杂志之事，昨日汉民兄等仍要求兄主任其事，尚未得见承诺，殊为悬悬。弟思袁氏作恶已极，必不能久于其位，兄能于此刻为收拾人心之举，亦不为早。兄前所谈，弟亦主张，两者之间，孰缓孰急，惟兄察之。至组织后，如最激烈分子，当可设法使其不偾事。劭襄兄亦言及此，如何之处，乞示知，不胜盼祷。手此，即请大安。弟兴启。廿四早。

据上海图书馆原件影印件

在日本题浩然庐匾额（二件）

（一九一四年初春）

一

汉贼不两立。

---

① “信”字下疑脱一“任”或“仰”字。

* 此信未署年月。时黄兴、章士钊均在日本东京。关于筹办杂志事，指国民党机关刊《民国》杂志，而章士钊正欲另办《甲寅》杂志，故黄兴函中有“两者之间，孰缓孰急，惟兄察之”等语。而章士钊不愿主持《民国》杂志事，《甲寅》杂志遂于一九一四年五月十日创刊。据此，本函当写于是年三月二十四日或四月二十四日。

三

大盗窃国吾辈之责。

据李贻燕:《纪念黄克强先生》,载西安《西北文化日报》
一九三九年十月三十一日

致萱野长知书*

(一九一四年四月八日)

拜启: 顷阅新闻纸,中国兴业事,大约北方之股金已经交到。前件请即往一询,以弟偿债至急,且种种要件亦迫切需用也。多劳清神,殊深歉念,容面谢。不尽。山事① 如何?近日晤面否?此颂凤梨兄安。兴启。四月八日。余白。

据《黄克强先生全集》

致萱野长知书**

(一九一四年四月二十九日)

启者: 昨日森君尚未到来,前约之件,务请偕徐申伯② 往该公司一晤其总主任人,免至拖延时日。至弟所持之股分,并未与他人少有胶葛也(闻藤濑君③ 有借款事)。弟所负债务,多约至本月底

---

* 此件未署年份。函中"中国兴业事",指中国兴业公司。按: 该公司系一九一三年二月二十日,为孙中山与王一亭、沈缦云、张人杰等在日本邀集日本实业家商议后发起的。同年八月一日正式成立,推孙中山为总裁。资本额为五百万元,中日各半。二次革命失败后,改为中日实业有限公司。从函中内容看,黄兴曾入股,因还债至急(实为赴美前夕准备旅资),请萱野设法提出股金。以"四月八日"落款,此件当为一九一四年。

① 山事,似指与头山满有关事,未详。

** 此件未署年份。函中内容与一九一四年四月八日信相关,当发于一九一四年四月二十九日。

② 徐申伯,徐宗汉之弟。

③ 藤濑君,即藤濑政次郎,一九一二年曾任日本三井洋行上海分行联络代表。

（因前该公司所约者），今已逼矣，乞为一援，不胜切祷。此请凤梨兄早安。弟兴启。四月廿九日。

据《黄克强先生全集》

致章士钊书*

（一九一四年四月三十日）

《耆献类徵》收到，特奉上六十元，祈转交前途为荷。行严我哥。兴启。四月三十。

据上海图书馆原件影印件

为宫崎寅藏及其夫人题字（三件）**

（一九一四年四月）

一

儒侠者流。　　滔天夫人正。　　黄兴。

二

朗照。　　滔天主人属。　　黄兴左书。

三

世人皆醉我独醒。

---

* 黄兴一九一三年八月至一九一四年六月三十日居日本。此函为一九一四年写。

** 一九一四年四月上旬，宫崎寅藏在黄兴资助下，新建一栋住宅，命名为"韬园"。黄兴贺宫崎新居，先后作此三件题字。据金易撰《宫崎寅藏故宅记》称，第一件（横匾）悬于宫崎寅藏之次子宫崎震作居室。第二件（横额）悬于上宾室。第三件系黄兴在一件有数十人题词或题名的横匾上的题字，亦悬于上宾室。

据上海《国闻周报》第十卷第四十二期
（一九三三年十月二十一日）

致萱野长知书*

（一九一四年五月十七日）

启者：前托退还兴业株一项，不知该项已有受主否？请即向前途询明，以刻需用甚急。如不能如愿，该正式股票于何日更换，以便另谋他人。特请徐君前来代办此事。有扰清神，容面谢也。此上凤梨先生鉴。弟兴启。十七日。

据《黄克强先生全集》

七绝一首

（一九一四年春）

微步轻盈不动尘，绣罗为莫锦为茵。春风一曲清平调，十二楼头第几人？甲寅春暖。黄兴书。

据薛君度影印件

复宫崎寅藏书**

（一九一四年五月二十一日）

启者：承示，惭悚莫名。在今日亡命海外，何以家为？同志交

* 此件未署年月。内容与一九一四年四月八日、四月二十九日两函相关。前有“务请偕徐申伯往该公司……”语，本函只称“徐君”，当在上函之后，应为一九一四年五月十七日发。

** 原件无年份。信封上写：“小石川西原町二の二四　宫崎寅藏殿（速达）”。信中解释他在东京建造房屋一事，陈其美、戴季陶等的攻击。一九一四年五月二十九日孙中山致黄兴信中，也提到此事，本函当作于一九一四年五月二十一日。

谪，亦所甘受。然以弟不赞成中山之举动，以是相迫，不但非弟所乐闻，且甚为弟所鄙视。其手段之卑劣也，近日造谣，倾轧之机已露，颇不愿白于大雅之前，谨就此房屋事再为兄一陈之。

弟从事革命来，久不知有家，九年相交①，皆所目睹，非弟忍心而不顾也。实以弟眷在湘，前清政府不甚注意，又有各亲友时相接济，是以弟得一身奔走国事，毫无罣碍。及第二次革命讨袁事起，谭组盦君特送弟眷往沪。其时适湘中独立取消，恐反对者一来，必遭鱼肉也。家母年将六十，身体多病，在沪暂居；近侦者屡窥，断不可久居。气候颇不相合，且房租日食甚贵，每月须百四、五十元方可度过。又一欧、兴亚②、振华三儿，在美学费取消，不能久留，欲一并来贵国就学，通计人口在十口内外。故前商之兄，欲在市外租一稍廉之屋，以为家母养息及小儿就学之便，至少时期约在五、六年。当时兄以为经济计，不如新造数间，五、六年后当可将原价售出，则此五、六年中所费租金甚少，是一俭约之一法。后得旧友之屋数间，地租不过六元六十钱。惟不敷住，不得不增造数间，此亦无甚秘密之处，可质之天日神鬼而无愧者。至其代价，所造之价不过四千余元。前承头山翁及兄绍介，将字画售出，除偿旧债及旅费外，欲取之于此，更无庸讳饰者也。此等办法，弟当时亦明知外间必有一番攻击。然为经济计，弟亦不得不出此。以弟眷人口过多，且不敷住。在普通房租至少月须六、七十元之谱。兹约计月费不及卅元，是较廉一半。同志中如能精核算，在势不得不久居此者，亦必自为计，即愤世自沉在英伦海自沉如故友杨君笃生，临死犹遗其母三十磅金钱，遗弟百磅，后卒未寄到，为他友用去。此天性人情，非此不能成人。分爨之说，既不忍出；燕居之好，亦不敢为。从此誓漫游世界一周，以

---

① 一九〇四年华兴会长沙起义事泄失败后，黄兴于是年底辗转逃亡到东京，旋与宫崎寅藏相交，其时已历九年。

② 兴亚，指李兴亚，黄一欧之妻。

益我智识，愿以积极手段改革支那政治，发挥我所素抱之平等自由主义，以与蟊贼人道者战。不偏执，不苟同，此弟所自信，并敢以告兄者。知我罪我，用待将来。

手此。即请大安。

滔天先生史席。

弟兴启。五月廿一日。

据日本藤井昇三先生赠黎澍同志原函复印件

复刘承烈书*

（一九一四年五月二十九日）

手书诵悉。党事弟久灰心。近来尤极其诡谲之态。不德如弟，欲图挽救，转受毁伤，尚有何说。属思宕将来，既感且佩。恐人不我与，犹含沙蹑其后。请拭目以观，必有所悟也。复颂道安。兴启。五月廿九夜。

据《近代史资料》一九六二年第一期

复孙中山书**

（一九一四年六月一日或二日）

接读复示，因来客众多，未即裁答，殊为歉念。今请露肝胆，披

---

* 原函封套写："小石川茗荷谷町五六　陆奥正义殿　芝高轮南町五三冈本。"时刘承烈化名陆奥正义，黄兴化名冈本。此信写于日本东京。

** 本件系黄兴用日本美浓纸写的信稿。连同附录的孙中山致黄兴书两原件，最初藏于徐宗汉手中，一九三二年冬，徐宗汉将三信原件交莫纪彭保管。一九三三年春，莫纪彭在香港染伤寒病，黄一欧往探，视此乃黄家物，悉举以归。一九六一年十月，黄一欧赴北京参加辛亥革命五十周年纪念大会，将三信赠交中国人民政治协商会议全国委员会，现存中国历史博物馆。原信无上下款，也未署日期。据首句语气及孙中山一九一四年五月二十九日致书黄兴及六月三日复黄兴此书，时间当为一九一四年六月一日或二日。

心腹，为先生最后一言之。宋案发生以来，弟即主以其制人之道，还制其人之身。先生由日归来，极为反对。即以用兵论，忆最初弟与先生曾分电湘、粤两都督，要求其同意。当得其复电，皆反复陈其不可。今当事者俱在，可复询及之也。后以激于感情，赣省先发，南京第八师为先生运动营长数人，势将破坏。先生欲赴南京之夕，来弟处相谈，弟即止先生不行。其实第八师两旅长非绝对不可，不过以上海难得，致受首尾攻击之故。且先生轻身陷阵，若八师先自相战斗，胜负尚不可知，不如保全全城之得计。故弟愿以身代先生赴南京，实重爱先生，愿留先生以任大事，此当时之实在情形也。南京事败，弟负责任，万恶所归，亦所甘受。先生之责，固所宜然。

但弟自抵日以来，外察国势，内顾党情，鉴失败之主因，思方来之艰巨，以为此次乃正义为金钱、权力一时所摧毁，非真正之失败。试翻中外之历史，推天演之公例，未有正义不伸者，是最后之胜利，终归之吾党。今吾党既握有此胜算，若从根本上做去，本吾党素来所抱之主义发挥而光大之，不为小暴动以求急功，不作不近情言以骇流俗，披心剖腹，将前之所是者是之，非者非之，尽披露于国民之前，庶吾党之信用渐次可以恢复。又宜宽宏其量，受壤纳流，使异党之有爱国心者有所归向。夫然后合吾党坚毅不拔之士，学识优秀之才，历百变而不渝者，组织干部，计画久远，分道进行，事有不统一者，未之有也。若徒以人为治，慕袁氏之所为，窃恐功未成而人已攻其后，况更以权利相号召者乎？数月来，弟之不能赞成先生者以此。

今先生于弟之不入会以满足许我，虽对于前途为不幸，而于弟个人为幸已多，当不胜感激者也。惟先生欲弟让先生为第三次之革命，以二年为期，如过期不成，即让弟独办等语，弟窃思以后革命原求政治之改良，此乃个人之天职，非为一公司之权利可相让渡、可能包办者比，以后请先生勿以此相要。弟如有机会，当尽我责任为之，可断言与先生之进行决无妨碍。

至云弟之亲信部下对于外人云云，弟自闻先生组织会时，即日希望先生日加改良，不愿先生反对自己所提倡之平等自由主义。弟并未私有所标帜以与先生异。故绝对无部下名词之可言。若以南京同事者为言，皆属昔日之同志，不得谓之部下。今之往来弟处者，半多先生会内之人，言词之有无，弟不得而知，当可为先生转达之。

又英士君之攻击于弟，弟原不介意，惟实由入会问题，则弟不肯受。今先生既明其非是，弟亦不问，听其所为而已。国事日非，革命希望日见打消，而犹自相戕贼若是，故日来悲愤不胜。先生今力任大事，窃附于朋友之义，有所诤谏，终望采纳，不胜幸甚之至。

据中国历史博物馆影印件

附一：孙中山复黄兴书

（一九一四年五月二十九日）

克兄鉴：来示悉。所言英士以兄不入会致攻击，此是大错特错。盖兄之不入会，弟甚满足。以宋案发生之后，彼此主张已极端冲突；第二次失败后，兄仍不能见及弟所主张是合，兄所主张是错。何以言之？若兄当日能听弟言，宋案发表之日，立即动兵，则海军也，上海制造（局）也，上海也，九江也，犹未落袁氏之手。况此时动兵，大借款必无成功，则袁氏断不能收买议员，收买军队，收买报馆，以推翻舆论。此时之机，吾党有百胜之道，而兄见不及此。及借款已成，大事已去，四都督①已革，弟始运动第八师营长，欲冒险一发，以求一死所，又为兄所阻不成。此等情节，则弟所不满于兄之处也。及今图

① 四都督，指湘、赣、皖、粤四省都督谭延闿、李烈钧、柏文蔚、胡汉民。

第三次，弟欲负完全责任，愿附从者，必当纯然听弟之号令。今兄主张仍与弟不同，则不入会者宜也。此弟之所以敬佩而满足者也。弟有所求于兄者，则望兄让我干此第三次之事，限以二年为期，过此犹不成，兄可继续出而任事，弟当让兄独办。如弟幸而成功，则请兄出而任政治之事。此时弟决意一到战场，以遂生平之志，以试生平之学。今在筹备之中，有一极要之事求兄解决者，则望禁止兄之亲信部下，对于外人，自后绝勿再言"中国军界俱是听黄先生之令，无人听孙文之令者。孙文所率者，不过一班之无知少年学生及无饭食之亡命耳"。此等流言，由兄部下言之，确确有据。此时虽无大碍，而他日事成，则不免生出反动之力。兄如能俯听弟言，竭力禁止，必可止也。则有赐于弟实多矣！

至于英士所不满意于兄之事，多属金钱问题。据彼所称：上海商人尝言兄置产若干，存款若干。英士向来皆为兄解辩云，断无此事。至数日前报纸载兄在东京建造房屋，英士、天仇①皆向日友解辩，天仇且欲写信令报馆更正。有日人阻之，谓不可妄辩。天仇始发信问宫崎，意以为必得否认之回音，乃与该报辩论。不料宫崎回信认以为有，二人遂大失望。并从而生出反动心理，以为此事亦真，则从前人言种种亦真矣。倘俱真的，则克强岂不是一无良心之人乎，云云。英士之此种心理，就是数日间所生者也。如兄能以理由解释之，彼必可明白也。

以上则兄与英士互相误会之实情也。乃忽牵入入会之事，则甚无谓也。且金钱之事，则弟向不在意，有无弟亦不欲过问。且弟以为金钱之于吾辈，不成一道德上良心上之问题，不过世人眼浅，每每以此为注意耳。今兄与英士之冲突在此

① 天仇，即戴季陶，后改名传贤。

点，请二人见面详为解释便可，弟可不必在场也。弟所望党人者，今后若仍承认弟为党魁者，必当完全服从党魁之命令。因第二次之失败，全在不听我之号令耳。所以，今后弟欲为真党魁，不欲为假党魁，庶几事权统一，中国尚有救药也。此复。

孙文。五月二十九日。

据中国历史博物馆影印件

附二：孙中山复黄兴书

（一九一四年六月三日）

克兄鉴：长函诵悉，甚感盛情。然弟终以为欲建设一完善民国，非有弟之志、非行弟之法不可。兄所见既异，不肯附从，以再图第三次之革命，则弟甚望兄能静养两年，俾弟一试吾法。若兄分途并进，以行暗杀，则殊碍吾事也。盖吾甚利袁之生而扑之，如兄计画成功，袁死于旦夕，则吾之计画必坏。果尔，则弟从此亦不再闻国事矣。是兄不肯让弟以二年之时间，则弟只有于兄计画成功之日，让兄而已。此复。

又，此后彼此可不谈公事，但私交上兄实为我良友，切勿以公事不投而间之也。幸甚。

孙文。六月三日。

据中国历史博物馆原件影印件

复刘承烈书

（一九一四年六月三日）

顷奉伟论，敬佩，敬佩。我兄毅力热忱，出任大事，曷胜欣羡。惟兴素性迂拙，主义所在，不敢变换手段以苟同。虽以人之如何毁伤，亦不稍为之动。诚如来示所谓，“人生以精神贯注而立，大事以一线到底而成”，此堪自慰者。至于欲反对自己十余年所提倡之平等自由主义，不惜以权利相号召，效袁氏之所为，虽爱我如兄，兴亦不敢从兄之后。伏希为国努力，馨祝无尽。勖襄我兄专席。弟兴启。六月三日。

据《近代史资料》一九六二年第一期

致章士钊书*

（一九一四年六月九日）

清恙未痊，亟欲来视，闻医嘱令上午不见客，午后而他客满座，弟日来亦奔走各处，不克趋谈，念念无已，准当明日午后来也。行兄痊安。兴启。九日晚。

据上海图书馆原件影印件

致萱野长知书**

（一九一四年六月十二日）

启者：上海税关强夺去之画，已问清带来之人，实属无理之极。闻贵国人同时被其扣留物件不少。兹已将电稿拟好，请用兄名及通信社住址发去。并请另电高木或森君，向其索回为要。奉上五十元，以备电费。如不敷，望代垫，即日偿还，不胜感祷。即请晚安。明日再作一英文信寄去。弟兴启。十二晚。

据《黄克强先生全集》

---

* 此信未署年月。黄兴于一九一四年六月三十日离日赴美，行前“奔走各处”，筹措旅资及与友人叙别。此信当为是年六月九日写。

** 此件未署年月。据黄一欧云，一九一四年六月中旬黄兴筹备离日本去美国，故索回书画变卖以作旅资。此书当作于是年六月十二日。

致田桐书*

（一九一四年六月十六日）

梓琴兄鉴：前兄尚留有祝世禄① 字在弟处，并徐天池② 画（此画当时日友未来取），弟因有他行，请来取，以免遗失。此致即颂著安。弟兴启。六月十六日。

据田桓藏原件影印件

致章士钊书**

（一九一四年六月二十一日）

行严兄鉴：昨晤甚欢，所言未尽，今日往校前，乞枉道弟寓一谈为幸。即颂早安。弟兴顿首。六月廿一日。

据上海图书馆藏原件影印件

致田桐书

（一九一四年六月二十六日）

梓琴兄鉴：弟将远适，特于明日（廿七）午刻备小酌，恭请中山先生叙别（不谈国事）。乞届时驾临寄寓，藉慰离绪。此颂大安。弟兴启。六月廿六。

据田桓藏原件影印件

---

* 此信及下面二十六日信原件，均由田桐之弟田桓保存。解放后，已送中国历史博物馆。此据田桓提供的影印件。

① 祝世禄，明万历进士，名书法家。

② 徐天池，即徐渭，号清藤老人，明代画家。

** 原书未署年份。"二次革命"失败后，黄兴流亡日本东京。一九一四年春，创办浩然庐与政法学校。时章士钊在东京主编《甲寅》杂志，并在政法学校任教。此书为一九一四年在东京所发。

太平洋舟中诗*

（一九一四年七月初）

口吞三峡水，足蹈万方云。茫茫天地阔，何处著吾身？

据《黄克强先生全集》

致萱野长知书

（一九一四年七月八日）

凤梨兄鉴：船中握别，想念殊深。海行甚平稳，同人如常。明日午前十时可抵 Honolulu①，俟抵 San Francisco②再详报。此问大安。令夫人均此。弟兴启。七月八日。

据萱野长知：《中华民国革命秘笈》

在檀香山与美国新闻记者谈话**

（一九一四年七月九日）

我们将奋斗到底，使中国成为一个实至名归的共和国，让人民享有和美国公民同样充分的自由。目前中国的情况比满清统治时期更为险恶。民脂民膏被用来压制言论，雇用刺客，贿赂军队，以

---

* 黄兴于一九一四年六月三十日离日赴美，此诗当为七月初在太平洋舟中作。

① Honolulu，火奴鲁鲁，通译檀香山。

② San Francisco，即三藩市，亦译旧金山。

** 一九一四年七月，黄兴由日本乘登岳轮赴美，七月九日船泊檀香山，《太平洋商业广告人》(The Pacific Commercial · Advertiser)记者登轮采访，黄兴发表了本篇谈话。

消灭那些反抗新暴政的人。为了自由,我们将奋斗到底。

…………

此行的目的不是筹款,而是要让世人了解中国目前的真实情况。本人直接奉孙先生之命向美国转达他的意见,我们认为美国公民必须知道真相。我们将美国列为第一站,是因为我们自美国获得自由的观念,同时首先承认我们新共和国的也是美国。我们现在又要作第二次革命,欲达到目的,当然非钱不可。但钱不是当务之急,因为一旦海外爱国之士明了真相,钱便不成问题。

袁世凯花钱制造谎言,隐瞒其政府与中国现况的真相,几乎所有外人在华设立的报纸和外国通讯员都有津贴,以致大家无法明了自由在我国被扼杀的情形。而孙先生在世人面前被诬为自私自利、贪赃枉法、卷款潜逃,这些都是谎言。袁世凯更下令制造另一项谎言,说"白狼"与革命党勾结,掠夺残杀,为革命党谋利。"白狼"和我们可没有丝毫关系。

在中国颁布的新宪法,决非共和政体的宪法。由于袁世凯及其党羽每天都违反新宪法中所载各项,致"宪法"二字之真义已荡然无存。全国各地的人民未经审判而被处决,只要涉嫌有革命思想,便足以处死。最近南京有五百名陆军,被认为对袁世凯不忠,均遭处决。刺袁事件到处都有,人民甚至不敢私语,不敢说出他们对推翻满清之后的失望。

如果人民有武器,将会群起而攻,立刻将袁世凯赶出北京。然而他们手无寸铁,也没有钱买武器,只好顺从。但人民必获最后胜利。中国人知道自由的真谛。这种认识将使大家仇恨暴政,一旦时机成熟,必会揭竿而起。

据美国檀香山《太平洋商业广告人》一九一四年七月十日

对美国《旧金山年报》记者谈话*

（一九一四年七月十五日）

此次来美的目的，乃在研究美国的政治现势与政府制度，以备将来为中国为更大的服务。（他）否认来美鼓励华侨反袁以及筹款革命的谣言。承认与袁世凯立于敌对地位，并将计画重新建立一个新政府。

袁世凯继孙逸仙为临时总统后，即有帝制自为的野心。他是利用虚伪的承诺骗取了今日的地位，他用所有的方法来标明重视共和，但却把自己形成绝对独裁的地位。袁世凯是绝对不会成功的。因为在有思想的中国人的脑海中，仍然充满了强烈的共和意识，对于袁世凯以及任何人想做皇帝，他们绝不会长久的缄默不言。而且这种高涨的情绪并非仅限于南方各省，在北方的山西、陕西，军队已正在动员中。袁世凯并不是一个"强人"，他仅是一个专制的、狂妄的、叛国的独裁者，他为了他自己及其戚友攫取权力与财富而无所不为。

据英文《旧金山年报》一九一四年七月十六日

在美洲中国国民党支部召开"二次革命"纪念大会上的演讲**

（一九一四年七月十五日）

今日美洲国民党支部开"二次革命"纪念大会，兄弟适漫游至

* 此件为谈话节录。

** 黄兴于一九一四年七月十五日抵旧金山，适值此间召开"二次革命"纪念会，本文为黄兴在会上的演讲。

此，得与男女诸同胞相见，荣幸何似！惟"二次革命"，鄙人身列其间，故今日愿将此事始末布告于诸君之前。惟诸君垂听焉。

今日之会，一所以纪念"二次革命"之先烈，二所以纪念"二次革命"之失败，三所以祝"三次革命"之成功。然而自"二次革命"失败以来，袁世凯目国民党为"乱党"矣，无智附和之者，亦目为乱党矣。今欲有所论述，不能不先从此点说破。

犹忆亡清时代广东辛亥三月二十九之役，黄花岗烈士七十余人，当未反正之初，清政府何尝不以"乱党"目之，乃反正而后，各界开纪念会，开追悼会，有口皆碑，咸目为烈士者何也？黄花岗七十余烈士，为人民谋幸福，反对清政府而死难，清政府故目之为"乱党"。今"二次革命"诸先烈，为人民争共和，反对袁政府，亦与黄花岗诸烈士同一心理，故袁政府亦不得不目之为"乱党"。夫以为人民谋幸福、争共和之英雄豪杰，竟为人诬为"乱党"，吾恐先烈九泉有知，不能瞑目矣。至于袁氏破坏民国之罪，罄竹难书，若将其颠末一一说出，虽尽一日之长，犹不能说尽。然不略举以相告，恐诸君不知也。

然吾今欲举袁氏罪恶，又不能不先举一要点以相告。此要点为何？即国民党之主张是也。国民党之主张为何？盖以人道主义自持者也，以建设完全政府为责任者也。当第一次革命初起之时，扬子江以南尽属革党势力，固不待言，即黄河以北，除河南、直隶两省势力略薄外，是全国已入于革党势力范围矣。而当时何以不直抵北京，作黄龙之痛饮？只以袁氏当时戴假面具赞成共和，吾人以革命之目的已达，加以吾党以人道自持，不忍再动干戈，至人民涂炭，故让总统于袁氏耳。然则吾人非为私图，久已表明于天下。今在座诸君，有国民党人，有未为国民党人而表同情于国民党者，有或未表同情于本党者。本党无论矣，敢问表同情于本党诸君，请问诸君良心，以"乱党"目国民党人，则诸君实自居于何等？

夫本党以国家为前提，而袁氏亦曰以国家为前提，其真伪善恶，似难别白，然其手段、其主张实与吾党不同。但此点恐在座诸君尚有所惑，请略为解释可乎？诸君乎！我至亲至爱之诸君乎！试将南京政府吾党执政时各省所行政策，与今日袁党执政时各省所行政策一比例之，亦可明白，无需兄弟之喋喋。惟袁氏罪恶甚多，而其最甚者，可分作五类说之：一、弃灭人道；二、违背约法；三、破坏军纪；四、混乱财政；五、扰乱地方。

何谓人道？其最显浅者，譬有小孩子于此，人人对之，无不爱重之，保护之，而不凭其有危险，此即人道之见端也。然即此心理扩而充之，无论何时何地，当以待小孩子者待全国之人，其量乃广。再而充之，不独视一国如是，即视世界一般人类，下而及之一草一木，凡有生机者，亦当如是。此种心理，在座诸君人人所同具，设有残害小孩子，欺压小孩子，人人见之，皆谓之为弃灭人道，当为人所共弃也。今袁世凯最无人道，与匹夫匹妇置小孩子于最危险地位无异，而人反有恭颂之者，真可异矣。

夫袁氏弃灭人道之实据至多，今略举之。其一则残杀张振武、方维是也。此二人者，有功于第一次革命，袁氏诱之入京，假为宴会，即被逮捕，不待法庭审讯，仅借口于黎元洪电告，即加以"反叛民国"之罪名，星夜枪毙。此袁氏弃灭人道者一也。

其二，不以明杀，而用暗杀。如广西都督沈秉堃，袁氏以其每不满意于彼，于是饵以内阁总理，诱至北京，密令私人于宴饮场中，置毒杀之。此袁氏弃灭人道者二也。其三，毒杀林述庆也。林为国民党老同志，首次革命至为有功。袁氏以其不满意于己，诱之入京，亦于宴饮中毒杀之。此袁氏弃灭人道者三也。

尤有甚者，去年党狱繁兴时代，民党人居留北京者，袁氏多方诛戮，乃尤以为未足，有一夕而暗杀数人，尸首不知所在者。是其对待民党手段，尤为令人难测。然袁氏尚以为不足以大伤民党之元气也，而购凶暗杀宋教仁之事又起矣。宋君主张政党内阁，当时与袁氏所主张者不同。袁氏去宋之谋益急，于是运用其金钱、其勋位，示意赵秉钧，先由赵指使洪述祖贿通应夔丞，由应夔丞转购武士英。当暗杀宋君时，兄弟在车站与宋君并肩而行，而凶徒突向宋君轰击，凶星骤至，凶手在逃。后用敏捷手腕，始将应夔丞、武士英拿获。而袁氏以此案发生时，恐事机不密，终至败露，即设计将应、武诸人，陆续置之死地，为灭口之计。惟赵秉钧一人尚知底细，赵不死终恐破案，故卒又置赵于死地而后已。其明杀暗杀之手段如此，亦可见袁氏之弃灭人道，无所不用其极也。

何谓违背约法？约法者，于宪法未成立之前，人人所当共同遵守者也。乃袁氏自攫得总统以来，假共和之名，行专制之实，其种种违法，不胜枚举。而其荦荦最著者，莫如制造勋位一事。盖共和国家，人民平等，由总统而官吏，均为人民公仆。只言职守，无所用勋位也。而袁氏为笼络人心计，为黄袍加身之预备，独有此天开之异想。此其违背约法者一。

次则私行设官。夫民国官职原有定额，而袁氏志在收服人心，位置私人，遂任意开辟宦途，别立名称。如总统府中，除顾问三千余员外，其它若各处之宣慰使、镇守使、镇抚使等等名目，不一而足。无论为君主为民主，皆中外各国所无，而袁氏独为之。此其违约法者二。

次则星夜借债。自宋案发生以后，以政府首善之地，为购凶暗杀之场。其时公愤在人，汹涌莫压，袁氏自知与民党有不两立之势，于是不俟议院通过，即星夜签押，与五国银团径借二千五百万镑，为对待民党之准备。当时国民党人张继、林森诸君以袁氏违法，不经两院通过，亲往银行阻止，而卒为袁氏势力所压制，志不得行。此为违背约法者三。

何谓破坏军纪？夫各国军队，所以保护人民，抗拒敌国，为对外计,非所以对内而杀戮国民也。而袁政府大谬不然者,当南京政府成立之后,南北议和,民党为人道计,冀免生民涂炭,举总统而让之袁氏。惟当时所要求于袁氏者,以迁都南京一事,最为要着。民党之意,实欲脱离满清关系,建立真正共和。讵袁氏为一己私人计,意以己之得力军队,遍布北方,若一旦脱离南下,势难稳固,无以遂其盘踞之志。故借部下军队以压制国民,指使彼辈在北京、天津一带,忽起变动,奸淫抢掠;复嗾使心腹播散谣言,造成一种袁若南下难制军队之舆论,俾袁得所借口,其破坏军纪为何如耶?

然袁氏之破坏军纪,犹不止此。首次革命之后,南方各省民军虽陆续解散,然所留之劲旅尚多,且皆愤袁之专制,多有怀革命思想者。而各军又皆知守法,无由嫁祸,乃袁竟择其中一二不肖之军官,如暗令余鹤松运动江西,刘茂贞运动南京,黄和顺运动广东,务使军队自行变动,乃可施以解散,补以北兵。此其破坏军纪之尤者。至拱卫军前呼后拥,额逾数万,而均毫无军纪,等于袁家之仆役,以视孙中山总统南京时,卫兵不过数十,相去为何如耶?

混乱财政。财政者,国家之命脉也。国家保护人民,而后人民纳税于国家。故国家财政,即为一般人民之血汗,必有预算、决算以整理之,日求国家财政之丰裕,人民负担之减轻。若袁之于国家财政则不然,其对于交通银行,此为其黑幕最大者。盖交通部中铁路等类之款项,为交通起见,出入颇为利便,而袁则藉之以滥发钞票至一亿之多。尤复大借外债,以为购买军队、贿买议员、笼络报馆、预为攫夺总统之需,几致全国财政支绌,而陷于破产地位。试问袁氏借此巨款,他日袁氏负清还之责,抑吾民共担此责任乎?愿诸君其一思之。虽然,国家贫乏,非不主张借款,苟借之以供开矿等等利民福国事业则可,借之以供私人之用则不可,其间最宜分别者耳。

扰害地方。袁世凯之在今日,人有谓之为大总统者,在吾人视之，实一大贼头耳。（众大鼓掌）盖袁氏果为总统，则宜如何保护地方，使吾民日臻安乐。乃袁氏莅任将三年，盗贼之劫掠也如何？军队之骚扰也又如何？是谁之咎欤？今阅各报，白狼之行踪，忽然而陕西，忽然而山东，所过之地，多被搅扰，是为吾民之大贼者，似不能不目白狼矣。不知为白狼之大贼头者，更有一袁世凯也。白狼河南人，与袁氏同乡，不过巡防营之哨官耳。袁氏因欲杀黎元洪之势力，因而沟通白狼，使之摇动湖北军队。同时更有九龙匪遍于长江一带，只为朱瑞、程德全等军所击散，故不成功。此外更有一共进会，即袁氏密令应夔丞等所组织，以扰乱南方各省之军队也。然亦旋举而旋仆，今所存者仅白狼一股耳。初时白狼本听袁氏指挥，彼因袁、黎已两相邀好，白狼已无用着之处，遂日疏白狼，白亦渐渐不听节制。迨后河南都督张镇芳召降白之部下头目数十人，不旋踵即置之死地，于是白狼大忿，持复仇主义，至有今日。若是，则袁氏以总统资格，而勾引土匪以贻害地方，其居心尚堪问耶？

袁氏有此种种罪恶，倘吾民犹不知起而反抗之，直可谓坐以待亡者耳。苟不欲亡国，则未有不群起而攻之者也。此所以素持和平主义之国民党，首先发难，而有此“二次革命”之举。然此不得已之战争，实袁氏迫成之耳。何以言之？当袁氏派兵到江西九江时，其军队故意愈迫愈近，如临大敌，大有攫击林虎所带军队之概。故七月十二日，两军互击，即为“二次革命”之先声。兄弟此时知事已决裂，即到南京，被举为讨袁总司令。惟当时南京已非完全民党势力，仅江西、湖南、广东、安徽四省势力尚在耳。而广东又有江孔殷、梁士诒等走狗用金钱买通军队，亦不尽可靠。惟时尚在战争中，军事不容稍缓。然上海为南京咽喉，时陈其美力任攻沪制造局之责，死战而不得下，不得上海，则南京实不易为力。无何，湖口失败之消息又到，迫得在南京先开一军事会议，拟调南京健旅往援江西，而各军官多不主张，盖亦有故。因军人等已在疲倦之下，不宜再劳师于江西。故渐将军队退出，然后分兵或入广东，或过江西，以期互相响应。此南京不守，所以致此次失败之由也。且其时知大势已去，不宜再为负隅之计，以徒劳兵事，而致引起国民无穷之恶感，反不如留后来之地步，以做第三次革命工夫。此国民党之所以光明磊落，虽至失败，亦可以对国人者此也。

今日为第二次革命纪念会，兄弟经把“二次革命”之原因及其失败情形，略为诸君述之。至后日袁氏如何作恶，实在不能预测。惟诸君奋起精神，驱此妖魔。此非国民党一部分之事，实为全国人民应为之事也。诸君其勉之。

据美国旧金山大埠华侨团编:《黄兴先生演说词汇编》(一九一四年秋)

为美洲金山中国国民党支部题字

(一九一四年七月十五日)

国脉所系。美洲金山中国国民党支部诸兄正。黄兴。

据《黄克强先生全集》

在旧金山民国公会宴会上的演讲*

(一九一四年七月十六日——二十二日间)

兄弟今日承洪门手足过爱，宠以盛会，兄弟自觉无限感谢。但兄弟以为今日能与洪门手足相叙一堂，是乃现今大总统袁世凯所赐。因袁不破坏民国，则兄弟恐无今日之机会，得与诸君把晤。惟通常人士，颇多只知袁世凯破坏民国，而于其奸险狡诈之实状，恐

* 黄兴于一九一三年七月十五日抵旧金山，二十三日移居“太平洋森林”，本次演讲当在是年七月十六日至二十二日间。

或未甚了了。兄弟今得此良好机会,敢述其种种阴险,如何欺骗革命党,如何欺骗国民,如何欺骗世界各国,为我洪门手足告,俾知所对待,想亦诸君所乐闻也。

袁世凯是何如人?前清之督抚也。其在前清戊戌年间,尝施其阴谋,欺骗保皇党首领康有为氏,至令康氏党人骈首菜市者六人。然因此袁遂得清西太后之宠眷,扶摇直上,官阶日隆。

然袁又不独对于朋友专以阴谋而取其利,即对于其至亲如母如弟,亦为其母其弟之所鄙弃也。其母程氏,名门淑德,读诗书,明大义。世凯少时,顾盼自喜,睥睨兄弟,又好赌博,结无赖,为乡党父老所不齿。壮成欲入仕,母制止之,盖知子莫若母也。其后卒为官吏,母犹谆谆告诫,勉以诚实做人,而责以忠君报国。而袁世凯之所为,乃无一不与帷训相反。其弟世彤,以其不遵母教,而欺君罔大,篡弑之迹,日益彰著,遂致书谏之。世凯不恤,世彤遂与之断绝往来。是其奸险狡诈,即一门之亲,亦不能相处矣。

袁虽得西太后宠眷,但仍恐一旦为人所疏,则不特禄位莫保,恐以自己如此行为,难保不有受上刑之一日。于是,袁又出其阴谋,贿通清宫宦者,日在太后面前揄扬袁氏之才,使太后无日不有"袁世凯"三字从耳朵经过。且使其深信,袁确有才干,而后宠乃不衰。盖清室制度,宦者不下数千人,其职位虽至卑贱,但日与君上相处,其权力至巨。世凯深知此中三昧,遂出其金钱,使三千余之宦官皆为其所用,其阴险有如此者。

袁一面邀好于西太后,而当时宠眷足与世凯相颉颃甚或驾乎其上者,尚有一人在,岑春煊是也。岑春煊者,前清督抚中之颇有才而亦有气节之士也。其宠眷既与袁世凯颉颃,而意见又与袁世凯龃龉,故袁之嫉之也如眼中钉、背中刺,不去不安。但岑既为西太后所宠眷,则以袁之权力,去岑亦匪易事。于是,袁又出其阴谋,以离间岑于西太后。盖袁素知西后痛心疾首于康有为、梁启超辈,即暗中遣其私人，搜得康、梁之照片，使照相匠将岑之照片，拍于康、梁之照片上，成为三人合照之片。片成，阴令西太后最亲信之宦者，托为在外间拾得之物，转呈西后。西后不察，一见康、梁、岑同照一片，即疑岑二心于己，怒气上冲，遂日疏岑。岑之政权，且不旋踵而被夺矣。

袁之害岑也，其阴谋已遂，而袁之权力，亦愈伸张。但当时仍有足以制袁者，则庆亲王是也。盖庆亲王人虽庸懦，然为清室老臣，当国至久，西太后亦宠眷逾恒。苟庆、袁不能联络，则袁之野心终不能逞。于是，袁又出其阴谋，利用庆王之酷爱黄白，即投其所好，间接直接使庆王之财路日觉发达，而庆王遂又入其彀中，一任袁世凯之舞弄，如傀儡然。袁之权力，遂一时无两矣。

当此时也，袁得西太后之宠眷，而庆王又受其笼络，朝政全在其掌中，尚何所求？然而，西后以风烛之年，宁有长生之术？一旦崩逝，则平昔最痛恨世凯之光绪帝，讵肯宽容世凯而不问其罪状乎？此则世凯所为日夕不安、而不可语人之绝大事体者也。盖光绪之痛恨世凯，以世凯用种种阴谋离间其母子。如戊戌一案，竟至帝以尊贵之身，等于幽囚。深恐帝以少壮之年，尚有执政之日，则自身之危险，实在不可思议，遂乘皇帝之抱病，密向西后要求废帝，别立他人。时后虽与帝不睦，但此事关于国家至巨，且国际上亦有关碍，深恐轻举妄动，反为不美，故未加可否。袁知后意不从，愈生惶恐，遂又出其阴谋，贿赂其平昔最亲信之宦者，密将光绪毒死。然光绪虽死，西后究有母子之关系，至为痛悼。且默念袁之狠毒，亦万不意其至是，故当时颇有厌恶袁世凯之意。宫中宦者为袁世凯之心腹者甚多，窥知后意，密告世凯，世凯大怒，计无所出。然其狠心毒手，又跃跃动矣。于是更用重金，贿买西后之近身宦官，暗将西后毒死。故其时帝、后先后崩逝，事至离奇，外间虽略有所闻，然以事无证据，亦付之无可如何而已（当时保皇党纷纷电请杀袁世凯以谢天下)。

帝、后既死,宣统继立,载沣摄政。在其时世凯自以为亦莫予毒矣,讵知摄政载沣人虽庸愚,惟天性尚厚,深知其兄光绪帝之死,为袁氏所下毒,故日谋为兄复仇。然尚未发也,消息已为人泄出。袁氏闻知,其惶恐至难言状,迫得哀求驻京各公使为之缓颊。载沣以碍于各公使颜面,亦未尝明正典刑。袁氏经此而后,深知地位危险,三十六计,走为上计,遂具折托为足疾,借彰德为藏身处矣。

然袁氏当未辞职之先,其篡弑之心,尚欲一试也。是时兄弟寄留南京,有直隶总督杨士骧代表人来会,据称宫保此时地位颇觉危险,甚愿与革命党联合,把清室推翻,复我故国。兄弟当时曾答以袁君有此思想,诚为吾辈革命党人所赞同。但吾辈革命党人,原有一定之主张(其主张维何?即推翻满室后,施行共和民主政治,不再立君主于国内是也)。然代表人去后,终不见袁氏有些须举动。未几袁即辞职回籍,以意测之,或者因有为难之处,故不能动也。

袁氏既回河南原籍,在常人观之,多以为袁氏从此逍遥于山水间,了此余生矣。岂知袁之野心,固未尝一日息也。其回籍后,畜养死士至三、四千人,广置田宅,即婢仆亦六、七百人。彼其意以为今日虽被削政权,惟终有达其目的之一日,故招集无赖,预为他日之用。此亦其阴谋之一种也。然袁氏前此阴谋,虽屡施不一,惟向未施及于我革命党者。后此所述,则皆彼对于革命党之阴谋者也。

霹雳一声,武汉起义,声势之大,动地惊天。其时清廷帝后,寡识无能,羌不知措,徬徨无计。老臣庆王乃献议谓:非召袁世凯出山,不足以支持危局。彼载沣者,与袁氏虽不合,但当时因民军势大,存亡所关,遂允庆王之议。然袁氏被召,且却且前,最后提出要求条件,略谓:一、须授予军务全权;一、须授予财政全权;一、须授予开战议和全权;一、须授予用人全权。此等条件,袁氏之跋扈,真为千古所罕有。然清室帝、后迫于危亡,竟亦一一应允。而袁氏遂摇旗擂鼓，出而与民军抵抗矣。

民军当时之势力，不独长江以南各省已悉入于其手，黄河以北，如陕西、山西、甘肃、山东、东三省各处亦相继独立，所余者不过河南、直隶而已。且民气之盛，蓬蓬勃勃，莫可向迩。袁氏默察世势，知不可以取胜，于是又出其阴谋，以和议来相聒矣。当时南京政府，即为民军之首领，自思念民军之起义，无非欲推倒清室，今袁氏求和，声令清帝退位，是政权已归于我汉人之手，同心协力，建一真正共和的国家，事非大难，尚何所求而不成和，至我汉人互相残杀？此因其时袁氏之部下，亦皆汉人也。南京政府既本人道之观念，许其议和，则袁氏应守双方停战之约，磋商条件。顾袁氏一生行事，无所不用其阴谋，即无所不失其信用，竟一面与民军议和，一面将山、陕民军多方侵犯。南京政府闻报，函电诘问，至再至三，虽世凯答复，托为兵士不听节制之过，然实袁氏远交近攻之手段，可断言也。此为袁氏欺骗革命军之初步也。

迨和议已成，南北统一，双方所尚未妥惬者，只有建都地点之一大问题。盖在袁氏方面，则坚持仍以北京为首都；而在民军方面，则坚持应以南京为首都。后经临时参议院议决，主张南京。参议院解决此问题后，同日开临时大总统选举会，袁世凯当选为临时大总统。临时政府遂派遣专使蔡元培、汪精卫等欢迎袁来南京就职。世凯自知此事已为议院通过，殊无拒绝之理由。但无论如何，世凯有死不南下之意。此因彼辈久视北京为藏身窟穴，一旦他徙，则如蛇鼠之离巢，失其所恃。世凯存此一点隐衷，于是又施其阴谋，暗令北京兵队变乱，放火焚东安门外及前门外一带，火光烛天，土匪乘之，抢掠达旦，商民被害者数千家。蔡等所居之室，乱兵亦持枪而入，蔡等皆越墙而逃，始免于难。翌日，天津、保定之军队亦尤而效之。其残破之情状，较南方曾经战争之都会为甚。自是，袁世凯遂借口于北方军士之不服，外人生命财产寄在北京者不少，势难南下就职。蔡等无奈，后遂允许世凯在北京就职。而世凯欺骗革命党之阴谋，又进一步矣。

南北统一之政府成立，袁氏手握大柄，其专制之迹象虽随处流露，早为明眼人所窥破。但其时南方民军，虽经陆续遣散，势力仍异常坚厚。袁氏自知野心必有时而大露，革命军手造共和，宁肯坐视？一旦声罪致讨，何以抵敌？遂又出其阴谋，联络土匪，扰乱南方各省军队，俾可以派兵南下，厚其势力。至其联络土匪之事实，则今日横行数省之白狼，即其一也。

白狼，河南人，巡防营之哨官也。平日与地方之匪类，素有邀好，势力颇大。时袁氏与黎元洪尚未契合，于是暗令其表弟张镇芳以河南都督之名义，密授白狼以扰害湖北军队之机宜。白狼迷于利禄，慨然任之。自此黎元洪所辖之湖北地面，遂无宁日，人民困苦，无可言状。袁氏借口，而北兵于是入鄂境矣。同时暗派方某召集九龙匪应夔丞组织共进会，以扰乱大江以南各省。当时浙江都督朱瑞、江苏都督程德全不知个中窍要，颇以地方之治安为怀，遂竭力将九龙会匪、共进会匪次第平服。故今日此等匪类为患尚小，所余者仅白狼耳。盖袁利用白狼以扰乱湖北军队既告成功，复用种种方法，笼络黎元洪入其彀中，遂日与白狼疏阔。白之部下亦日横一日，渐扰及河南地方。都督张镇芳患之，不得已而招降白狼。白略觉袁、张食言而肥之伧，姑先着其心腹弟兄三、四十人投诚镇芳。讵镇芳以若辈野性难驯，悉杀戮之。白狼大怒，遂率其部下，声言复仇。今日蹂躏各省，祸害闾阎，人皆知白狼之罪，而不知实袁氏之罪也。此亦袁氏欺骗革命军之一端也。

袁氏既用种种方法，将南方各省军队势力打消。然军队之势力虽日减，而国民党者，由同盟会改组而成，同盟会手创共和，为国人所信仰，势力之大，实足以监督袁氏而有余。此又袁氏视为喉中梗，不专不安者也。于是袁氏不特发其阴谋，且施其毒辣手段。沈秉坤者曾为广西都督,复充湘军总司令者也;林述庆者镇江军之总司令,当世之奇男子也。二君皆为吾党之重要人物,而每流露不满意袁氏之言。袁氏忌之,遂密遣其爪牙,一面与沈、林二君邀好,一面置毒于饮食之中,竟至沈、林二君先后中毒死。此外尚有湖北同志数人,在京忽失所在。后查确为人暗杀,尸首不可复得,其事亦皆袁氏为之主谋也。然民党重要人物虽先后为袁氏暗杀,究之以民党之精神气魄,未易摇动。盖当时国民党之代理理事长宋教仁君,才具甚好,以一身斡旋其间,尚足以制袁氏之死命,故袁氏去宋之谋又生矣。语云:财神用事,有钱何所不为?于是袁氏密遣赵秉钧,由赵密结洪述祖,再由洪以三十万金、勋位等购通应夔丞,复由应买凶手武士英,乘宋附车往京,即在车站将宋杀死。越日,应、武二凶皆获。袁氏自知不了,即用厚金贿赂守凶犯者暗将武凶毒死以灭口。复星夜秘密签字,大借外债,金钱到手,而打消民党之毒谋,更日急一日矣。

夫民党手造共和,为国人所信仰,既如上述,袁氏欲打消之,谈何容易。虽先后暗杀民党重要的人物多人,然民党一日未消灭净尽,则袁氏未可以为所欲为也。于是袁氏即利用其借到之金钱,由交通银行发行一亿之钞票,收买国内外舆论之机关,一面为之歌功颂德,一面为之排斥民党,务使国人之对于民党,生出一种厌恶之意态。更用金钱收买民党以外之政党,或民党内之不肖党员,使之攻击民党之政策,自是民党遂四面受敌矣。然彼犹以为未足也,复制成一种舆论,加民党以"乱党"之名。又使其爪牙,诬指民党蓄谋为乱,于是彼即据之以为派兵南下之口实。民党被迫,进退维谷,仓猝起事,不相结合,遂以致败。而世之昧者不知内容,反附和袁氏之言,以为民党真是乱党也。一犬吠形,百犬吠声,而民党即随其声以俱亡,可哀孰甚!

袁氏打消民党之目的既达,遂乘战胜之余威,行其愚民之毒计，解散国会，消灭自治，摧残教育，种种罪恶，无非欲促其帝业之成。其最显者，则议用旗制。查旗制乃君主之专有物，今袁氏既议用旗制，是当然以君主自居矣。

然袁氏虽事事仿行君主制度，何以不即将大总统三字毅然取消？此非袁氏不欲者也，有一最大原因在，盖关于国际问题。若在国内，则袁氏至于今日，已毫无疑虑矣。然国际问题，在袁氏最难解决者为美国。因美国为世界共和古国，又为首先承认中华民国之一人。既承认为中华民国，则一旦改为君主，当然不是民国。其时美国严词诘问，至难答复。此又因美国不愿世界再有君主国发现，愿中国建立一共和国家，为其东方之良友也。兄弟今尚记忆一事，当美国承认民国之初，有一美国人走来道贺，并询余知其道贺之意否，余茫然莫之所对。余之友人乃详细为余说明，略谓：美国人甚喜中国能建立民国，互相携手。然中国今日，亦号为民国矣。但在我美国人观察之，中华民国基础实未稳固。袁世凯君尚日向外交团运动，欲外交团不承认中国为民主国家，乃可达君主之目的。美国微闻其说，深恐中华民国之生命，绝于一旦，故特脱离各国之关系，先承认中华民国，其基础日益巩固，此余所以为君贺也，云云。由此以谈，则袁氏不遽取消"大总统"三字，全因于国际之阻碍，否则，我先烈出死力以制造之民国，并此"大总统"三字，亦不能存矣。然而袁氏虽不敢遽将"大总统"三字取消，究之今袁之权势、袁之专横、袁之举动，较于君主有过之无不及。想诸君亦有所闻。惟诸君须知：现世界尚可以帝制为治乎？我先烈流血断头，然后造成共和，宁忍坐视袁氏之推翻乎？吾知诸君必不尔尔。故望诸君同心合力，拥护共和，将袁氏驱除，中国前途，庶有豸耳。

据美国旧金山大埠华侨团编：《黄兴先生演说词汇编》（一九一四年秋）

在屋仑华侨欢迎会上的演讲

（一九一四年七月二十六日）

兄弟今日获睹在座诸男女同胞颜色，光荣无似！然何以获此机会，则兄弟一言以蔽之曰：祖国政治之不良也。祖国政治苟有良好之现象，则人民生计必日较丰裕，何必涉万里重洋，离父母，抛妻子，受人侮辱，而低头篱下以讨生活乎？然使诸君不因政治恶劣飘流至此，则不能有今日之会也。然使中国自第一次革命而后，政治即日臻于良好，则兄弟亦未必得与诸君在此把晤，而今日之会，亦未易得也。然则今日之大会，谓为受不良政治之所赐，孰不谓然？

夫政治不良，人民有改革之责任，西哲所谓革不良政治之命，被治者之天职是也。然满清时代，政治恶劣，莫可言状，于是有武昌之革命。彼论者每谓此次之革命，仅为种族之革命。岂知所谓种族革命者，乃革命之一种手段。而革命党人之主张，则推倒满清之后，建设一完全共和国家，以实施其平民之政治，然当含有革命之性质者也。夫既欲求政治之良好，而后出死力奔赴革命，乃今于革命之后，而政治之恶劣竟较甚于未革命之前，则孰非人类，而谓能与之终古乎？此第二次革命所由起，即完全谓之为政治革命者也。然政治者，死物也。美恶皆非自身所能发生者，必有人焉，助成其为美也，或为恶也。此其理至浅显。中国今日政治之恶劣，助成之者果谁乎？想不必兄弟说出，在座诸君当亦皆知袁世凯之罪也。然袁世凯之种种罪恶，兄弟在金山大埠各团体演说时，经多次说过。此间与大埠相隔不过一水，诸君或多有闻之矣，兄弟不复赘述。但兄弟先已对诸君提出一语曰：革不良政治之命，为被治者之天职。彼今日中国政治之不良，当为诸君所共认。然则起而革命，宁非诸君之天职者乎？兄弟不敏，谨分为两题，一曰应乎时，一曰顺乎人，略为诸兄弟说明之，俾诸君知革命诚不容稍缓，而生其决心也。斯则兄弟立言之微意欤？

（一） 应乎时

（甲） 中国人第一次改革之后，已如大梦之初醒，今不能复用压力相加，可断言也。盖建造国家，如建屋然，残破不堪适居，不能不设法改造，务期基础稳固，窗户通明，乃可谓之为一良好房屋。国家亦犹是也。前者以满清治理国家，残破不可言状，然后起而改革，乃袁氏竟反乎人之所好，政治之黑暗，外交之失败，较满清时代为甚。彼国民初醒之精神，岂能任其侮弄，而不再出死力以求一良好之国家乎？此政治革命为应乎时者一也。

（乙） 二十世纪为民权发达之时代。故立国于世界上，无论为民主立宪，为君主立宪，民权蓬勃，无可压抑，论者谓将无复君主之存在。盖大势所趋，人人皆知共和为最良之政体也。故各国人民政治之思想，必不甘屈服于政府专制之下，虽至革命流血，起而与专制政府抗，亦所不惜。近年以来，各国革命风云弥漫于世界，大都为政治问题而起。我国名为共和，乃袁世凯所行暴政，犹甚于专制君主，解散国会，消灭约法，不伦不类之共和，不独为各国所讥笑，亦断无存立于世界之理。今日国民为政治竞争，实感受世界之思潮，有不然而然者也。此政治革命为应乎时者二也。

（丙） 立国于大地之上，无论千百数十，弱肉强食，今未能免。世界上一等之强国，如英、美、德、日、法、俄是也。中国现列为四等国，为列强所欺侮，瓜分中国之说，喧腾于耳鼓久矣，皆由国力衰弱，不足以保护也。中国欲立足于世界上，非改良政治，曷由致强以图存？若长此不变，国势愈弱愈下，吾恐二、三十年后，有国亡种灭之祸。列强之亡人国，除用武力占据土地外，又有一种经济政策，即借款与其国，债重无还，监督其财政，吞灭其国土，所谓借债亡国，如埃及是也。中国地大物博，尚非极贫之国，但因政治不良，人民不信赖恶劣之政府，不敢投资本以营实业，此大可惜者。今袁世凯执政以来，并无整理政治，振兴利权，唯以借债为第一之政策，二千五百万镑大借款，不数月而挥霍已尽。此外小借款不知凡几。授外人监督财政之权，恐中国破产在即，将蹈埃及亡国之覆辙，国亡而种亦灭，言之能不痛心？我们同胞，均为国民之一份子，岂忍令中国亡于袁世凯之手？吾知其必不谓然也。此政治革命为应乎时者三也。

（丁） 中国数千年来专制为政，至社会成一种不平之阶级，贵贱悬殊，人民受害无穷。自南京政府成立后，倒专制而立共和，革命党所持之政策，欲达平民政治之目的，于是先将贵贱之阶级破除之。袁世凯执政后，极力扩张官权，压制民权，复行大人、老爷之名称，与满清时代无异。所谓官僚政治，以少数人之自私自利，而剥夺大多数人之幸福。其施行此种政策，不过欲达到朕即国家之目的而已，毫无利国福民之意。革命党之反抗袁氏，为大多数人谋幸福，必要推翻官僚政治，而后有平民政治之出现，想亦现世纪人民所欢迎者也。此政治革命应乎时者四也。

（一） 顺乎人

（子） 天赋人权之说，为欧美学者所主张。人权者，即人类自由平等之权能也。世界人类，无论黑白，均欲恢复固有之自由权。美国离英独立宣言，以力争人民自由而流血；法国大革命人权宣言，为扫专制回复民权之铁证。诚以人民被治于法治国之下，得享受法律之自由；人民被治于专制政府之下，生杀由一人之喜怒，无所谓法律，人民之生命财产，无法律正当之保护，民权亦从此泯绝。故共和立宪政体，以保障民权为前提。南京政府颁布约法，中华民国人民有身体居住之自由，信教之自由，言论出版之自由，此法律保障人民自由之特权。袁世凯推翻共和，将临时约法全行打消，以达其专制魔皇之目的，封禁报馆，摧残舆论，纵兵搜掠，草菅人命，种种残酷，弄成民国为无法律之国。民权蹂躏至于此极！压力愈重，则反动力愈猛。此政治革命为顺乎人者一也。

（丑） 共和立宪之根基，全在于地方自治。地方不能自治，则人民爱国心必因之而薄弱，社会即无文明事业之进步，国家政治亦无发达之希望。南京政府拟采地方分权制度，欲使各省实行自治制，养成国民自治之能力，发挥共和活泼之精神，采法、美制度为模范。今袁世凯厉行专制政策，将省议会、县议会、地方自治会以暴令概行解散，反不如满清专制时代尚有谘议局、地方自治会之虚设，上无道揆，下无法守，而国亡无日矣。今欲巩固共和国基，回复人民自治之权，势不能不排除专制之袁世凯。此政治革命为顺乎人者二也。

（寅） 国家之富强在于民智，民智之增进在于教育。今日国与国争，有教育则为文明国，无教育则为野蛮国，野蛮必被征服于文明，固世界竞争公例也。是故立国之基本，以振兴教育为急务。教育普及，而后人民智识日进，文明之程度日高，始能立足于国竞之漩涡中。今袁世凯极端专制，反视国民教育为仇物，所有全国小学堂停废，外国留学生学费裁撤，以致中国变为无教育之国，外人目为野蛮，恐自此民智日塞，国脉断绝，将有亡国灭种之痛，沉沦万劫而不复。袁世凯之废尽教育，利用愚民政策，以谋子孙万世帝王之业，其苛暴之政治，无异秦始皇之焚书坑儒，以愚黔首，视天下为袁家物，阴谋之狡毒，有如此者。要之秦始皇之暴戾专制，适足促二世之亡。袁世凯之威力不及秦始，乃行愚民政策，实则自杀政策而已。天怒人怨，罪恶贯盈，民贼必有授首之日。此政治革命为顺乎人者三也。

以上三者，是今日谋政治上之革命，当无疑义。然究非空言可以收其效，一乃心，同乃德，古人所谓众志可以成城，斯兄弟聒絮之余，而不能不有所勗于诸君者也。

据美国旧金山大埠华侨团编：《黄兴先生演说词汇编》（一九一四年秋）

致萱野长知书

（一九一四年七月二十七日）

启者：本月九日抵Honolulu时邮寄一片，十五日抵San Francisco时电告安全上岸，想均收到。此次抵美，国人除国民党外，他党人亦有来埠头欢迎者。连日赴各团体招待，颇蒙优礼相遇。海外华侨热心国事，不以成败稍渝其志，殊可感佩。在桑港①之贵国代理总领事沼野君及在署各员，均把晤一次，极为亲切。小池君久有信绍介，惜无暇日作国事谈也。滞桑港九日，俱为演说、会宴所苦，兹于二十三日移居距桑港百余英里（火车约四句钟）之Pacific Grove，译言太平洋森林也。其地滨海，气候适宜，花草长春，林木茂荫，为美人之避暑地。暂租一矮屋，自炊自读。晨起沿海滨崖石间取鲍鱼，拾蚌蛤，新鲜可口。此处有贵国商店二间，不足，多取之于此，亦自得也。现拟请一名师讲授美国政治及地方自治状况，欲稍有所得，即赴东方游历。美国政府及国民对于吾人，感情亦不恶。先是弟等抵岸时，政府已电饬其关吏优礼相遇。昨又连接美东商会及私人欢迎电函，均极表同情者。虽袁世凯电阻美政府，令其留难，又袁氏所派驻美代表竭力运动，美政府皆置之不理。以此可见公道犹在人心。弟此行务将袁氏罪状节节宣布，使世界各国皆知袁氏当国一日，即乱国一日，欲保东亚之平和，非先去袁氏不可。但袁氏广用金钱，贿买报馆，淆乱黑白，颠倒是非，权利所在，难必人听，然不可不先从此下手。足下洞明敝国情势，想不以为迂远也。

① 桑港，日本人对三藩市的称呼。即三弗兰西斯哥，通译旧金山。

山科君之事业发达否？东京判袂后之情形，乞暇时撮要相示，不胜切祷。贵报近日想益增加。头山、犬养①各先生想亦清健，都不尽意。草草，凤梨我兄史席。令夫人同候。知己诸君乞代致意。弟黄兴启。七月廿七日。

据《黄克强先生书翰墨迹》

附：李书城致萱野长知书

（一九一四年七月二十八日）

敬启者：在东京诸承爱照，感荷靡已。本月九日抵檀岛，十五日抵桑港，沿途均叨平安，堪慰远注。美洲华侨颇多，亦甚热心国事。克公抵埠后，不惟国民党员竭诚欢迎，全体华侨均函电慰问。旬余以来，酬应颇忙。现已赁居太平洋岸，距桑港约百余英里。拟从事调查美国西方政俗，月余之后，即赴东方游历。同行诸人身体尚好，精神亦畅，希勿为念。专此，即叩萱野先生伟安。夫人安好。李书城谨启。七月廿八日。

徐申伯附候。

据萱野长知：《中华民国革命秘笈》

致刘承烈刘文锦书

（一九一四年七月二十九日）

劭襄、曙汀②两兄鉴：本月九日午前抵檀岛，承国民党同志招待，欢晤半日，并导游各处。午后五时开船，于十五日抵桑港，当有国民党员及侨寓诸同胞在埠头相迓。连日赴各团体招待，颇蒙优遇。海外诸同胞热心国事，不以成败稍渝其志，殊深感悚。在桑港

① 头山，即头山满；犬养，即犬养毅。

② 曙汀，即刘文锦，湖南益阳人。

酬应九日，至二十三日始移居太平洋森林 Pacific Grove，距桑港约百余英里。拟暂住月余，调查美国政治及地方自治状况，并拟请一名师来此讲授。俟略有所得，再赴美东游历。昨承芝加哥美商会来电欢迎，以此见外人对于吾人感情尚好，即美政府于弟等上岸时，亦电饬其关吏优礼相遇。吾人若于此时将袁氏罪状节节宣布，世界舆论犹有可挽回之一日。此间党情，于道腴兄函中另纸述之，兹不赘，请往索观可也。石公[1]已移居东京否？所筹事若何？暇时乞详示一切，不胜盼切。手颂筹安。弟兴启。

各同志均此。书城、陶钧、申伯[2]同候。七月二十九日。

通讯处仍如前处。

据《近代史资料》一九六二年第一期

附：同行人报告书

（一九一四年七月）

抵埠后大概情形，已详别函。此间国民党员颇盛，而同姓团体尤为坚固。金山侨民，黄姓最多，李姓次之，其习尚凡系同姓之人，不问党派如何，均竭力拥护之。故克公抵埠时，欢迎者不仅同党人士，黄姓之欢迎者尤伙；其他中国公会（即前致公堂所改）及各团体（如江亢虎之社会党等）均至埠头欢迎。是日抵埠情形，欢迎者颇张大其事，至埠头者千余人，均各有旗帜徽章。由埠头拥卫弟等至客栈者，自动车有三十余台之多。华人在外素从俭约，是日特为此豪举者，盖欲示外人以观瞻也。弟等因先未知情形，故于抵埠之前，并未通知，而欢迎者已准备数日矣。幸抵埠时，已有美总统数电及公文通饬关吏，令其优待并妥加保护，故毫无阻碍，眼病、肠病均未检验，

① 石公，即谭人凤，号石屏。

② 李书城、石陶钧、徐申伯等人均随黄兴赴美。

仅各索一照片即行上陆。后阅日本新闻，始知同船之日人百三十二人，中有百二十余人送往孤岛留医者，我辈可谓幸事矣。上陆时党员暗携武器，沿途警戒者百余人。因金山黄姓最盛，虽非籍隶本党者，亦极表欢迎。故反对党之报馆，对于克公及弟等均不敢有微辞。此为意想不及者也。

抵埠后，连日由各团体设宴招待，每宴均聚至数百人。克公每次演说约二、三点钟之久，听者异常欢慰，毫无倦容。而北美各处华侨，及南美与加拿大等处来电欢迎，请赴各处演说者，现已有三十余埠。惟因各处太疏散，一一亲往，费时太多，其近金山者拟陆续应其招待，过远者复电谢其盛情，其在东美各处者拟于赴东部时沿途应酬之。此行表面上颇为满足，华人之对于克公既已多数抬高其身价，以后虽有反对者，亦不能逆多数人之心理，自见弃于众也。

惟弟等未到之前，此间已发起第三次革命筹饷事务所，主持者为谢君英伯、冯君自由等，其发动由于东京，近并派林君子超来充筹饷会长，闻亦东京所派。而筹饷章程，即本于中华革命党总章，酬以勋位及权利。而东京所要求者，在解散国民党名义改为中华革命党名义，因此间国民党员赞成者不多，故国民党之招牌尚存。而青年党员于为国民党党员之外，又有填写誓书为中华革命党党员者，惟老成者尚多反对。故国民党内潜伏此两派。在中所谓筹饷之事，即凡入中华革命党者须纳入会费十元，此外酌捐，计所收款项已有数万元。捐款者固属踊跃，而反对勋位者尚多也。弟等抵埠时，外人访员即问是否来美筹饷，当答以非是。而克公演说，未明言反对，亦并未明言赞成。离桑港之前一日，曾邀本党重要党员，告以此行主义，并询问筹饷事实。据其答复亦以"中华革命党党章为不然，因东京发动此事，并未通知干事人员。先由党员发起，要求照东京命令办理，而党员者亦有反对者。为调和党员及保全国民党名义起见，故设筹饷事务所，而党员中有愿写誓书、愿助饷者，均听许之，以防内部之冲突”云云。克公告以不可失信，华侨所筹之款不可滥用，应暂时保存，俟事机成熟时用之。彼答以：“党员甚热心内地革命之事，故东京要款不交，恐党员不允”云云。是乃此间内部之大概情形也。

美洲中国人，除学生外，概系工人，商家至少。学生散在各处，无何等形式上之团体。工人则热心有余而知识不足，但闻革命二字，莫不赞助者，固无何等存心也。弟等此行之主义，原不能遍人而告之，人亦多不知之。故自我辈抵岸后，捐款者较前尤为踊跃，即金山一埠，闻一日可筹美金千余元，较之武昌起义时尤盛云。

吾等此行，主义重在联络外人。若长居金山一埠，应接太繁，无与外人接洽之时；具与华人久处，恐积久生厌，或不能保持尊严。故在金山应酬十日，即移居此处，以卸脱本国人之应酬。现拟调查美国政俗，及此地自治之情形。已托美友请一通晓政治之美儒来此讲授。此处地处海岸，至为闲静，外人多来此避暑者。因此，或可多接洽有学问之人，预备赴东方（华盛顿、纽约各处）时，与其政治家接洽。美国人情，西方与东方不同，西方因亚洲人太多，又多贱业，故皆藐视之，且排斥之不遗余力。东方则不然，欲联络外人，须赴东方，故在此居住亦不过一、二月耳。吾等在金山演说，其大旨在宣布本党正当之宗旨，及袁氏误国之罪恶，仍劝国人以正义、人道、平和之手段谋国。华人及外人亦无厌恶之意。邓君孟硕现仍住金山，将来或入学校，或在报馆主笔，现尚未定。同人等皆灵肉都好，幸勿为念。余续详。同行人均启。

据《近代史资料》一九六二年第一期

复曹汤三书

（一九一四年八月十八日）

汤三我兄大鉴：抵美后未得把握为憾。顷接惠书，殊深骇怪。据云近得各处党员通告，并读中外各报登载弟所宣布中山先生之函，此事从何说起？党德败坏，竟至此极，殊可叹也！此事之有无，弟不必加辩，请足下函询中山先生，即知其真相。中山先生是否有此函件与日本当道，尚属疑问，袁贼阴险，派侦离间吾辈，亦时时有之。即令有此函件，中山先生从未与兴阅过，兴又何从宣泄？此种卑鄙手段，稍有人格者不为。兴虽不德，自问生平未尝有此败行。今得足下惠书恳直指示，深为感荷。迩来人心险诈，同类自相倾陷，常逸乎人情之外。想此间亦不乏此种之人。不意明达如足下者，亦复深信之也。凡事平心察之，真相自见。望足下勿信浮言，幸甚！此复，即颂伟安。弟兴上。八月十八日。盼复示。

据《黄克强先生全集》

复彭丕昕书

（一九一四年八月二十九日）

敬复者：惠书诵悉。欢迎愧非敢承。我辈一夕之清谈，较胜虚文酬酢多矣。来月末当东行，乞语诸公，幸勿多费为荷。此复。黄兴谨启。八月廿九日。

据《黄克强先生全集》

复李根源等书

（一九一四年九月三日）

启者：奉读来函，知公等设立欧事研究会，本爱国之精神，抒救时之良策，主旨宏大，规画周详，其着手办法，尤能祛除党见，取人材集中主义，毋任钦仰。又承决议认弟为本会会员，责任所在，弟何敢推辞？惟才识疏浅，无俾①大局，深自愧悚耳。弟抵美以来，欧战旋起，影响所及，东亚随之，群狼臻远，猛虎当门，是更可惧。公等先虑，持以稳慎，尤所感佩。尚望蓄远势毋狃于目前，计全局毋激于一部。袁氏自失外款，本不足倒，惟在吾人一致进行，庶预备方有所着。想公等必能圆满图之。财政一节自是困难，然目前合群力，谅可敷预备时期之用。协和昨来电云，本月初预备赴新嘉坡，此时想早已抵该处，不知彼在法能活动否（若战争后万不能也）？弟初抵美，亦无头绪，拟本月下旬赴美东，至时如可活动，当再详告。兹拟筹小款以济目前之急，有得，即电汇尊处也。匆复，即颂诸公大安。印泉、静仁、铸夫、遇秋、隐青、颂云诸兄及各兄均启。弟黄兴谨启。九月三日。

据《黄克强先生全集》

复谭人凤等书

（一九一四年九月十二日）

石屏、楚香、曙汀、烈武、劭襄、道腴诸公大鉴：接八月十八日手示，敬悉公等苦心热忱，大谋进行，无任感佩。其办法以维持固有之党势入手，既与中山无所冲突，且有事时得与以助力，实为正大稳健之至。现在所谓革命党，其弊在不能统一。公等著意在此，将来救国目的必可达到。望诸公等持以毅力，不患事之无成也。

欧乱发生以来，世界金融均形停滞，袁贼将陷于窘迫之域，此为倒袁最良之时机。后有解释时机之处。惟日政府态度已定，于吾党行动必多所掣肘。美政府对于吾党虽表好意，近探其所在，亦

① “俾”，应为“裨”。

鉴于欧洲之战祸，颇取慎重态度。且袁贼以德、日之冲突，转乞怜于美，内容想亦许以特别权利，故美亦极欢迎。以美日将来之地位故。吾党此时对于美当局不可不努力运动，然以上之关系，恐收效尚待时日。总之，美之金融机关亦受欧乱之影响，断无大宗款项以助袁贼。盖美发达生产资本，纯系吸取欧洲而来，于本国之实力殊形不足。已晤过美之经济家及银行家，皆云美政府刻亦赶印巨数之空头纸币，预备欧战延长，以为救济本国之用。各界以此之故，亦颇恐慌。以无预金而徒发纸币，终非善法，至有名之为纸政府者。观此，袁贼将来之破产可必。或袁贼以无外款之助，于国内必横加诛求，国民既负担之不胜，其积怨必甚。吾国国民之性质，必待其身受痛苦然后求救，此时吾人乘其惫而掊之，袁贼将不受一击也。

人谓乘欧乱吾人可起而击袁，不则失此时机，吾人终无倒袁之日。此似是而非之说，观察不到，理解不真，最足以偾事。吾谓乘欧乱吾人可谋革命之预备。阋墙之事可免，私见即可去。有此时机，庶预备方有着。不能统一，预备上则生冲突，两方面均空，无此时机以迎我，预备亦颇难着手。如利用此少数人之激烈心理，逞一时之愤，或一部之力，必终归无效，徒自减杀其势力。是主任者不可不审慎于先也。公等气度恢宏，处事周密，瞩微识远，当必及此，无俟兴之鳃鳃过虑。至于"绝无所预备，徒大言欺世，其心至足诛。或更取媚于袁贼，阻革命之实行，尤为民国之蠹贼巨毒。"昨接东京各处来函，其办法皆趋于有条理之预备。然如上所测度，或与公等感情素未融洽，意见尚未疏通，至有彼此误会之处，亦未可知。当此国家危急存亡之际，望公等以大度处事，以调各方面为主。著著蹈实进行，或至袁贼坐困之时，可能收群策之益。不则各自为阵，不相关联，事必无济也。

兴刻在美，当极力为各方面之调和，并一面揭开袁贼之黑幕，渐图挽回外人之议论，使表同情于吾党。上月中旬曾赴桑港美国绅商之约，演述中国政治之现状，闻者皆谓袁氏之罪恶，在墨国前任总统威尔泰之上，颇有感动之意。至筹款一节，目前以种种关系，似不易得手；须之以时日，或有可望。华侨一方面，以中山刻正在此筹款，观此地办事之人，舌敝唇焦，沿门捐措，现所得者，美金不过二万余元。以此地多工人，非如南洋之富有资本者可比；且须许以勋章及一切特别权利。若兴在此再筹，极竭全力亦不过此数。且令此处党人自分派别，又令外人轻视吾辈，非计之得也。现拟月内赴美东游历，途中尚须赴华侨之招待会，俟综观各处情形，再行奉闻。东方战机正熟，函件亦多不便，于有关系之处，不能备述，尚乞心照。手此，即颂筹绥。弟兴启。九月十二日。

书城、陶钧附笔，各同志均此不另。石公、道腴未专复，恕之。

据《近代史资料》一九六二年第一期

与梅培的谈话*

（一九一四年十月五日）

吾非反对孙先生，吾实要求孙先生耳。吾重之爱之，然后有今日之要求。吾知党人亦莫不仰重孙先生，尊之为吾党首领。但为此不妥之章程，未免有些意见不合处。故吾党中分裂，于孙先生名誉有碍，党务亦因而不能统一，于国家前途亦有莫大关系。且吾知此新章之不能改者，原非孙先生之把持，实为三五人所梗耳。何以见之？章程拟稿时，孙先生曾分给一份参看，吾指其不合处要求修改，孙先生当时力允。对胡汉民先生亦然。后不果改，勉强施行，吾料确非孙先生之本意，望能与先生函商一切。若有效，不但克强

* 一九一四年十月五日，黄兴由旧金山近郊抵芝加哥，梅培等往迎。黄兴和梅培进行了一次长谈，不但谈到了阻止袁世凯向美国银行家借款的事，也涉及了中华革命党章程问题。梅培本拟联合美洲诸同志请求孙中山更改中华革命党章程，黄兴因请他致函孙中山重申修改之意。梅培即日上书孙中山要求修改“附从”及“元勋公民”两节，信中转述了黄兴以上谈话的内容。

一人感激，吾知党中多数健全分子亦当引为庆幸。至吾为此事，自到美以来，除密商林森、谢英伯、冯自由、黄伯耀而外，并未对第五人说及。

据梅培一九一五年十月四日给孙中山的信

复某君书

（一九一四年十月八日）

复启：九月十四号惠书，昨抵纽约始收到。此行因急于来此，在芝城仅勾留两日，不克趋教，甚为惭歉。乞代致鄙意于诸兄，如将来得缘，再图把晤。欧洲战云弥漫，东亚亦陷入漩涡，强权张天，人道绝灭，旅中百感，毋任神驰。此颂学安。黄兴谨启。十月八日。

彭君均此，恕未另。同学各君并此。

本月内通讯，可直接寄此旅馆：

Hotel Bonta

Narragansett

Broadway at Ninety-fourth Street

New York

据《黄克强先生书翰墨迹》

致邓家彦书

（一九一四年十一月六日）

孟硕[①]兄鉴：顷接到日本各报，自十月廿二来至十一月初旬，关于中国内乱之事，书不胜书，特剪阅以资采择。又财政困穷已达极地，至各部以个人名义向银行借贷。广东赌博，当民国成立时，

① 邓家彦，字孟硕。时奉“民国维持会”之命在纽约从事筹款活动。

虽财政如何支绌，尚且严禁，兹则居然公开，亦可资笑柄也。月池[①]兄归来，云已请兄将参政院之财政质问翻好，寄一份与我，以便至华府时所说不致参差。又汉文原报，请同时寄下。弟拟不日赴华府，以现闻银行团尚待政府之赞否，如此时能向政府及议会运动，不表同意，则银行团立消。其说或为拖延之计，亦不可知。总之尽人力做去为是。此颂学安。弟兴启。六日。

据南京《中央日报》一九三五年十一月十二日

复宫崎寅藏函*

（一九一四年十一月十日）

滔天先生足下：尊函日前方收得，因弟旅行前地无定，邮递展转又展转，距应受函之期已迟月余，稽答之愆，幸恕，幸恕。

欧洲战乱，扰及亚东，贵邦仗义兴师，得收青岛，均势局面或有变迁。贵政府态度，得似[②]海陆两部。前已得青岛后，于吾人可与便利，不知能实践否？乞为一探，速示方针。

美人虽深同情于共和，然以异种族之故，终难协洽；且此次对于贵邦，诸多疑惑，表面上似无所可否，而黄祸之论，政客、学者中已成为流行名词。吾人若不早图巩固，将来以虚名受实祸，忧时之士当不出此。近袁氏要好于美，已派员来运动，主张中、俄、美三国同盟，美人中多赞成之。此策乃袁氏利己主义，非真心爱国也。限阁[③]无识无才，殊难语及，能倒之派或可与图。请速谋之，详示方略为幸。

---

① 月池，即唐月池，随黄兴去美。

* 原件未署年份。函中提到“欧儿归，尚祈时加训诲。”时，黄一欧尚未到日本。按：黄兴于一九一四年十二月十一日致宫崎寅藏信中，有“欧儿等归，想已面呈一切矣”等语，故本函当作于一九一四年十一月十日。

② “似”当为“视”字误书。

③ 限阁，指日本大隈重信内阁。

欧儿归,尚祈时加训诲,俾进于德。龙之介样①病症若何?已全愈否?念念。阖谭均吉。

黄兴启。十一月初十日。

各知好致意。

阅后付火。

据日本藤井昇三先生赠黎澍同志原函复印件

致萱野长知书*

(一九一四年十一月十一日)

凤梨尊兄大鉴:欧洲战期刻未能了,青岛已落②,贵政府对于均势局面主张若何?限阁与袁氏亲交,只顾目前小利,于黄种前途,毫不思及。识微瞩远,是在民党诸君,不知足下等已谋及否?暇时乞详示方针为幸。小池君处并希致意,匆匆不尽,此问大安。黄兴启。十一月十一日。

据《黄克强先生书翰墨迹》

复邓家彦书

(一九一四年十一月二十四日)

孟硕兄鉴:廿二日书诵悉。月池兄来函,云已晤比儿③博士,驳论不日可登出。又比儿博士云,欲召集报馆之记者,俾弟亲为一

---

① 样,日语,即先生的意思。

* 据黄一欧云,此信发后,黄兴即命黄一欧由美返日,向宫崎寅藏、萱野长知等陈述意见。

② 青岛于一九一四年十一月七日被日军侵占。

③ 比儿(charles A. Beard)博士,美国哥伦比亚大学教授,一九一四年十一月二十四日,《纽约时报》刊有比儿博士代黄兴发表的声明。

场之演说，使听者有所感动。此意甚好。不知几日可以办到，兄晤比儿博士时，可一探之。此舆论一方面也。议员一方面，已托美友竭力运动之，当可得多少阻力。至银行一方面，本不能接头，无从设法。此刻除舆论之外，似无好办法。或金山方面，用国民代表名义，云得国民代表通告，如有借款事，国民不承认等情，电告美政府及议会，虽不生何等效力，亦可使资本家疑惑不敢投资。兄可与英伯电告金山之办事人，当无不可；或由东京来电更好。再费府新闻之登载，弟已使其为警戒借款之语，另寄一览。日本报尚未寄到，有得即剪上。此复学安。弟兴启。廿四日。

据南京《中央日报》一九三五年十一月十二日

致宫崎寅藏书*

（一九一四年十二月十一日）

弢园① 主人鉴：欧儿等归，想已面呈一切矣。贵国政府于陷落青岛后，所执方针何若？乞为示知。隈阁能稳立否？政国两党健斗，必倾阁无宜。木堂先生② 于增师案所表示之言论，甚得根据，可卜国民之同情，望努力为幸。贵国政府方针（指亲袁言）倒执，于敝国之改革，颇生障碍，即影响于将来东亚之前途。想执事必能注目及此，有以挽回于其中也。手此，即请筹安。知名书。十二月十一日。

晓柳兄一函，乞转致。

据《黄克强先生书翰墨迹》

* 此书未署真名和年份。据墨迹及所述事实，系黄兴自美国发。书中有“欧儿等归”语，指一九一四年冬黄一欧留美官费被汤芗铭撤销，黄兴即命黄一欧归日本，向宫崎寅藏等有所陈述。故此书为一九一四年十二月十一日。

① 弢园，也作韬园，宫崎寅藏寓所名称。

② 木堂先生，即犬养毅。

致章士钊函*

（一九一五年一月二十九日）

行兄鉴：昨函想久入览。兹恳者，尊撰能于三月初旬付来，至好。因弟所租之房至三月底满期。以款事之故，此时或他行亦未可知（西美友人屡函约至彼处）。现与房主人商量，欲延长一月，为印刷校对之预备，尚未得确复。无论如何，务请赶速于三月初旬付邮，至祷。日来商量款事颇有进步，如能成功，诸事可办。经武现回日否？前复函后，未得其复音，至念。杂社事，如款可成，又须改变其办法（关杂志事，计复经武一、兄一，俱寄杂志社中，想均前后收得），至时再函商。又关于国内财政事，可指摘政府之处，请随时将材料寄我。或能笔记其要点，更好。弟旅居此间，以不通语言文字，甚苦。日强记数字，随记随忘，可知脑力之衰矣。此函关款事，请勿示人，即颂撰安。弟兴启。一月廿九。

弱男夫人及令息①均好

据上海市文物管理委员会影印件

与陈炯明等联名通电

（一九一五年二月二十五日）

上海分送《时事新报》、《神州日报》、《时报》、《申报》、《新闻报》，

---

* 此书有蔡元培、梁启超、林长民、熊希龄、康有为题跋。章士钊在《黄克强遗札手卷书后》中说："潘伯鹰在上海，忽以原册发见于文物保管委员会见告，吾乃狂喜，喜该卷终未散失。"说明此函为黄兴自美洲寄至东京。"一月廿九日，乃民国四年之一月廿九日也。克强急待吾为草一财政论文，此当然为宣传之用。"并指出"康跋失之夸大，明眼人一望而知。吾时重其字不重其言，康亦露骨自认为此。"又云："黄札问经武现回日否？乃胡瑛应袁电召，驰赴北京，而对黄诳称旋即返日。党人之中，晚节不终，不胜慨叹！""至所谓筹款，据李小垣（小垣，湖北李书城字，彼始终偕克强游美）言，携旧字画若干件，售得美金数万元。计克强在美期间，始终与华侨无一文交涉。至赴西美访何人，小垣殊记不起。"

① 此处息，指子女。

北京分送《亚细亚报》、《国民公报》暨国内各报馆鉴：兴等无状，与父老兄弟别，亦既两年。前此粗疏缪戾，国人所以切责兴等者，皆一一深自引咎。惟是非未明，内外资为口实，戕我国脉，淆我舆情。此为国家存亡所关，非直流俗毁誉之细，敢复不辞觍缕，略有所陈。兴等去国以还，权威所存，僇辱已至。而游探盈国，好事者塞途，又复争相诋诃，务尽媒孽。萑符有警，辄入兴名；炯、蔚、建、钧，均见钩致。迩者国交顿挫，举国惊迷，兴等乞援思逞之谣，观腾播中外。夫本无其事，被谤议不能自明者，古来何止百数。兴等无似，亦诚愿安缄默，俟之百年。无如兴等见毁，乃由奸人假之，涂饰庸俗耳目，以售其欺；甚或他人用之，恫喝软弱政府，以收其利。纵国人不察，愿绝兴等，兴等果安忍自绝于国人，不一暴其素志，使知所自处哉？

在昔清政不纲，邦如累卵，国人奋起，因有辛亥之役。虽曰排满，实乃图存。政不加良，奚取改革？南北统一以后，政柄已集于一隅。吾党遵守宪政常规，诚有所抨弹牵掣。时则国人初习共和，吾党叫嚣凌厉之气，亦诚不免。国中贤达，每来诮让之声，兴等自维前失，敢不引罪？

癸丑七月之役，固自弃于国人。然苟有他图，国政于以修明，兴等虽被万戮，又何足悔？当举事时，成败利钝，已能前睹。一击不中，即复戢兵，诚不欲以骤难克敌之师，重生灵涂炭之祸。兴等虽以此受同志之责，居恇怯之名，质之天良，尚无所歉。斯时可战之卒，尚复累万；可据之地，何止一省？犹且不肯负固以困民生。今无尺土一兵，安敢妄言激进？毁兴等者，即不计吾徒居心之仁暴，亦当论其设策之智愚。

至言假借外力，尤为荒诞。兴等固不肖，然亦安至国家大义蒙无所知？窃览世界诸邦，莫不以民族立国。一族以内之事，纵为万恶，亦惟族人自董理之。倚赖他族，国必不保。殷鉴未远，即在平南。凡此所谈，五尺之童可以具知，乃烦兴等言说短长，实为遗憾！战败以来，兴等或居美洲，或留欧土，或散处南洋各地；即在日本，亦分居东西京、神户、长崎有差。外患之生，尚未匝月，东西万里，居各未移，商发本电，已极艰困，则聚且未能，谋将安出？乃闻国中谈士，戟指怒骂，昔年同志，贻书相讥，谤语转移，哓哓嗷嗷，恍若道路所传，已成事实。呜呼！兴等纵不足惜，顾如利用者掀髯于旁，公等冥冥中偾其国事何哉！

须知革命者，全国心理之符，断非数十百人所能强致。辛亥已事，即为明征。国人既惩兴等癸丑之非，自后非有社会真切之要求，决不轻言国事。今虽不能妄以何种信誓宣言于人，而国政是否必由革命始获更新，亦愿追随国人瞻其效果。夫兵凶战危，古有明训，苟可以免，畴日不宜？重以吾国元气凋伤，盗贼充斥，一发偶动，全局为危。故公等畏避革命之心，乃同人之所共谅。惟革命之有无，非可求之革命自身，而当卜之政象良恶。故辛亥之役，乃满洲政府成之，非革命党所能自为力也。今者政治清浊，事业兴废，士气盛衰之度，较之满洲何如？此俱国人所闻见。当兴等随国人后与闻政事，当局者每借口大权未一，强饰其非，此中是非，无取辩说。但今日之失政，何与于昨日之争权？兴等蔽罪以去，则新治宜呈矣，胡乃抵排异己，甲乙无择，生心害政，益益有加，至今空尸共和之名，有过专制之实，一语反诘，真相立明。年来内政荒芜，纲纪坠地，国情愈恶，民困愈滋。一言蔽之，只知有私，不知有国。权氛所至，自非易女为男、易男为女，此外盖无不能。又辄借词内乱未已，政力不专，其为欺谩，尤不待问。

窃论外交受逼，虽有时势因缘，而政治组织不良，乃其最易取侮之道。盖一人政治，近世已经绝迹，非其不能，实乃未可。良以社会之质，善于一人；团体之力，厚于分子；此种政治通义，背之不祥。今吾国不见国家，不见国民，而惟见一人。宜乎他国以全国之力，仅为束缚驰骤一人之计，而若行所无事也。夫只知媚外，亦有穷时；专务欺民，何异自杀？吾国经此惩创，实乃迷梦猛醒发奋独立之秋，曰存曰亡，惟视民气。

兴等流离在外，无力回天，遇有大事，与吾徒有关者，亦惟谨守绳墨，使不危及邦家而已。虽怀子卿"不蒙明察"之冤，犹守亭林"匹夫有责"之志。引领东望，神魂俱驰。

黄兴、陈炯明、柏文蔚、钮永建、李烈钧等。有。

据《胡适留学日记》第三册；又见《少年中国晨报》一九一五年四月一、二日

附一：陈其美致黄兴书*

（一九一五年二月四日）

克强我兄足下：美猥以菲材，从诸公后，奔走国事，于兹有年。每怀德音，谊逾骨肉。去夏征驭西发，美正养疴在院，满拟力疾走别，握手倾愫，乃莫获我心。足下行期定矣，复以事先日就道，卒无从一面商榷。区区之意于足下缘何悭也！日者晤日友宫崎君，述及近状，益眷眷国事，弥令美动"榛苓彼美，风雨君子"之思矣。

溯自辛亥以前，二三同志，如谭、宋辈过沪上时，谈及吾党健者，必交推足下。以为孙氏理想，黄氏实行。夫谓足下为革命实行家，则海内无贤无愚，莫不异口同声，于足下无所增损。惟谓中山先生倾于理想，此语一入吾人脑际，遂使中山先生一切政见，不易见诸施行。迨至今日，犹有持此言以反对中山先生者也。然而征诸过去之事实，则吾党重大之失败，果由中山先生之理想误之耶，抑认中山先生之理想为误而反对之，致于

* 《陈英士先生纪念全集》此信题为《致黄克强劝一致服从中山先生继续革命书》。

失败耶？惟其前日认中山先生之理想为误，皆致失败，则于今日中山先生之所主张，不宜轻以为理想而不从，再贻他日之悔。此美所以追怀往事，而欲痛涤吾非者也。爰胪昔日反对中山先生其历致失败之点之有负于中山先生者数事以告，足下其亦乐闻之否耶？

当中山先生之就职总统也，海内风云，扰攘未已，中山先生政见一未实行，而经济支绌，更足以掣其肘。俄国借款，经临时参议院之极端反对，海内士大夫更借口丧失利权，引为诟病。究其实实交九七，年息五厘，即有担保，利权不碍。视后日袁氏五国财团借款之实交八二，盐税作抵，不足，复益以四省地丁，且予以监督财政全权者，孰利孰害，孰得孰失？岂可同年语耶！乃群焉不察，经受经济影响，致妨政府行动。中山既束手无策，国家更濒于阽危，固执偏见，贻误大局，有负于中山先生者此其一。

及南北议和以后，袁氏当选临时总统。中山先生当时最要之主张，约有三事。一则袁氏须就职南京也。中山先生意谓南北声气未见调和，双方举动，时生误会，于共和民国统一前途，深恐多生障故。除此障故，非袁氏就职南京不为功，盖所以联络南北感情，以坚袁氏对于民党之信用，而祛民党对于袁氏之嫌疑也。二则民国须迁都南京也。北京为两代所都，帝王痴梦，自由之钟所不能醒；官僚遗毒，江河之水所不能湔。必使失所凭藉，方足铲锄专制遗孽。迁地为良，庶可涤除一般瑕秽耳。三则不能以清帝退位之诏全权授袁氏组织共和政府也。夫中华民国，乃根据临时约法，取决人民代表之公意而后构成，非清帝、袁氏所得私相授受也。袁氏之临时总统，乃得国民所公选之参议院议员推举之，非清帝所得任意以予之也。故中山先生于此尤再三加之意焉。此三事者，皆中山先生当日最为适法之主张，而不惜以死力争之者也。乃竟听袁氏食其就职南京取决人民公意之前言，以演成弁髦约法、推翻共和之后患者，则非中山先生当日主张政见格而不行有以致之耶？试问中山先生主张政见之所以格而不行，情形虽复杂，而其重要原因，非由党人当日识未及此，不表同意有以致之耶？有负于中山先生者此其二。

其后中山先生退职矣，欲率同志为纯粹在野党，专从事扩张教育，振兴实业，以立民国国家百年根本之大计，而尽让政权于袁氏。吾人又以为空涉理想而反对之，且时有干涉政府用人行政之态度。卒至于朝野冰炭，政党水火，既惹袁氏之忌，更起天下之疑，而中山先生谋国之苦衷，经世之硕画，转不能表白于天下，而一收其效。有负于中山先生者此其三。

然以上诸事，犹可曰一般党人之无识，非美与足下之过也。独在宋案发生，中山先生其时适归沪上，知袁氏将拨专制之死灰，而负民国之付托也。于是誓必去之。所定计画，厥有两端。一曰联日。联日之举，盖所以孤袁氏之援而厚吾党之势也。"日国亚东，于我为邻，亲与善邻，乃我之福，日助我则我胜，日助袁则袁胜。"此中山先生之言也。在中山先生认联日为重要问题，决意亲往接洽，而我等竟漠然视之，力尼其行，若深怪其轻身者。卒使袁氏伸其腕臂，孙宝琦、李盛铎东使，胥不出中山先生所料，我则失所与矣。中山先生自谓民党向主联日者，以彼能发奋为雄，变弱小而为强大，我当亲之师之，以图中国之富强也。不图彼国政府目光如豆，深忌中国之强，尤畏民党得志而碍其蚕食之谋。故屡助官僚以抑民党，必期中国永久愚弱，以遂彼野心。彼武人政策，其横暴可恨，其愚昧亦可悯也。倘长此不改，则亚东永无宁日，而日本亦终无以幸免矣。东邻志士，其有感于世运起而正之者乎？

二曰速战。中山先生以为“袁氏手握大权，发号施令，遣兵调将，行动极称自由。在我惟有出其不意，攻其无备，迅雷不及掩耳，先发始足制人。”且谓“宋案证据既已确凿，人心激昂，民气愤张，正可及时利用，否则时机一纵即逝，后悔终嗟无及。”此亦中山先生之言也。乃吾人迟钝，又不之信，必欲静待法律解决，不为宣战之预备。岂知当断不断，反受其乱。法律以迁延而失效，人心以积久而灰冷。时机坐失，计画不成；事欲求全，适得其反。设吾人初料及此，何致自贻伊戚耶？有负于中山先生者此其四。

无何，刺宋之案，牵于袁、赵之蔑视国法，迟迟未结；五国借款，又不经国会承认，违法成立。斯时反对之声，举国若狂。乃吾人又以为有国会在，有法律在，有各省都督之力争在，袁氏终当屈服于此数者而取销之。在中山先生则以为，国会乃口舌之争，法律无抵抗之力，各省都督又多仰袁鼻息，莫敢坚持，均不足以戢予智自雄、拥兵自卫之野心家。欲求解决之方，惟有诉诸武力而已矣。其主张办法，一方面速兴问罪之师，一方面表示全国人民不承认借款之公意于五国财团。五国财团经中山先生之忠告，已允于二星期内停止付款矣。中山先生乃电令广东独立，而广东不听。欲躬亲赴粤主持其事，吾人又力尼之，亦不之听。不得已令美先以上海独立，吾人又以上海弹丸地难与之抗，更不听之。当此之时，海军尚来接洽，自愿宣告独立。中山先生力赞其成，吾人坚持以海陆军同时并起之说，不欲为海军先发之计。寻而北军来沪，美拟邀击海上，不使登陆，中山先生以为然矣，足下又以为非计。其后海军奉袁之命，开赴烟台，中山先生闻而欲止之曰：“海军助我则我胜，海军助袁则袁胜。欲为我助，则宜留之。开赴烟台，恐将生变。”美与足下则以海军既表同意于先，断不中变于后，均不听之。海军北上，入袁氏牢笼矣。嗣又有吴淞炮台炮击兵舰之举，以生其疑而激之变，于是海军全部遂不为我用矣。且中山先生当时屡促南京独立，某等犹以下级军官未能一致诿。及运动成熟，中山先生决拟亲赴南京，宣告独立。二三同志咸以军旅之事，乃足下所长，于是足下遂有南京之役。夫中山先生此次主张政见，皆为破坏借款、推倒袁氏计也。乃迁延时日，逡巡不进，坐误时机，卒鲜寸效。公理见屈于武力，胜算卒败于金钱，信用不孚于外人，国法不加于袁氏。袁氏乃借欺人之语，举二千五百万镑之外债，不用之为善后政费，而用之为购军械、充兵饷、买议员、赏奸细，以蹂躏南方，屠戮民党，攫取总统之资矣。设当日能信中山先生之言，即时独立，胜负之数，尚未可知也。盖其时联军十万，拥地数省，李纯未至江西，芝贵不闻南下，率我锐师，鼓其朝气，以之声讨国贼，争衡天下，无难矣。惜乎鄂、湘诸省，不独立于借款成立之初；李、柏诸公，不发难于都督取销之际。逮借款成立，外人助袁，都督变更，北兵四布，始起而讨之，盖亦晚矣。有负于中山先生者此其五。

夫以中山先生之智识，遇事烛照无遗，先机洞若观火，而美于其时贸贸然反对之；而于足下主张政见，则赞成之惟恐不及。非美之感情故分厚薄于其间，实以识不过人，智暗虑物，泥于“孙氏理想”一语之成见而已。盖以中山先生所提议者，胥不免远于事实，故怀挟成见，自与足下为近。岂知拘守尺寸，动失寻丈，贻误国事，罔不由此乎？虽然，前事不忘，后事之师；前车已覆，来轸方遒；亡羊补牢，时犹未晚；见兔顾犬，机尚不失。美之所见如此，未悉足下以为何如？自今而后，窃愿与足下共勉之耳。

夫人之才识，与时并进，知昨非而今未必是，能取善斯不厌从人。鄙见以为理想者，事实之母也。中山先生之提倡革命，播因于二十年前，当时反对之者，举国士夫，殆将一致。乃经二十年后，卒能见诸实行者，理想之结果也。使吾人于二十年前即赞成其说，安见所悬理想必迟至二十年之久始得收效；抑使吾人于二十年后犹反对之，则中山先生之理想，不知何时始克形诸事实，或且终不成效果，至于靡有穷期者，亦难逆料也。故中山先生之理想能否证实，全在吾人之视察能否了解、能否赞同，以奉行不悖是已！夫观于既往，可验将来，此就中山先生言之也。东隅之失，桑榆之收，此就美等言之也。足下明敏胜美万万，当鉴及此，何待美之喋喋！然美更有不容已于言者，中山先生之意，谓革命事业旦暮可期，必不远待五年以后者，诚以民困之不苏，匪乱之不靖，军队之骄横，执政之荒淫，有一于此，足以乱国；兼而有之，其何能淑？剥极必复，否极必泰，循环之理，不间毫发。乘机而起，积极进行，拨乱反正，殆于运掌。美虽愚暗，愿竭棉薄，庶乎中山先生之理想即见实行，不至如推倒满清之必待二十年以后。故中华革命党之组织，亦时势有以迫之也。顾自斯党成立以来，旧日同志，颇滋訾议，以为多事变更，予人瑕隙。计之左者，不知同盟结会于秘密时代，辛亥以后，一变而为国民党。自形式上言之，范围日见扩张，势力固征膨胀。而自精神上言之，面目全非，分子复杂，熏莸同器，良莠不齐。腐败官僚，既朝秦而暮楚；龌龊败类，更覆雨而翻云。发言盈庭，谁执其咎；操戈同室，人则何尤？是故欲免败群，顷去害马；欲事更张，必贵改弦。二三同志，亦有以谅中山先生惨淡经营机关改组之苦衷否耶？至于所定誓约，有附从先生、服从命令等语，此中山先生深有鉴于前此致败之故，多由于少数无识党人误会平等自由之真意。盖自辛亥光复以后，国民未享平等自由之幸福；临于其上者，个人先有缅规越矩之行为，权利则狺狺以争，义务则望望以去。彼此不相统摄，何能收臂指相使之功？上下自为从违，更难达精神一贯之旨。所谓既不能令，又不受命者，是耶非耶？故中山先生于此欲相率同志，纳于轨物，庶以统一事权，非强制同志尸厥官肢，尽失自由行动。美以为此后欲达革命目的，当重视中山先生主张，必如众星之拱北辰，而后星躔不乱其度数；必如江汉之宗东海，而后流派不至于纷歧。悬目的以为之赴，而视力乃不分；有指车以示之方，而航程得其向。不然，苟有党员，如吾人昔日之反对中山先生者，以反对于将来，则中山先生之政见，又将误于毫厘千里之差、一国三公之手。故遵守誓约、服从命令，美认为当然天职而绝无疑义者。足下其许为同志而降心相从否耶？窃维美与足下共负大局安危之责，实为多年患难之交。意见稍或差池，宗旨务求一贯。惟以情睽地隔，传闻不无异词；缓急进行，举动辄多误会。相析疑义，道故班荆。望足下之重来，有如望岁。迢迢水阔，怀人思长。嘤嘤鸟鸣，求友声切。务祈足下克日命驾言旋，共肩艰巨。岁寒松柏，至老弥坚。天半云霞，萦情独苦。阴霾四塞，相期携手同仇；沧海横流，端赖和衷共济。于乎！长蛇封豕，列强方逞荐食之谋；社鼠城狐，内贼愈肆穿墉之技。飘摇予室，绸缪不忘未雨之思；邪许同舟，慷慨应击中流之楫。望风怀想，不尽依依。敬掬微忱，专求指示。寒气尚重，诸维为国珍摄。言不罄意。

诸同志均乞致候①。

弟陈其美谨启。四年二月初四日②

据何仲萧辑：《陈英士先生纪念全集》上

① 此句据薛君度所藏影印件补入。

② 《陈英士先生纪念全集》署为“民国四年春”，据薛君度所藏影印件补正。

附二：孙中山致黄兴书*

（一九一五年三月）

前由英士沥陈近况，迟迟未得还云，甚怅甚怅！文关怀祖国，见于政府之专制，政治之不良，清夜自思，每用痛心！癸丑之役，文主之最力，所以失败者，非袁氏兵力之强，实同党人心之涣散。犹忆钝初死后之五日，英士、觉生等在公寓所讨论国事及钝初刺死之由。公谓民国已经成立，法律非无效力，对此问题，宜持以冷静态度，而待正当之解决。时天仇在侧，力持不可。公非难之至再，以为南方武力不足恃，苟或发难，必致大局糜烂。文当时颇以公言为不然，公不之听。及其后也，烈武、协和等相继被黜，静山观望于八闽，组安反覆于三湘，介人复盘据两浙，而分南方之势，以掣我肘。文不胜一朝之忿，乃饬英士奋起沪滨，更檄章梓倡议金陵。文于此时本拟亲统六师，观兵建康，公忽投袂而起，以为文不善戎伍，措置稍乖，贻祸匪浅。文雅不欲于兵戈扰攘之秋，启兄弟同室之阋，乃退而任公。公去几日，冯、张之兵联翩南下。夫以金陵帝王之都，龙蟠虎踞，苟得效死以守，则大江以北，决不致闻风瓦解，而英士、铁生亦岂一蹶不振？乃公以饷绌之故，贸然一走，三军无主，卒以失败，尧清、海鸣难为善后，而如火如荼之民气，于是歼灭无遗！推原其故，文之非欤？公之咎欤？固不待智者而后知之矣！东渡以来，日夕共谋，非欲雪癸丑之耻，实欲竟辛亥之功。而公又与英士等互相龃龉，溥泉、海鸣复从而煽之，公不维始终之义，遂作中道之弃。离日以后，深虞失援，英士

---

* 《孙中山选集》(1957年人民出版社版)，将此信署为一九一四年。所述内容，与陈其美一九一五年二月四日致黄兴书、黄兴等一九一五年二月二十五日通电对照，应为一九一五年。

明达，复以函问，而公又置不与复，是公不复以同志为念耶？二十年间，文与公奔走海外，流离播迁，同气之应，匪伊朝夕。癸丑之不利，非战之罪也。且世之所谓英雄者，不以挫抑而灰心，不以失败而退怯；广州萍醴几经危难，以公未尝一变厥志者，岂必至今日而反退缩不前乎？中国当此外患侵逼、内政紊乱之秋，正我辈奋戈饮弹、碎肉喋血之时。公革命之健者，正宜同心一致，乘机以起；若公以徘徊为知机，以观望为识时，以缓进为稳健，以万全为商榷，则文虽至愚，不知其可。临纸神驰，祈公即日言旋，慎勿以文为孟浪而菲薄之，斯则革命前途之幸也。

据《孙中山选集》上卷

致石陶钧书*

（一九一五年十月十八日）

醉六①兄鉴：三快函均悉。前去电简略，甚难捉摸。即兄处来电，此间译之，亦不甚了了（指第二、三电言）。而昨电云：张君②东来后，又与兄同船返日。故弟除电汇黄英伯款外（黄款将来即归润农③转交会用），切嘱张君不必东来，以免徒劳往返，致误时日也。若误会兄来电，则又误之又误矣，殊可笑煞！东京来电，虽如是云云，恐实行尚有滞碍。若彼等能有决心，则又易易。事之翻复，所谓"支那式"是也。我亦如兄所云，但愿皇天佑我大中华平民，从此作光明血路，是或一道。弟行动亦视事之成行如何。兄到东一观，

* 此件与同年十一月二十六日致张孝准书，为黄兴在美国费城所写。均为湖南师范学院张友建同志（张孝准之子）所提供。原件现藏湖南省社会科学院。

① 石陶钧，字醉六，湖南邵阳人。

② 张君，即张继，字溥泉，河北沧县人。

③ 张孝准，字闰农，一作韵农。湖南长沙人。

即可得其究竟，如事机至好，一电即可逐袁（沪来函有“一电逐袁”之语），则弟拟在美洲多吸共和空气，于愿足矣，又奚攘臂为？总之，袁氏作帝必矣，能否如东京来电之成行，尚是疑问。小乱大乱，乱之不已，亦可决定将来终归于尽。黄种绝迹于世界，又可武断。兄谓日本代平吾乱，其亦日本乱之兆耶？欧战终局，东方问题方有解决，张君所见大矣！梁某①虽不满弟意，然久已示其更好之态度（彼党中人来，绝未拒之，此元年在北京事）。至筹安会人物，且不必说，可为袁氏之元勋，亦可为制造革命之元勋。惜其人格卑下，又在娼妓下矣！毁党固是，弟以为无党亦好，如守公尊己即是同志，但在革命运动时期，又不可以此律之，难乎难乎！船票能购好，请电示，至慰。即请旅安。弟兴启。十月十八。

溥泉兄致意。

英伯乞致意。

据《湖南历史资料》一九五八年第四期

附：胡元倓跋

此册乃克强先生在美洲与醉六兄手书。忆前清癸卯夏，学校开办方一学期，倓赴杭约华紫翔兄来湘授英文，在沪遇克强方自日本归国。因约其来明德共事，欣然允诺。癸卯秋，开第一期速成师范班，即由克强主持，邀张溥泉为历史教员，吴绶青、李小原②辈皆来湘小往。因为陈星台代印并发行其所著之《猛回头》、《警世钟》，长沙府颜锺骥欲借此倾覆明德学校。时湘抚赵次山先生③虽去职，张筱浦鹤龄、俞寿臣明颐、金仍珠还皆任湘省府要职，共同维护，使事未扩大。克强遂决志

---

① 梁某，指梁启超。

② 吴禄贞，字绶卿，也作绶青。

③ 赵尔巽，字次珊，也作次山，1903年6月至1904年4月任湖南巡抚。

革命，辞明德教员职务，实行秘密活动。反对明德学校之巨绅致书湘抚告密，指明俟与克强、道腴三人为魁，有速即拿问、分别审讯、明正典刑之语。湘抚将函交臬司，寿臣密告俟，遂与组安、萸溪商，由龙芝丈①致书湘抚，力称克强之贤。俟又于龙宅约克强与筱浦相见，谈论极洽，旋赴抚署言方至龙家晤黄某，粹然儒者，职亦可以身家性命保之。俟大放心住校理事。一日下午，克强仓皇挟一手枪至校，见俟言事又闹大了(前为印书事，长沙县索克强，亦居校得脱)，同赴龙宅。筱浦呼俟去，言得真据，发兵拿人，并言颇受湘抚责备。俟从容谓筱浦曰：诸事我皆与闻，君如须升官，吾之血即可染红君之顶子，拿我就是。筱浦以手击桌曰：此狗官谁愿做，此刻看如何保护他们。其表同情大出俟之意外。旋与俞绶丞商，由萸溪尽一夕之力，将凭据焚毁。俞次晨呼著名缉匪武官杨明远严谕，无证据不许拿人，事遂缓。克强得金封三②、李廉方照拂，由龙宅避入黄吉亭牧师圣公会。金仍珠谓俟曰，上了轮船，即是租界，俟大悟。时窘极，向张筱浦假三百金，克强、溥泉辈遂坐日清轮船下驶。不久赴东京，见孙先生，遂成立同盟会。辛亥革命事起，克强自武汉苦战力绌来沪。俟见面笑曰，成功矣。克强曰，我败来，何此言！俟曰，君非军事学家，败乃常事。前者君一人革命，故难成功。自黄花岗事出后，全国人心皆趋向革命，自成功矣。克强托俟同袁丈海观筹款。俟言，我不如秉三。遂介绍熊秉三相见。时组安已督湘，处境极艰。组安出任湘省教育事业，乃俟力劝。闻日在危险，心甚不安。适赵竹老密告以将停战消息，乃向秉三假五十元作归计。秉三曰，盍稍待，克强必藉重。俟曰，谁想他栽培。组安是我劝其出来任

① 龙芝丈，指龙湛霖，字芝生。

② 金华祝，字封三。

教育事业，今既危险，其母兄必不释然。故决志回湘，如组安死，即同死，不负此良友。克强与组安皆宽厚有大度，观此书可见一斑矣。华北停战后，乐诚老人胡元倓书。

据钱无咎编:《明德校史》

致李雄李强书*

（一九一五年十月二十一日）

雄、强两儿如吻：前接来函，我以病余，未即答汝，甚为怅念！闻汝等学课均好，来函文句清顺，字体韶秀可爱，若能再加工学去，将来雄儿定可得女学士头衔无疑。强儿亦当如阿姊之用工，则自然有进境。美弟现长得甚好，日日要写信与哥、姊。英语亦学得几句，齿音清楚，旨意亦明，又是汝等之难弟矣。阿奶身体颇好，毋念，专心读书为嘱。即问进步。父字。十月二十一日。

文子读书若何？下次来函提及为要。

据《黄克强先生书翰墨迹》

致张孝准书

（一九一五年十一月二十六日）

韵兄大鉴：屡接公函、公电，敬悉一切。除随电复要事外，未获执笔详答，罪甚罪甚！此时需款之急，自不待言，一为念及，焦灼殊深。叠向各方面筹措，迄未有得，只得将仅少之旅费汇归，借资诸

---

* 原书未署年份。徐宗汉系一九一五年由黄一欧护送赴美，李雄、李强仍留日本。书中有“阿奶身体颇好，毋念”句，阿奶，即指徐宗汉。美弟，即黄一美，一九一三年五月生，初学英语。可见系一九一五年所发。《黄克强先生书翰墨迹》考订为一九一四年，误。

兄之行动。唐君琼昌处，前请小垣①兄亲赴该地接商，未有头绪。后屡去函、电，只答其一二，亦未有如何之决心。闻其抱病颇重，时见该报登载广告，召集致公堂同人决议要事，想是筹画及此，然亦须时日，难救目前，必也。昨接尊处转沪电，康公②已令徐君来接洽（尚未来晤我，又不知彼住处，闻任使馆职事，我又不欲先通函，恐有误处）。想从此着手，少有所得，亦未可知。总之，此间除款事外，无能相助，一有所得，当即电汇，以应急需也。鄙见所及一二，笔之于左，请达同人采择为幸。

一、发难须急，缓则狡猿用他种手段，去其反对之势力后，更难着手。

一、发难不必择地，即印兄③所主张之滇、粤均可。因割据一二省，响应必起，猿贼财政，即生缺陷，此可制猿之死命（此节于致行严兄函详之，请一阅）。

一、广设暗杀机关，造起种种恐慌，此节兄等已实行。惟须连发，不论大小强弱（小弱者更易为力）。昨郑汝成一击，最快人心者也。北方更须注意，其赞成帝制各机关，破灭之，亦有效。

一、冯某④未尽可靠，当有先防之之心。若能得彼部下之同情，即急起拥戴之，彼亦无所逃。然须知彼非如程德全之易与，更须防如程德全之反复。

一、陆氏⑤一武夫，以部下激发之自易。以大势观之，此间或可先发（滇能先发亦好，此处可以一电，脱离中央，自成独立民国）。

一、外交绝不必先有所顾虑，以起与不起，利害均相等，惟须

---

① 李书城，字晓垣，也作小垣。
② 康公，指康有为。
③ 印兄，指李根源，字印泉。
④ 冯某，指冯国璋。
⑤ 陆氏，指陆荣廷。

尽力图之。日本近日真意如何，能探得否？可要一欧①探问宫崎，即由宫崎详函与我为要。

沪上已去信。昨据少秋②来函：各处信均开拆。倘先泄露，坏事不少。宜告沪上，加意秘密为好。余后详。顷须赴纽约，以外人相约，能成则可得意外之巨款。但水上镜中，明知如是，不可不一捞捉，所谓事急不择。

同人均此，恕未另笔，即请毅安。

弟兴启。十一月廿六晚。

据《湖南历史资料》一九五八年第四期

致美国驻华公使电*

（一九一五年十二月十四日）

袁世凯废共和，行帝制，中国必立起革命，声讨其罪。此时吾定返中国，再执干戈，随革命军同事疆场，竭尽吾最后之气力，驱逐国贼，另举贤能，保全国民，使吾国人民得共享自由共和政体之益。中国五千年来，至今乃得改为共和政体，国民始得享自由幸福，吾国民断不能坐视袁氏任意复行帝制。

据《中华民国公报》一九一五年十二月十五日；
又见《护国军纪事》第一期

复张承槱书**

（一九一五年十二月十六日）

启者：手书诵悉。袁贼窃国称帝，识者早知。肇和之变③，仅

① 一欧，即黄兴之子黄一欧。

② 少秋，即徐少秋，徐宗汉之弟。

* 此电为黄兴于一九一五年十二月十四日在美国费城附近米地亚所发。同时分交各国驻华公使和北京、上海两西报。

** 时黄兴居美国费城，张住华盛顿。因张奉陈其美电召返国讨袁，离美前函告黄兴，此即黄的复书。

③ 肇和之变，指一九一五年十二月五日肇和军舰在讨袁中的起义事件。后因陆军未能响应，援助中断而失败。

一小舰，将见义军突起，除戮独夫，指顾间耳。足下悲愤所积，投笔以起，正得其时。何日首途，望为示知。海外奔驰，不获走送，行看握手中原也。匆匆，即颂蓬生①吾兄旅佳。黄兴手复。十二月十六。

李、赵两君代道意。

来函封面住址，因小儿投之火炉，未及录出，特由李君处转交，乞恕。

据《黄克强先生书翰墨迹》

致国内友人书

（一九一五年十二月十八日）

敬启者：袁逆谋叛民国，四载于兹。内虐人民，外媚强敌，威权所在，公理无存，横暴奸邪，祸我邦国，抑何酷也！弟德薄能鲜，负咎滋多。虽平生誓愿牺牲一切，贡于国家，而事与愿违，动辄贻误。究其所在，盖与海内贤豪素少接洽，不免于孤陋浅躁。至今思之，惭悚无已。兹幸袁逆狡谋已露，忧时爱国之士皆齐其心志，并其智力，奔走于一途，此诚国家之福，而尤弟所夙昔祝望者也。今日为国家生死存亡之关键，以正气讨昏暴，以公意诛独夫，意正言顺，实洽国内之人心，得世界之同意。况公等皆一时之俊贤，蓄有建设之宏谋，事之成功，不难逆睹。弟虽报国之志有进无已，然去国既远，一时不能即归以从公等之后，亦不愿以覆餗之躬再误国事。关于此间筹款等事，弟能力所及者，当尽力图之，冀为公等之助。华侨筹款已经发起，当嘱其随集随汇。弟已电致北京外交团，表示人民反对帝制到底之意；北京、上海两西报，亦同时分电。现拟有一书，分致某政府及议会并各实业家，恳其好意扶助吾国之共和。其他内地将军等，视其尚可与言者，亦致书劝诱，冀消其恶感，为公等后

① 张承樵，字蓬生。

援。惟憾国势一经反覆，能力有限，不能厚助公等之进行，是用抱愧耳。更有言者：国人通病在意见太多，千派万系，各树党援，以为乘时取利之计，此于国家纷乱及从事创造之时，最易发生障碍。弟念美国独立之时，人人争先牺牲，而勇于退让权利，彼共国家之繁荣进步，有由来也。公等深谋远识，当已早鉴及此，防微于机先，勿庸弟之过虑。创造国家，事体宏大，责任艰巨，每念及公等贤劳，不胜钦感敬慕之至。聊布忱悃，伫听捷音。专此，敬颂公安。弟黄兴上。十二月十八日寄自纽约。

据《护国军纪事》第一期

致赵凤昌等书

（一九一五年十二月二十一日）

竹君、季直、蛰仙、秩庸、少川、思缄①各位先生惠鉴：违教以来，瞬经两载，不意国事变乱至此，良可慨叹！弟自维孤陋浅躁，贻误滋多，一身失败，殊不足惜。去国以还，苟安缄默，不欲有言。今兹共和废绝，国脉将危，泣血椎心，哀何能已！先生等负国人之重望，往时缔造共和，殚尽心力，中复维持国体，委曲求全。今岂能掉心任运，坐视而不一顾乎？彼袁逆自谓权谋诡诈，可以欺盖一世，殊不知怨毒所积，终有勃发之一日。虽以法国拿破仑之雄才大略，自窃帝位，力削民权，然不久即归于共和，身流孤岛。墨西哥的亚士之阴鸷险狠，任总统三十年，不敢公然称帝，最后亦为国民所驱逐，客死异邦。今袁逆之功业，远不及拿破仑；至谋叛作乱，激怒人民，又突过于的亚士：其败亡可翘足待。夫大乱之作，不有多数维系国家人物居中而指导之，将一发而不可收拾。法兰西之恐怖时

① 赵凤昌，字竹君，曾居上海南阳路十号惜阴堂，故又号惜阴。张謇，字季直。汤寿潜，字蛰仙。伍廷芳，号秩庸。唐绍仪，字少川。庄蕴宽，字思缄。

代，墨西哥之扰乱漩涡，诚可痛也。弟念国家多难，午夜徬徨，不知所措。非有乘时徼利之心，闻乱而色喜；亦非敢再试图冒进，更误国政。所以哀恳于诸先生等之前者，亦不外世乱思君子之意。贤者不出，大难终不可平，国之存亡，系于今日。海天西望，涕泪随倾，激切之情，不能自禁，诸希谅察为幸。弟黄兴谨启。民国四年十二月二十一日。

据《赵凤昌藏札》第六十七册，现存北京图书馆

附：庄蕴宽原题

此民国四年十二月，克强亡命美洲，以报纸作书寄沪者。五年三月，惜阴甫由海上转邮到京。时洪宪潮流最亟，置之怀袖，未敢示人。在项城未必欲除我，然缇骑相随，殆逾百日，今回忆又四载矣。当二次革命时，予力持不可，克强听余言，为之流涕，络以为人用，致遭失败。项城既死，克强复归，未几以呕血病卒，可哀也。蕴宽付装日记。

据《赵凤昌藏札》第六十七册，现存北京图书馆

致陆荣廷书

（一九一五年十二月二十二日）

幹卿①将军惠鉴：违教以来，瞬经两载，国事败坏，良可痛憾。足下创造共和，功业显赫；后经变乱，亦复竭力维持，作西南之保障，共和种子，赖以不灭；卓识毅力，深堪敬佩。今袁逆谋叛民国，公然称帝，不忠不信，不仁不义，人民痛恨，外邦非议，内援外助，俱已断绝，此其自亡之日也。弟知足下素富爱国之热忱，且智勇冠绝一时。临兹事变，必有宏谋伟略，百倍于弟之所期。所以不辞缕

① 陆荣廷，字幹卿，广西武鸣人。

觎，渎陈于足下者，亦不外拳拳敬慕之意。今日海内贤豪，竭智并力，以正义讨昏暴，以人民公意诛独夫，义正言顺，内洽国内之人心，外博世界之同情，事之成功，不难逆睹。望足下节丧明之痛，兴讨贼之师，发扬奋迅，激励国民之气，无使时机坐失，贼势日张，则国家之福，亦足下之所赐也。国之存亡，系于今日，救民保国，端赖贤哲，海天西望，企盼捷音。专此，即颂毅安。舜卿①将军并希道意。弟黄兴谨启。民国四年十二月二十二日。

据《黄克强先生书翰墨迹》

辨奸论*

（一九一五年十二月二十六日）

现时各国之关系日益密切，而欧亚两洲中之纠葛，又大有打破将来和平局面之恐慌。故凡有心于将来世界安乐、人类利益之士，对于现局之表示，均应小心衡度之；且须以政治家之手段，指导将来之趋势，而不当处于被动之地位者也。

近年以来，各国中违背公平人道与夫诚信之轨者，屡有所闻。因是之故，是以有欧洲之战，与其发生后种种惨剧。不意欧战未已，复有一变状突现于东方。其事之重大，可影响于美国之郅治富盛者，实前事所未有。今美国执政已晓然于遗世独立政策之不可复行，吾知美国之民亦不能以敝（吾）国之事，视为无关重要矣。盖中国将来之富强与否，全视美国之富强为依归。中美间之事物相同、利益相共者，为数不可屈指数。就地理论，则中国以太平洋与美相联接。其不尽之矿藏，与夫种种财源，举待发展，其广大之市

① 舜卿，即陈炳焜。

* 本文原为英文，以读者投书形式，发表于一九一五年十二月二十六日《费城新闻》(Philadelphia Press)。

面，又待供给。迨巴拿马运河成，而两国间之商务交际互助之联络以立。

原中国人之意志，固欲效法美国之主义目的，以图造成一大民主国者也。何期十一日电报传来，竟倡变革，民主毁灭，袁氏称帝。夫以吾人不顾生命及种种所有，而换取自由平等正谊人道之幸福。四万万之众，积怨独夫虐政专制之流毒者凡千百年，今刚晓然于自由爱国之新义，谓能顺盗窃政柄之阴谋私意，举吾人破家流血所得之幸福完全毁弃，而率一己以及子孙，复奴隶于专制帝皇贪欲之下耶？公等乃大自由国之伟大国民，宁为伪造之选举所欺，与“人民无统治力”之诳语所骗，坐视袁世凯举连接东西两大共和国善意利益之枢纽自由撕灭，且任其种伏东方将来战争革命之祸根耶？况中国之共和存于东方，则美将来万一有急，亦可得一共和友国为作屏障，常受其热诚活泼之援助。不然者，吾恐民主主义失败，而专制侵凌之祸起矣。

顾受袁氏之金钱而为之辩护者，动谓袁为现时中国最大之伟人、东方之强士①；又谓中国共和等于无物，华人不知自治，素性崇拜帝皇，以一般并无经验之故；总统继承问题，必为争乱之本；诸如此类，不一而足。袁世凯与其党徒欲证实上说之可信，遂不惜牺牲多数爱国男儿之血及小民脂膏以自解免，自称四万万华人已举彼为帝矣。仆于一九一四年十二月二十三日一函，曾言袁氏统系的

---

① “最大之伟人、东方之强士”，这些都是偏袒袁世凯的英文报纸的评论。一九一一年十月十五日，《大陆报》(China Press)就有“时代宠儿袁世凯”(The man of the hour)的提法。一九一二年七月十九日伦敦《泰晤士报》社论说：袁世凯“似乎仍是使中国免于分崩瓦解的唯一的人物。”一九一二年八月六日《纽约时报》社论说：“这次内战不致拖延过久，等结束以后，袁世凯在中国的统治地位将会越发巩固，这是世人应该引以为贺的事。”一九一二年十月五日英国《旁观者》刊载其驻北京通讯员的通讯说：“记者认为，袁世凯实为中国此时所需要的强人(The strong man)。”对此论调，一九一四年十月，黄兴对《纽约时报》记者指出：袁世凯“令他的爪牙宣扬，他是力能统治中国的唯一人物。”

计画之目的，端在帝位矣。顾以袁氏就任之时，曾为“竭其能力发扬共和之精神，涤荡专制之瑕秽”之严正宣誓，及至最后时间，犹胆敢向世界宣言，不认自己有一点帝皇思想，复屡屡以追美华盛顿为言，谓外间所传彼挟君主之野心，实其仇敌捏造，欲以煽动内乱。仆因是之故，沿迄于今，犹未敢强人相信，谓彼之种种作态，将以为今日僭政之地步也。抑仆之缄默，与吾华数万万同胞之缄默，岂吾人本意哉？夫亦根上述之原因，故未即哓哓与辩耳。今袁之行事，已证明其为狡猾之乡愿。原彼之意，固谓己之野心，不至酿成变乱，故不惜掩其假面目，而静候登极之佳期也。今吾人平素所信已变为真，敷陈事实，断不能复诿为怀挟恶意。仆于是不敢放弃义务，特以明洁之笔，举现局之危于中国与危于贵邦者，陈诸诸公之前。先就袁氏与美人辩护者①之要点一讨论之，诸公其许我乎？

说者谓：袁世凯为现时中国之最大人物。以袁任中华民国之总统，目为最大人物，固理所应然，其说自无足深辩。然诸君亦知袁之所以得成最大人物者，果何自来耶？亦由彼现时所仇逐之共和代表自甘退让，因是始造成袁氏今日之权势。

而说者又谓：袁为东方之强士。欲知是说之真伪，必须解析其权势之本来。夫袁之权势，即在彼扪心自问，固不敢谓从个人正直与统治无私得来也，特幸而遭值机会，出其狡猾诈伪之手段，以蒙蔽少数浅见之辈，使不获窥见其帝欲之隐私，予以赞助，故袁氏得有今日耳。袁之诈伪与其表里行为皆已暴露，自私之目的又极显著，此晚近来赞助袁氏之重要分子所以逐渐解体，有如夏日之

① “美人辩护者”，指古德诺博士（Dr. Frank J. Goodnow）。曾被袁世凯聘为总统府宪法顾问。一九一四年一月，古德诺向袁世凯上条陈，提出要“废除总理，各部直属于总统”。一九一五年八月初，古德诺行将返美，袁世凯又授意他写了一篇《共和与君主论》的文章。此文论述世界国体，认为君主立宪制比民主共和制优越，共和不适于中国国情，中国确有改行帝制之必要。（见白蕉：《袁世凯与中华民国》）袁世凯令法制局参事林步随译成中文，改题为《民主不适于中国论》，在《亚细亚报》上发表，筹安会遂用以大肆鼓吹帝制，袁世凯更加快了阴谋称帝步伐。

雪也。

说者又谓:中国共和几等无物。但试问:孰操政舵,以致无物?失败之咎,夫谁任之?迹袁氏数年来往事,其有意使共和失败,俾得归罪于人民之不能自治,与借口于君主之必要,在在皆有线索可寻。仆之原意,本欲揭其详尽证据,条告诸君。防扰清听,遂致未敢。今仅略述一美人熟于中国情形者之言,以实余说,当亦诸公所许也。其言曰:"袁世凯于北方教唆兵变,以造成其留居北京之必要,因而能威临恋爱自由之南人;遣奸徒四出煽乱,以造成其遣派野蛮兵队之必要,因而得占领南方各地;施行暗杀,蹂躏人民自由权利,破坏人道正义,以造成革命之必要;及南人不忍桑梓受祸,彼又实行用兵,逼成二次革命。综袁氏之计画,无不以推尊一己为主义,欲尽餍其无厌之欲。于是不惜杀尽仇敌,解散国会,私订宪法,奉己以魔皇无限之权,拔除爱国民主之精神,禁压人民之意思,威压全国,愚盅黔蒙,吾知袁世凯为帝之必要,不久又将由各都督与其他高等官吏代为说破矣。"上文所述,系成于一年以前,然就窥见袁氏之野心者观之,其言固甚透切也。

说者又谓:华人无自治之预备,因断为君主之必要。平心言之,如谓一般华人之脑中,其了解近世民主主义,不如美人之明晰,尚犹有说;然亦知美国经多少年代,乃得达今日之完全程度耶?夫美人之习于共和,亘百余年矣,后此百年间美国统治术之进步,当较既往而益大,可无疑也。然使后世之人,谓今之美人不适于共和,有是理耶?又使今世之人,谓尔之先代不适于组织一大民主国,有是理耶?由是推之,苟因华人遭逢不幸,被叛贼背弃明誓,阴谋窃政,剥去人民一切习于共和之权利,遂诿为人民能力不足,弗能进于人类自由平等正道明谊之坦途,其无理一也①。况君主之制,相

① "其无理一也"之后,《护国军纪事》的译文,脱落如下一句:"民主政治最好和唯一的养成所,就是民主政治。"

传已数千年,使谓该制实适于华人,则宪法政治已不患无发展改良之余地?而回观数千年君主历史,竟每况愈下,祸乱相寻,从可知民主制度乃中国最宜及唯一之制度矣。盖华人之为人,若风俗、习惯、组织等项,皆含有极富之民主性质。且质地佳美,守法易驯,具建设自治共和之稳固基础。此凡熟于中国情形及与曾居中国之美人类能道之,非夸辞也。

为之解者又谓:自武昌革命日起,迄共和成立,为期仅及百日,出之太骤,故人民未有预备云云。殊不知惟全国之人同心一德,故能以极短促之时间,将一朝推倒,扫皇帝之劫烬,建强力之共和。然推其所以致此者厥有二因:一则华人均厌恶专制,一则华人均趋近共和。是以行事皆正大光明,一致勇进,绝无狡猾欺骗之弊,成功乃得如是之速。今说者故反其辞,岂非无理取闹之甚耶?

推之如谓华人醉心帝制,其说亦同一荒谬。古代仁圣勇武之帝王,吾人至今犹怀其德,事或有之。若谓华人历来皆崇拜帝王,证之往史,绝无其事。矧袁世凯投身公仆而后,确无丰功伟绩,足以致吾人之景仰者乎?数传而后,史有传,书有载,吾知叛贼、权奸、私心幸运儿等之名称,袁当独专其美矣。

若论总统继承一事,为袁氏辩护者,又谓人民无共和预备,故总统继承一节,必无完满之解决,最浅亦当酿成争执之机,墨国往事,可为殷鉴云云。以余所见,中、墨情形大相悬殊。当中国南方共和党鼎盛之际,其总统为爱国爱民起见,甘以大位让袁氏接任,绝无阻力,自制力之伟,吾不知世界历史中果有其比否耶?袁世凯则不然,盘踞大位,把持政柄,首逼国民将总统任期由五年展为十年,继又展至终身。讵壑欲未厌,今不特欲专利于一身,且思以其二十一妻妾、三十二子女晋为后妃皇子。但吾人中虽有此万恶奸凶,吾华全族并非与袁同一鼻孔出气也。要之:无论如何人,实不能谓共和之制,视君主为劣。又何况政党势力之平和的伸张,确较君主之力征经营者为善耶？

今更进论袁世凯最近之宣言。考去年十一月念二日纽约《独立报》载袁氏致美民之书，其中有云："余信中国苟为帝制，其对付内乱之弱与外患同。矧当兹世界开明，君政已无相侔之道，中华帝制之不可复活，亦犹诸美国耳。"及其窃政之谋已抵成熟，彼又言："为总统抑为皇帝？均视民意为依归。"今袁氏对于世界，固谓四万万华人一致推戴，因而诞膺大宝矣。甚矣，袁世凯之诈伪也！甚矣，袁世凯之狡猾也！

道路修阻，恐诸君闻见未周，或不知袁氏狡狯之真相，用略述前事，以为论据。中国国会自正式举袁为总统之后，袁即于民国二年十一月四日勒令解散，省议会则于三年二月五日解散，其下之地方自治议会亦同时解散。顾欲继续其欺人手段，袁于是有参政院之设，派其亲信傀儡尽充议员。中国全国之立法机关扫地以尽。可知所谓由四万万华人，于合众国等面积之广区，以短促时间选出代表，选举投票等事，不特纯属儿戏，抑亦势有所不可也。又何怪著名素以袒袁为主义之上海《字林西报》，亦复不能忍此欺伪，而为警告之辞耶？其言曰："使戏剧之终局，而果与实事相符也，吾知中外人士多欲坐观其成，且咸预备剧幕一垂，大为袁世凯氏喝采。然苟幕复一幕，其终剧不外出于幻想一途，是又岂观剧家之本领耶？若今之所谓命令、国民会议劝进表等项，全属一派伪词，吾不知其中果有佳处否也。倘必强吾人以观此虚幻无稽之剧，平平淡淡迄于收场，则吾敢为袁世凯进一警告，彼之终剧行(将)受阻扰而致一倒采也。"①

除此而外，如仆非恐以渎亵见罪，则更当以筹安会如何设立，与如何运动袁世凯为帝之详情，备陈于诸君子之前矣。复查该会

① 见上海英文《字林西报》(The North China Daily News) 一九一五年十月二十日社评《喜剧抑闹剧？》

设立已久之后，袁尚发出命令，通告全国，信誓旦旦，谓忠于共和，并且自承应守其严正之职务，消灭一切君政运动。同时又经访员等手，以虚伪之书，致诸美民，竭力否认。一面则筹备种种诈伪方法，步武拿翁，已死之帝制遂复活于袁世凯之手。至各省劝进之如何由政府授意，选举票之如何伪造，均不难和盘托出。第袁氏罪恶，虽罄南山之竹，难以尽书；饶燕许之笔，莫能穷相。约举数事，其余可以类推，无事哓哓为矣。

今举棋已定，称帝者早有决心。现在问题，即袁世凯是否自信称帝之后能增加权力，为中国谋长久之利益耳。假使酝酿多年，耗费财力之节节阴谋，不外破坏共和，揽持权柄，以遂其个人私欲，则帝制运动与夫称帝之事，惟招世界之诋諆耳。试观袁世凯致美人之书所云："中国苟复帝制，其对付内乱之弱与外患同。中国帝制之不可复活，亦犹诸美国耳。"可知袁氏断无意于称帝，而后勉自激励，实心为国，以期驾乎昔日之所为。抑味其书词，袁世凯已不啻自承为害国之叛贼，而称帝之热，无非欲餍其揽权之私与无厌之欲而已！且以理测之，帝制下之政治，断不能较昔日为佳，且必较昔日为甚。何则？自爱之士固不甘身事权奸，彼之委身袁氏者，必其自陷于死地者也。袁世凯逆行之第一步，即为君主立宪。然以理论之，焉有行君主立宪制度而袁能得较大之权者？在昔彼之政敌，均翩然去国，任其自由。而袁乃蹂躏宪法，蔑视民意，借五国巨债，以破坏民国。迨妄用公款，私割国土，卖统治之权，以乞怜外国，而人不加阻挠，袁于是益肆无忌惮，凡爱国志士敢于声讨其罪者，辄戮辱暗杀之，其惨无天日，求诸中国数千年历史中未见其匹。顾袁犹以为未足也。推其意，固非君主立宪之谓，亦谓将欲行使一无上之权，虽世界魔王所不敢冒者，彼亦卒欲得之。要之，暴君虐政者，乃袁之目的。将来之袁家帝业，总不外贪劣苛残，其腐败所至，当百倍于满清末叶。考诸古史，推之将来，中国专制帝王未有能支持到底者。以今日如是之腐败，爱国志士宁能自安缄默耶？清季帝政，吾人亦既同心协力以推倒之，袁之当讨，更何待论？

吾因是代表吾国四万万同胞，敬求伟大共和国之代表，予吾人以道义上之协助。回忆美国独立之际，法人曾助美以争回自由，建设民主，美民至今犹食其赐。吾知恋爱民主主义之诸公，迫于公义所在，今日亦当能力援东方之共和国民，扫去前此之贪污恶浊，养成来日之进步自由。俾数载而后，世界得睹一少年再造之中华民国，脱离战争革命，而开放异彩也。

据《护国军纪事》第二期

复彭丕昕书

（一九一六年一月四日）

两书诵悉。蔡君松坡①赴滇首难，邻省响应。昨接电云，东南各省亦相约保滇。除彼独夫，为期当不在远。兴义当归国，效力战场。惟今欧战方酣，不暇顾及东亚，能为我助以抗制日人之侵入者，厥为美国。势不得不暂留此，以与美政界接洽，或为将来财政之一助。蔡君军事优长，亦负众望，指挥如意，所可断言。且自袁贼乱国以来，一般士夫以权利相尚，即民党之铮铮者亦侈言之，恶德相沿，成为习气。若不改革，国必大乱，不可底止。兴屡与国人相勗，见义而不谋利，明道而不计功。兴所以不急急求归者，亦在此也。又目前经济奇绌，不能成行。缘发难前，将所有旅费，并罗贷他款（不偿还不能动身）以汇归也。足下如欲归，请自筹及之，乞谅。书不尽意，即问年禧。黄兴手启。民国五年一月四日。

据《黄克强先生书翰墨迹》

---

① 原件“坡”误书为“波”，现予改正。

致柳下书

（一九一六年三月十三日）

敬启者：广东龙氏国民军起义，各属响应，革党夏声、卓文等亲自上省运动军队，将次成熟，订定本月初七日起义。而龙氏探悉内情不利于己，以是用先发制人之手段，弄出一种伪独立之态，掩人耳目，笼络军心，而运动之事当然打消。幸潮、嘉、钦、廉次第独立，清远、香山、新宁相继而起，亦足以寒龙氏之胆。但徐氏天党从中阻挠，大碍本党进行。龙氏探悉此中情节，由寒而反为壮，居然盘踞不动。且用诱言引陆、梁、岑来省交代，而陆、梁来否，不得而知。其发都督热之徐君勉已上省，驻节沙面，专在各报纸上极力鼓吹。表面观之，似乎省城势力尽为徐氏掌握，殊不知龙氏盘踞，仇视徐氏，尤甚于本党。其立心以为候陆、梁、岑抵省，行一网打尽之势。乃初十日黄和顺已有民军数百入城，且源源有到，龙氏忌之，急不及待，暗使各统领会同徐氏等在海珠开军事会议，乃各方到会开议不半句钟之久，由各统领之卫队开枪乱击，所有徐氏之一派天天党，尽被枪毙。或云徐氏逃生，或云中枪落海，尸不能全，未知孰是。大约凶多吉少，此后徐氏恐无生活之希望。现在各路民军，俱是革党势力范围。亦非入潮汕，已有围攻惠州之举。颂元兄欲入香山，督队过佛。惟初时派出该处之司令任鹤年曾受六安之款，当下香山县时，其告示则奉大先生命令字样，而旗式则以护国军名义。其中有大部分人又以革命军旗式，一县之中旗式而分为二，殊不雅观，现决一办法，先将革命军旗式之陆军调往江门，破新会城，准此三日内。事得手与否，不能预知，然势力颇足，大有希望。尊处谣传子芳之副司事骗去八千一层，实无其事。因该司事言定，先一水船起程，嗣因落船之后，知有数名侦伯在船，该船之买办（同事人）着副司事登岸迟水乃行等语。该司事如命照行，不知者以为司事挟款私逃，其原因实如此。彼处生意仍未见生色。克复新宁系李逊之部下梁贵、梁□；得清远系领手托邓基访，即现象之总编辑人；得香山由任手运动军队者，半由琴兄手托。云南代表运动者亦半。前函求兄返□，出自弟一人私见，以目前局面观之，兄更宜速归，幸勿延误。款绌万分，请设法补救，否则恐有止办之势，祈留意，切切。此请大安。柳下兄照。三月十三日，弟兴顿。

据《黄克强先生全集》

致唐绍仪等电*

（一九一六年四月十五日）

少川、秩庸、季直、钦甫、卓如、济武、组庵、惕生、烈武、静生暨各界诸公鉴：不去袁逆，国难无已，望力阻调停，免贻后累。黄兴。

据《黄克强先生全集》

由美洲归国途中口占**

（一九一六年四月二十二日——五月八日间）

一

太平洋上一孤舟，饱载民权与自由。愧我旅中无长物，好风吹送返神州。

---

* 按《黄克强先生全集》稿后附有"（十五日纽约来电）"字样。少川，即唐绍仪；秩庸，即伍廷芳；季直，即张謇；钦甫，即温宗尧；卓如，即梁启超；济武，即汤化龙；组庵，即谭延闿；惕生，即钮永建；烈武，即柏文蔚；静生，即范源濂。

** 黄兴于一九一六年四月二十二日离美国旧金山返国，五月九日抵日本。这两首诗系横渡太平洋时所作。

二

不尽苍茫感，舟行东海东。干戈满天地，何处托吾躬？

据黄一欧抄件，现藏中国人民政治协商会议
湖南省委员会文史资料研究委员会

促袁世凯退位声明电*

（一九一六年五月九日）

北京袁世凯大鉴：国人未尝负公，公实负国。公生平以权谋奸诈，愚弄一世，以此骗取总统，以此攘窃帝位。然卒以此败，岂非天哉！共和创造之初，公誓与国人竭诚拥护共和，故吾党欣然以总统让公。未几，公握大权，乃用武力破坏共和，阴谋帝政。法律不足以制公之凶恶，余始于癸丑之秋兴师问罪，公于是时复申前誓，力保共和。人民为公所欺，希望和平甚殷，余不忍拂人民之意，故中道罢兵。公此后遂以为人民易欺，更无忌惮，帝制之谋，竟成事实。人民内困，强邻外侵，公之不恤，于国势险恶之时，乘欧战正酣之际，悍然为一身一家之谋，而竟以此激全国人民之怒。人民愤公之欺诈，誓死拥护共和，一隅轰起，全国响应。公知大势已去，始下令取消帝政，不得为皇帝，犹冀为总统，公之厚颜无耻，毋乃太甚！公之反复无信，已至再三，人民不复为公所愚。人民既一再以剑血拥护共和，断不肯复戴一背畔共和、主张帝政之元恶为总统。公虽善于变化，不拘泥名分，然由欲望未满之皇帝，化身为总统，在公为降尊，在国为奇辱，在世界为笑柄。公如负固不即行引退，人民必将诉最后之武力，正公一人畔国之罪。公以一人而敌全国，岂非至

---

* 原件未署月日。据《黄克强先生书翰墨迹》编者考订，系一九一六年五月九日黄兴抵日本当天所发。

愚？牺牲多数生命，以争个人之公职，岂非至酷？今者独立之声遍于全国，兵精械足，士气振奋，而公众畔亲离，左右皆敌，公纵不知爱国为何义，亦当知所以保身保家之道。若见机早退，犹得略息人民之怒，稍留去后之思。不然怨毒郁结，何所不泄？势机切迫，稍纵即逝，望速决择，无贻后悔。黄兴谨布。

据《黄克强先生书翰墨迹》；《建国月刊》第八卷第三期（一九三三年）

致全国各界讨袁通电

（一九一六年五月十二日）

袁氏僭逆，毁法祸国，滇、黔倡义，桂、粤、两浙继起，其他各省亦多仗义执言，迫令退位。神州有人，国犹可立，友邦倾动，民意或苏。惟是元凶势穷，意仍负固，不除祸本，终是养痈，痛苦已深，何堪再误？历读护国军政府宣言，根据约法，解决国纷，力秉公诚，无任钦仰。此次讨逆，出于全国人心，理无党派意见，更无南北区域之可言。今既谊切同仇，务希协力策进，贯彻主张，速去凶顽，共趋正轨。兴居美两载，今新返东邻。虽驽蹇无能，而报国之志犹昔，愿随国人后竭诚罄力，扶翼共和，勉尽义务，不居权位，区区此心，幸垂察焉。黄兴。文。

据上海《民国日报》一九一六年五月十三日

致上海国会议员电

（一九一六年五月十五日）

（衔略）当国会开幕之始，公等发奸摘伏，苦心防范，虽方法不同，矢忠共和则一。奸人乘机离间，遂敢败法以逞。癸丑之役，正义未伸，神圣不可侵犯之立法机关，竟被暴力蹂躏，国危民痛，袁逆其可欺世窃国称帝。滇、黔、桂、粤、两浙仗义致讨，公等主持正论以为后盾，民意始彰。国贼势穷，尚思负围，望速设法驱除，根据约法解决一切，早定国基。兴甫由美抵东，仍当尽匹夫之责，竭诚相助共和，统希谅鉴。

据《黄克强先生全集》

致唐绍仪等书

（一九一六年五月十七日）

少川、秩庸、季直、蛰仙、雪楼、竹君诸先生大鉴：不见三年矣。海天遥望，怀想时深。前上一函，谅蒙察及。迩维救国心长，扶世道重，忧勤之余，动定增吉，钦颂莫名。袁氏谋叛，帝制自为，去冬以前，国民蜷伏于淫威之下，莫敢或动。公等以海内硕望，翘然高迈，不受尘染。袁虽百计招致，而去之愈远，正义所存，中外倾动，自此民意稍伸矣！滇、黔起义，桂、粤、两浙继起，护国军声势愈振，逆势益穷，大局解决，当在不远。但袁尚负隅，乱犹未已，全赖公等合力主持，逼令早行退位，其他意见歧异之处，尤望从中斡旋，使趋一致，以便根据约法，早奠邦基。兴于国事负疚实多，学识未增，寸心不死。此次由美抵东，意欲于个人力所能为，竭诚图之，为国人补助。倘荷公等随时赐教，尤所忻幸。谨颂道安。弟黄兴谨启。五月十七日

据《赵凤昌藏札》第六十七册，原件存北京图书馆

附一：赵凤昌复黄兴书*

（一九一六年六月）

克强先生大鉴：去冬今夏，两奉手教①，当为一一转致同人。对于尊恉，一体赞同，并深佩先生爱国热忱，不遗在远。今袁氏已伏天诛，黄陂继任，大局粗定，惟一般官僚盘踞要路，似是而非，谣惑众听。元恶虽已自毙，政治尚待改良，兹事体大，非集各派中心人物，化除私见，悉心研究，确定方针，指导社会造成真确舆论，实行监督政府，则前途祸福，正未可知。同志之士，均盼台旆早日归国，解一时纠纷之局，树百年远大之规，国家之事，亦吾党之志也。张季老昨有复书，因便寄呈。思缄虽羁留北方，实与西南潜通声气，惟来函至今始得寄达耳。何日首途？希先见示，惟万万为国珍卫。

附二：程德全复赵凤昌书

竹公先生大鉴：手示并克公两件读悉。民国成立，天实为之，仍托天保佑，赖以保存。诚如尊谕，但愿共体天心，同趋正轨耳。毕竟克强脑筋清楚，读之令人欲泣，近亦想稍慰矣。咫尺相处，全亦未能诣教，想先生当亦见谅，略此形迹也。此复，敬请晚安。程德全谨启。

据《赵凤昌藏札》第六十七册，原件存北京图书馆

---

* 此系赵凤昌自留信稿，未署时日和落款。从内容判断，当写于一九一六年六月六日袁世凯死后不久。时黄兴在日本。

① 指黄兴一九一五年十二月二十一日、一九一六年五月十七日自美国和日本所写的两封信。

致黄郛书

（一九一六年五月十八日）

膺白我兄左右：自驾返东，音问时疏。小垣兄奉函中，想能道悉弟状一二矣。兄到沪后，苦心经营，时于同人函中得知，不胜佩感。兹浙省既团结巩固，对外自可发展，东南半壁非恃以奠定之不可。亟盼补充实力，以全力先收复海军，庶声威可振。于输运械事一项，尤关紧要，已另函致戴之、文庆、伯恒各兄，请为特别注意。我兄深谋远识，当早计及。此事关系极巨，海军若来，袁势可去其一半，于外人视线，更可改观。沪上于海军能接头者，想不乏人。闻少川先生久已经营此事，可否与之接洽，望与浙当局一商之。弟本月九号抵东（小垣兄同行）。去国既久，情形殊多隔阂。且现在时局一日万变，请时赐教，以慰旅愁。浙中款械事，运隆兄已竭力与日磋商，当可有获①。弟能力可及，自当尽量援助。手此，即颂毅安。弟兴启。五月十八日。

尊夫人归国后，想佳适也。

据《黄克强先生全集》

致莫伯恒书

（一九一六年五月十八日）

伯恒我兄大鉴：台从在东，未得尽谈，正以为念。弟抵美时，接铸夫、静仁两兄来函，知兄与文庆、百吹诸兄对于浙事早有计画，竟

① 运隆，张孝准号。时黄兴指派张孝准与日商借贷日币三百万元，拟在浙练兵一军，以柏文蔚为军司令。此信发后不久，借款达成协议，黄兴即派张孝准赴沪与柏商办建军计划。后因袁世凯毙命，黄兴去电停止建军。

能于孤危之中独树义帜，东南半壁赖以转旋，而内部更如此团结。兄等之苦心调护，无任钦佩。现逆焰虽衰，祸源未尽，为根本计，正愿浙为云南第二，速补充实力，为东南诸同志之指导。闻烈武、铁生两兄皆有此计画，望兄速有以提倡策进之。弟能力所及，决不敢有所推诿。陈君闿良来东，便托致一函，想已尘览矣。即颂毅安。弟黄兴启。五月十八日。

据《近代史资料》一九六二年第一期

致赵凤昌书

（一九一六年五月十八日）

竹君先生大鉴：昨邮上一函，想已达尊览。兹有友人何君雪竹，于宁、皖、赣、鄂一带均有布置，而于鄂事尤有把握。今湘省既独立，机势紧迫，有如急火，尚望大力一为援手，俾得进行，不胜切祷。手此，即请毅安。弟兴启。五月十八日。

据《赵凤昌藏札》第六十七册，原件存北京图书馆

致居正书

（一九一六年五月十九日）

觉生我兄鉴：弟本月九号抵东，得悉兄等进行甚好。后得兄及萱野君电招，以此间诸事牵制，不克成行，当即电复，想蒙谅鉴矣。兄等于群贼之中奋勇苦战，敬佩殊深。近日战状如何，尤为悬念。萱君电：他党并起，有如乱麻。我兄度量恢宏，才识超越，知必[1]有以驾驭而统一之。惟昨晚得一恶电，英士兄在沪突遭暗杀，旧同志之健者又弱一个，悲痛何堪！我兄闻之，其凄惨又何如！尚望暂抑

① 原件圈去“必”字。

哀情，仗义杀贼，悬逆首于国门，以慰诸先烈之灵。兴虽衰废，当竭力所能及，以图补助。中山先生此次宣言，闻国人甚为欢迎。弟意惟赴沪太早，今英士遭难，于进行不无妨碍，想我兄必能慰之也。兹因周君景瞻来青之便，匆上数字，以当面语。手此，即请捷安。弟兴启。五月十九日晚。

萱野兄、林一郎兄及他同志未另。

据《黄克强先生书翰墨迹》

致孙中山电

（一九一六年五月二十日）

《民国日报》转孙中山先生鉴：惊闻英士兄为奸人所戕，旧同志健者又弱一个，极为惨痛。共和未固，遽失长城，我公哀念可知。仍望接厉进行，同慰先烈。兴。号。

据何仲箫辑：《陈英士先生纪念全集》上

挽陈其美联*

（一九一六年五月二十日——六月二日间）

一

脱帻揽贤殷，早知狙伺来狂客；横刀向天哭，如此艰难负使君。

---

* 挽联未署日期。陈其美于一九一六年五月十九日被刺死，时黄兴在日本东京。六月三日，中日人士在东京鹤见总持寺举行陈其美追悼会，黄兴参加并送挽联。据此，本件当作于是年五月二十日至六月二日间。

又按：一九七三年台湾版《黄克强先生全集》挽陈其美联中有“血肉相搏，我不如君，竟成谶语；尊俎折冲，世无知己，谁复欢迎！”实为黄中慧撰，非黄兴所作，故本集不录。

二

蛙井竟称尊，杀贼当思慰来歙；海天待归棹，故人何处觅陈遵。

据何仲箫辑：《陈英士先生纪念全集》上

复谭人凤电

（一九一六年六月一日）

谭石屏先生鉴：奉电奖饰逾恒，不胜惭悚！袁逆谋叛，凡属国民，均宜联合一致，同事挞伐。中山先生在沪宣言，豁然大公，无任钦仰！兴屡通函电，共起讨贼。并党界亦消灭，何门户之可言？特披腹心，即希鉴察。袁势虽穷，尚思负固，知公必有伟画教我。兴。东。

据南京中国第二历史档案馆藏茹春浦抄件

附：谭人凤致黄兴电

（一九一六年五月三十日）

克公鉴：国逆稽诛，神人共愤。海内外同志，秉其爱国热心，各有同仇之组合，皎然心迹，天日昭彰。惟是多张旗鼓，易收敌忾之功；各立宗盟，难免分歧之虑。英雄手腕，无妨分道扬镳；元逆谲觚，竟可借矛陷盾。鹿争未已，鱼烂而亡，瞻念前途，不寒而栗。近者中山来沪宣言，廓然大公，凤已表极端赞同之意。公资高望重，与孙公关系尤深，二三老同事，晨星落落，自应沆瀣一气，谋遂初心。江风转而帆随，鸣镝齐而石破。异日国基初定，政见不必趋同；此时枭桀当前，杀贼不容有党。主张划一，门户洞开，凤虽衰朽之余年，尚有执鞭之欣慕。掬诚相告，鹄候回音。人凤叩。

据上海《时报》一九一六年五月三十一日

复养愚等电*

（一九一六年六月二日）

养愚、龙门、西堂、剑秋诸兄鉴：电悉。西北事赖主持，佩甚！已屡电独立各省，促筹北伐。陕军逼处一隅，非由他方牵制，难期进行。尊意当相机转达。款事，军务院统筹全局，定有计划，弟于个人能力所及，亦必竭诚设法，务望猛进。兴。

据南京中国第二历史档案馆藏茹春浦抄件

为购械事自东京发出的电报（八件）

（一九一六年五月二十二日——六月六日间）

一

电悉。械事请亲电参部，外省并要青木再电□□□局，以便易于交涉。兴。养①。

二

械事已电日当局否？彼有不欲公急赴鲁意。乞复。兴②。

三

敬电因移居后到。昨彼无暇，今晚往商，如何再复。兴③。

---

* 原抄件题为《黄先生辅助秦军电》。

① 此电为一九一六年五月二十二日。

② 此电致孙中山，为一九一六年五月二十七日。

③ 此电为一九一六年五月二十八日。

四

款二十万，武器若干，嘱汉民请青木再电归，尤可望成功。兴①。

五

借款事，弟未与闻，日当局亦未通告，内容尚不详。兴②。

六

抵沪平安否？港滧日函，江门得而复失。金山及罗省拨仓代表马醴馨等五人昨日到东，可否使其赴沪？兆铭欲觅杜石助写债券，请询仲恺兄可否照办？江③。

七

今夜晤商田中，枪二千，炮六门，不日可运。后仍有望，惟不欲先及，一有资，望调和而统一，彼意在烈武，如何？请复，兴④。

八

仍有望。惟不欲先生急赴该处，可请溥泉及一有资望军人调和⑤。

据《黄克强先生全集》

---

① 此电为一九一六年五月三十一日。
② 此电为一九一六年五月三十一日。
③ 此电为一九一六年六月三日。
④ 此电为一九一六年六月三日。
⑤ 此电为一九一六年六月六日致孙中山电。

附：孙中山致黄兴书*

（一九一六年五月二十日）

克强我兄大鉴：谂兄遄返东瀛，甚慰。甚欲兄来共商种种，闻尚有所事，未果。兹有要件求兄臂助，本拟电告，惟各情非简单之电报所能尽，故谨托宫崎兄代达。至最近国情及弟所主张图谋者，请撮其概要述如下。

一、袁氏尚有负隅恋栈之志。一面为缓和人心之计，如提议妥协停战等事；一面则嗾起北方军人为自保保袁之密画。日夜谋借外债，不能偿其希望，则欲实行纸币政策，以企财政持久，从事战争。津门消息，早传彼作退位准备，而北京探报，则至今不特袁氏无此种意态，即一般官僚顽迷如故，自信甚深，即段祺瑞亦然。段组内阁，而财权完全为梁①所把握，即实权仍在袁氏。可知谓段能踵袁往日故事，以袁迫清者迫袁，未免去事实太远。此时就彼一方，并无比较的乐观。

二、冯②本与滇、黔约，使先发而后应之。其时，冯因未预知袁僭帝密谋，惴惴不自保。滇、黔起义，冯得仍居南京，实受唐、蔡③之赐。顾其态度始终暧昧，以口头与沪上诸人接洽者，则皆可听。而事实及书面之发表，则迥然相反。近有南京会议事件，或受袁之愚，作保袁之计，或谋自保而团结一种势力有所觊觎，均未可知。要之，此辈衷情叵测，决不能与南方同其步调。故现时沪上诸人亦渐觉悟，认为无甚希望。

---

* 黄兴接信后，即嘱长子一欧动身赴上海，作好回国准备，同时在东京进行外交和购械等活动，前面几件电报内容，即为此事。

① 梁，指梁士诒，号燕荪，北洋军阀交通系首领。

② 冯，指江苏都督冯国璋。

③ 唐、蔡，指唐继尧、蔡锷。

三、弟到沪后，决定赞助南方，共同讨贼。尤企西林[1]能统一各省，以对内对外。近察情势，则西林地位亦至艰窘。云、贵既不尽同情，而西林势狡毒甚于张勋。西林或迫于事势，不能不姑息弥缝。然先与龙[2]提挈，以临民军，各派俱不能俯首听命。岑、龙乃会衔出示，谓北伐编师，限于有六米厘八、七米厘九枪，及每枪配足子码百枚者，否则遣散。又其原为地方军队乡团者，要复其旧，不得应选民军。有不遵从此命令者，合力剿办。弟于十二三两日电岑，告以已饬执信、仲元[3]所部改换旗帜，取一致行动，并诫此后与龙毋相攻击。又与青木、松井[4]商定，为我军购械，编作北伐，由溥泉、孝怀、钦甫[5]电岑，请认许。事过一周，尚无复答。即弟前致云、贵、两广之通电，云、贵已复，而岑亦不答，令人爱莫能助。龙氏在粤积恶，粤人恨之甚于袁氏。龙甚险诈，自岑到肇，龙势转张，盖名义上有所凭借。且托词北伐，据有省库，更广招兵，专力对待民军。事体稍变，龙必反戈，其次亦为南面张勋，而断不能如岑所期望。岑仅带有桂兵二千，肇庆李耀汉有十五营，而李则人尽可属。故两广都司令及护军府根本极薄弱，可忧，周孝怀等皆知之。

四、沪上形势最为重要。英士于肇和事件失败后，迭遭挫折。同时惕生亦经营进行。顾前此不能为一致之行动，故常有积极的无形之冲突，两难奏效。弟到沪后，各人感情渐洽，方与惕生谋合办方法，而英士惨遭不测矣。英士死后，所图必

---

① 西林，指岑春煊，字云阶，广西西林人。时为滇、黔、桂、粤四省护国军军务院抚军副长代理抚军长。

② 龙，即广东都督龙济光，字紫丞，云南蒙自人。

③ 执信，指朱大符；仲元，即邓铿。

④ 青木，当时日本驻沪武官海军中将青木宣纯；松井为其属官。

⑤ 孝怀，即周善培，浙江诸暨人；钦甫，即温宗尧，广东台山人。

大受影响。但冀将来由惕生专任歼彼杨、卢①二贼，事当有济。然军队运动已久，而屡不得力，其卑劣之观望，正未易破。冯在南京为阴为阳，卢、杨益有所恃，其部下更难决心。大抵民党他方无特别之势力发展，则沪事急遽无好希望也。

综上情形，大局殊未易定其归宿。欲求达共和之目的，倒袁为必经之路，而吾人达到与否，视倒袁经过之事实如何。若民党势力只如目前，即侥幸以何等妥协了局，则必比前此之南北议和为更不逮。已往将来，中国问题实为新旧之争。换言之，则为民党与官僚派之争。其争孰胜，即为国家治乱所系；孰胜孰败，则视彼此之团结如何。民党以主义、政见为团结，官僚派以金钱、饭碗为团结。主义虽同，而政见或异，民党性质本来不好苟同，故时有参商。官僚则唯利是视，反为不可破之团结。已往之历史，已足教训吾人于将来。是以弟孰思审虑，但求贯彻吾人之主义，而宁牺牲一切之办法，求最大之团结力，以当彼官僚一派。近与各派接洽，幸亦俱无何等意见，盖皆知大敌当前，不宜立异。此亦为前途一线之曙光(其间各与疏通，则溥泉、亮畴之力为多)。然武力之发展，此时尤不容缓。统观全局，独山东方面有可为之基础，且可即时布置。合觉生与吴大洲②等兵力，有二千余枪，已占领潍县、周村等处，进战退守，均有依据。若能由此益进，则扼北方之咽喉，不难转移大局。惟靳氏③尚能支拒于济南。吾人武器不足，即须为之加增。并就此招募人士，训练成军。假有二师(二师之中下级军官已略有准备)，可以取齐鲁而迫燕赵。弟经以借购军

---

① 杨、卢二贼，即杨善德(袁世凯委派的淞沪护军使)、卢永祥(第十师师长兼淞沪护军副使)。

② 吴大洲原属中华革命军东北军，后改称山东护国军，自任都督。

③ 靳氏，指山东都督靳云鹏。

械之事，与青木、松井商量，伊亦赞可。惟此事重大，外交上须有种种之手续。此时兄尚在日本，惟兄足以助成此举。并拟以兄与弟二人名义，提出请求，须得同意认可。吾人积多时之公忿，无所发舒，固急欲一当袁氏，而与南方相联并进，亦惟此着最为有力。机局紧急，袁系方张，民党无不相提携之理。况兄与弟有十余年最深关系之历史，未尝一日相迕之感情，弟信兄爱我助我，无殊曩日。此事成否，关系全局，如上云云，望兄以全力图之。事有把握，仍企来沪一行，共商进行各事。东京究隔膜，即弟亦颇恨到沪之迟也。余事更托宫崎面达。专此，即颂近安。

英士兄以十八日下午五时被刺，系在萨坡赛路十四号山田家会客。先两日，英士病颇剧，杜门，而是日则约有两处人相见。第一起为刘基炎（说山），为鸿丰煤矿公司四华人一日人。坐顷，更有二人入。坐客兴辞，英士亦起身，客即以枪击英士头部，立倒地。丁景良、吴忠信、萧纫秋、余建光在外室闻枪声，闯门欲入。数凶手枪乱放，丁景良亦中枪，余人走避。凶手等且放枪且逃，丁、吴从后追呼。凶手等本乘汽车来，此时汽车夫先走往捕房报，故获得凶手许国霖。又一凶手王介凡，则毙于道，或云自杀，为[①]云其伙杀以灭口。继获李海秋一名，则介该公司与英士交涉，而是日同来者也。李与日人俱云不知情（日人亦可疑，然此时未捕）。李海秋与王介凡为英士素识，许国霖与一程起鹏则是日始问姓名。许被获，已认凶手，并云王、程、李皆凶。王已死，程未获。李之介绍鸿丰公司人来，谓有矿产将抵押与中日实业公司，借五十万，而请英士担保，可借二十万与革命党。英士固常闻人云，鸿丰为侦探机关，然不料其有大不测之举动。且见沪事再失败，前费巨款无

① 为当为或。

效，谋再起，因急筹款，则姑与接洽。事变突起，未尝防备。闻捕房查得是日到者十六人，把门守路者皆持枪击人，盖非寻常暗杀事件可比。英士头中一枪，颊中两枪，故登时殒命。丁景良伤腹旁，非要害。一厨人伤手，一下女伤耳，均轻微。一曹姓同志伤手肘。英士忠于革命主义，任事勇锐，百折不回，为民党不可多得之人，年始四十，遽被贼害，伤哉！数年来，如宋钝初、范鸿仙、夏之麒俱为逆贼购凶刺死，今又继及英士。君子何厉，天实仇之，令人生无穷悲忿。

孙文。五月二十日。

据黄一欧原信影印件，原件送藏中国历史博物馆

挽袁世凯联

（一九一六年六月六日）

算得个四十年来天下英雄，陡起野心，假筹安两字美名，一意进行，居然想学袁公路。

仅做了八旬三日屋里皇帝，伤哉短命，援快活一时谚语，两相比较，毕竟差胜郭彦威。

据《黄克强先生荣哀录》

致谢持书

（一九一六年六月七日）

慧生① 我兄鉴：袁逆罪恶贯盈，自遭诛灭，天理昭昭，不爽毫发，人心为之大快。惜国法未申，颇为恨事耳。然大憝虽去，余孽犹存，吾人不于此时并智竭力，为根本上之扫除，贻患将无已时。

① 谢持，字慧生。时任中华革命党本部负责人。

足下归国，必大有造于国人。特设杯茗，请于明日（初八）午后一时来敝寓一叙，借领教言，不胜盼切。手此，即请任安。弟黄兴启。初七。

铁桥① 兄未另，乞偕来为幸。

据《黄克强先生书翰墨迹》

致李鼎新等电*

（一九一六年六月七日稍后）

《中华新报》转海军李总司令，林、曾② 两司令及各舰长鉴：袁伏天诛，黎公继位，昏聩未改。兹读公等露布，词严义正，一秉至诚，挽既倒之狂澜，作中流之砥柱。海天遥祝，无任神驰。黄兴。

据《黄克强先生全集》

复孙中山电

（一九一六年六月十四日）

中山先生鉴：电敬悉。南方要求恢复约法及国会，黎若能诚意实行，以外问题自可迎刃而解。先生来电主张所以息纷争、事建设，无任感佩。尚望主持，使国人晓然于吾人之无私无偏，尤所切望。黄兴。寒。

据《黄克强先生全集》

---

① 铁桥，即赵铁桥。

* 此件未署时日。电中有“袁伏天诛，黎公继位”等语。按：袁世凯于一九一六年六月六日死去，黎元洪次日继大总统位。此电当于是年六月七日稍后发。

② 林，指林葆怿；曾，指曾兆麟。

附：孙中山致黄兴电

（一九一六年六月十三日）

东京黄克强兄鉴：南军举义，多数揭去袁复约法、召国会为的。袁死，黎能复约法、召国会，当息纷争、事建设，以昭信义、固国本。兄见如何？孙文。元。

据《黄克强先生全集》

致上海同人电

（一九一六年六月十六日）

北京召集各省代表议约法，意在破坏旧约法及国会，请沪同人择定安全地方早开国会，并速电请独立各省不派代表。盐款仍未交，现黎不自由，逆党迫段袭袁故智，宜由国会议员与民军外交代表宣言，请外人俟南北统一后再交。黄兴。铣。

据上海《时报》一九一六年六月十八日

致谭人凤电

（一九一六年六月十七日）

石屏先生鉴：袁逆自毙，余孽犹存。黎公若能依法图治，乱萌可遏。有违此旨，兴亦弗承。公老成望重，叱咤风从，倘有伟画，随时见告为祷。黄兴。

据上海《时报》一九一六年六月十七日

复黎元洪电

（一九一六年六月二十日）

北京黎总统鉴：奉读寒、洽两电，知采及刍言，并承奖饰逾量，惭悚殊深。国家多难，事变恒出意外，凡我国人，皆宜懔切冰渊，开示诚心，亟图挽救。更始之时，尤应当机立断，勿示民以疑。恢复旧约法，召集旧国会，按诸法理，及此次起义之民意，实如矢赴的，如水归壑，万无反理。乃商榷旬余，迁延未决，事机一去，险象环生，神州必将陷于万劫不复。人即不爱国，谁无子孙庐墓之思，恐终沦胥以亡耳。公以盛德民望，继任公职，中外瞻仰，凡百建设鸿猷，当以此两事为最急切。务望排除莠言，迅速解决，以适法之命令，废去袁氏伪造约法，则吾民国之真正旧约法当然存在，实无以命令变更法律之嫌，恳立即施行，以救危局。至国家一切根本大计暨善后办法，均系存亡，稍有一得，亦必竭诚输献，仰酬明问。屡嘱派代表，已电请李书城君由沪赴京，面承指示。黄兴。号。

据上海《时报》一九一六年六月二十二日

附一：黎元洪致黄兴电

（一九一六年六月十四日）

黄克强先生鉴：台旆驻地不明，致稽电候，甚歉。国家多难，祸变相寻，猥以铨材，忝膺重寄，实逼出此，诿退无由，驭朽临深，曷胜悚惧。顷接青电，爱国之忱，责难之意，溢于言表，既佩良箴，并纫高谊。现在民穷财尽，来日大难，渺渺前途，未知所届。执事手造民国，功在山河。往年阳夏同舟，备钦伟略。仍望左提右挈，纤谬绳愆，示我周行，俾无陨越，不胜翘盼。至国家根本大计，诸待谘商，谋及国人，请从此始。一俟商议办法，即当专电奉闻。黎元洪。寒。

据上海《时报》一九一六年六月十八日。

附二：黎元洪致黄兴电

（一九一六年六月十七日）

黄克强先生鉴：寒电计达台览，现今兵气甫销，棼丝待理，凡百施为,俱待磋商。执事抱救国之热忱,具革新之宏愿,关于民国根本大计暨善后问题,度势审时,必饶胜算。尚望不我遐弃,酌派代表到京面商。引领南望,伫盼足音。黎元洪。

据上海《时报》一九一六年六月十九日

致段祺瑞书

（一九一六年六月二十一日）

芝泉先生阁下：月前奉递一书，未审曾否达到？顷者黎公继任,赖公匡济大局,秩序如恒，硕谋伟略，中外共仰。近因政局更始,国人于回复元年约法、召集旧国会诸事,函电纷驰。盖以根本不决,则新政府之进行无所依据。深冀迅颁明令,借慰薄海望治之诚。公以直声盛德,肩兹巨责,维持目前,收拾将来,足以系南北之观感者,匪异人任。使是早定一日，即人民隐受无穷之赐，而戴公之忱,亦与日以俱深。望风怀想,不尽依依。兹因李君书城应黎公之召代陈鄙见,特嘱趋谒崇阶，借通诚悃。兴在国日浅，雅不欲贻制锦之讥。惟国民应尽之义务,苟有利于国,自当勉效棉薄。如有赐教之处,请随时告知李君可也。专此,敬请勋安。黄兴手启。六月二十一日。

附：段祺瑞复黄兴书

（一九一六年七月四日）

克强先生阁下：前函正拟复，李小垣兄到，又读赐函，备承爱注,且感且惭。约法国会,已定明令，大局一定，猜议冰释,从此协力共策进行,国步日闳,庶望有豸。瑞以衰庸,猥膺艰巨,才轻任重,竭蹶堪虞。所冀邦人君子,不我遐弃,群策群力,巩此国基。执事痌瘝在抱，尤必有以教我也。专复，即颂台祺。弟段祺瑞启。七月四日。

据《黄克强先生全集》

和涩泽清渊翁*

（一九一六年六月）

莽莽神州付劫灰，红羊苍狗不为媒。挥戈未必能沉日，薄海风云盖地来。

据黄一欧藏抄件，现存中国人民政治协商会议湖南省委员会文史资料研究委员会

在驻沪国会议员欢迎会上的答谢词**

（一九一六年七月十日）

今日与两院诸公集会一堂，不胜欣喜，又不觉有无限忧虑。欣喜者，袁贼造逆，暴力横满全国，非法解散国会，诸公被抑于专制之下，千辛万苦，出死入生，以致得有今日之会谈。兄弟流亡于外，由日至美时，与他邦政治家、各新闻记者接谈，每述袁攫总统时，以重兵包围议会，民党势力已将就消灭，国会议员奋斗①场之内，由旦达夜，硬不选举。袁世凯以兵阻禁国会门前，议员不得出，饥饿竟日，决选至三次，始得选出。此其中华民国历史上最有光荣之事，亦可见国会议员有坚固不拔之精神，中国虽衰，不可侮也。兄弟闻此言，以为吾国必不可亡，袁逆必败。诸公履艰茹苦，为国勤劳，其近

---

* 黄一欧藏抄件，题作“丙辰六月于日本席上和涩泽清渊翁”。涩泽清渊，男爵，日本财阀。按：黄兴于一九一六年七月四日启程归国，此为归国前夕日友饯别时所作。

** 一九一六年七月八日，黄兴由日本抵上海。十日，驻沪国会议员分省公推代表八十余人欢宴黄兴，并邀唐绍仪、温宗尧、王宠惠、柏文蔚、于右任、胡汉民、钮永建等作陪。孙洪伊致欢迎词，本文为黄兴的答谢词。

① 此疑脱会字。

因固在同心戮力倡导之功，其远因实兆于前此奋斗之一日，即此可见正义可恃，公道不亡。忧虑者，以袁逆虽受天诛，祸首尚逍遥法外。千钧一发之时，诸公负责至重。三年以来，人心风俗，国家纪纲，败坏已达极点，一时救拔，殊不易易。

今日政治进行方法，可以官、民二字为标准。凡官僚中腐败而恶劣者，当极力澄清之。民党处今日情势，当互相亲爱，决不可彼离此贰。今日尚未制定颁布，政党颇不易运用。加以民国成立以来，各党受袁世凯离间操纵之痛苦，一时名流鉴于前事，盛倡不党之说。兄弟敢不谓然？今日谋政治之进行，固不可以党为界限，然精神当有直捷之觉悟。凡一国民权被制于恶劣官僚者，其国必危弱；民权伸张，官邪扫荡，其国必强盛。望诸公本前次奋斗之精神，引国家于轨道，不为利动，不为威劫。兄弟不敏，愿竭诚尽愚，以随诸公之后。今举杯为诸公寿，并祝中华民国万岁。

据上海《中华新报》一九一六年七月十二日

与谭延闿致陆荣廷电*

（一九一六年七月上旬）

长沙陆都督鉴：欣闻督湘，军民共庆。我公再造民国，功业彪炳，愿宏伟略，福我湘人，不胜欢忭。谭延闿、黄兴。

据上海《时报》一九一六年七月十二日

致黎元洪电

（一九一六年七月十三日）

北京大总统钧鉴：秦君毓鎏，道德之交，癸丑岁在无锡被逮，羁

* 此电未署时日。电中有“欣闻（陆荣廷）督湘”等语。按：汤芗铭于一九一六年七月四日逃离湘境，旋北京政府一度任命陈宧为湖南都督，由陆荣廷代理，因遭反对均未到职。故本电当发于是年七月上旬。

禁三载，苦不可言，请电饬冯督，从速省释，以全士类，不胜切祷。黄兴。元。

据上海《时报》一九一六年七月十八日

附：黎元洪复黄兴电

（一九一六年七月十四日）

上海黄克强先生：元电悉。政治犯已有令明令赦免矣，秦君毓鎏自可一律省释。此复。黎元洪。寒。

据上海《时报》一九一六年七月十八日

在欢送驻沪国会议员北上大会上的演讲*

（一九一六年七月十三日）

自癸丑失败，国会解散后，鄙人以为自此以往与诸君相见之事，几成绝望。何幸天祚吾人，犹得与诸先生重集一堂。居今思昔，不禁感慨系之矣。今国会行将开会，诸君不日北上，不可无一言以相赠。兹特略述鄙人对于国会诸君之所欲言者，诸君其留意焉。

夫此次政变，简单言之，乃新势力与旧势力之争，官僚派与民党之争。然使混言之，曰新，曰旧，曰官僚，曰民党，则犹有未尽。盖新派与民党不必皆善，而旧派与官僚亦未必尽恶。故以正确之义言之，实正义派与非正义派之争也。旧派与官僚，换言之，即非正义派。至袁世凯未称帝以前，热焰熏天，目无民意，以中国之大，几无新派与真民党容身之所，可悲孰甚？幸正义不没，民权获伸，袁逆自毙，帝孽潜逃，可谓正义派战胜非正义派之第一幕。虽然，

---

* 袁世凯死后，黎元洪继任大总统，定八月一日国会复会（指南京临时政府时的参院）。七月十三日，黄兴饯送驻沪两院议员北上。孙中山在会上讲话，本文为黄兴在宴会上的即席演说。

邪正不幸并立，正义派苟不团结一致，则非正义派之势力，不惟不能打消，反将乘隙潜进，死灰复燃，国家前途仍有可虑。鄙人今以至诚挚之意，切望凡属于正义派之人，宜结合为一，进而推之于前，以为国内势力之中坚，不致使非正义派仍有恢复旧势力之一日，则吾国前途其庶几矣。尝念此次举义以来，从前政党竞争全归乌有，悉进而集于正义之下，此为一极可庆之现象。但党派在今日虽不可有，然须将官党、民党的界限，分别的清清楚楚，不可有丝毫的蒙混。对于该党则排斥之，对于民党则结合之。今日诸君北上就职，甚望诸君此后不树形式上之党别，而为精神上之结合，此鄙人之第一希望也。

癸丑之时，凡官僚派人，动以"捣乱"二字讥弹国会，国民不察，亦往往附和之，此至可慨叹者也。彼等之意，谓因有国会自身之捣乱，而后有袁氏之解散国会。然平心论之，国会并非捣乱，真捣乱实为袁世凯也。夫国会对于国家负有重大之责任，当此袁氏行政屡屡违法，国会之据法相争，正所以尽其职守。不过议员之争民权、抗暴力，自野心者官僚派无识之人方面观之，遂见而为捣乱耳。故求国会之能尽其职任，不患其为正当之捣乱，而患其与暴力政府之捣乱噤若寒蝉耳。平心论之，先有袁氏之违法，而后有国会之抵抗，而有非法之解散，故袁氏之违法为因，即国会之抵抗为果。今若曰国会捣乱，而后袁氏违法，不通之论也。今者诸君又将行使职权矣，所望仍尊重责任之观念，勿轻背神圣之职守，即不幸有与行政部争执之事，亦视为职守之当然。吾意国民今日经此大教训后，断不致仍任非正义派人复以捣乱之名词加之诸君，是望诸君勉之者也。虽然，癸丑之冲突，全以袁世凯一人之故，今总统黎公平和坦直，为诚心欢迎国会之人，以诸君之爱国，总统之忠诚，吾信此次开会后，国会与政府必能十分融洽，断不至复有癸丑之事。前言云云，所以察是非之真，明责任之辨，而非有疑于今日之政府者也。

鄙人尚有希望于诸君者，即此后对于借款问题须特加注意是也。今人往往有一种谬论，谓袁氏实为强有力之人，谓中国非袁氏不能维持。今袁氏虽死，而误此论者尚属不少。实则平心论之，袁氏何尝有真正能力。癸丑之役，彼之所以成功者，惟赖有二千五百万镑耳。及金钱既尽，能力全销。故袁氏之能力，不外金钱之能力也。鄙人因袁氏之先例，知金钱为物，足以启野心者之图谋不轨，甚望国会开后，对于借款问题特加注意。然此并非谓借款绝对不可为也，亦非对于今日之北京当局有戒心也，亦以促国人之注意，勿令非正义之人更得借金钱之能力，行政治之罪恶，此则区区之微意矣。

犹有言之，自袁氏盗国，酿成战祸，于是一般国民对于今后之国家，犹有惧逆党之复活者，此实过虑之论也。夫经此次义战，共和制度在中国亦证明为真理，而自世界观之，民主潮流日益普遍，君主制已成为过去之废物，吾国今后断不容再有第二阴谋出现。兹所望于诸君者，惟对于共和政治之前途为积极之建设，而不必更鳃鳃焉以预防帝制为事，或生无谓之风潮。前途方长，惟诸君勉之而已。

据《黄克强先生全集》

在广东省驻沪国会议员举行的茶话会上的演讲*

（一九一六年七月十五日）

国民今尚在知识幼稚时代，固知专制之害民，尚未知共和之福民；固知维持共和之必要，尚未知官僚政治之未除。欲与之以觉

* 广东省驻沪国会议员为即将北上，于一九一六年七月十五日下午，邀请孙中山、黄兴及他省两院议员、社会名流举行茶话会，孙中山发表讲话，本文为黄兴演说词。

悟，实赖言论界负有觉后之责者。约法为吾国共和政体之根本法。此次流血半天下，所争者只此。袁世凯死，吾国民声嘶力竭以请于政府，而政府既服从民意，恢复约法，今乃尚有全无心肝、反对约法之恢复者，此言论界所不可不注意者一。自袁世凯捏造民意而后，彼第二等野心家逞其辩口谲词，犹欲本其开明专制之抱负，申谬说于国中，此言论界所不可不注意者二。

顾吾今日欲有贡献于两院诸君者，中国军队纯统治于私人，以私人之军队，而加以国防军之外鞹，无知识无学问，宜乎为私人所利用。然则将因是而尽废之乎？则又不然。军队之罪恶不在军队之自身，而在政府之不能厉行国民军教育。何则？吾国生产力之薄弱，军费之不能得大宗供给，此为事实上无可免者。自欧战开始而后，战线之军队动以百万、数百万计，是非仅各国军队之发达，乃其生产力充足，故养此巨额军队而有余耳。以吾国现在之生产力论，实无此养育巨额军队之能力，故今后宜注意于军事的国民教育，自小学以上，于普通教科中加入军事教育，则国中多一就学之儿童，即多一曾受军事教育之国民。一旦有事，征集令朝下，夕可得国民军在千万以上。此为军事上之改革，仆素抱而未发。两院诸君此去，对于军事的国民教育，宜注意及之。

惟欲提倡军事的国民教育，当先提倡国民教育。今国内之教育状态如何乎？仆曩在乡里，百里以内有小学四十余，取诸公款者为多。不及三年，闻所存不及七、八所，资以办学之经费，皆消纳于筹备帝制及抵抗民军中。用知政治不改良，必无教育发达之望。而吾所谓军事的国民教育，尤将等于梦呓矣。孙先生顷言衣食住为政府对于国民施政之主旨，无适应之教育，则衣食住三字仍不易平均。何则？中国之所以穷，穷在贫富不均耳。欲均贫富，当令全国人民无一不有谋生之智能。欲全国之人民有谋生之智能，非普及教育不可。美国现在多有形似教育捐之一法，凡有恒产而具赡济教育之能力者，无不奔赴于提倡教育之旗帜之下，是则仆于两院诸君以外深望国民者。

据上海《时报》一九一六年七月十八日

在上海报界茶话会上的演讲*

（一九一六年七月二十二日）

兄弟参与盛会，无任荣幸。顷主席所言，报馆、国会同为忧患余生。此言非常沉痛。顷聆马君武所言，尤有感动。自民国成立以来，报馆、国会同为代表民意之机关，在国中非常尊重，不可不就往事以勉将来。昔日之国会、报馆，因随世界潮流，为有党之结合，不免互相误会，舍政见而为私争，不商榷大计而攻击个人。今往事已矣，重振旗鼓，脱专制之束缚，以建共和民国，当一本良心之主张，以谋国是，尽舍私见而谋国政，此实第一要义也。天下事，作始者简，将毕者巨。袁之为帝亦由渐而来，始将一切巩固民权之政次第推翻，然后将"大总统"三字易为"大皇帝"。自其解散国会以后，报馆亦莫能倡言攻击。若早防微杜渐，舍去私争，当不致有此。今中国已渐开攻击之旧，惟当舍私见而谋公众，官僚党固所必除，民党亦当共图结合；否则，其结果想更不如辛亥。盖前有袁逆一人为众矢之的，得以激起国人公愤。今后若合多数官僚，假共和美名，隐为盘踞，则永无廓清之日，此不可不亟为省悟者也。数月前之《亚细亚报》，今已死矣，今后愿不再有变相之《亚细亚报》。更愿国

---

* 一九一六年七月二十二日，上海报界为欢送国会议员北上举行茶话会，黄兴在会上发表了讲话。茶话会由邵振青主持，邵氏在讲话中提到："回思二年以前，国会惨遭蹂躏，言论界亦自兹暗淡无光，几与国会同其命运。……以言既往，报馆与国会为忧患之余生。"议员马君武也发表了讲话，以报界、议员协同一致巩固共和政体为主旨。故黄兴在演讲中加以引用。

会议员，亦本其良心以救国，此实吾人之天职所当然者也。

据上海《时报》一九一六年七月二十四日

答上海《民国日报》记者问*

（一九一六年七月下旬）

自湘事发生，报纸载湘人邀仆与谭组安回湘而后，来寓问讯者颇多。仆之未徇故乡父老之请者，非恝然于故乡也。仆此次归国，见各国国力发展之基础，皆立根于实业与教育。故吾人所贡献于国家者，正不必垂绅拄笏，然后可以谋民福。譬如经营一良好教育之学校，得十百佳子弟以磋磨之，使成令器；或于一市一乡间刻苦经营，俾蔚成一自治之模范，皆足以告无愧于国家，何必定欲做大官、负大任，然后自愉哉？即如湘事，自汤芗铭督湘后，财政之紊乱，杀贼之凶暴（中略），为湘人所同愤。今汤已去湘，休养生息，自不可无人。然有此资望才力者正多，诚何必仆？故仆虽屡接湘电，均置未复。而外间揣摹影响者，何尝能喻仆意？亦有劝仆出以自由者。然仆方悠然南窗下，遐想将来如何启导民意，厚养民力，无暇辩，不必辩也。即如昨日有载冯华甫派人欢迎于车站，此事而确，今日已在皖、赣间矣！而诸君之晤谈，又为谁哉？

美国私立学校，千万倍于吾国，且其功课皆优于公立者，其故由于富家对于教育经费之资助视为天职，且名誉上之自动力，远过官立之督饬。吾国今后教育为立国第一要着，仅恃官力，恐非数十年后不能提倡，故私立学校，为仆今后所自勉。

其次则为实业。今姑举一事言之，各国长距离之自动车为交

* 按汤芗铭在湖南人民群起驱逐之下，于一九一六年七月四日逃离湘境，省政陷于紊乱，各方吁请黄兴回湘，黄氏不应。湖南军政各界联合会议，推举地方绅士刘人熙为临时都督兼省长。至是年八月四日，北京政府黎元洪特任谭延闿为湖南省长兼都督。故本文时间，参照他书，当为一九一六年七月下旬。

通利器，其影响兼及于实业发展及地方之整理。吾国欲收其利，当先从事于路政之改良。而路政之改良，实为吾人能力所及；且可容纳多数无业者，以与之生计。一方面改良路政，一方面自造合于经济的自动车，择繁要地点，如海口等，逐渐推广之，积时已久，推行益广，非特人可无行路难之叹，而间接及于社会生计、实业发展者，功用大矣。然此犹仅举一端言之耳。其实建筑之品，土木之属，陶冶之资，金铁之属，苟吾侪能出其坚忍聪明以事之，罔有不济，此亦仆今后所自勉者也。

据《黄克强先生全集》

致张承槱书

（一九一六年八月二十二日）

顷以事他出，不及待。电稿甚妥，弟无他意矣。谭君石屏可否用名，以其中相关者颇多，乞酌之。此电由何处拍发？如秉三已托兄主稿，则弟代拍亦可，乞示知为幸。又顷湘中来电（系第一军军长曾凤冈及其参谋长刘昆涛来电，附闻），以吴光新驻岳为虑。弟昨得总统府及国院消息，均以湘中督军、省长以外省人相宜为词，是吴驻岳诚不可不虑。请密告秉三，设法请吴退去，以便裁撤湘中余兵（吴不退，湘中恐难骤裁，是吴之驻岳，非所以安湘，反足以累湘也。至若掩护川之退兵，则更无理由矣）。中央能示地方以诚，未有地方不以诚相应者。又兄欲由桂回湘，似亦可不必，以兄非与岑西林之行动可比。弟意仍返沪为宜，出处由自主之，在沪有何妨害？且旅行中于兄身体上之保卫，甚不相宜也。初秋时节，尤其慎之。弟归时，如未动身，当走送也。此请行安。弟兴启。八月廿二即刻。

据《黄克强先生全集》

致何成濬书

（一九一六年八月二十六日）

雪舟①我兄鉴：连函具悉。政局纷纠，杞忧未已，外患又相逼而来，其结果必致酿成内政之干涉，方始悔心，殊可叹也。尚望新进诸公随机应变，施大改革，庶有挽回一线之希望，否则同为鱼烂而已。段总理②通过以来，政象又必小生变动，可以意决。自京归者，无不以帝制派之活动为忧，究其实一饭碗问题，当轴诸公何不于此着想，免其捣乱？前总统以高等顾问相畀，情谊可感。惜以此眼光施之吾人，已具函辞谢之，由伯钊③带去，并请当面代申鄙意，乃不见许，兹又宠命重邀。在前清、洪宪时代想九叩首求之而不得，我今则九叩首再为谢之，亦所不惜。便中晤雨岩④诸兄，请无以此荣我，不胜切祷之至！沪上天气转凉，自兄等行后，应酬渐少。昨赴普陀一游，因该处全是僧侣，颇有出尘之想。明后日或赴焦山及他处。喉病受数日海风，已全愈矣。少川屡次催其北上。彼云：俟议会通过后，当为一行，就职与否，尚在不定中。想如可去，则当然可就职矣。昨电伯兰⑤兄，请为注意。如少川不行，外交必生困难，可断言也。丁甫、卓甫⑥两君本欲其北来，因京师人多，或可插足。旋闻兄将来沪，是以令其稍候。伯钊函欲不日回乡，不知已动身未？各知友想皆如恒，晤时便为道意。又介石⑦致沪友函，欲弟一行。弟细思之，不但无益，且多滞碍（京中人对弟有敬鬼神而远之

---

① 何成濬与黄兴在两湖书院同学时字雪舟，后改字雪竹。

② 段总理，即段祺瑞。段于一九一六年三月二十二日任北京政府国务总理。

③ 耿觐文，字伯钊，湖北人，曾任南京留守府参谋。

④ 雨岩，即蒋作宾，湖北应城人，时任段内阁陆军部次长。

⑤ 伯兰，即孙洪伊，时任段内阁内政总长。

⑥ 丁甫姓黄，卓甫姓陈，二人均曾任南京留守府秘书。

⑦ 介石，姓彭，湖北人，国会议员。

之象），更于弟对于实业经营上亦有不利（以接近政潮之故，易为波动）。请将弟意转达同人，不必汲汲也。袁氏政府公报（并现政府），请为觅一全份①寄我，因欲调查一事，非此不足为据。馀不赘，由少秋②面谈。此颂任安。弟兴启。八月廿六日。

据《黄克强先生书翰墨迹》

致何成濬书

（一九一六年九月四日）

雪竹我兄鉴：少秋来沪，土案事，想已详悉矣。伯兰兄政见与当局骤难融洽，自是当然。尚望持之以渐，万不可以大刀阔斧行之，致蹈元年来之覆辙。昨得伯钊函，伯兰兄欲弟来京，借可促进党事。表观虽如是，其实老官僚猜忌太深，与其接近惹起政潮，不若远离，尚可有一二挽救之法。鄙见兄当以为然。目前团结事，溥泉必能有力。汉民迟日当可来京，到时望为接洽。汉民在中华革派中非其所主张也。渠所持政见，弟信为切时之图，言行皆足代表吾党。人多谓其近刻，此不过于月旦人物及闭谈时、言词过尖颖则有之；至办事则必诚必信，无一不近人情者。唐少川兄来时，亦望竭力劝其就职。总之，此刻既上台，则打脸挂须，皆是脚色本分，能唱完一出收台，能令人喝好，则可不计及矣。好在正脚多，打旗挝鼓之流亦不可少，不如此不能凑成一场也。日来有阴谋发现否？宗社党③沪上确有此集合，亦不可不注意之。冬电为道腴、曙汀④

---

① “全份”二字之下，原件有“〇〇”着重号。

② 少秋，即徐申伯，徐宗汉之弟，广东人，曾任南京留守府副官长。

③ 一九一二年一月清朝皇族良弼、溥伟、铁良等结成集团，反对清帝退位，反对与革命政府议和，被称为宗社党。不久，良弼被刺死，宗社党解体。其残余势力潜伏天津、东北等地，在日本帝国主义支持下，进行复辟活动。

④ 曙汀，刘文锦字，湖南益阳人。

报事悉。惟目前经济困难，不能筹措，殊为歉念，已有专函复曙汀矣(故未另电复兄处)。电文中有绍裳①名，不知是谁，下次来函，请为详示。匆匆不尽，北地秋凉，望为珍卫。兴启。九月四日。

据《黄克强先生书翰墨迹》

致二姊书*

(一九一六年九月九日)

二姊②大鉴：阔别四载，时局变乱，已达极度，干戈遍地，骨肉离析，惨痛之苦，几无论何种族皆饱尝之矣。矧我弟姊中年暌隔，团聚无时，其伤感又何如耶？所幸袁贼已伏天诛，国民皆相称庆，从此政治或可望入于正轨。弟海外归来，亦叨庇荫，暂借休息，将来从事实业，为社会开经济之源，不知国人其许我否？耆孙来，得悉贵体健全，无任欣慰。虚度③去世，同抱悲伤。耆孙能长成，日依膝下，或可节其痛思。太母寿高八旬，闻近来多病，惟得姊相依，承欢有恃，后事一节，当不缺乏，尚望却病有方，百年长寿，天伦之乐，至为欣羡。弟自亡命日本，宗汉相随，母亲及淡如均后来。不久弟赴美，在美偶患血症，幸医治得法，六月之久，始能回复健全。宗汉闻之，偕一欧前来，约住一年，今始回归。母亲及淡如住日本，身体颇好。各儿均幸安好，学问亦日有进步。一美聪明绝顶，体气亦强，今虽三岁有余，说话有如成人，至可爱也。所不堪言者，自元年至今，一切用度，均极浩大，债台高筑，无力能偿。兹日本、沪上两

---

① 绍裳，即许绍裳，江西人，国会议员。

* 此件为黎锦熙夫人贺澹江所藏。黄兴之孙邵强(即黄一寰之子)影印。黄兴之女黄德华告《黄兴年谱》著者毛注青同志云：此信系她在一九七五年收集到的，从目前见到的资料判断，可能是黄兴最后的一封家书。

② 黄兴二姊名杏生。

③ 虚度，贺澹江的父亲。

处居住，日不暇给，目前纯从友朋处借贷为生活，所有心欲助吾姊之处，力实不逮。兹付耆孙洋一百四十五元，内三十元着购各物，又十五元为回湘川资，馀一百元嘱其带归家中，以备用度。此数虽微，然弟出于困穷之中，想亦为姊所不弃耳。冬间将事稍为料理，即当回湘一行，以慰阔别之思。淡如、宗汉均有喜，他日相逢，其乐可知矣。匆匆不尽欲白，即请侍安。弟兴手书。九月九日。

太婆前请安

各戚友均问好。

据黎锦熙夫人贺澹江原件影印件

为徐忍茹书扇面

（一九一六年九月十一日）

一派潺湲流碧涨，新亭四面山相向，翠竹岭头明月上，迷俯仰，月轮正在泉中漾。

更待高秋天气爽，菊花香里开新酿，酒美嘉宾真胜赏，红粉唱，山深分外歌声响。

右调寄渔家傲，六一词中之稳句也。

丙辰入秋，暑气不退，中秋前一夕，凉风袭人，书俟忍茹仁兄正。黄兴。

据《黄克强先生书翰墨迹》

复何成濬书

（一九一六年九月十九日）

雪竹我兄大鉴：九日函诵悉。京中政态百变，自在意中。伯兰欲以大刀阔斧施其改革手段，殊不易易。惟在多方联络，乘机先去其尤者。近阅报，部中反对之声颇盛，然耶，否耶？铁老[①]来，其中作用必多发动于雨岩，彼亦言明。惟兴北上，久无此念，虽以此老粲花之舌，不足以动我也。复黎公及他处函，以宪法颁布后为期，想无不可。至党事一层，伯兰诸兄虽以弟有到京之必要，然以弟默察现势，国会之需要在借款，恐款事一成，必遭解散，党于何有？目下北京空气霾塞不通，入其中者俱多不觉。以兴冷眼观之，或少清平。小兄何日来沪？至为念念。申伯从事铁路有年，在美又从事研求，特荐之许俦人[②]兄处，请托其交好者一为关说之，以得稍可为之位置为要。丁甫、卓甫承注意，甚感。徐君处，兄有函介之否？乞便示知。湘省矿山（水口铅矿山）作押（内容合办）事，湘人誓必反对，请伯兰兄从中维持之（闻伯兄反对此事，湘人甚感），或可挽回，亦不可知，但弟尚未露面也。余不多及，即请大安。弟兴启。九月十九日。

小垣兄均此未另。

凤光[③]请致意。

据《黄克强先生书翰墨迹》

与李根源的谈话

（一九一六年十月初）

〔李根源应黎元洪电约赴京，路过上海，见黄兴咯血甚剧，每日往视，黄兴扶病谈美洲情形〕欧洲战局，以为将来列强无一非愁惨之国，皆物质文明进步之恶果也。中国要翻身脱却列强拘束，即在此举。……黎宋卿太懦弱，段祺瑞、徐树铮专为北洋派谋，不象拿

① 铁老，指王芝祥，字铁珊，为陆军上将，曾被袁世凯任为总统府顾问。

② 许俦人，即许世英，任段祺瑞内阁司法总长。

③ 凤光，即陈嘉会，与黄兴在两湖书院同学，曾任南京留守府秘书长，后为国会议员。

得起来者。拿全国不起，则统一无望，内政无从言，对外更无从言。余痛亟，恐不起，奈何？

〔次日，黄兴又告李根源与章士钊说〕外交一席，少川即辞，可找伍秩老或王亮畴。秩老耳重，非梯云往助不可。

〔钮惕生主对德宣战，黄兴说〕舍加入无他法。

〔李根源临行时，黄兴有数事相嘱〕(一)、胡经武无志节，可恨可怜；闻很穷，吾辈尚念旧交，顾持其生活。(一)、谭石屏营钝初墓未竣工，应有人负责。(一)、协和队伍要到饿饭地步，须向黄陂切实妥筹。(一)、国会应注意立法，法立而政治有依据。只问政治，则政治愈纷乱而不可收拾。

据李根源自订:《雪生年录》卷二

为张群书条幅*

（一九一六年十月）

梅溪之西有石门山者，森壁争霞，孤峰限日，幽岫含云，深溪蓄翠，蝉吟鹤唳，水响猿啼，英英相杂，绵绵成韵。

岳军①我兄正之。丙辰秋月。黄兴书。

据《黄克强先生书翰墨迹》

为秋山定辅题词（三首）

一

湘中老人读黄老，手缓紫藟坐碧草；春至不知湘水深，日暮忘

---

* 此为黄兴一九一六年十月三十一日病逝前数天所书。谭延闿跋云:“克强先生自辛亥伤指后，仅右手拇食两指挟管作书，故下笔空灵，异于前时，惜其不屑屑于此也。此书为殁前数日书，为当时绝笔，不可得矣。事往人亡，弥可珍贵，岳军先生其永宝之。十八年双十节。谭延闿记。”

① 张群，字岳军。

却巴陵道。　秋山①先生正。　　黄兴。

二

作伴自有苍头，间行何妨赤脚；林影倒挂波心，涧声斜穿山角。黄兴。

三

四抱青山结屋，几行翠竹为扉；一瞬已无今古，五陵安问轻肥。黄兴。

据《黄克强先生全集》

为郑占南书条幅

雨歇杨林东渡头，永和三月荡轻舟。故人家住桃花岸，直到门前溪水流。　　占南我兄正之。　　黄兴。

据《黄克强先生书翰墨迹》

书赠山田君*

岂是前身释道安，遇人不著鹿皮冠。接䍠漉酒科头坐，只作先生醉里看。

据黄一欧抄件，现存中国人民政治协商会议湖南委员会文史资料研究委员会

---

① 秋山，即秋山定辅。

* 据黄一欧云，此诗是黄兴书赠日本人山田纯三郎者。山田纯三郎曾赞助中国革命。其兄山田良政，一九〇〇年与郑士良同入惠州，参与三洲田之役，因迷路为清兵所擒被害。

书赠福井先生

中庭地白树栖鸦，冷露无声湿桂花。今夜月明人尽望，不知秋思在谁家。　福井先生正。　黄兴。

据《黄克强先生书翰墨迹》

书赠六川先生

小鼎烹茶面曲池，白发道士竹间棋。何人书破蒲葵扇，记取南塘移树时。　六川先生正之。　黄兴。

据《黄克强先生全集》

赠直卿先生

偶随芳草踏斜晖，石径云深翠滴衣。两袖天风明月上，杖头挑得树阴归。　直卿仁兄正。　黄兴。

据《黄克强先生全集》

赠恬斋先生

天风吹我上层冈，露洒长松六月凉。愿借老僧双白鹤，碧云深处共翱翔。　恬斋先生正。　黄兴。

据《黄克强先生全集》

赠进藤先生*

沧海横流漫几洲，同群谁与证盟鸥？而今濯足扶桑后，要到昆仑顶上头。　进藤先生正。　黄兴。

据黄一欧抄件，现存中国人民政治协商会议湖南省委员会文史资料研究委员会

为覃振书条幅**

西风肯结万山缘，吹破浓云作冷烟。匹马径寻黄叶寺，雨晴稻熟早秋天。

据黄一欧抄件，现存中国人民政治协商会议湖南省委员会文史资料研究委员会

为蒋作宾书扇面

谁教失脚下渔矶，心迹年年处处违。雅集图中衣帽改，党人碑里姓名非。苟全始信谈何易，饿死方知事最微。醒便行吟埋亦可，无惭尺布裹头归。伯钊弟出箑书。俟雨岩兄正之。克强弟兴。

据黄一欧抄件，现存中国人民政治协商会议湖南省委员会文史资料研究委员会

为张孝准书联

唯有真才能血性，须从本色见英雄。

据黄一欧抄件，现存中国人民政治协商会议湖南省委员会文史资料研究委员会

---

* 进藤，是否近藤廉平，中国兴业公司顾问，待考。

** 覃振，字理鸣，湖南桃源人。

赠耿觐文联

长剑倚天外，匹马定中原。

据《黄克强先生全集》

为汤增璧书联（二件）

一

秋水为神玉为骨，词源如海笔如椽。　　公介[1]学兄法正。黄兴。

二

立节可为千载道，成文自足一家言。　　公介我兄法正。弟兴。

据《黄克强先生书翰墨迹》

为陈家鼐书联

寿元[2]弟鉴　古人却向书中见，男子要为天下奇。　　黄兴。

据薛君度影印件，现存中国人民政治协商会议湖南省委员会文史资料研究委员会

---

① 汤增璧，字公介，江西人，同盟会会员，曾参加《民报》编辑工作。

② 陈家鼐，字寿元，湖南宁乡人。

为某君书联

应须江海寄旷快，自有豪俊相攀追。　　黄兴。

据《黄克强先生全集》

为周仲良书联

仲良我兄鉴　冲霄黄鹤有奇翼，拔地苍松多远声。　　黄兴。

据《黄克强先生书翰墨迹》

为萱野长知书联(二件)

一

满目云山俱是乐，一毫荣辱不须惊。　　凤梨我兄有道。黄兴。

二

雪后园林方半树，水边篱落忽横枝。　　凤梨我兄正。黄兴。

据萱野长知:《中华民国革命秘笈》

为巴达维华侨书报社题字

是式南邦。　　巴达维华侨书报社正。　　黄兴。

据《黄克强先生书翰墨迹》

挽汇初词

汇初先生千古　求仁得仁。　黄兴题。

据《黄克强先生全集》

题　字（三件）

一

韩退之诗曰：百年未满不得死，且可勤买抛青春。　抛青春，酒名。　克强。

二

杜子美云：白鸥没浩荡，万里谁能驯，盖灭没于烟波间耳。克强。

三

民国之基。　黄兴题。

据《黄克强先生书翰墨迹》

为吴池题词

大丈夫当不为情死，不为病死，当手杀国仇以死。　吴池尊兄鉴。　黄兴。

据黄一欧藏原件影印件，现存中国人民政治协商会议湖南省委员会文史资料研究委员会

附　　录

一、学校行政法论*

（一九〇二年）

〔日〕山田邦彦著　　黄　兴译

第一章　教育行政法之观念

教育行政法，义甚广漠，虽同一法理上之事，而有种种之区别。

一、立法（就提议时论）与成法（就决议时论）既不相同，而奉行其成法（即行政），又迥自有别。在教育家偶有论及教育行政者，大概皆主立法论，不过就一己所见于教育政治，发明其法与规则善不善而已。或有研究行政法者，亦自以其立法的融合政治的而出之。其弊一也。此等处之区别，所最当注意者。

二、行政学与行政法，亦不可不细察也。在文字上云学云法，人皆知之。然在书中，人往往不措意，混为一事，初学尤难之。此盖以行政学与行政法，皆由法律规则等之理论而出，其意义大略相同，而不知：学之一方面，乃以考察法律制度之事实，申论其可否得失为主，而旁及立法论；法之一方面，不在其可否得失及立法论等，而专以研究国家与个人之间权力之关系，及法令之原则法理为主。

三、本论既名学校行政法，则凡所论教育行政之事，不得不详细表出之。盖学校行政者，在教育行政内，为达教育目的之第一

*　这是目前仅见的黄兴译作。黄兴于一九〇二年六月到达日本东京，在弘文学院速成师范科学习。与湖南留日学生杨毓麟（笃生）、樊锥、梁焕彝等创办《游学译编》，一九〇二年十一月二十四日创刊号出版。共出十二期。这篇译文，连载于《游学译编》第二期至第三期“教育”栏，署名黄轸。

行政也，与学校之设置、就学之督责不同，似于观念上之比较的不甚明晰。兹特取其内部，先分别后总括而论之，以期阅者之爽目。

（甲）从前教育学仅有个人的之思想，无社会的、国家的之思想。此在历史上，亦甚不得已之结果。我明治维新前，除旧藩之学校勿论外，所谓家塾、私塾者，皆为士族以上之教育，虽亦重道德主义，然终不能出个人范围之外。即平民教育之手习师匠、寺子屋等，亦不过聚地方之子弟，受其父兄之托而教之，于教育上毫无广义也。由此以溯古昔，其年代愈远者，即愈减其国家的社会的之分量，增益其纯粹个人的之价值。此不独日本为然，即欧美各国亦大略相似耳（此例在斯巴鲁达之教育主义外）。

试又以我国学者之教法观之，如贝原益轩、新井白石、林道春、中江藤树、熊泽了介，乃至山鹿素行等，其教人为人之道，皆以发达个人之心得为主。即维新以来之所称为教育学者，虽皆直接或间接于欧美之教育学，涵濡斯宾塞尔、赫尔巴鲁、多雷音各大家之名论。然观于地方师范学校（大学、高等师范学校更无论）之所教及所著述之类，其能超出个人之范围者亦鲜。至近时有苏来由鲁、马赫罗、宾鲁捻满、甫伊约诸氏出，著社会的教育学、国家教育论等书，于是我国着眼社会国家以立论者亦众，但皆以一般之社会、一般之国家为目的。所谓万国之教育法令也，其学说之性质，无论其为必要及有关于法令与否，总不外如前所说之立法论，及反对于既定法，或呈改良之意见，要与本论之行政，殆亦无甚相关焉。

由是观之，是从前之教育学，于法理上则为个人的，为任意的，若法律上之强制的，与法律上之关于权利或义务之理论，皆无有也。然而今日之学校，特为公立小学校之事（后细论），即法律上之事也。若仍据师范学校与教育书等，以训育上之目的及材料、教授法、管理法为学校实行之事，恐于根本上有大谬之问题，在此时之已经发出者，是不可不悟也。

（乙）所谓行政之事，亦偶于书中见之，是此种学问，尚属幼稚，其观念与学者之议论，又略有不同，兹特摘其定义而比列之。

一、行政者，谓非有立法及司法国权之行动也。国家之机关，于行统治权为其行为之标准者，行政法也（波仑哇苦）。

一、行政者，在法之范围内，有自由之作用也（拿班朵）。

一、行政者，谓以国利民福为目的之国家行动，而发现于各处者。行政法者，非单纯法律之执行，乃法律制限内之国家行动也（捻呵鲁俄马约鲁）。

右德国学者之言，为近时通行之定义，与法国派普腊基由、荷丁雷之说略同。法儒之说不赘述，再以日本国法学之最精者附之。

一、行政者，由形式上而观，不属于立法及司法，总称为国家机关之行为（与波仑哇苦同意）。行政法者，谓规定其行政之机关及行为之关系，并行政与人民之关系之法则，而国家之机关又有人民奉遵之义务也（故末冈博士）。

一、行政者，由天皇依法律或敕令委任直接各省大臣以下之机关，或委任间接自治团体之机关，而行诸般之政务也。行政法者，谓关于行政法人之组织，并其权力及权利之享有行使之法规全体（织田万博士）。

一、出于国家自存之目的，谓之国政。出于保护增进国民精神上、形体上之利益之目的，谓之民政。合国政与民政，总称之为行政。行政法者，谓属于国政及民政区域之法规全体。又讨究此等法规之学者，亦谓之行政法（一木博士）。

一、行政者，谓由法令设置官府，对于人民，为达国家之目的，而行动其职权者。行政法者，乃由官府规定其对于个人引起治者被治者之关系者也，或统治权对于个人引起权力关系之法理的观察也（穗积八束博士）。

右诸家所说，各有异同。若一一评其可否而折衷之，则在精于行政法学者之职分，今本论之目的不在于此。其摈斥采择，一任读者之自取。在本论所必要者，所谓行政或行政法一定之观念也。其大概想已知之。即在我国法律中，为形式的，亦易知者。大凡除法律命令所定，裁判官及议员所行，以官吏及公吏之职权而施行者为行政；准据法律规则者为行政法。然于学问上之定义不甚相涉。兹本论之所以及此者，欲为不知者作先导也。

（总论）

然则府县立学校、市町村立学校，所谓官吏待遇之学校长及教员等（此等之性质后论），其日日所行之事，即为行政耶？其所依据施行之学校令及规则、教则等，即谓之行政法耶？此等问题，不可不研究者也。然此等问题，不研究则已，若就其方面一思之，亦不待深索，即可知为行政、为行政法者，何也？诸君日所依据之诸准则，类多与教育等书不同，既非文部省大臣某之著述，又非知事某之论说，其自然为敕令、省令、道厅府县令或训令之同为命令无疑也。果尔，诸君若施行法令者，诸君之皆为官吏与否，姑不具论，诸君之为国之行政、国之行政法者，亦无疑也。

虽然，是等之学校长教员，日日所行之管理、教授、训练等之事，其为行政，依行政法与否？是鄙人前所愿深求者也。若所行非行政，直从前之所谓教育（即教授管理），相传至今，无再俟鄙人之哓舌。若所行为行政，或非全部行政，或有少部依行政法，则鄙人不敢不责望于诸君，愿诸君日日所为之事，于心得上、方法上，必有全部或几部之改良，方能达教育之目的，庶于根本上或有裨益乎？兹更将教育行政之狭义，所谓学校行政法之意义，及主观的，约提示之如左：

意义……以公立学校校长、教员之职权而行事。

主观的……达国家之意志，以教育一定之技术为事。

以上教育行政之观念大概如此，其学校种类之区别，后再逐段述之。

第二章　学校行政之性质

学校行政，乃关于公法范围内行政法上之事，而大别之为公立、私立者也。由法理上观之，私立之学校与公法上不相联涉，全基于私法契约上，其关于公法上者，则为公立学校，此一定之通则也。譬如职员之权限，在公立为职务规程，由法令上之委任条项而定；在私立为规约，由设立者之章程而定。此无论公立私立，皆不可背此公点。故二者之根本于法规者既异，而制裁亦不同。即其职制违犯之情事，于公法上有惩戒之权，于私法上仅有损害赔偿之权。兹本论专主公立学校，故于私立学校特略之。

公立分官立、府县立、市町村立三种。官立与府县立之学校，其职务由国家之行政而分，其职员又以直接国家官吏之资格为见点，于法令上之性质，最易明其界限者也。惟难分析者，为市町村立小学校，其比较的明细之法令不论，即行政与教育，亦多含混，不甚区别，今欲划清之，非先明其性质不可。

学校之性质者何？施行教育之所也。其要素有三。

一为营造物。即行政法学上称为公共之营造物。其定义依国家命令权之作用，而为公众利益之事，教育行政之点，即以公众利益为主，所谓义务教育是也。义务教育，以强制就学，责令儿童之保护者（即父母）依国家之命令（即督责规则之类），不任己意之自由为本质，故于国家有直接之关系，而不仅间接以干涉之已也。近有以干涉主义为强迫主义者，其尚未知营造物之性乎？

二为法人。法人者为民法上之名词，即无形团体之意也。其定义以人与物与法三者而成。在私法则称为公法人，或称为行政法人，而公法则称为人格。此人格与教育家所论道德上之人格不同，乃专指保我法律上之自由，能伸其权利能力之主体者。由此观之，学校长与教员之职制，虽备有一定之权利自由，然其主体所在，不即为学校之设立者与代表者耶？不即为学校之法人与人格者耶？故学校有法人之意，则校风以兴；无法人之意，则校风以倾。是法人之与学校，直相维持以终始者也。而顾可忽乎哉？

三为官厅。即法律上所称为官府，行政机关之所在也。其定义，对内部有执行国家政务之责任，对外部有独立权力之主体。依小学校令，小学校之组合，即为国家行政机关之一。盖小学校之事，非市町村之事，亦非设立小学校者之事，直国家之事也。前章言小学校之主观的，以达国家之志意，教育一定之技术为事，则小学校行政之机关亦重矣。今摘其要务如左：

一、以实行关于小学校令施行规则之教则及编制为事；

二、校长总理学校事务，教员担任儿童之教育；

三、校长、教员须按小学校令施行规则之明文办事，不得任一己之意见有自由之裁夺；

四、儿童之保护者，不可违背校长及教员职权之教训及促督等之命令。

虽然，学校之性质既如此矣，而不分类以观之，则仍不能明也。今日学校之主义，大概分为义务、任意二者。义务教育，如前所述之定义，人人皆必入学，不任一人之自由者也。然行此义务之学校，仅寻常小学，而高等小学不及焉。此于立法的之观察，殊为歉然。若欲将义务学校之范围而扩张之，则高等小学之一部，于法令上又当研究，其不如任意学校之放纵可知矣。任意学校，自高等小学，至中学、大学，以及各专门学校皆是。其费用虽由国库支出，而无强制生徒入学之点，于营造物性质上，不无少异。至于许可认可之别，又公立私立所当考求者也。在行政上观之，由国家许其自由而有特权者为许可；从消极的一定之法规上而无妨于国家之治安，特认其自由者为认可。此即对于私立学校为许可，对于公立学校为认可也。现制以法令强制之学校，无论公私，皆为认可。惟地方厅等于实际上则有许可、认可之别。要之，寻常小学校须国家设立，永定为规则，强行义务，以为国民教育之根本。市町村立者，则去其许可之具文，而皆为认可之特质，如此，庶于行政之性质上不再有所蔽欤！

据《游学译编》第二至三期

二、孙中山通告黄兴逝世书*

（一九一六年十一月一日）

各支、分部同志均鉴：启者，黄克强先生自创同盟会以来，与文同事，奔走艰难，迄于今日，凡我同志，谅均知悉。前月国庆日突患胃中血管破裂之症，吐血数盂，晕绝经时，即延德国医生克礼氏诊治，据云："尚可无碍。"嗣后胸膈仍觉饱闷。至上月下旬，更发见肝部肿大之征候。三十日下午五时，忽又吐血不止，势极危急，由医注射，暂见血止。三十一日早二时，突再吐血，医再注射，旋即脉停气绝，不可复救。呜呼哀哉！以克强盛年，禀赋素厚，虽此次讨贼，未得比肩致力，而提携奋斗，尚冀诸异日。遽此凋谢，为国为友，悼伤百端！谨告同志，共鉴察之。孙文启。民国五年十一月一日。

据吴曼君编：《总理函电集》上编

三、黄克强先生逝世通告

（一九一六年十一月一日）

启者：黄克强先生于十月三十一日午前四时逝世。民国肇建，

* 此件系孙中山为黄兴逝世次日的发丧通告，寄国民党国内外支部及黄兴生前友好。《黄克强先生书翰墨迹》所附孙中山签署的影印件，开头有"寿彭先生暨贵部同志均鉴"字样。此文参照影印件作了订正。

失此柱石，公谊私情，曷胜感恸！兹择于十一月一日午后八时大殓，另诹日开奠。夙叨世、盟、僚、友、戚、族谊，谨此通告。友人代表：孙文、唐绍仪。戚族代表：廖星舫①，黄迪卿②。

据上海《时报》一九一六年十一月一日

四、大总统令

（一九一六年十一月二日）

勋一位陆军上将黄兴，缔造共和，首兴义旅，数冒艰险，卒底于成。功在国家，薄海同钦。乃以积劳遘疾，浸至不起。本大总统患难与共，夙资匡辅，骤闻溘逝，震悼尤深。着派王芝祥前往致祭，特给治丧费二万元，所有丧殡事宜，由江苏省长齐耀琳就近妥为照料，并交国务院从优议恤，以示笃念殊勋之至意。此令。

据上海《时报》一九一六年十一月五日

五、黎元洪大总统关于黄兴蔡锷举行国葬典礼令

（一九一六年十二月二十二日）

大总统令：国会议决故勋一位陆军上将黄兴、蔡锷应予举行国葬典礼，着内务部查照国葬法办理。此令。

六、内务部为拟举行国葬黄蔡二公事致湖南省长及孙中山等人电

（一九一六年十二月二十三日）

湖南省长、上海孙中山、唐少川、梁任公先生均鉴：本月二十二

① 廖星舫，黄兴岳父。
② 据黄一欧云，黄迪卿，字撰舫，黄兴族弟。时在长沙黄氏宗祠主办族学。

日奉大总统令："故勋一位陆军上将黄兴、蔡锷应予举行国葬典礼，着内务部查照国葬法办理"，等因。查国葬法第三条，国葬墓地由国家于首都择定相当地址建筑公墓，或于各地方择定相当地址修筑专墓，或由死者遗族自行择定茔地安葬等语。黄、蔡二公营葬之处究在首都公墓，抑在地方专墓或由其家属自择茔地，请分别转询，确定办法后随时电复，以便筹办。内务部印。五年十二月二十三日下午三钟发。

七、谭延闿致内务部电

（一九一七年二月十六日）

内务部鉴：黄上将葬地，业由遗族择定岳麓山云酆宫旁。特闻。延闿。铣。

据中国第二历史档案馆藏《中华民国内务部礼俗司第二科卷宗》

八、谭延闿祭黄兴文

（一九一七年四月）

维中华民国六年四月，大总统特遣湖南省长兼督军谭延闿致祭于克强上将之灵曰：

世运丕变，肇启大同，潮流所激，万国从风。伟哉黄君，乘时而起，独立一电，八区披靡。当其蛰伏，衡湘一儒，焱然豹发，风涌云驱。逊迹扶桑，覃精讲学，虎啸龙蟠，气吞河岳。喂锋河口，遂踔羊城，大声爆发，朝野惮惊。搏战汉阳，挺身首难，义旅云兴，若春冰泮。南都留守，敷政雍容，苟无大衅，敛日全锋。天方荐瘥，丧乱未已，烈士壮怀，指星誓水。脱身远徼，默运风雷，共和再建，如斗旋魁。万仞之台，基如累土，不有先倡，孰贻厥后？即今奠定，士女讴歌，追维首烈，亘古不磨！岂意大星，遽殒沪上，倾国倾城，来观营葬。民权赫赫，譬日中天，环瀛万族，奋勇趋先。欧战风云，此其嚆矢，大道为公，克日可俟。惜哉人杰，中驾先摧，壮猷郁勃，未展其才。假我数年，争雄宇宙，伟绩煌煌，孰殚孰穷？丰碑峨碣，式勒鸿功，千秋万祀，钦此崇隆。尚飨！

据中国第二历史档案馆藏《中华民国内务部礼俗司第二科卷宗》

九、公祭黄上将文

（一九一七年四月十五日）

维中华民国六年四月十五日兼署内务总长范源濂致祭于克强上将之灵曰：

呜呼！维公之生，清政不张。迨公之起，遂坠厥纲。四维摧圮，缔构恐惶。驿骚初定，百族羸尫。胡遽弃我，神游太荒？溯公往日，艰苦躬尝。临风溅血，卷土裹创。卒倾帝制，民气斯倡。精诚所矢，日月增光。邦基重奠，海上徜徉。举国怀想，讴颂难忘。千秋万岁，青史昭章。葬礼既举，荐公一觞，公其来格，监此馨香。

据中国第二历史档案馆藏《中华民国内务部礼俗司第二科卷宗》

十、黄兴生平主要活动年表

彭 国 兴编

一八七四年（清同治十三年 甲戌）诞生

十月二十五日（九月十六日） 黄兴诞生于湖南省善化县（今长沙县）龙喜乡凉塘。

原名轸，号杞园，字廑午。后改名兴，字克强。辛亥革命前，曾化名李寿芝、张守正、李经田；“二次革命”失败后，在日本东京时，曾化名冈本。

父黄筱村，秀才，在乡设馆授徒，后在长沙教馆；母罗氏，继母易自易，粗识文字。

一八七九年（清光绪五年 己卯）五岁

是年 其父筱村始为黄兴“开讲《论语》，选授简明的唐宋文词，并教他习练书法与对句”。①

一八八〇年（清光绪六年 庚辰）六岁

是年 继续从其父读书。

一八八一年（清光绪七年 辛巳）七岁

是年 继续从其父读书。

一八八二年（清光绪八年 壬午）八岁

是年 就读凉塘萧举人所设的家塾，初习《诗经》。

秋 母亲罗氏病逝。

一八八三年（清光绪九年 癸未）九岁

春 父筱村娶本乡易自易女士为继室。

---

① 陈维伦：《黄克强先生传记》第19页。

是年　继续从本乡萧举人读书。

一八八四年（清光绪十年　甲申）十岁

是年　继续从本乡萧举人读书。

一八八五年（清光绪十一年　乙酉）十一岁

是年　改从本乡周笠樵翰林家塾就读，受《春秋》、《楚辞》，兼习八股文和诗词。

一八八六年（清光绪十二年　丙戌）十二岁

是年　继续就读于周翰林家塾。

一八八七年（清光绪十三年　丁亥）十三岁

是年　继续从周翰林攻读。

一八八八年（清光绪十四年　戊子）十四岁

是年　在家自修诗书，课余从浏阳李永球习乌家拳术，“只手能举百钧”。①

一八八九年（清光绪十五年　己丑）十五岁

是年　仍在乡居自修。写青年规例一通以自律，主要内容有：一、行动必须严守时刻；二、说话必须说到做到；三、读书须分主次，不得一日荒旷；四、对人必须真诚坦白，不得怨怒等等。②

一八九〇年（清光绪十六年　庚寅）十六岁

是年　继续在家自修。

一八九一年（清光绪十七年　辛卯）十七岁

是年秋　与同县廖星舫之女廖淡如结婚。后廖生四子二女，幼子早殇，余为黄一欧、黄一中、黄一寰、黄振华、黄德华。

一八九二年（清光绪十八年　壬辰）十八岁

是年　与姑父胡雨田及同村刘石介同往应善化县考，落第。③

---

① 刘揆一：《黄兴传记》。

② 陈维伦：《黄兴》，载《民族英雄及革命先烈传记》下册第109页。

③ 参见黄一欧：《回忆先君克强先生》，载《辛亥革命回忆录》(一)第608—609页。

一八九三年（清光绪十九年 癸巳）十九岁

是年　入长沙城南书院读书。①

一八九四年（清光绪二十年 甲午）二十岁

冬　移居石家河新居（今属长沙县高塘人民公社杨托大队石家河生产队）。

是年　继续在城南书院读书。

一八九五年（清光绪二十一年 乙未）二十一岁

是年　继续在城南书院读书。

一八九六年（清光绪二十二年 丙申）二十二岁

春　再次往应县考，获中。②

一八九七年（清光绪二十三年 丁酉）二十三岁

是年　继续在城南书院读书。

其父筱村亡故，终年五十五岁。

一八九八年（清光绪二十四年 戊戌）二十四岁

是年　由城南书院选调湘水校经堂，复调武昌两湖书院深造。③

一八九九年（清光绪二十五年 己亥）二十五岁

是年　肄业武昌两湖书院。在校期间，笃志向学，长于文艺，尤工书法，并且爱好地理和体操。课余"悉购西洋革命史及卢梭《民约论》诸书，朝夕盥诵"。④

一九〇〇年（清光绪二十六年 庚子）二十六岁

是年　肄业武昌两湖书院。

---

① 雷恺：《黄克强先生小传》和《往事杂忆》（未刊稿），现存政协湖南省委员会文史资料研究委员会。

② 黄一欧：《回忆先君克强先生》谓黄兴于落第之次年春天又往应考，入县学为诸生，时间有误。据与黄兴同时就读于城南书院的雷恺忆述，黄兴是于"丙申科试补博士弟子员，年二十三。"周岁二十二，见雷恺：《黄克强先生小传》

③ 雷恺忆述：黄兴于"戊戌，以名诸生调湘水校经堂新生，奉调特出也。秀才未经岁考者，谓新生。复调湖北两湖书院。"湘水校经堂，亦称校经书院。

④ 《黄克强先生荣哀录》第21页。

秋　自立军起义过程中，与同学周震鳞“曾协助他们运动清军中的湘籍军人不加阻碍。”① 起义失败后，在两湖书院宿舍(南斋)秘密饯送自立军骨干杨毓麟、秦力山出亡日本。②

一九〇一年(清光绪二十七年　辛丑)二十七岁

肄业武昌两湖书院。

七月　全家迁居长沙城内。

一九〇二年(清光绪二十八年　壬寅)二十八岁

春　湖广总督张之洞从两湖、经正、江汉三书院选派三十一名官费留学生，赴日本学速成师范，黄兴被选派出国。③

六月　抵东京，入弘文学院速成师范科学习。④

十月初　由弘文学院学生团体推选，任中国留日学生会馆评议员。⑤

十二月十四日(十一月十五日)　与杨毓麟、樊锥、梁焕彝等创办《游学译编》。分学术、教育、军事、实业、理财等十二栏，以翻译为主，宣传民族革命和民主思想。不久，又与许直、陈范、张孝准等湘籍留日学生将《游学译编》社扩大为“湖南编译社”。《游学译编》从第二期起，归湖南编译社出版发行，共出刊十二期。黄兴担任教育栏译员，所译日本教育家山田邦彦所著的《学校行政法论》一文，连载于该刊第二至三期，署名黄轸，较早地宣传了军国民教育思想。

下半年　初访宫崎寅藏于东京相住町。⑥

一九〇三年(清光绪二十九年　癸卯)二十九岁

四月二十九日(四月初三)　留日学生五百余人在东京锦辉馆

---

①② 周震鳞：《关于黄兴、华兴会和辛亥革命后的孙黄关系》，载《辛亥革命回忆录》(一)第331、333页。

③ 三十一名赴日学生名单，见房兆楹辑：《清末民初洋学学生题名录初辑》第25—27页。

④ 光绪二十八年(1902年)九月四日中国留学生会馆发行的《清国留学生会馆第一次报告》附《同学姓名调查录》中所载：黄轸(杞园)光绪二十八年五月抵东京。

⑤ 《清国留学生会馆第二次报告》(1903年3月中国留学生会馆发行)。

⑥ 《宫崎滔天全集》第4卷第299页。

举行大会，声讨沙俄侵占东北罪行。会后组成“拒俄义勇队”，有黄兴等一百三十余人参加。

五月二日（四月初六） 拒俄义勇队改名学生军。次日，编制学生军队，分甲乙丙三区队，之下又分为四个分队，黄兴被编在乙区队三分队。①

五月六日（四月初十） 学生军齐集会馆开操。以后义勇队每天清早秘密聚合到大森练习射击。由黄兴给义勇队教授枪法。②

五月十一日（四月十五） 先日，日本政府勒令解散学生军，于是遂改名为军国民教育会，并在宗旨上将抗俄御侮“实行爱国主义”改为武力反清“实行民族主义”。是日，黄兴自认归国运动员，承担湖南、湖北、南京等地运动之责。③

五月三十一日（五月初五） 受军国民教育会派遣，起程回国策动革命。④行前，访刘揆一，讨论革命进行方略，相约三月后会于长沙。

六月初 由东京抵上海。遇长沙明德学堂胡元倓，相约回湘后到明德学堂任教。得上海圣彼得堂吴国光会长介绍，始改名兴，拟于回湘后列名长沙圣公会。

七月 抵鄂，至武昌两湖书院及武昌文普通学堂宣传反清革命，散发进步书刊，被湖北地方当局悬示驱逐出境。返湘后，主持长沙明德学堂第一期速成师范班。任教期间，利用课堂讲课机会，“时向学生贯输革命学说”，⑤课余与周震鳞、张继、胡元倓等人“演说满清压抑汉人种种虐政”，⑥暗中联络同志，酝酿组织革命团体。

---

① 《学生军名单》、载《苏报》1903年5月18日。

② 何香凝：《我的回忆》，载《辛亥革命回忆录》（一）第14页。

③ 《军国民教育会纪事》，军国民教育会（1903年）自刊本。

④ 黄兴返国日期，据《军国民教育会纪事》所载。

⑤ 《武溪杂忆录》卷上。贯，应为灌。

⑥ 刘揆一：《黄兴传记》。

十一月四日（九月十六） 在长沙西区保甲局巷彭渊恂家，与归国留日学生和进步知识分子刘揆一、周震鳞、章士钊、宋教仁等十二人为首筹组革命团体华兴会。① 不久，正式成立，黄兴被推为会长。对外以“华兴公司”名义出现，以“同心扑满，当面算清”为口号，先后入会者四、五百人。后又成立同仇会、黄汉会二个小团体，前者专门联络会党，后者从事运动军队。

冬 与赵声等任教安徽旅湘公学。②

一九〇四年（清光绪三十年 甲辰）三十岁

春初 派万武、刘道一携亲笔信往湘潭策动哥老会首领马福益共举大义，马表示“如果有用得着我的时候，无不唯命是听”。

刘道一回长后，黄兴即偕刘揆一约会马福益于湘潭茶园铺，商定在是年十一月十六日（十月初十）清西太后七十生辰在长沙起事；省城外则组织岳州、衡州、宝庆、浏阳、常德五路响应，以实现雄据一省的计划。

七月三日（五月二十日） 华兴会会员宋教仁、胡瑛与湖北曹亚伯、吕大森、刘静庵、张难先等，在武昌成立科学补习所。后黄兴赴武昌，与该所商定响应长沙起义的有关计划。③

九月二十三日（八月十四） 派刘揆一等赴浏阳普迹市，主持授马福益少将仪式，并赠授长短枪、马匹若干。

秋 辞去明德学堂教职，创设东文讲习所于长沙小吴门正街，为秘密活动机关。

十月二十四日（九月十六） 华兴会谋长沙起义事泄失败，黄兴等人为署湘抚陆元鼎下令缉拿。旋得长沙圣公会会长黄吉亭的帮助，化装海关职员，潜离长沙。经汉口赴上海。

① 章士钊：《与黄克强相交始末》，载《辛亥革命回忆录》（二）第139页。

② 政协安徽省委员会文史资料工作组：《辛亥前安徽文教界的革命活动》，载《辛亥革命回忆录》（四）第377、378页。

③ 杨玉如：《辛亥革命先著记》第11页。

十一月七日（十月初一） 抵上海，寓新闸路余庆里八号机关部。是日召集华兴会会员开会，决议创立启明译书局为策划机关，并商讨分途运动大江南北军学各界，在武昌、南京等地再谋起义计划。

十一月二十日（十月十四） 因万福华谋刺前广西巡抚王之春事，黄兴等人于是日被株连入狱。

十一月二十三日（十月十七） 获释后，密议营救在狱中同志，并主张在湖南再次发动起义。旋以被悬赏缉拿，遂与刘揆一避走日本。

十一月 抵日本东京。为营救在沪狱中同志，向旅日华侨及留学界募款四千余元，派彭渊恂携回上海，会同万声扬等进行营救活动。

十二月 与湖南、云南、直隶（今河北）、江苏、河南等省留日学生百余人，组织革命同志会，从事革命活动。上旬，与张继到神田区立花亭拜访宫崎寅藏。

一九〇五年（清光绪三十一年 乙巳） 三十一岁

一月 与宋教仁等力阻陈天华归国北上向清政府请愿实行立宪政治。

四月二十日（三月十六） 为邹容因“《苏报》案”惨死狱中事，是日被留日学生推举主持调查事宜。旋派张继回上海进行调查。

七月下旬 经宫崎寅藏介绍，与孙中山初会于东京凤乐团，畅谈国是，并讨论华兴会与兴中会联合问题。

七月二十九日（六月二十七） 在寓所召集华兴会主要成员开会，商讨与兴中会联合问题。陈天华主张和兴中会联合；刘揆一持论反对；黄兴建议“形式上入孙逸仙会，而精神上仍存吾团体”；宋教仁认为，“既有入会与不入会者之别，则当研究将来入会者与不入会者之关系如何”，“其余亦各有所说”。鉴于意见分歧，“终莫能定谁是"，遂决定入会与否，悉依个人自由。①

七月三十日（六月二十八） 与孙中山共同发起，在东京赤坂区黑龙会本部（内田良平住宅），召开同盟会筹备大会。到会留日学生七十余人。黄兴率半数以上华兴会成员参加。会议推举黄兴、宋教仁、陈天华、马君武、汪兆铭等八人为章程起草员。

八月十三日（七月十三） 发起和主持在东京富士见楼举行欢迎孙中山大会，盛况空前。

八月二十日（七月二十日） 中国同盟会在东京赤坂区灵南日人阪本金弥别墅举行成立大会，通过同盟会章程和"驱除鞑虏、恢复中华，创立民国，平均地权"纲领。会议推举孙中山为总理，黄兴当选为执行部庶务，居协理地位。会议结束时，黄兴建议将《二十世纪之支那》杂志提入同盟会作为机关报，获大会赞成。旋代表同盟会接收该杂志。

九月十九日（八月二十一） 鉴于《二十世纪之支那》杂志在八月二十八日被日政府封禁，同盟会本部于是日议决将杂志改名，以避免日本政府的进一步干涉。黄兴遂将此决定通知宋教仁。不日，定名为《民报》。至此，同盟会的机关报进入创办阶段。

十月七日（九月初九） 因孙中山赴西贡筹款，同盟会东京本部会务，由黄兴代理。

十一月二十六日（十月三十） 《民报》第一号在东京发行。

十二月 离日本去香港。后又化名张守正，入广西桂林巡防营统领郭人璋军中，劝说反正。

冬 密函禹之谟，请成立同盟会湖南分会，并推销《民报》。②

一九〇六年（清光绪三十二年 丙午） 三十二岁

春 与胡毅生奉孙中山命居桂林，同法国军官布加卑会面，洽

① 参见《宋教仁日记》1905年7月29日条。

② 姚渔湘：《禹之谟传》，载《湖南文献汇编》第1辑第168页。

谈革命计划。离桂以前，主盟赵声、林虎等十余人加入同盟会。

夏　离桂林至梧州、龙州，访刘师复及钮永建、秦毓鎏等，密商在广西发动起义。

五月十一日（四月十八）　由龙州抵安南河内，旋返香港。不久，转赴新加坡，协助孙中山在南洋各地建立同盟会分会。

秋　南洋组织事务告一段落后北返，经香港、上海，于九月十一日（七月二十三）抵达日本东京。在香港时，与湖北日知会代表吴昆协商湖北军事。经上海时，与马君武等在四马路创设广艺书局，作为联络机关。

秋末　派刘道一、蔡绍南等返湘，运动军队，重整会党。

十一月二十五日（十月初十）　在启智译社主持湖南同乡会商议自治章程。

十二月二日（十月十七）　主持《民报》创刊周年纪念大会。

十二月四日（十月十九）　萍浏醴起义爆发，急派谭人凤、周震鳞等回国响应。及起义失败，刘道一于十二月三十一日在长沙遇害消息传到东京，黄兴击桌愧愤，曾赋《挽道一弟作》诗，沉痛哀悼。

一九〇七年（清光绪三十三年　丁未）三十三岁

一月四日（丙午十一月二十）　离东京赴香港策划起义，请宋教仁代理同盟会执行部庶务职。

一月　不许原华兴会成员徐佛苏出面调停《民报》与《新民丛报》之间的论战。[①]

二月　与孙中山、章炳麟等制订同盟会《革命方略》。在讨论国旗图式时，与孙中山发生意见分歧。孙主张沿用兴中会之青天白日旗，以示纪念流血牺牲的先烈。黄提议用“井”字旗，以示平均地权的社会主义意义。两人各持己见，一时难决。不久，黄兴

① 章炳麟:《太炎先生自定年谱》及《宋教仁日记》1907年1月11日条。

表示不再坚持自己的意见。

二月下旬——三月上旬　自香港返抵东京后，数次和宋教仁商量运动辽东“马侠”，以图在关外一带建立革命根据地。后宋教仁遂于三月二十三日离东京赴辽东。

三月一日（正月十七）　与孙中山商妥，由刘揆一代理同盟会执行部庶务职。

三月五日（正月二十一）　因孙中山被迫离开日本，黄兴代理同盟会总理职务。并将同盟会中的留日陆军学生组成“丈夫团”。

四月　应孙中山函招，再度到香港。因清政府又要求港督引渡黄兴，且刘揆一电催返日商讨皖、浙举义事（即徐锡麟、秋瑾策划起义事），不得已折返日本。

五月　回日本不久，复经香港转赴河内，与孙中山会商在广东潮、惠、钦、廉四府同时起义计划。旋奉孙中山命赴钦州郭人漳营，试图说服郭等反正。

七月　孙中山离日前，因筹措革命经费，接受日本政府赠款五千元，①及股票商款一万元。未经同盟会本部商讨，张继等遂借此催逼刘揆一召集大会，罢免孙中山，改选黄兴为总理。对此事件，黄兴在复刘揆一信中指出：“革命为党众生死问题，而非个人名位问题。孙总理道高望重，诸君如求革命得有成功，乞勿误会而倾心拥护，且免陷兴于不义。”②

九月中旬　在郭人漳营中暗中部署，准备内应钦、廉防城起义未成。离开郭营返回河内。与孙中山谋镇南关（今友谊关）起义。

十二月二日（十月二十七）　镇南关之役爆发。四日，黄兴与孙中山等亲临阵地参战。次日，为筹款购械接济革命军，随孙中山返抵河内。十一日，革命军被迫撤离镇南关。

---

① 日本政府赠款数，说法不一，此用刘揆一说，见《黄兴传记》。

② 刘揆一：《黄兴传记》。

一九〇八年（清光绪三十四年　戊申）三十四岁

三月上中旬　因孙中山离安南，以经营粤、桂、滇三省军事付托黄兴、胡汉民二人。①

三月二十七日（二月二十五）　以安南华侨二百余人（多为同盟会会员）组成“中华国民军南路军”，自任总司令，进攻钦州。转战于钦、廉和广西上思一带，历时四十余日。后因弹尽援绝，退出钦、廉。黄兴率余部于五月三日退至安南先安（一作仙安）。

五月五日（四月初六）　因四月三十日，云南河口起义爆发。是日被孙中山电委为云南国民军总司令，即赴前线督师。赶赴河口后，因投诚清军不听调度，对起义发动者黄明堂、王和顺等人又指挥不灵，不得已于九日折回河内，拟另组敢死队为主力，投入战斗。十一日再返河口前线途中，在老街被法警扣押，旋被驱逐出境，转赴新加坡。

六月（五月）　在新加坡撰文参加孙中山领导的《中兴日报》与保皇党的《南洋总汇报》的论战。②

七月下旬（六月底）　自新加坡经香港返抵东京，集中精力整顿党务。并重组大森体育会，培养军事干部。

十月十九日（九月二十五）　日本政府与清政府勾结，下令封禁《民报》及没收《民报》第二十四号。为此，黄兴委托宫崎寅藏代延律师抗争。

十月二十五日（十月一日）　召集同盟会本部干部商议《民报》善后之策，议决迁至美国出版。几天后，并以中国革命党名义，散发传单，报告《民报》第二十四号停止经过及与日本政府交涉情形，指控日本政府。③

---

① 《胡汉民致孙总理报告钦军解散及滇桂军务书》，载冯自由：《革命逸史》第3集第149页。

② 参见陈楚楠：《晚晴园与革命史略》。

③ 参见《〈民报〉二十四号停止情形报告》，载《近代史资料》1962年第1期。

十二月上旬(十一月) 就清光绪帝、慈禧太后相继病死,对日本记者发表谈话称:“北京朝廷此次凶变,不过爱新觉罗氏一家之事而已,与我革命党无直接之大关系,虽然北京政府若有动摇,必产生一大事变,果尔,则与我党有直接重大之影响,故余以为此次凶变,或多少与我党以好机会。”①

一九〇九年(清宣统元年 己酉)三十五岁

春 在东京水道町创办勤学舍,为党人集会研究之所。后于八月解散。

五月十九日(四月一日) 受孙中山委托,与胡汉民负责国内革命运动之进行。

九月 扣发陶成章攻击孙中山的传单,抵制陶成章召开同盟会本部会议改选总理的要求。向陶成章作调停、劝说,并和谭人凤、刘揆一联名致函李燮和等,逐条为孙中山申辩。②

十月初 在东京主持秘密复刊《民报》事,并邀汪兆铭到东京任编辑。

十一月七日(九月二十五) 分别致函孙中山和《新世纪》,对陶成章在南洋诬谤孙中山及章炳麟在《日华新报》上刊登《伪〈民报〉之检举状》加以揭露,表示“陶等虽悍,弟当以身力拒”。同时,针对陶成章等破坏孙中山赴美筹款的冒名公函,以“中国同盟会庶务”名义,致函美洲各埠华侨报馆,要求美洲同志乘孙中山来美机会,“相与同心协力,以谋团体之进步,致大业于成功”。③

一九一〇年(清宣统二年 庚戌)三十六岁

一月二十三日(戊申十二月十三) 应同盟会南方支部邀请启程赴香港,主持广州新军起义的筹备工作。

---

① 新加坡《中兴日报》1908年12月8日。

② 参见湖南省哲学社会科学研究所编:《陶成章信扎》、谭人凤:《石叟牌词》。

③ 此条引语,均见左舜生:《黄兴评传》卷首之原函影印件。

二月十二日（正月初三） 广州新军仓卒发难，失败。黄兴在香港未能及时赴广州督战。

三月十九日（二月初九） 致函宫崎寅藏，陈述广州新军起义失败经过及今后革命计划。

五月初 宫崎寅藏受日本陆军大臣寺内正毅密派，调查中国革命党情况，偕儿玉右二由东京抵香港，与黄兴聚谈数次。十二日，乘轮离港返日。行前，黄兴作七律一首赠宫崎寅藏。

五月十三日（四月初五） 复函孙中山，提出在广州再次发动起义的详细计划。

六月七日（五月初一） 由香港秘密抵东京，接候孙中山来日本。十日在横滨相晤后，均赴东京。十一日至二十四日，与孙中山、赵声等多次密会，商谈改进同盟会会务，并谋设秘密机关，统一各省革命团体行动。

十月（九月） 自东京赴香港后，谭人凤曾来接洽党务，并征求黄兴对东京党人筹谋长江中上游起事的意见。“克强无别意见，惟谓须有款项方可”。①

十一月十三日（十月二日） 应孙中山函约，由仰光赴英属槟榔屿，出席孙中山召集的秘密会议。会议决定筹集巨款，倾全党力量在广州再次组织起义。槟榔屿会议后，孙中山派赵声往香港联络广州新军，胡汉民赴南洋各埠筹款。黄兴则返回仰光，将进取云南计划委托吕天民主持，并约其届时响应广州起义。

十二月三十一日（十一月三十） 至坝罗访得邓泽如，邀其同至各埠筹款。

一九一一年（清宣统三年 辛亥）三十七岁

一月九日 因英属各埠筹款任务大体告成，返抵新加坡。赵声自香港来电催款，遂于是月十八日返抵香港。

① 谭人凤：《石叟牌词》。

一月底　成立统筹部于香港跑马地三十五号，为筹划广州起义的总机关，与赵声分任正、副部长。统筹部下设八课，分管起义筹备工作。

二月四日（正月初六）　委谭人凤为统筹部特派员，支拨经费二千元，命其归湘鄂联络同志，策动响应广州起义。

三月六日（二月初六）　与赵声、胡汉民联名致函加拿大域多利埠致公堂，告以起义准备大略。

四月八日（三月初十）　主持统筹部重要会议，决定四月十三日在广州发难，拟制十路进袭的战斗计划，并推赵声为起义总指挥，黄兴为副指挥。旋以温生才刺杀广州将军孚琦，广州戒严，款械也未能如期到达，起义日期改为四月二十七日。

四月二十三日（三月二十五）　写绝笔书后，即入广州城，设指挥部于越华街小东营五号，进行作战布置。

四月二十七日（三月二十九）　广州黄花岗起义爆发。率队伍进攻两广总督衙门。与清军激战，伤右手，断两指。失败后，三十日，由徐宗汉掩护，乘轮去香港养伤。曾以左手执笔作告华侨同志书。

六月十七日（五月二十一）　与胡汉民联名致函加拿大各埠同志，指出广州起义失败后，仍需继续努力，预备经济，以图再举。

夏　愤于广州起义失败，急图复仇，在香港组织东方暗杀团，策划暗杀广东大吏的活动，与革命相辅而行。

十月二日（八月十一）　湖北代表吕天民，刘芷芬携函由沪抵香港，邀请黄兴克日北上，主持武汉方面的起义。次日复函同盟会中部总会，赞同在武汉发动起义。

十月六日（八月十五）　致函宋教仁、谭人凤、陈其美、居正等，告以注意纯洁起义组织和严明纪律。并密电孙中山。

十月十日（八月十九）　武昌起义爆发。次日接宋教仁电，促即返沪，共商进行。

十月十二日(八月二十一)　湖北军政府电促黄兴、宋教仁、居正来鄂，并请转电孙中山从速回国，主持大计。

十月十七日(八月二十六)　偕徐宗汉离港赴沪。行前致函美洲筹饷局，指出："此次革命，决望成功。望海外同人尽力相助。"

十月二十三日(九月初二)　抵上海，当天在陈其美寓开紧急会议，决定黄兴去武汉，柏文蔚去南京。

十月二十八日(九月初七)　抵武昌。被推为湖北民军总司令，是晚渡江，设总司令部于汉口满春茶园。次日，汉口战局紧急，亲临前线督师。

十一月二日(九月十二)　民军退守汉阳。赴都督府军事会议，被推举为中华民国军政府战时总司令。次日，黎元洪在武昌阅马厂举行登坛拜将仪式。

十一月九日(九月十九)　以战时总司令官名义，致函清内阁总理大臣袁世凯，劝其归诚革命，"以拿破仑、华盛顿之资格，出而建拿破仑、华盛顿之事功，直捣黄龙，灭此虏而朝食"。①同日，向民军各将领发出密谕，指斥"袁世凯甘心事虏，根据罪己伪诏，倡拥皇帝之邪说，"表示要"粉碎彼等之卑劣手段"。②

十一月二十七日(十月初七)　汉阳失守，民军退守武昌。黄兴在都督府军事会议上主张撤离武昌，增援南京，未获通过。辞战时总司令职，即日乘轮赴沪。

十二月一日(十月十一)　抵上海。在接见《民立报》记者时指出："此行目的在速定北伐计划，并谋政治上之统一。"③

十二月四日(十月十四)　光复各省留沪代表会议议定南京为

① 原函全文见《近代史资料》1954年1期第71页。

② 密谕全文见《日本驻汉口总领事馆情报》第三十报，载《近代史资料》(总25号)1961年第1号《辛亥革命资料》第565—566页。

③ 《民立报》1911年12月2日。

临时政府所在地,并举黄兴为大元帅。次日,在各界欢迎大会坚辞大元帅,愿率兵北伐。并言孙中山将次回国,可任组织政府之责。

十二月十七日(十月二十七) 被光复各省留沪代表改举为副元帅,代行大元帅职权,组织临时政府,仍坚辞未就。

十二月十九日(十月二十九) 袁世凯特派议和代表唐绍仪到沪后,并有廖宇春、夏清诒来沪。斡旋南北和议条款。次日,黄兴委任江浙联军总参谋长顾忠琛为全权代表,签定和议草约五条,中有"先推复清政府者为大总统",意属袁世凯。①

十二月二十五日(十一月初六) 代表中国同盟会亲往吴淞欢迎孙中山归抵上海。次日即讨论组织临时政府方案。黄兴等商定举孙中山为临时大总统,到会者均无异议。

十二月二十七日(十一月初八) 偕宋教仁赴南京,"与各方接洽选举总统事宜"。②

十二月二十九日(十一月初十) 主持十七省都督府代表筹组临时政府会议。孙中山当选为中华民国临时大总统。

十二月三十一日(十一月十二) 代表会通过改用阳历,并以中华民国纪元,黄兴即电陈其美,请公布改用阳历。

一九一二年(民国元年 壬子)三十八岁

一月一日 出席孙中山就任临时大总统典礼。

一月二日 袁世凯因中华民国成立,罢免北方议和代表唐绍仪,南北议和遭顿挫。黄兴即与各方面协议,决定兴师北伐,并拟出作战计划。

一月三日 被孙大总统任命为南京临时政府陆军部总长。

一月九日 陆军部正式组成。是日,宣告以陆军部作战计划已定,拟分五路进兵,如和局破裂,即行宣战。是日被孙大总统任

① 参见钱基博:《辛亥南北和议别纪》及廖少游:《新中国武装和平解决记》。

② 刘揆一:《黄兴传记》。

命兼任南京临时政府参谋部总长。

一月十四日　与孙中山联名致电南方议和代表伍廷芳，限议和只能再展期十四日。

二月四日　被孙大总统任为兼大本营兵站总监，随设总兵站于南京下关。

二月十三日　清帝溥仪退位。孙中山向临时参议院辞职，并举袁世凯自代。是日，黄兴通电各省各界服从命令，维持秩序。

二月十四日　与孙中山一致反对临时参议院议决临时政府迁都北京。次日复议，临时政府仍设南京。

三月三日　中国同盟会在南京召开全体会员大会，宣布“巩固中华民国，实行民生主义”宗旨，制定政纲十条，决定同盟会由秘密转为公开活动。会议选举孙中山为总理，黄兴、黎元洪为协理。同盟会本部不久迁上海，后又迁北京。

三月十日　通告全国军队守法镇静，遵循南京临时参议院七日决议，允袁世凯在北京就职。

三月三十一日　被袁世凯任命为南京留守，主持裁撤整理南方各军事宜。

四月二十九日　为反对袁世凯政府大举向外借款，通电政府及各省都督，提议劝募国民捐。

五月十五日　是日为农历三月二十九，南京各界举行广州之役死难烈士追悼大会。黄兴致送挽联，并演说《广州三月二十九革命之前因后果》。

六月三日　接北京政府核准辞留守职令，候程德全到沪接收。

六月十四日　黄兴交卸南京留守职务，发表解职文电，即日赴沪。

七月十七日　中华民国铁道协会成立，选举孙中山为会长，黄兴为副会长。二十二日，孙中山、黄兴到会就职。

八月十三日　与孙中山联名致电同盟会各支部，征求关于同盟会改组为国民党的意见。

八月二十五日　国民党正式成立于北京，黄兴被选为九理事之一。

九月三日　与宋教仁等国民党诸理事函推孙中山为理事长，孙中山请宋教仁代理。

九月初　孙中山致电黄兴，告以在北京与袁世凯会谈情况，促黄北上共商国事。五日晚，乘轮北上，次晨启碇。

九月十一日　抵北京，即偕陈其美往拜袁世凯。晚与孙中山出席前清皇族欢迎会。

九月十六日　出席国民党理事、各部主任干事及在院议员举行的茶话会，讨论国民党财政及陆征祥辞职后内阁改组问题。至国民党对政府应取何种态度时，"一致谓宜取稳健态度，与袁总统提携，南北猜疑自然消灭，外人观瞻，当然一变，承认民国及借债问题自易着手。……众决以赵秉钧继陆后任，并公举黄克强晤袁总统代表该党所主张。"①

九月二十五日　北京政府公布孙、黄、袁、黎协定之八大政纲。

十月六日　离北京返沪。

十月十日　在南京参加中华民国开国周年纪念日活动。是日返沪。

十月二十五日　由上海乘舰启程返湘。二十六日抵武汉，逗留五天。三十一日抵长沙，受到湖南各界热烈欢迎。

十一月三日　出席国民党湘支部欢迎会，发表演说，阐发党纲。

十一月九日　被湖南大同矿务公司举为督办。

十一月十三日　接见工商部派赴湖南查办汉冶萍公司之委员

① 《民立报》1912年9月19日。

余焕东，告以开发湖南实业计划。

十一月十四日　赴萍乡、安源、湘潭等地调查矿务。

十一月二十二日　复电北京政府教育总长范源濂，解释杨度入党纠纷及国民党主张政党内阁之目的。

十一月二十八日　被袁世凯任命为汉粤川铁路督办。

十二月十二日　与谭廷闿、王芝祥、赵恒惕、沈秉坤、蔡锷、程潜等三十二人发起成立“洞庭制革股份有限公司”，是日《长沙日报》所登招股广告中称：该公司“以振兴实业、挽回利权，补助军需为宗旨。”

一九一三年（民国二年　癸丑）三十九岁

一月一日　接任汉粤川铁路督办，设办事处于汉口。

一月二十三日　辞汉粤川铁路督办职，自汉口抵上海。

三月二十日　国民党代理事长宋教仁被袁世凯派人枪杀于上海北火车站。因伤重授意黄兴代拟致袁世凯电。宋氏于二十二日伤势转危去世。

三月二十五日　孙中山在日本闻宋教仁遇刺身死，急返国，于本日抵上海。当晚，即在黄兴寓所召开干部会议，讨论对策。孙中山主张联日速战，兴师讨袁；黄兴等多人坚持“法律解决”，暂不诉诸武力。

四月二十六日　与孙中山联名通电各省议会、政团、报馆，请“严究主名、同伸公愤”。① 同日，并通电反对袁世凯政府违法与英、法、德、俄、日五国银行团签订二千五百万英镑的借款条约。

四月　由李烈钧发起，赣、皖、湘、粤、闽五省都督建立秘密联盟，在黄兴主持下，准备反袁斗争。后闽督孙道仁以保境安民为借口宣布退盟。

五月三十一日　北京总检察厅秉袁世凯之意，借口黄兴组织

① 《民立报》1913年4月27日。

暗杀团体“血光团”，将该案移上海地方检察厅，由上海通商交涉使署转饬租界会审公廨审理。

六月十二日　从孙中山处领款五万元，作为起兵讨袁之用。在此前后，黄兴曾派甯调元、熊樾山赴鄂组织机关，派谭人凤赴湘策动军队，在上海、南京筹处亦有反袁部署。

六月十四日　继六月九日江西都督李烈钧被免职后，本日广东都督胡汉民又被袁世凯免职，以陈炯明代理粤督。黄兴于二十七日，密电陈炯明接任广东都督，宣布独立讨袁。随后并连电催促，陈于七月八日接任广东都督。

七月十二日　李烈钧在江西湖口宣布独立，举兵讨袁，“二次革命”爆发。次日，南京第八师旅长王孝缜、黄恺元紧急来沪，请黄兴即赴宁组织讨袁军事。

七月十四日　是晚自上海抵南京主持讨袁。① 次日，江苏宣布独立，黄兴就任江苏讨袁军总司令。

七月十八日　就江苏独立事，分别致电驻沪海军总司令李鼎新、上海制造局督理陈榥，请顾全大局，饬令北兵迁离制造局。同日，电令刘艺舟、祁耿寰、姚痴僧等组织安徽讨袁军。

七月二十日　致电上海各西报，揭露袁世凯罪恶。同日，派夏焕三等人持亲笔信赴河南，联络白朗军共同讨袁。②

七月中旬　在南京召集军事会议，举岑春煊为各省讨袁军大元帅。

七月二十二日　与陈其美、柏文蔚等人，被袁世凯下令褫夺一切荣典，军职。次日，与孙中山等八人，被上海租界工部局取消租界居留权。

---

① 黄兴赴南京主持讨袁军事日期，袁世凯颁布的缉捕黄兴命令中作“本月十二日”。参见北京《政府公报》第436号。

② 黄兴致白朗函，见介北逸叟：《癸丑祸乱纪略》卷下第53页。

七月二十九日　因讨袁军先放弃徐州，失利，继以饷械不支，声援复绝，黄兴被迫于本日乘轮离开南京，随即亡命日本。

七月三十一日　与陈其美、黄郛、李书城等人，被袁世凯悬赏缉拿，黄兴的赏格为十万元，并勒令国民党本部于三日内将黄兴、陈其美、李烈钧、陈炯明、柏文蔚等人“一律除名”。八月三日，国民党本部负责人吴景濂、王正廷申明已遵令将黄兴等五人开除党籍。

八月二十七日　抵达日本东京。

九月十五日　北京总检察厅秉袁世凯之令，通缉“二次革命”领导人物黄兴、陈其美、纽永建、何海鸣、岑春煊等五人被列为“宁沪之乱”“首魁”；孙中山、张继、李烈钧、柏文蔚、谭人凤、陈炯明等均在通缉之列。

九月十七日　宫崎寅藏来访。连日以来，宫崎往访孙中山、黄兴，调解二人在“二次革命”失败后的意见分歧。

一九一四年（民国三年　甲寅）四十岁

春　孙中山在东京筹备组织中华革命党，以利讨袁斗争的再次展开。黄兴等认为党人在新败之余，精神焕散，应着意培植新生力量，讨袁斗争也应相机再举。为了维系党人，培养干部，黄兴等人在东京创办“浩然庐”和政法学校，组织亡命东京的国民党人研究军事和政治。

上半年　在组党问题上，黄兴和孙中山的意见分歧。对于誓约上“附从孙先生再举革命”一词及盖指模一事，黄兴更表反对，认为“前者不够平等，后者迹近侮辱”。虽经国民党人多次调解，黄兴和孙中山之间未能取得一致。

六月二十二日　中华革命党在东京召开第一次大会，选举孙中山为总理。黄兴未参加。为了不妨碍孙中山的组党工作，黄兴决意赴美，并征得孙中山同意。

六月二十六日　赴美前夕，致函田桐，告以明日“备小酌，恭请中山先生叙别”。次日在黄兴寓所相叙。席间，孙中山集古句“安危他日终须仗，甘苦来时要共尝”书联赠别。①

六月三十日　由横滨乘轮赴美国。

七月九日　抵檀香山。接见《太平洋商务报》记者时指出：“吾等此次赴美，目的不在募款，而在将中国的现状宣布于世人之前。吾等带有孙逸仙博士对美国人民的宣言，吾等希望美国人民了解真理。”②

七月十五日　抵旧金山。接见《旧金山年报》记者时指出：“袁世凯继孙逸仙为临时总统后，即有帝制自为的野心”，他“不是一个强人，他仅是一个专制的、狂妄的、叛国的独裁者”，并指出：“袁世凯是绝对不会成功的。”③

八月十五日　在旧金山共和俱乐部演说《共和名义下之中国》，猛烈抨击袁世凯祸国殃民的罪行。

九月十二日　致函在东京的谭人凤、周震鳞等人，称赞他们调和意见，促进民党团结的苦心热忱。并赞成“欧事研究会”成立。④

十月五日　抵芝加哥。与同志商讨阻止袁世凯代表借款事，并与梅培谈及与孙中山的关系，望能函请孙中山更改中华革命党章程。

十一月十一日　致函萱野长知，询问日本政府对德宣战以来的政策，并斥责日本内阁首相大隈重信执行袒袁与侵华政策。

十一月二十四日　委托哥伦比亚大学教授比尔，在《纽约时报》上发表声明，驳斥纽约大学远东部主任甄克斯对本人的诬蔑和攻击，并痛斥袁世凯政府顾问古德诺“已完全落入北洋反动集团的

① 孙中山手迹影印件，载纽约《汇流》杂志1967年1月号。

② 邓家彦：《上孙中山书》附剪檀香山《太平洋商务报》原文。

③ 同上书，附剪《旧金山年报》原文。

④ 参阅《近代史资料》1962年第1期

手中”。

一九一五年（民国四年 乙卯）四十一岁

二月二十五日　与李烈钧、柏文蔚、陈炯明、纽永建等联名通电，在反对外国侵略方面，于袁世凯对日交涉之际，不予干扰，并反对日本强迫中国订立“二十一条”要求。电文中有在内政问题上，斥袁世凯“空尸共和之名，有过专制之实”。并有“自后非有社会真切之要求，决不轻言国事”字样。

五月九日　与李烈钧等十七人联名通电，反对袁世凯承认丧权辱国的“二十一条”。

十一月二十六日　复函张孝准，部署反袁斗争进行方略。张于是年秋冬间，曾代表黄兴向日商借款二百万元，作为发动讨袁费用。①

十二月十四日　因袁世凯宣布恢复帝制，黄兴致电美国驻华公使，宣示讨袁宗旨，劝其切勿赞助袁世凯复辟帝制。

十二月十七日　电促李烈钧自南洋“闯关入滇”，与唐继尧等策划云南独立讨袁。

十二月二十一日　致函张謇等人，望其投入反袁称帝、维持共和政体的斗争。次日，函广西都督陆荣廷，劝其兴师讨袁。

十二月二十五日　云南宣布独立，并组织护国军，誓师讨袁。是日，唐继尧电告黄兴，请来滇主持大计。

十二月二十六日　黄兴在美国《费城新闻》发表《辨奸论》专文，驳斥袁世凯政府的法律顾问美国人古德诺为袁世凯称帝阴谋辩护的谬论，宣示中国人民一致讨袁的决心，要求美国朝野人士赞助中国人民的斗争。

一九一六年（民国五年 丙辰）四十二岁

春　与美国政界接洽，进行反袁宣传，办理交涉和筹款援助国

---

① 《湖南历史资料》1958年第4期；邹鲁：《中国国民党史稿》第6册第1550页。

内讨袁运动。电促柏文蔚等在南洋设法筹款，接济云南护国军；密令在天津主办《公民日报》的刘揆一联合居正等中华革命党人“图谋直、鲁革命，以响应南方”。①

四月上旬　国内讨袁局势发展迅速，孙中山及蔡锷等均致电黄兴，促请归国。遂决定离美返国。

四月十五日　就袁世凯三月二十二日宣布取消帝制，但仍盘踞总统职位事，自纽约致电国内共和党领袖和民党重要人物，力主反袁到底，反对调停。

五月九日　由美抵日本。② 即日致电袁世凯，斥其称帝叛国罪行，促其悔过引退。

五月十八日　致函莫伯恒，望加强浙江反袁实力。并函黄郛，请接济浙江款械，补充实力，联络海军，以发展东南讨袁局势。

六月一日　复电谭人凤，表示赞成孙中山五月九日发表的《二次讨袁宣言》。

五月间　曾以私人名义借贷日币三百万元，拟练兵一军以柏文蔚为司令，特使张孝准衔命赴沪与柏文蔚商办成军计划。黄兴并指定曾继梧、陈复初任师长，赵恒惕任旅长，其余旅、团、营长由湘、皖军人中选择任用。后因袁世凯毙命，黄兴去电停止成军。

六月九日　致电继任总统黎元洪，请“规复民元约法”，“速召集国会”，组织内阁，严惩帝制祸首。

六月十四日　复电孙中山，赞同本月九日发表的《规复约法宣言》。并望主持一切。

六月二十日　复电黎元洪，主张迅速恢复《临时约法》，召集旧国会，并委李书城为代表，由沪赴京，与黎元洪等商讨解决约法争

---

① 刘揆一：《黄兴传记》

② 黄兴抵日本时间，据本年5月19日黄兴致居正电函，函中有“弟本月九号抵东”一语。参见萱野长知：《中华民国革命秘笈》卷首之原函影印件。

议的办法。

七月四日　由日本门司启航返沪。八日抵上海。

七月下旬　就湘省议会电请归湘任都督一事，在沪发表谈话，谦辞不就，并推重蔡锷或谭延闿督湘。八月四日，北京政府任命谭延闿为湘督兼省长。

九月　关于将来出处，因外间多有猜测，故接见《民国日报》记者，告以将致力于实业和兴办教育。

十月十日　呕血起病，卧床休养。

十月三十一日　凌晨四时三十分，逝世于上海，终年四十二岁。黄兴治丧委员会由孙中山领衔组成，并由孙中山、唐绍仪、蔡元培、柏文蔚、谭人凤担任主丧友人。十二月二十三日灵柩自上海发引，次年一月五日运抵长沙。四月十五日安葬岳麓山。